ein Meier Buch

Vogel Gryff

Eugen A. Meier

Vogel Gryff

Geschichte und Brauchtum der Drei Ehrengesellschaften Kleinbasels

Mit Photographien von
Peter Armbruster und
Felix Hoffmann

Litera Buch- und Verlags-Aktiengesellschaft

Inhalt

CIP-Kurztitelaufnahme der Deutschen Bibliothek

Meier, Eugen A.:
Vogel Gryff. Geschichte und Brauchtum der
Drei Ehrengesellschaften Kleinbasels.
Basel: Litera AG, 1986

ISBN 3-906701 01 8

Konzept und Realisation: Eugen A. Meier
Buchgestaltung: Marcel Jenni

Satz und Druck: GBC Graphische Betriebe Coop, Basel
Schwarzweisslithos: Piacag-Repro, Basel
Farblithos: Steiner + Co. AG, Basel
Einband: Rudolf Flügel, Basel

Zum Geleit

Über das Brauchtum der Drei Ehrenzeichen (Greif, Leu und Wildmann) existieren mehrere Schriften; die ersehnte Arbeit über die Geschichte der Kleinbasler Ehrengesellschaften liegt erst jetzt vor.

Der Klassiker Eduard Fritz Knuchel «Die Umzüge der Kleinbasler Ehrenzeichen – ihr Ursprung und ihre Bedeutung» ist längst vergriffen. Meister und Vorgesetzte der Drei Ehrengesellschaften Kleinbasels haben von einer neuen Auflage abgesehen und Eugen A. Meier, langjährigen Vorgesetzten E. E. Gesellschaft zum Rebhaus, mit der Herausgabe einer neuen Schrift beauftragt. Das reich bebilderte und trefflich gesetzte Werk – zu danken ist auch dem bewährten Buchgestalter Marcel Jenni – kann ihre Meister loben: Die Geschichte der Drei Ehrengesellschaften ist zur Geschichte Kleinbasels geworden!

Gelehrte Männer, Basler vom Daig und Zugezogene haben sich immer wieder mit der Frage auseinandergesetzt, was ein Basler sei. Der Kleinbasler hinterfragt nicht; er weiss, Kleinbasel ist der Nabel der Welt, und zwar nicht nur am Tag vom Vogel Gryff, sondern das ganze Jahr hindurch. Seine Grösse spiegelt sich darin, dass der Kleinbasler den Nachbarn gern auf die Rolle schiebt und sich selber wenig ernst nimmt.

Im Dreier-Rhythmus führt bekanntlich eine der Gesellschaften den Vorsitz für ein Jahr; das hat eine meist wohltuende Rivalität im Gefolge. Jedes der Drei Ehrenzeichen bringt beim Tanz seine Eigenheiten zum Ausdruck, tritt aber als Spiel geschlossen auf. Jede Gesellschaft ist stolz auf ihre Eigenheit, steht aber geeint für das Kleinbasel ein und weiss sehr wohl, dass Klein- und Gross-Basel zusammengehören, auch wenn der Wilde Mann bei der Talfahrt der grösseren Stadt den Rücken zukehrt. Die Drei Ehrengesellschaften bejahen den demokratischen Staat, sind stets im kantonalen Parlament, hie und da auch in der Exekutive vertreten. Um festzuhalten, dass beinahe während eines Jahrzehnts jede Gesellschaft einen Regierungsrat ‹gestellt› hat, unterzeichnen die drei Kleinbasler Regierungsräte das Geleitwort; zwei stehen noch aktiv in der Politik, der dritte geniesst seinen Ruhestand im ‹Ausland›.

Immer wieder hören und lesen wir, Heimatgefühl und Liebe zur Vaterstadt seien im Schwinden begriffen. Wir sind vom Gegenteil überzeugt. Mit seiner Kleinbasler Geschichte weckt und stärkt Eugen A. Meier aufs neue das historische Bewusstsein. Der Autor spricht die Sprache des Volkes, bringt eine Fülle neuer Fakten, zieht gekonnt die Konturen und streut eine Fülle von Anekdoten ein. Jeder Leser, Klein- und Gross-Basler, wird Eugen A. Meiers Vogel Gryff mit Genuss und Gewinn in die Hand nehmen. Für das bevorstehende Jubiläum – 1992 sind es 600 Jahre her, dass die Mindere Stadt zum grösseren Basel gekommen ist – können wir uns keinen schöneren Einstieg denken, als sich in das neue Buch zu vertiefen.

Unser Stadtstaat bedarf des Zusammenwirkens aller Bürger, die guten Willens sind. Möge Kleinbasel auch in Zukunft seine Traditionen hochhalten!

Regierungsrat Eugen Keller zum Rebhaus

Regierungsrat Karl Schnyder zur Haeren

Alt Regierungsrat Arnold Schneider zum Greifen

1
‹Vogel Gryff.› Bleistiftzeichnung von fis (Hans Fischer). 1958.

2
‹'s isch Vogel Gryff!› Kolorierte Federzeichnung von Arthur Riedel. 1950.

Die Anfänge Kleinbasels

Die ersten Anfänge der Stadt Basel reichen zurück in gallo-römische Zeit. Nur verhältnismässig wenige zufällige archäologische Funde verbreiten etwas Licht, literarische Quellen fehlen gänzlich. Mit dem Munimentum Valentinians begegnet uns im Jahr 374 n. Chr. das erste zuverlässige Zeugnis von der Existenz Kleinbasels.

> Robur

Das ‹Robur›, wie es die Anwohner nannten, bezeichnete wahrscheinlich eine mächtige Wehranlage beim heutigen Reverenzgässlein,

> Kaiser Valentinian

welche der römische Kaiser Valentinian I. zur Befestigung seiner Fährestation am strategisch bedeutsamen Rheinknie hatte errichten lassen. Der griechische – doch lateinisch schreibende – Geschichtsschreiber Ammianus Marcellinus, der uns diese Nachricht überliefert, erwähnt als

>> St. Niklauskapelle

erster auch den Namen ‹Basel› (Basilia). Die Ortsbezeichnung ‹in ulteriori Basilea› (im jenseitigen Basel) wird allerdings erst im Jahr 1158 durch eine Urkunde im Zusammenhang mit dem Kloster St. Blasien bekannt. Von entscheidender Bedeutung für die Entwicklung der ‹minren Statt› war die Regentschaft Bischofs Heinrich II. von Thun, der von 1216 bis 1238 über die ‹mehrere Stadt› gebot. Der unternehmungslustige, risikofreudige Förderer des geistlichen Lebens wie des städtischen Handwerks und Gewerbes erkannte, dass die Errichtung eines festen Rheinübergangs zwischen seiner Stadt und der jenseitigen, zur Diözese Konstanz gehörenden Siedlung nicht nur eine ertragreiche nahtlose europäische Nord-Süd-Verbindung ermöglichen, sondern auch das Fundament zu einem wirtschaftlichen Aufschwung, aber auch zum Aufbau einer rechtsrheinischen Neustadt und damit zur Konsolidierung seiner weltlichen Macht, bilden könne.

> Brückenschlag

Unmittelbare Folge des Brückenschlags von 1225 war nicht nur die planmässige Besiedelung Kleinbasels und dessen Heranwachsen zur befestigten Stadt im Verlauf des 13. Jahrhunderts, sondern auch eine für die städtische Entfaltung deutlich vernehmbare Frequenz des Fernverkehrs. So war, nach Rudolf Wackernagel, «nun auch das rechtsrheinische Hinterland ganz Basel zugewendet, an diesen Punkt gefesselt, und hinwiederum ihm alles Leben des Sundgaus, der Täler von Birs, Birsig und Ergolz ungehemmt aufgeschlossen».

Der von sieben hölzernen und sechs steinernen Pfeilern getragene und mit Verkaufsständen beschwerte Rheinübergang löste in ‹Niederbasel› eine sichtliche Baulust aus. Es entstanden auf dem im ausgehenden 11. Jahrhundert von Mönchen aus dem Kloster St. Alban urbanisierten Boden Bürgerhäuser und Hofstätten unterschiedlicher Grössen; öffentliche Gebäude, wie das Kleinbasler Rathaus, das spätere Richthaus beim Brückenkopf, und zahlreiche Sakralbauten, wie die St. Niklauskapelle an der Rheingasse (1255), die Klöster der Sackbrüder (bis 1278) und der Kartäuser (1401), die Nonnenklöster Klingental (1273) und St. Clara (1279) sowie Niederlassungen der Klöster Wettingen (1251) und St. Blasien (1256); die ausserhalb der ersten Stadtummauerung gelegene St. Theodorskirche dagegen diente bereits 1101 dem Dorfe Niederbasel als Gotteshaus.

Während die Erweiterung der Grossbasler Stadtmauer, die sich vom St. Albangraben über die Höhe von St. Leonhard bis zum Petersgraben hinzog, schon im späten 12. Jahrhundert der diesseitigen Bevölkerung hinreichenden Schutz gewährte, verfügte Kleinbasels Wehranlage um 1255 lediglich über einen ‹Dorfgraben› und ein Tor. Dann aber vollzog sich in kurzer Zeit auch die Befestigung des nach bewährtem Muster mittelalterlicher (zähringischer?) Stadtplanung aufgebauten ‹Basilea nova› (Neubasel). Am «3. Heumonds 1327 hatte die mindere Stadt das erschreckliche Unglück, gröstentheils zu verbrennen. Dieses traurige Schicksal drückte die guten Einwohner hart. Jedoch fieng man bald an, die Häuser wieder neu zu erbauen, und jedermann bestrebte sich, den unglücklichen Bürgern durch milde Beyträge die unverschuldete und unverdiente Noth zu erleichtern.» 1355 wurde Kleinbasel erneut von einem Grossbrand heimgesucht, und ein Jahr später legte das Grosse Erdbeben das Übriggebliebene und Neuaufgebaute in Schutt und Asche, so dass die Ringmauer erst 1397 fertiggestellt werden konnte.

Das aus drei, durch kurze Quergassen verbundene Längsstrassen (Rheingasse, Utengasse, Rebgasse) gebildete und durch die spätere Greifengasse geteilte Kleinbasler Stadtbild erhielt einen mächtigen, 2110 Meter langen Mauergürtel, der neun Türme, sechs Letzen und 300 Zinnen aufwies und von der Bürgerschaft mit ‹viel Arbeit an Leib und Gut› erbaut worden war. Mit dem Bläsitor an der spätern Klybeckstrasse (1256 bis 1867) und dem Riehentor an der Riehentorstrasse (1265 bis 1864) besass die durch eine zweite, weniger hohe Mauer, den durch einen Rondenweg zugänglichen Zwingelhof, zusätzlich gesicherte Fortifikation zwei gleichermassen trutzige wie malerische Stadteingänge; mit dem oberen Rheintörlein (Lessers Türlin bei der Riehentorstrasse), dem kleinen Rheintörlein (Rheingasse 44), dem Rheintor beim St. Niklausbrunnen (Haerengässlein) und dem kleinen Rheintörlein beim obern Teichauslauf vier kleine Zugänge zum Rhein; mit dem Pulverturm, dem Kartäuserturm, dem Isteinerturm, dem Iltisturm, dem Blochturm, dem Rumpelturm und dem Klingentaler Eckturm sieben hochragende Tortürme, und mit dem St. Clarabollwerk seit 1531 eine massive Verstärkung der Wehranlage. Überdies wurde 1624 zum Schutz des für das Gewerbe Kleinbasels lebensnotwendigen Riehenteichs die Drahtzug-Schanze aufgeworfen. Neben wieder vergessenen Strassennamen, wie die obere, niedere und hintere Strasse, die Klingentalergasse, Krämergasse, Claragasse, Bauergasse, Burgergasse, Kreuzgasse, den Burggraben, Gensweg, Silberberg, Helrain, dem St. Margarethental und dem Rochusloch sowie dem Goldgässlein, Schuhgässlein, Hagengässlein, Rustgässlein, Allmendgässlein, und dem Iltisgässlein verzeichnete das Strassennetz der schon 1276 mit ‹oppidum› (Stadt) bezeichneten Neugründung heute noch bekannte Ortsnamen: Kirchgasse, Rheingasse, Badergässlein, Rebgasse, Utengasse, Webergasse, Schafgässlein, Haerengässlein.

Unterstand Kleinbasel in kirchlichen Belangen dem Bistum Konstanz (rechtlich bis 1978!), so lag die weltliche Macht beim Fürstbischof von Basel, dem die Herrschaft über das jenseitige rechtsrheinische Gebiet wohl durch königliches Dekret übertragen worden war. Er ordnete das tägliche Leben, erhob Steuern und Zölle, gebot über die Gerichtsbarkeit und gewährte der Bürgerschaft Schutz und Sicherheit. 1274 reduzierte Bischof Heinrich von Neuenburg seinen ‹lieben Bürgern vom enren Basil› durch eine Handfeste (feierliches Privileg eines Landesherrn) das Gewerfe (bischöfliche Grundsteuer) auf nur 40 Pfund Pfennige, mit der Begründung, «daz si den selben Vlecken und die selbun Stat hant gebuwen und gevestet (befestigt)». Unverkennbar aber war auch der Einfluss König Rudolfs von Habsburg, der Kleinbasel immer wieder begünstigte und die wirtschaftliche Entwicklung förderte; namentlich 1285, als er Kleinbasel die gleichen Freiheiten und Rechte gewährte, wie sie den Bürgern der Stadt Colmar zustanden.

<< Mächtiger Mauergürtel

Weder hochtrabender Adel noch prunksüchtige Kaufleute beherrschten das Stadtbild, sondern arbeitsame Krämer, Handwerker und Landleute. Besonders an den drei Wasserläufen des Riehenteichs siedelte sich ein lebhaftes Gewerbe an von Mühlen, Schleifen, Stampfen und Sägen, aber auch von Ziegeleien, das durch Fleiss und Frömmigkeit der Besitzer Wohlstand hinter die Mauern brachte. 1194 steuerpflichtige Personen (heute sind es 48243), die 422 (heute 24495) Haushaltungen bildeten, fanden im Jahr 1446 ihr Auskommen. Viele von ihnen hörten auf die Kleinbasler Familiennamen Böller, Lesser, Fleisch, Bögge, Geisriebe, Reizo, Brotmeister, Senftelin, Sniz, Ermenrich, Elegast, Teke, Winkler und Knäblin.

<< Strassennamen

Im letzten Viertel des 14. Jahrhunderts veränderte sich die politische Situation Kleinbasels entscheidend: Es gelang Herzog Leopold von Österreich am 18. Juni 1375, die rechtlich von Grossbasel getrennte bischöfliche Stadt Kleinbasel, anstelle der ihm von Basel geschuldeten Kriegskosten im Ausmass von 30000 Gulden, pfandweise zu erwerben und damit die Position der habsburgischen Vorlande am Oberrhein zu festigen. Die Basler fühlten sich darob in ihrer Sicherheit bedroht, und die nervöse Spannung wirkte sich am Aschermittwoch 1376 verhängnisvoll aus: Herzog Leopold, mit seinem Gefolge im habsburgischen Kleinbasel einquartiert, besuchte im Rahmen der Fasnachtsfestivitäten

< Herzog Leopold

< Böse Fasnacht

>> Vereinigung mit Grossbasel

auf dem Münsterplatz ein ritterliches Turnier. Dabei forderten einige Edelknechte in den umliegenden Domherren- und Adelshöfen durch anzügliches Benehmen den Frauen und Töchtern gegenüber den Zorn der Bürger heraus. Das aufgebrachte Volk entfachte einen fürchterlichen Tumult, der mit dem Tode von vier Begleitern des Herzogs ein schreckliches Ende

Pfand gegen ein Entgelt von 7000 Gulden dem Basler Rat abzutreten und die Kleinbasler anzuweisen, fortan den Grossbaslern zu schwören und gehorsam zu sein. Da der Bischof auf das ihm zustehende Recht der Wiedereinlösung verzichtete, ging Kleinbasel am Samstag vor dem Hohen Palmtag 1392 gegen 29800 Gulden mit allen Rechten, Nutzungen und Zugehörden aus dem

3
Zunftherren beim Schmausen und Prassen. Federzeichnung von Daniel Lindtmayer. 1584.

nahm. Die aufgewiegelte Bürgerschaft hatte die impulsive Tat, die als sogenannte Böse Fasnacht in die Geschichte einging, bitter zu büssen. Zwölf Bürger wurden auf dem Heissen Stein auf dem Kornmarkt enthauptet, und Kaiser Karl IV. verhängte über Basel die Reichsacht. Der Ausgang der Schlacht von Sempach (1386) bewahrte Basel vor dem Schicksal, eine österreichische Landstadt zu werden. Noch im Herbst desselben Jahres sahen sich die Söhne des gefallenen Herzogs Leopold gezwungen, das bischöfliche

Besitz des Hochstifts (Bistum und Domkapitel) an den Rat von Basel.
So reibungslos sich die Verschmelzung der beiden Basel vollzog, so gedeihlich war ihre weitere gemeinsame Entwicklung: Die vereinigte Stadt blühte auf und gelangte zu europäischer Geltung. Kirchenfürsten, Gelehrte und Handelsleute aus aller Welt reichten sich am ‹goldenen Tor des Abendlandes› die Hand, Geist und Bildung verflochten sich fruchtbar mit wirtschaftlicher Macht und Prosperität.

Zünfte und Gesellschaften

<< Eigene Rechtspflege

Auch nach der Vereinigung mit Grossbasel behielt Kleinbasel seine eigene Rechtspflege. Der vom Bischof bereits vor 1255 eingesetzte und seit 1276 auch ‹ennet Rheins› wohnhafte Schultheiss, vormaliger Regierungs- und Gerichtsbeamter des Stadtherrn, amtete weiterhin; nur die Opportunität eines besonderen Stadtrates als politische Behörde erwies sich fortan als nicht mehr gegeben. In seinem ‹Zirkel der Eidgenossenschaft› hält Andreas Ryff (1550–1603), einflussreicher Seidenhändler und Staatsmann, fest: «Furohin wurden beide in Eine Stadt und Rat gezogen, alles für Eins geachtet, die Bürger Kleinbasels in die Zünfte der Grossen Stadt eingeteilt und daselbst ins Regiment gebracht.»
Dass Kleinbasler nun auch Aufnahme in die Zünfte fanden, war allerdings nicht neu, denn mit Berschin Jager, ‹Schnider enent Rins› (1376), ‹Rötlis Frow ennent Rins› (1379), Hans von Büren, ‹enend Rins vor sant Niclaus über› (1386), Die von Angen (1388) und Henman Böszler ‹in der cleinen Stat› (1389) besassen bereits unter bischöflicher Herrschaft etliche Leute aus der Kleinen Stadt beispielsweise das Zunftrecht zum Schlüssel.

<< Kleinbasler Zunftbrüder

Aufgrund publizierter Personalregister der Zünfte sind uns nach der Vereinigung mit Grossbasel weitere Zunftbrüder als Kleinbasler bekannt: Im Schlüssel: Hans von Lauffenberg (1393), Seidennäher Peter Jager (1410), Schultheiss Oswald Brant (1430), Schreiber Johann Ziegler (1433), Schreiber Johannes Woffenhein (1441), Schlosser Hans Pfiffer (1447), Oberstzunftmeister Ludwig Kilchman (1468), Watmann (Tuchhändler) Jacob von Brunn (1471), Gremper (Kleinhändler) Peter Hanss (1519), Tuchmann und Meister zum Rebhaus Hans Rudolf Brand (1576), Landvogt Hans Heinrich Brenner (1693), Chirurg Gabriel Lämlin (1705), Oberstmeister Hans Heinrich Brenner (1732), Capitain Leutnant Gedeon Socin (1751). Zu Safran: Bändlerin Anneli Orab (1465), Stadtschreiber Jos Seiler (1478), Amtmann Mathis Müller (1503), Stadtschreiber Hans Friedrich Heusler (1576), Spezierer Friedrich Weitnauer (1611), Lederbereiter Hans Ulrich Weitnauer (1612), Niklaus Stocker (1652), Hosenstricker und Meister zum Greifen Hans Georg Bauler (1727), Strumpffabrikant und Meister zum Greifen Hans Rudolf Ritter (1767). Zu Rebleuten: Landvogt und Oberstmeister zum Rebhaus Johann Friedrich Wettstein (vor 1656). Zu Spinnwettern: Ziegler, Ratsherr und Schultheiss Eberhart von Hiltalingen (1416). Zu Brotbecken: Bäkkermeister Konrad Kilchman (nach 1424).
Im Jahre 1445 zählten die 15 Basler Zünfte 1526 Angehörige. Von diesen wohnten 350 ‹ennent Rins›; 36 waren zu Schmieden, 30 zu Schuhmachern und Gerbern, 60 zu Spinnwettern und 22 zu Fischern und Schiffleuten zünftig. Die schon bald nach der Gründung der Zünfte feststellbare Mitgliedschaft von Kleinbaslern mag die Gewissheit liefern, dass die rechtsrheinische Siedlung nie über eigene Berufsorganisationen verfügte.

Berufliche Struktur der Gesellschaften

< Rangfolge der Gesellschaften

Es gibt keinerlei bekannte urkundliche Hinweise, welche über die ursprüngliche berufsmässige Aufgliederung der Ehrengesellschaften orientieren. Ein 1668 vom Rebhaus angestrengter Kompetenzstreit über die Rangfolge der Gesellschaften sollte zumindest Klarheit in die Entstehungsgeschiche der ‹Organisation der Bevölkerung und ihre Repräsentanz in sondergemeindlichen Dingen› (Wackernagel) bringen. Der vom Rebhaus vorgelegte historische Exkurs erbrachte indessen keinen zuverlässigen Aufschluss, erschienen die Gesellschaften doch immer wieder in anderer Aufzählung. So 1412: Haeren, Greifen, Rebhaus. 1498: Greifen, Haeren, Rebhaus. 1521: Haeren, Rebhaus, Greifen. Seit 1699 nennt das Regimentsbüchlein, der heutige Amtskalender, die Gesellschaften in der Reihenfolge: Rebhaus, Haeren, Greifen.
Aufgrund gesicherter Archivalien fällt die frühe-

> 1384: Haeren

> 1388: Rebhaus

ste Erwähnung der Gesellschaft zur Haeren zu, die 1384 in Verbindung mit dem Kauf ihres Hauses an der Rheingasse erstmals erscheint (Klingental Urkunde 1364): 1436 wird in Zofingen eine ‹Chorherrenstube zur Herren› bezeugt. Ebenfalls durch ihre Liegenschaft tritt die Gesellschaft zum Rebhaus aus dem Dunkel der Geschichte, als 1388 ‹die Reblüten Gesellschaft ze minren Basel› Greda Bartenheim gestattete, in deren Haus zwei Fenster einzubrechen, ‹die Liecht haben sollend in der Reblüten Hofe und Garten› (Rebhaus Urkunde 3); beim Kriegszug nach Clermont (1425) benannten die Kleinbasler Rebleute ihre Gesellschaft ‹zum Rebmesser›. Als 1409 mit Stolz die Eroberung von Istein vermeldet wurde, ist auch von der dritten Gesellschaft die Rede, ‹von der cleynen Statt dez ersten der Gesellschafft zem Boum› (Rotes Buch, p. 275). Sie führte diesen Namen auch noch 1427 beim Erwerb ihres Hauses beim Eingang zum Schafgässlein (Gerichtsarchiv P 2, p. 134v. f.). Nach dem Wegzug in das schon 1363 genannte Haus ‹zem Griffen› an der Burgergasse (später Greifengasse) bezeichnete sie ihre Gesellschaft ‹zum Greifen› und erhob das neue Hauszeichen wohl auch zum Wappenhalter; der offizielle Eintrag im Roten Buch über die 1444 von den Zünften und Gesellschaften zur Schlacht von St. Jakob ‹Ausgelegten› lautete denn auch bereits ‹zem Griffen›.

> 1409: Greifen

> Teichberechtigte

Nach der Aussage von Rudolf Wackernagel aus dem Jahre 1911 ist zu beachten, dass die Häuser der Gesellschaften anfänglich alle ausserhalb des Teichreviers gelegen sind, weshalb die Gesellschaften vielleicht als Verbände anzusehen sind, die ursprünglich neben der Genossenschaft der Teichberechtigten auch die übrigen Bewohner in sich schlossen; möglicherweise mit Anknüpfung an Zustände der Besiedelung und Stadtgründung, bei denen die alten Wassergewerbe eine erste Schicht bildeten gegenüber den in die Stadt Ziehenden. Doch würde auch hiebei an keine gewerbliche, nur an eine topographische Sonderung zu denken sein. Dass im 15. Jahrhundert die Gewerbe Kleinbasels durcheinander auf die Gesellschaften verteilt sind, ist jedenfalls die unveränderte Fortsetzung eines alten Zustandes.

4
Engel, Basilisken, Wilde Männer und Löwen als Schildhalter des Basler Wappens. Beim Betrachten der Bilderfolge stellt sich die Frage, ob der Kleinbasler Vogel Gryff nicht dem Ei des ‹marschuntüchtigen› Basilisken entschlüpft sei. Kupferstich von Emanuel Büchel. 1765.

Wieweit dieser von Wackernagel angenommene ‹alte Zustand› zurückreicht, ist fraglich. Ein vermutlich aus dem 17. Jahrhundert stammendes vierseitiges Schriftstück des Rebhauses wirft ein anderes Licht in die Frühgeschichte der Gesellschaften. ‹Meyster und gemeyne Gesellen bemeltter Geselschafft› gelangten nämlich «uss Ordnung und Gnaden Gottes des Allmechtigen Erbarmen, Barmherzigkeit und Fürsichtigkeit» an die Obrigkeit, mit dem Ersuchen, sich ‹gnediglich› ihrer ‹anliegenden Nott› anzunehmen: Anderthalbhundert Mann der Gesellschaft, die keinem Zunftzwang unterworfen gewesen seien, hätten das Feld bebaut und auch der Stadt in allen Zeiten der Not in Ehren gedient. Alle hätten sich «des Feld neeren und nicht Zit anders, dann ir Muoss und Brot in dem Schweyss ires Angesichts zegewinnen gelernt». Durch «Hinlouffung der Zyt und Zugryffung eygennütziger geistlicher und weltlicher Personen» sei es nun aber soweit gekommen, dass sie davon weichen müssten, werde ihnen nicht ‹gnedig Fürsehung› zuteil. Einerseits kämen im Bann des Mindern Basel viele liegende Güter, besonders Reben und Matten, ‹die sy usschlahen und umfarren, in Abgang›. Andrerseits aber widmeten sich auch andere, es seien die Gesellschaften «zu der Herren und die zu dem Gryffen, dessglichen die Gelernten und Missiggänger, ouch ettlich Handtwerchslüt», der Bebauung der Felder und trügen die Erträge zum Verkauf auf den Markt. All das bringe die Gesellschaftsbrüder um ihren lebensnotwendigen Verdienst. Wenn weiter gestattet würde, dass «ein Doctor, Kouffmann, Wynmann, Kremer oder Handtwerchsman dem Feldwerch diene» und mehr ‹Kraut, Rüben, Zybollen, Rättich, Erbs, Bonen› anbaue, als ‹zu sinem eygenen Gebruch, nämlich für sin Gesind und Hussvolck› notwendig seien und die Obrigkeit «uns dero arme Bürgeren und Hyndersessen, wiewol wir eines cleynen Verstands, nit mit zymlichen Mitlen zu Hilff kommen werden», betonten die Rebhäusler in ihrer Bittschrift, «wyssten wir unsere Gesellschafft nit lenger zu enthalten, unsere Wyb und Kinder zu erneeren, sonder müssten die verlassen und in das Ellend und Bettel (das doch cleglich zu hören were) tretten und darin belyben, was mit Hilff Gottes verhüttet mag werden».

Ob die «gnedig lieb Herren, für die wir unser Lyb, Leben und alles Vermögen zestrecken bereit sind», für die Notlage der Kleinbasler Gemüsebauern Verständnis aufbrachten, ist nicht bekannt. Für die Darstellung der spätmittelalterlichen Zeit der beruflichen Struktur der Gesellschaften ist das Dokument des Rebhauses jedenfalls nicht von Bedeutung, lässt sich doch anhand der Gesellschaftsaufnahmen von 1462 bis 1798 (Untergang des Ancien Régime) über die standesgemässe Zusammensetzung der einzelnen Gesellschaften kein einheitliches Bild gewinnen. Dass diese jedenfalls nicht nach dem Prinzip der Gewerbe und Handwerke gegliedert waren, lässt sich am Beispiel der Rebleute nachweisen, die sinngemäss alle in der Gesellschaft zum Rebhaus hätten angesiedelt sein sollen. Nach den vorliegenden Verzeichnissen aber gehörten 22 Rebleute dem Greifen an, 15 dem Rebhaus und 5 der Haeren; und von den berufsverwandten Weinleuten (Weinhändlern) finden sich 8 im Greifen, 7 bei der Haeren und nur 4 im Rebhaus. Wurde bisher der sogenannte Niedere Adel der Haeren zugeschrieben, so überwiegt nach den Mitgliederrodeln in dieser Beziehung der Greifen mit fünf Eintragungen gegenüber der Haeren mit zwei und dem Rebhaus mit einer. Die gleichsam willkürliche Zusammensetzung der Gesellschaften ergibt sich zunächst aus den zehn ersten mit Berufsbezeichnungen bekannten Einträgen überhaupt. Diese verzeichnen für die Haeren die Bäcker Claus Phollender und Wernlin von Arow, den Schmied Jerge von Eichstätten, den Ziegler Henslin Meiger, den Kupferschmied Ullin von Erlispach, den Karrer Wernlin Weydhas (alle 1409), den Schmied Henselin von Liestal, den Pfeifer Clewin Dürre, den Schleifer Ulrich Stetzel und den Metzger Heinrich Bakler.

< Niederer Adel

Für den Greifen den Habermehrer Cuny Hagenow, den Weber Henslin Burin, den Schuhmacher Oswalt Valkenstein, die Ziegler Hentzmann und Burkart Vesch, den Schiffmacher Heyni Tuntelman, den Schmied Heintz von Nördlingen, den Zimmermann Conrad Schitland und die Fischer Heiny und Clewin Rirberg (alle 1409). Und für das Rebhaus den Pfeifer Hans Symmeler (1411), die Schuhmacher Heinrich Hess und Hans Franck, die Müller Ulrich Wirtzmüller und Martin Kleinhans, die Ziegler Ottmann Müller, den Küfer Hans von Meyenburg, den Bader Hans Ruch (alle 1474) und die Bäcker Laurenz (1489) und Mattys Müller (1516).

Im Laufe der Zeit kam es hinsichtlich der beruflichen Abgrenzung offenbar doch zu gewissen Schwerpunkten. So waren von den 2278 Gesellschaftsbrüdern zum Greifen – soweit sie, wie bei den andern Gesellschaften als Berufsleute bezeichnet worden waren – 75 Müller, von den 2133 Gesellschaftsbrüdern zur Haeren 62 Müller und von den 2060 (mit mal vier hochgerechneten) Gesellschaftsbrüdern zum Rebhaus 16 Müller. In der nämlichen Reihenfolge fallen weiter auf: Die Küfer: 47, 15, 24. Die Bäcker: 30, 42, 64. Die Metzger: 30, 38, 52. Die Schiffleute: 34, 13, 12. Die Schuhmacher: 27, 22, 32. Die Weber: 30, 20, 16. Die Schärer, Balbierer und Bader: 30, 17, 8. Die Wirte: 20, 27, 12. Die Steinmetzen: 20, 9, 44. Die Zimmerleute: 24, 12, 24. Die Karrer: 29, 4, 16. Die Sattler: 23, 8, 0. Die Gerber: 18, 23, 28. Die Schneider: 20, 21, 20. Die Wagner: 21, 2, 8. Die Klosterschaffner: 17, 25. 16. Die Handelsleute: 19, 18, 20. Die Tischmacher: 12, 20, 4. Die Schmiede: 17, 2, 4. Die Schlosser: 15, 17, 4. Die Posamenter: 16, 1, 4. Die Seidenfärber: 13, 2, 20. Die Fischer: 13, 11, 20. Die Färber: 13, 2, 20. Die Seiler: 12, 6, 4. Die Hafner: 11, 9, 4. Die Schleifer: 10,

< Berufliche Abgrenzung

>> Verschwundene Berufe

4, 8. Die Ziegler: 9, 9, 24. Die Maurer: 8, 4, 8. Die Waffenschmiede: 4, 7, 4. Die Goldschmiede: 4, 11. 0. Die Hosenlismer: 6, 2, 4. Wenig unterschiedlich war die Zugehörigkeit der Säger, Glaser, Zöllner, Papierer, Hutmacher, Weidlingmacher, Maler, Hufschmiede, Buchdrucker, Messerschmiede, Torwächter, Kübler, Fischkäufer und Indiennedrucker. Ebenso diejenige der Bauern, Hirten,

5
Die Drei Ehrengesellschaften Kleinbasels – in der historischen Reihenfolge hinter den Zünften zu Webern, Fischern und Schiffleuten – im grossen Festzug zur Bundesfeier 1901. Nach Kostümskizzen von Karl Jauslin, Franz Krauss und Burkhard Mangold.

Gärtner und Bannwarte. Auch bei den intellektuellen Berufen, wie den Notaren, Apothekern, Gerichtsschreibern, Lehrern, Pfarrern und Amtleuten, ergab sich keine eindeutige Tendenz.
Die berufliche Zuordnung der Gesellschaftsbrüder vermittelt einen interessanten Einblick in die Vielfalt der Kleinbasler Gewerbe und Handwerke. Neben zahlreichen Einzelberufen mit noch immer vorstellbaren Funktionen, wie Fasswascher, Pflasterknecht, Münzmeister, Kessler, Tuchschärer, Dreher, Bleicher, Knopfmacher, Feilenhauer, Windenmacher, Stadtpfeifer, Zirkelschmied, Bürstenbinder, Modelstecher, Perruquier, Drechsler, Lumpenmann, Karrensalber, Gutternmacher, Strumpflismer, Strählmacher, Stadttambour, Nagelschmied, Spengler, Bildhauer, Pulverstampfer, Kannengiesser, Uhrenmacher, Zapfengiesser, Holzflösser, Büchsenschafter, Siebmacher, Bruchschneider, Borermacher, Lebkucher, Schriftgiesser, Bandeliermacher, Pfannenschmied, Schmelzer, Graveur, Gassenbesetzer und Tabakspinner begegnen uns auch Berufe, deren Bedeutung uns nicht mehr gegenwärtig ist. So gab es auch Brot und Verdienst für Seckler (Taschenmacher), Gutferger (Spediteure), Bräter (Garköche), Spanner (Auflader), Käufler (Makler), Buchführer (umherziehende Buchhändler), Hausfeurer (Hausbäcker), Barettlimacher (Hutmacher), Plattner (Harnischmacher), Stempfer (Papiermacher) und Watmänner (Tuchhändler).
Wie im Grossbasel so sind auch im Kleinbasel gewisse Ballungszentren einzelner Berufszweige feststellbar: Es sassen die Müller, Bader und Zimmerleute in unmittelbarer Nähe der Teiche, die Krämer, Metzger und Schuhmacher mit Vorliebe beim Brückenkopf, die Schmiede, Hafner und Schlosser an der Unteren Rheingasse, die Fischer, Schiffleute, Maurer, Steinmetze und Bäcker an der Oberen Rheingasse, die Rebleute an der Oberen Rheingasse und an der Oberen Rebgasse, die Weinhändler, Küfer und Schneider an der Ochsengasse, die Wirte und Weber an der Utengasse und Rebgasse, die Wagner und Sattler an der Greifengasse. Als wohlhabend fallen besonders die Krämer, Weinhändler, Wirte und Müller auf, aber auch die Wagner, Schmiede, Sattler, Bäcker und Steinmetze hoben sich durch überdurchschnittliche Einkommen ab.

>> Ausgestorbene Geschlechter

Das 1690 von Johann Heinrich Sulger angelegte Handbuch der ‹Namen alter Geschlechter so die Gesellschaft zur Hären erneuert oder empfangen› liefert nicht nur Aufschluss über die berufliche Struktur der Gesellschaft, sondern auch wertvolle genealogische Hinweise. Wir erkennen, ergänzt durch Quellen der beiden andern Gesellschaften, zahlreiche Träger wohlklingender altbaslerischer Familiennamen, wie Sarasin, Hagenbach, Burckhardt, von Mechel, Stupanus, Merian, Holzach, Linder, Silbernagel, Vischer, Iselin, Heusler, Bischoff, Weitnauer, Passavant, Geigy, Werenfels, Socin, Respinger, Brenner, Eckstein, Birmann und Wassermann. Auffallend aber ist auch die lange Liste mittlerweile ausgestorbener Geschlechter. Es sind von diesen oft seltsamen Namen aufzuzählen die Armleder, Wasserhuhn, Schlündli, Bindisen, Kleinhenni, Zwilchenbart, Jüdli, Breitschwert, Jeuchdenhammer, Amerbach, Schwarzeisen, Myllheldig, Krydenmann, Frechtlin, Hechtmeyer, Trempel, Kielhammer, Spiegel, zur Blatten, Schaltenmeyer, Kilchman, Münchmeyer, Geisriebe, Sigismann, Federwisch, Morhausen, Batzendörfer, Ruckgraf,

Sonnenbüchel, Falkenberger, Setzdenstollen, Zetlitz, Biberstein, Schnäbelein, Glock, Knoblauch, Wassergraf, Wyberg, Cibola, Blech, Petri, Siesstrunk, Meltinger, Mentzinger, Holzapfel, Mehlbühs, Vollstock, Stosskorp, Rosenkranz, Schriebeisen, Felgenhauer, Ritterisen, Ohoho, Mansbendel, Meyenrock, Weihrauch, Tuback, Dückelmann, Mehlbuch, Monchanin, Herbrot, Wolleb, Kätterlin, Genat, Gutzler, Grüblin, Glück, Strempfel, Langenmössler oder Reyfsteg.

Gesellschaftszwang

Die seit alters bestehende Verpflichtung der Kleinbasler Bürger zur Annahme einer Gesellschaft ist 1704 durch ein formelles Dekret bekräftigt worden, da die entsprechenden Vorschriften nur noch willkürlich befolgt wurden, was zu Unregelmässigkeiten führte, die den Behörden gar nicht passten. Durch den auch vom Schultheiss unterzeichneten Erlass verlangte die Obrigkeit mit aller Deutlichkeit, dass sowohl Bürger aus Grossbasel, die im Kleinbasel Wohnsitz nehmen, als auch Kleinbasler, die sich in den Stand der Ehe begeben, innert 14 Tagen um Aufnahme nachzusuchen hätten. Welcher Gesellschaft sie sich anschliessen wollten, war ihnen völlig freigestellt. Sie hatten sich auch keinem Druck auszusetzen, da es den Vorstehern der Gesellschaften strikte verboten war, Bewerber in ihrer Willensäusserung in irgend einer Form zu beeinflussen. Verpflichtet dagegen waren die Gesellschaften, von jedem Neumitglied einen Gulden zu fordern, zumindest aber einen halben, wenn das Gesellschaftsrecht der Voreltern erneuert wurde. Wer diesen Vorschriften nicht genügte, hatte dem Hauptpfarrer zu St. Theodor zwei Gulden zugunsten der Armen der Kleinen Stadt abzuliefern. Konnte «aus Unvermöglichkeit oder aus Halsstarrigkeit diese Straf nicht erlegt werden, so sind selbige vierundzwanzig Stund in die sogenannte Fledermaus (Gefängniszelle im Richthaus) zu setzen. Zu dem Ende auch den Herren Hauptleuten zu verzeigen, auch von der E.E. Gesellschaft auszuschliessen und von keiner andern anzunehmen, sondern so lange für einen gesellschaftslosen Mann zu achten, bis sie sich durch Abstattung ermeldter Straf oder eine andere annehmliche Weis werden versöhnt haben».

Die Einhaltung dieses Gesetzes ist von den Behörden peinlich genau beobachtet worden. 1767 sind die Oberstmeister erneut angehalten worden, einen «Umgang zu veranstalten und den ohngesellschaftlichen Bürgern und Hintersassen zu gebieten, eine Geselschafft anzunehmen, welche sie wollen. Die Hintersassen aber, in drey gleiche Theil getheilt, müssen verlooset werden». Bei der anschliessenden Kontrolle sind denn auch «fünf und zwanzig Bürger und dreyssig und drey Hintersassen, so ohne Gesellschaft, aufgezeichnet und den Herren Vorgesetzten vorgelegt worden». Auch 1828 sahen sich die ‹Drey Ehrengesellschaften minderen Basels› veranlasst, dem 1803 neu formulierten Gesetz Nachachtung zu verschaffen. Die ‹traurige Nothwendigkeit› brachte ‹die Ausfindigmachung von 44 Individuen› ans Tageslicht, die ‹noch keine Gesellschaftshäuser angenommen hatten›. Wer die Aufforderung zum Beitritt nicht erfüllte, wurde ‹E.E. Stadt Rath zur Bestrafung der Widersetzlichkeit verzeigt›. Im Dezember 1874 hob der Grosse Rat die Gesellschaftspflicht auf. < Sistierung

Die Begründung des Gesellschaftszwangs lag, neben der Erfüllung des für jeden männlichen Erwachsenen obligatorischen periodischen Wachtdienstes, offensichtlich im Vormundschaftswesen. Besonders nach dem Beschluss des Grossen Rates vom 4. Juli 1791, wonach «E.E. Bürgerschaft jenseits, falls sie nicht ihr Beruf auf E.E. Zunft weiset, von Annahme E.E. Zunft befreyt seye», drängten die Behörden darauf, dass die Kleinbasler wenigstens durch eine Gesellschaft Vorsorge für ihre Witwen und Waisen übten. << Freie Wahl

Politische Rechte

Die Zugehörigkeit zu einer Zunft als auch zu einer Gesellschaft bevorzugte andrerseits die Kleinbasler in ihren politischen Rechten, öffnete sich ihnen solchermassen doch das doppelte passive Wahlrecht, d.h., sie konnten sowohl als Mitglied einer Zunft, der sie als Gewerbetreibende anzugehören hatten, als auch als Gesellschaftsbrüder im Rat Einzug halten! Seit 1337 stand den Zünften ein Mitspracherecht im Stadtregiment zu. Jede der 15 Zünfte ordnete einen sogenannten Zunftratsherrn in den Rat ab; seit 1382 auch ihren Zunftmeister. < Doppeltes Wahlrecht

Neben dem Kleinen Rat teilte sich seit der zweiten Hälfte des 14. Jahrhunderts der Grosse Rat in die Macht der Obrigkeit. Dieser bestand aus 180

Mitgliedern und wurde von den Sechsern der Zünfte, den amtierenden und den stillstehenden, gebildet.

> Politisch gleichberechtigt

Die Vereinigung der beiden Rheinstädte im Jahre 1392 setzte die Drei Gesellschaften als politisch gleichberechtigte neben die Gross-Basler Zünfte. J.J. Spreng berichtet hiezu: «Desto billiger und natürlicher war es denn, dass beide Städte forthin in Ein Regiment zusammenwuchsen, und mit unserem Wursteisen zu reden, aus Beiden, gleich als auch Einer Stadt, Sechser, Meister, Rähte und Häubter, ohne Unterschied zu Regenten erwählet, ja was noch mehr ist, zugleich auch die Neun obersten Meister und sibenundzwanzig Mitmeister der Ehrengesellschaften des mindern Basels in den grossen Raht gezogen wurden.» Ein Erkanntnis von 1487 lässt verlauten, der Schultheiss über Rhein solle nicht mehr als die vier, wie bisher üblich, von den Gesellschaften in den Grossen Rat bringen, die Fürsprecher aber auslassen, gleich wie die Fürsprecher diesseits des Rheins.

Die Verfassungsrevision von 1521, welche das Ende der bischöflichen Herrschaft besiegelte, überantwortete die Regierungsgewalt ausschliesslich den Zünften. Die Wahl der beiden Räte, zusammen mit den beiden Häuptern der Stadt, dem Bürgermeister und dem Oberstzunftmeister, wurde fortan von den Angehörigen der Zünfte und Gesellschaften vollzogen.

Gegen Ende des 17. Jahrhunderts erwachte eine starke politische Tätigkeit. Die Regierungsgewalt war, nach E.F. Knuchel, an einige hervorragende Familien übergegangen; diese benutzten ihre Stellung, um sich und ihrem Anhang möglichst grosse Vorteile zu sichern. Die Zünfte und Gesellschaften suchten deshalb dem Grossen Rat, der ganz in den Hintergrund gedrängt worden war, wieder zu grösserem Rechte zu verhelfen. Darüber kam es 1691 zu heftigen politischen Wirren. Auf Betreiben von Falkner, Petri, Fatio und Brandmüller wurden Bürgerausschüsse gewählt. Von diesen und der Geistlichkeit wurde das Volk gegen die bestehende Regierung aufgewiegelt. Der Grosse Rat wurde durch wiederholtes Einsperren zu einer Verfassungsänderung gezwungen. Allein die Ausschüsse erschienen plötzlich den Kleinbaslern zu demokratisch, und diese zogen sich augenscheinlich von der Sache zurück; eine Kornteuerung mag mitgewirkt haben. Die Erregung jenseits des Rheines wuchs so, dass etwa 200 Bürger zusammenliefen, um Fatio gefangen zu nehmen. Der Angeschuldigte musste darauf sich selbst in Haft begeben, wurde im Rheinturm gefangen gesetzt und von den Kleinbaslern bewacht. Wenige Tage darauf büsste er seine Reformpläne mit dem Tode. Die alte Verfassung aber blieb mit geringer Abänderung bestehen. Immerhin scheint im Nachgang zu den Wirren von 1691 das Vertretungsrecht der Kleinbasler im Grossen Rat demjenigen der Zünfte angepasst worden zu sein, indem nun jede der Drei Gesellschaften zwölf Abgeordnete, drei Oberstmeister und neun Mitmeister, in den jetzt 282 Mitglieder zählenden Rat (64 Kleinräte, 180 Sechser, 2 Schultheissen und 36 Gesellschaftsmeister) delegieren konnte. Der 1728 im Grossen Rat gestellte Antrag, die Schultheissen sowie die drei Oberstmeister der Drei Ehrengesellschaften in den Kleinen Rat, die Regierung, aufzunehmen, wurde indessen abgewiesen. Zehn Jahre zuvor hatte der Grosse Rat erneut mit etwelchem Missfallen zum Ausdruck gebracht, dass er Vorgesetzte, «so des Lesens und Schreibens unerfahren, zu Klein- und Grossen Rahts Gliederen erwehlt worden, dem Standt ohnanständig zu seyn erachte». Aus diesem Grunde versagte er Stadtboten, Stuben- und Gesellschaftsknechten, Torwächtern, Herrendienern, Stubenheizern, Tambouren und Trompetern die Wählbarkeit! Diese Bestimmung hatte wohl ihre Bedeutung, verblieben die Würdenträger doch jeweils bis zu ihrem Tod diskussionslos im Amt, ohne sich einer Wiederwahl stellen zu müssen; nur in Todesfällen schritten die Zunft- und Gesellschaftsvorstände zu eigentlichen Ergänzungswahlen!

>> Untergang des Ancien Régime

Die Abkehr vom Zunftherrenregiment, das während Jahrhunderten unumschränkt das gesamte städtische Leben beherrscht hatte, brachte erst die Staatsumwälzung von 1798. Noch wurden mit der wiedererlangten Souveränität des Kantons Basel im Mediationsjahr 1803 die Zünfte und Gesellschaften wieder in ihre gewerblichen, wenn auch nicht politischen Vorrechte eingesetzt, indem die Handwerker erneut dem Zunftzwang unterstellt wurden. Die Einführung der Kantonsverfassung von 1874, welche die bisherigen Wahlzünfte durch Quartier- und Gemeindewahlen ablöste, hatte dann für die städtischen Korporationen fünf Jahre später auch den Entzug des Vormundschaftswesens zur Folge, wodurch die Zünfte und Gesellschaften ihre letzte öffentlich-rechtliche Funktion verloren hatten.

Oberstmeister, Mitmeister, Gesellschaftsbrüder

Ihre Führung vertrauten die Gesellschaften zunächst einem Oberstmeister und vier Mitmeistern an. Die Gesellschaftsordnung zum Greifen von 1446 regelte die Einzelheiten folgendermassen: «Das man alle Jor uff den aller nechsten Sonnentag vor der Fronfasten vor dem heilgen Tag ze Wyhennacht einen nüwen Meister machen sol. Derselb ouch ein gantz Jor Meister sol sin. Soll ouch im vier Meister zu erkennen und geben. Also, dass der oder die des Jores sint gesin, dheiner (keiner) der vier Meisteren des nachgenden Jores werden sol, ussgenommen der, der denn desselben Jores obrester Meister gewesen ist, der sol der vier Meisteren einer sin. Sollent ouch derselben vier Meister dem obresten Meister globen by dem Eyd, so sy Rat und Meister des Jores geschworen hand, im behilfflich und gehorsam ze sind, der Gesellschafft und unseres Huses halb. Harwiderumb sol der obriste Meister den vier Meisteren ouch globen, als vor. Sollent ouch sust all Meister und Gsellen dem obresten Meister globen, ob er sin nit enberen will, das best und wegest zetund, iren Nutz zefurderende und Schaden ze wenden.»

Die Wahl des Oberstmeisters

Weil die Ehrengesellschaften «einander mit Leichung (der Ausleihung) des Geschirrs nicht zu Hilf kommen können», waren die Wahltermine der einzelnen Gesellschaften unterschiedlich! Den Wahlvorgang beschreibt das ‹alte Hären Urbar› von 1533, demgemäss die Meister «drey Mann aus ihnen und der Gemeindt kiesen und aussenden, die sie bedunckt, dass sie gemeinlich die nutzlichsten und verfenglichsten (fähigsten) seien». Die ‹Kieser des obersten Meistertums›, das später bis auf 16 Mitglieder erweiterte Wahlmännerkollegium, hatten vor der Wahl zu schwören: «Wir schwören zu dem Allwüssenden Gott, dass wir von niemandem angesprochen, auch weder uns noch den Unsrigen unseres Wüssens nichts gegeben, noch versprochen worden, sonderen, dass wir diejenigen in die Wahl zu ziehen gedenken, welche wir unserem Wissen und Gewissen nach zu der verledigten Obrist- oder Mitmeister Stelle die Dauglichsten zu seyn erachten werden. Und dass wir weder uns selbsten noch deren, um deren Willen wir nach Aussweysung des Täfeleins Verwandtschafft halber austretten müssen, zur Wahl verhelffen wollen. Das schwören wir, so wahr uns Gott helff.»

<< Älteste Gesellschaftsordnung

Trotz der feierlichen Beteuerung der auserwählten Elektoren, die ‹tauglichsten und verfenglichsten› Kandidaten in die Ämter zu wählen, machten sich zunehmend Familienoligarchie und Korruption bemerkbar. Mitunter wurde gar auf die Zuziehung von Kiesern verzichtet, was die Gesellschaftsvorsitzenden in die komfortable Lage versetzte, die Gesellschaftsbrüder ganz auszuschalten und das Wählen und Gewähltwerden auf allen Ebenen der Gesellschaftshierarchie ausschliesslich den Meistern zuzuschanzen. Und dies bedeutete letztlich, dass die Vorgesetzten, wie wir bereits gesehen haben, oft lebenslänglich regierten! Diese sogenannten Praktiken führten 1688 zur Einführung der Ballotierordnung, des überaus komplizierten Wahlverfahrens mit Kugeln, das den Zufall spielen liess. 1763 verfügte der Grosse Rat in dieser Sache: «Sollen in das künftige auf denen E. Gesellschaften jenseits bey Erwählung eines Herrn Obristen Meisters, die Herren Obrist- und Mitmeister samt den Herren Klein Räthen, so zu der E. Gesellschaft gehören, zwey gute Kugeln haben und die Gemeind oder E. Gesellschaftsbrüder mit zwey Drittel weissen oder guten und einem Drittel schwarzen Kugeln ziehen und dabey ausser denen Herren Klein Räthen, Obrist- und Mitmeisteren sonsten niemanden eine gute Kugelen zum voraus gegeben werden.» So verdrängte fortan das Glück des Loses Betrug und Bestechlichkeit im Wahlverfahren.
Wenn nicht durch Tod oder Wohnsitzverände-

< Ballotierordnung

6
Der Tanz der Drei Ehrenzeichen Kleinbasels vor dem Richthaus (links) und dem Haus ‹Zum Waldeck›. Im Hintergrund das Rheintor auf Grossbasler Boden (das allerdings bereits 1839 abgebrochen worden war). Aquarellierte Bleistiftzeichnung von Constantin Guise. 1848.

7
Die Wasserräder der Kammradmühle (links) und der Rösslimühle am Riehenteich, dem Lebensnerv der Mindern Stadt. 1899.

8
Der Holzplatz und die Stadtsäge am Riehenteich. Im Hintergrund das 1864 abgebrochene Riehentor. Getuschte Federzeichnung von Emanuel Büchel. 1760.

9
Die Allerheiligenkapelle im Schatten von St. Theodor. 1858 wurde das Totenhaus des Alten Kleinbasel den Ehrengesellschaften als Lagerraum für 7000 Reiswellen überlassen. Trotz «eines ansehnlichen Theils unserer Einwohnerschaft, welcher sich für die Erhaltung dieses kunsthistorischen Monuments interessirt», ist das reizvolle spätgotische Kirchlein 1881 abgebrochen worden. Aquarell von J. J. Schneider. 1880.

10
Am Riehenteich. Während Zimmerleute an der heutigen Riehenstrasse ihr Holz bearbeiten, verhandelt ein Handelsherr mit dem Handwerksmeister. Aquarell von Franz Feyerabend. 1789.

11
«Ansicht des Ehemaligen Klosters Klingenthal nebst Kirche, St. Bläsi-Thor und der Chrischona-Kirche. Von der St. Johann-Rheinseite aufgenommen im July 1856.» Aquarell von Peter Toussaint.

12
Das Kleinbasler Richthaus und das Haus ‹Zum Waldeck›. Bis zum Zusammenschluss mit Grossbasel im Jahre 1392 bildete Kleinbasel eine selbständige Stadtgemeinde, die am Brückenkopf seit 1289 ein eigenes Rathaus besass. Die Vereinigung entzog der Kleinen Stadt ihre politische Selbständigkeit, beliess ihr aber die niedere Gerichtsbarkeit. Das Rathaus wurde zum Richthaus (links im Bild) und stand fortan dem Schultheissengericht, dem Gescheid (Fünfergericht), der Rheininspektion und dem Wachtkollegium zur Verfügung. Aquarell von Johann Jakob Neustück. 1838.

13
Wachtstube, Richthaus, St. Niklauskapelle und Gesellschaftshaus zur Haeren. Das ‹blechbespitzte› Türmlein auf dem hohen Walmdach des Richthauses, in welchem sich bis ins Jahr 1798 alljährlich am Schwörtag die Kleinbasler Bürger zur Eidesleistung einfanden, verlieh dem markanten Bau am Brückenkopf später den Übernamen ‹Café Spitz›. Im Vordergrund die sogenannte Rosstränke. 1836.

14
Die alte Rheinbrücke und das Café Spitz mit seinem berühmten Wintergarten um die letzte Jahrhundertwende. Von Bischof Heinrich von Thun im Jahre 1225 erbaut, mit einer kleinen Brückenkapelle (Käppelijoch) und einer Wettersäule geschmückt und mittels 22 Steinbänken beschwert, erfüllte das ursprünglich von 7 hölzernen und 6 steinernen Pfeilern getragene Bauwerk bis zum 27. Mai 1903 seine wichtige Aufgabe. Photo Attila Varady.

EL DU RHIN
AU IER
RESTAURANT CAFE NATIONAL
MÜNCHNER-BIERKELLE

15
Die Ehrenzeichen erweisen König Rudolf vor apokrypher Staffage Reverenz. Monumentalgemälde (Ausschnitt) von Emil Beurmann. 1892.

16
Kleinbasels Ehrenzeichen am Obern Rheinweg. Die Köpfe der Tambouren und Fähnriche lassen die Physiognomie bekannter Honoratioren der Mindern Stadt erkennen. Aquarell von Ferdi Afflerbach. 1979.

17
Die Kleinbasler Ehrenzeichen im gemeinsamen Umzug mit den Drei Eidgenossen, dem Wilhelm Tell, dem Krayenjoggi und Salven feuernden Grenadieren. Aquarell. Anonym. Ende 18. Jahrhundert.

18
‹Carneval de Basle 1784.› Handkolorierte Radierung von Daniel Burckhardt.

19
Die Marienscheibe der Gesellschaft zur Haeren im Südseitenschiff der St. Theodorskirche, vermutlich 1526 nach einem Holbeinschen Riss entstanden.

20
Die 1480 der Kirchgemeinde von St. Theodor durch das Rebhaus gestiftete Rundscheibe mit Rebmesser und drei weissgekleideten Engeln.

21
Wappen und Wappenhalter der Ehrengesellschaft zur Haeren. Scheibenriss von Peter Stöcklin. 1635.

22
Der Wilde Mann auf der Schwelle zu einem Renaissanceportal. Scheibenriss von Hans Holbein d. J. 1528–1532.

23
Wappenscheibe, den Drei Ehrengesellschaften Kleinbasels 1921 von den Vorgesetzten gewidmet. Arbeit von Glasmaler Emil Schäfer.

24
Dedikation der Meister Hans Ulrich Passavant und Peter Werthemann. Wappenscheibe von Hans Jörg Wannewetsch. 1704.

25
Erinnerungsgeschenk der Vorgesetzten zum Bau des Gesellschaftshauses. Als Schildhalter des Haerenwappens ein ‹äusserst zahm aussehender Wildermann›. Arbeit von Adolf Mieg. 1854.

26–33
Daniel Burckhardt-Wildt (1752–1819), Grossbasler, Seidenbandfabrikant, Kunstsammler und Kunstmaler, als immer wieder begeisterter Bewunderer des Kleinbasler Volksbrauchs.

Links: Der Aufzug der Ehrenzeichen mit Fasnachtsbutzen, Bannerträgern, Hellebardiers, Bürgersleuten, Grenadieren und Tambour. 1782.

Rechts: Die Ehrenzeichen mit dem Krayenjoggi, den Drei Eidgenossen und dem Wilhelm Tell samt Söhnchen vor dem Haus ‹Zu den drei Hasen› an der Ecke Aeschenvorstadt/Sternengässlein im Grossbasel. Um 1810.

Unten: Zwei Sequenzen ‹ad Naturam› aus den Jahren 1789 und 1781.

D.B. fecit

40
D.B. ad Nat. 1781.

D.B. ad Nat. 1781.

Die Ehrenzünfte und Ehrengesellschaften Basels
mit den
Vorstadt-Gesellschaften
GARTNERN
METZGERN
SPINNWETERN
GOLDENER STERN
HIMMEL
WEBERN
FISCHERN
SCHIFFLEUTEN
HAEREN
GREIFFEN
REBHAUS
SCHLÜSSEL
HAUSGENOSSEN
WEINLEUTEN
SAFRAN
REBLEUTEN
BROTBECKEN
SCHMIEDEN
GERBERN
SCHNEIDERN
KÜRSCHNERN
MAEGD
KRAEHE
3 EIDGENOSSEN
RUPF
HOHEN DOLDER
KL. HÜNINGEN

> Wahltermin

>> Pflichtenheft

> Meisterkrönung

34
Die Zünfte und Gesellschaften Basels, heute bestehend aus 20 Ehrenzünften, 5 Grossbasler Vorstadtgesellschaften, 3 Kleinbasler Ehrengesellschaften und der Bürgerkorporation Kleinhüningen mit gesamthaft rund 5000 Mitgliedern. Kolorierte Zeichnung von Hans Lengweiler. 1936.

rung eines Meisters eine unmittelbare Neuwahl zu erfolgen hatte, wozu «nach altem Gebrauch und Herkommen die 3 E. Gesellschaften der Mindern Statt das Recht haben» (1719), erfolgten die Wahlen jeweils Ende Juni am Sonntag vor Johannis Baptistae. Bis 1960 hielten die Gesellschaften am Brauch fest, die Wahlen jeweils an einem Sonntag abzuhalten, dann liess man davon ab, weil ‹an einem Werktag eine grössere Wahlbeteiligung zu erwarten ist›. Noch 1958 ist in einem Protokoll «daran erinnert worden, dass gemäss alter Tradition am Tag der Wahlen Meister und Vorgesetzte gemeinsam das Mittagessen einnehmen, wobei die Wiedergewählten und die Neugewählten den Wein bezahlen». Einem Erlass von 1728 zufolge hatten «samptliche Herren Vorgesetzte in gewöhnlichem Habit, wie man in die grosse Rhatsversamlung zu gehen pflegt, in der Morgen Predig sich einzufinden, in Procession aus der Kirche sich auf das E. Haus zu verfügen und auf diese Weis dem Actus beyzuwohnen». Nach der feierlichen Verkündigung des endgültigen Wahlergebnisses wurde dem Oberstmeister ein aus ‹Meyen› (Blumen) und Rosmarin gewundener Meisterkranz, den die Gesellschaft zum Greifen 1704 durch eine kostbare ‹Meisterkrone› ersetzte, auf das Haupt appliziert. Alsodann fand der Wahlakt mit dem üblichen Segensspruch seinen Abschluss: «Gott verleyhe allerseits dem neuwen erwelten Herren Obrist Meister zu seiner Ehren Chargen von oben herab viel Glück, Heyl, Sägen, langes und in allem an Seel und Leib erspriessliches Wohlergehen und ewig geniessende freudenreiche Seeligkeit. Amen.»
Die wohl einzige detaillierte Schilderung des Zeremoniells der ‹Meisterkrönung› findet sich in einem Protokoll der Zunft zu Rebleuten aus dem Jahre 1770 und dürfte auch den im Kleinbasel praktizierten Ablauf wiedergeben: «Der neugewählte Herr Meister nahm seinen gewohnten Platz am Ehren Tisch ein, zu beiden Seiten die mit ihm im Vorschlag gestandenen zwei Sechser, sowie die übrigen Sechser. Hierauf wurden die Zunftbrüder in die Stube gerufen, worauf der alte Herr Meister, der dem neuen gegenüberstund, eröffnete, dass derjenige Herr erwählt sei, dem er den Crantz aufsetzen werde, worauf ihm der Crantz von dem Stubenknecht gebracht wurde, den er dann nahm und zuerst dem Herrn zur Rechten des neuen Herrn Meisters und dann dem zur Linken vor das Gesicht hielt und dann dem neuen Herrn Meister aufsetzte. Dann begab sich der alte Herr Meister zurück an seine Stelle und hielt eine kleine Rede, nach deren Beendigung ging er zum neuen Herrn Meister und gab Ihm die Hand, wie auch den anderen zwei Herren, und so ging jeder Vorgesetzte nach seinem Rang und that gleichwohl, und hierauf sämtliche anwesende Zunftbrüder, und nachdem jeder sich wieder auf seinen Platz verfügt, hält der neue Herr Meister auch eine kleine Rede an die Versammlung. NB. Den Krantz behält man nur kurze Zeit auf dem Kopfe und setzt ihn dann beiseite.»

Die Funktion des Oberstmeisters

Die ‹Function eines Herrn Oberstmeisters E.E. Gesellschaft des Rebhauses› ist auf einem Papier aus der zweiten Hälfte des 17. Jahrhunderts ausführlich umschrieben. Dieses umfasst 10 Punkte, die im wesentlichen folgendes aussagen: 1. Er ordnet sowohl Vorgesetztenbotte seiner Gesellschaft an als auch solche mit allen Drei Gesellschaften und präsidiert diese auch; bei gleichgeteilter Meinung gibt er den Ausschlag. 2. In Gemeinschaft mit den Oberstmeistern zur Haeren und zum Greifen bestimmt er den Tag der Besichtigung der Felder und Fruchtgärten und regelt den Verkauf der Ernte. 3. Er amtet als Friedensrichter in Streitfällen zwischen den Weidgenossen und den Hirten. 4. Er führt die Oberaufsicht über das Vogteiwesen. 5. Er hat mit den Herren des Gescheids (Feldgericht) im Herbst einen gemeinschaftlichen Umgang im Bann zu halten. 6. Er hat über die Einnahmen und Ausgaben Buch zu führen und regelmässig Rechenschaft abzulegen. 7. Er hat die Neujahrsspende anzuordnen und durchzuführen. 8. Er verfügt über die Schlüssel zu Archiv und Gewölbe, ‹es mag nun viel oder wenig darin seyn›. 9. Er hat allein das Recht, «mit einer silbernen Krone auf der Scheitel sich der gantzen E. Gesellschaft als Oberhaupt darzustellen.» 10. Bei den Mahlzeiten in seinem Gesellschaftshaus steht ihm der beste Platz zu.
Demjenigen, dem das Ehrenamt des Oberstmeisters übertragen wurde, hatte dieses vorbehaltlos anzunehmen, wie 1787 festgehalten wurde: «Sollen von nun an bey Erledigung und Wiederbestellung eines Obrist Meisters keine Entschuldigungen angenommen noch gültig seyn, mithin

sich die Wahl zu solcher Stelle von den Herren Mitt Meisteren unter keinem Vorwand nicht können verbetten werden.» Ein Ausschlagen der Oberstmeisterwürde aus materiellen Gründen wäre dann und wann wohl verständlich gewesen. Denn billig war die Ehre nicht, kostete diese den Amtsinhaber doch weitere 20 Pfund Geld und 6 Loth Silber. «Von dem jänigen Gäld soll der trite Teil, auch näben dem Silber, dem Ehren Haus oder dem Seckel zu gut kommen. Das ⅔tels Geld soll under die Herren Vorgesetzten vertheilt werden!»

<< Kostspielige Ehre

Noch kostspieliger war der in der Regel vorausgehende Einstieg in das Mitmeisteramt, wurden an die Spendefreudigkeit des Kandidaten doch grosse Erwartungen geknüpft: «1. Der Wein zum Nachtessen am Erwählungs Tag. 2. 10 Neue Louisdor in Seckel. 3. 6 Loth Silber. 4. Ein halb Dotzend zinnene Teller mit dem Gesellschafts Wappen. 5. 6 Neue Thaler dem Stubenknecht. 6. Nach der Einführung eine Mahlzeit, wozu eingeladen werden die Herren Kleinräth, die Mitgewählten und die Herren Irtenmeister.» Letztere, seit 1718 deren zwei gleichzeitig, hatten ebenfalls in die Tasche zu greifen und der Gesellschaft etwas an Silber zu verehren. Besonders generöse Irtenmeister liessen es dabei nicht bei Besteck, Zuckerbüchsen oder Salzfässlein bewenden, sondern bedankten sich etwa mit einem ‹silber vergoldeten Wilden Weiblein›, wie 1763 Herr Johann Jacob Iselin, einem ‹silbernen Grenadier mit einem Glas›, wie 1750 J.R. Wenk, oder gar mit einem ‹gantz massiv Silber vergoldeten Wildmännlein, worauf ein Hochfüsslein von geschnittenem Glas stehet›, wie solches 1748 von Andreas Heusler concediert worden war.

<< Neujahrskompetenz

Die Meister hatten sich aber nicht nur in das Amt einzukaufen, es stand ihnen auch das Recht zu gewissen Bezügen zu. So ist 1789 die schon im 15. Jahrhundert nachweisbare ‹Neujahrscompetenz› neu formuliert worden: «Solle jedem Herrn Vorgesetzten 1 Maas süssen Weins und 6 Neujahrsringe und dem jeweiligen neuen Herrn Oberstenmeister das doppelte durch den Stubenverwalter ins Haus gesandt werden.» Auch für die Voten, die im Rat gehalten wurden, konnte eine Entschädigung beansprucht werden. Ein eigentliches Gehalt bezog der Verwalter; die jährliche ‹Gratifikation› wurde sukzessive von Fr. 72.– (1858) auf Fr. 350.– (1889) angehoben. Das Schreiberamt war, wie 1782 bestätigt wurde, jeweils vom jüngsten Mitmeister zu versehen.

< Drei Oberstmeister

Im Laufe der Zeit erhöhte sich die Zahl der Oberstmeister auf drei pro Gesellschaft, die jeweils alternierend amtierten und von neun Mitmeistern und gelegentlich von zwei Räten sekundiert wurden. 1803 limitierte der Kleine Rat die Besetzung der Vorgesetztenstellen auf je zwei Vorsteher und sieben Mitmeister. Wer in das Sechseramt einer Zunft gewählt wurde, hatte gemäss einer Bestimmung aus dem Jahre 1782 seiner Vorgesetztenfunktion bei den Ehrengesellschaften zu entsagen. «Um sich gemütlich zu unterhalten und sich gegenseitig auszusprechen, aber auch zur bessern Frequenz des Gesellschaftshauses», beschlossen die Vorgesetzten 1916 regelmässige monatliche Zusammenkünfte.

< Rechnungsablage

‹Auf Erhardi› jeden Jahres hatte «ein regierender Obrister Meister allwegen der Ehren Gesellschafft wegen seines Einnehmens und Ausgebens Rechnung zu geben». Das Rechnungsjahr begann und endete demnach am St. Erhardstag (8. Januar). Auf diesen Tag hatte der vorsitzende Meister, der bis ins 18. Jahrhundert auch für den Finanzhaushalt direkt verantwortlich war, Rechenschaft über seine Buchführung abzulegen. Wie die Obrigkeit alles, was den Stadthaushalt betraf, geheim hielt, so gestatteten auch die Zünfte und Gesellschaften selbst ihren Mitgenossen keinen Einblick in die Bücher. Den Gesellschaftsbrüdern also blieb eine Orientierung über den wirtschaftlichen Status ihrer Gesellschaften verwehrt, was immer wieder Gerüchten und Verleumdungen Vorschub leistete. Als 1792 Peter Ochs mit der Darstellung seiner ‹Geschichte der Stadt und Landschaft Basel› beschäftigt war, klagte er denn auch, er könne nur Bruchstücke über die einzelnen Zünfte vorlegen, da die meisten derselben ein Geheimnis aus ihren Schriften machten.

Das Barvermögen der Gesellschaften wurde in einem ‹nussbaumenen Cassatröglin mit dreyfachem Schloss› (1750) verwahrt. 1788 beschloss der Haeren «einmüthig, dass der Gesellschafft Seckel samt dem darinnen sich befindlichen Gelt auf dem E. Hauss verbleiben soll, und so oft eine Session gehalten wird, im Beysein einiger Herren Vorgesetzten die Bezahlungen gemacht werden».

< Vermögenslage

Die Vermögenslage der Gesellschaften erwies sich in der Regel als ausreichend. Im Vergleich zu den Zünften aber war sie anfänglich bescheiden. So verfügten 1429 die 213 Kleinbasler

Gesellschaftsbrüder über ein Kapital von nur 24730 Gulden, während beispielsweise den 78 Zunftbrüdern zum Schlüssel ein solches von 113070 Gulden zustand. Zunehmende Erträge aus Landgütern, Gesellschaftshäusern, Eintrittsgeldern, Heizgeldern und Bussen ebneten den Ehrengesellschaften im Verlauf der Jahrhunderte den Aufstieg in den Bereich des ausgesprochenen Wohlstandes. Wie hätte sonst der Rebhausschreiber 1787 ins Protokoll die Marginalien setzen können ‹Was mit dem vielen Geld anzufangen?›? Auch 1859, als «bei hiesiger Bank Fr. 44000.– placiert werden wollten, sich diese aber weigerte, verzinsliches Geld aufzunehmen, weil die Zeitumstände es nicht gestatteten», hatten die Vorgesetzten alle Mühe, Mittel und Wege zu finden, um «dieses Geld nicht als todtes Capital liegen lassen zu müssen»! Dem Beispiel ‹einiger Zünfte und Gesellschaften› folgend, erlaubten sich 1802 die Vorgesetzten zur Haeren, «dasjenige wiederum zurückzuziehen, was selbige bey ihrer Erwählung eingeschossen». Und so legte Seckelmeister Raillard «den Recess von 1197 Pfund 7 Schilling 7 Pfennig baar auf den Tisch, worauf die beschlossene Theilung vorgenommen wurde, einzig Herr Gerichtsherr Ritter hat alles ausgeschlagen»...

> Wohlhabend

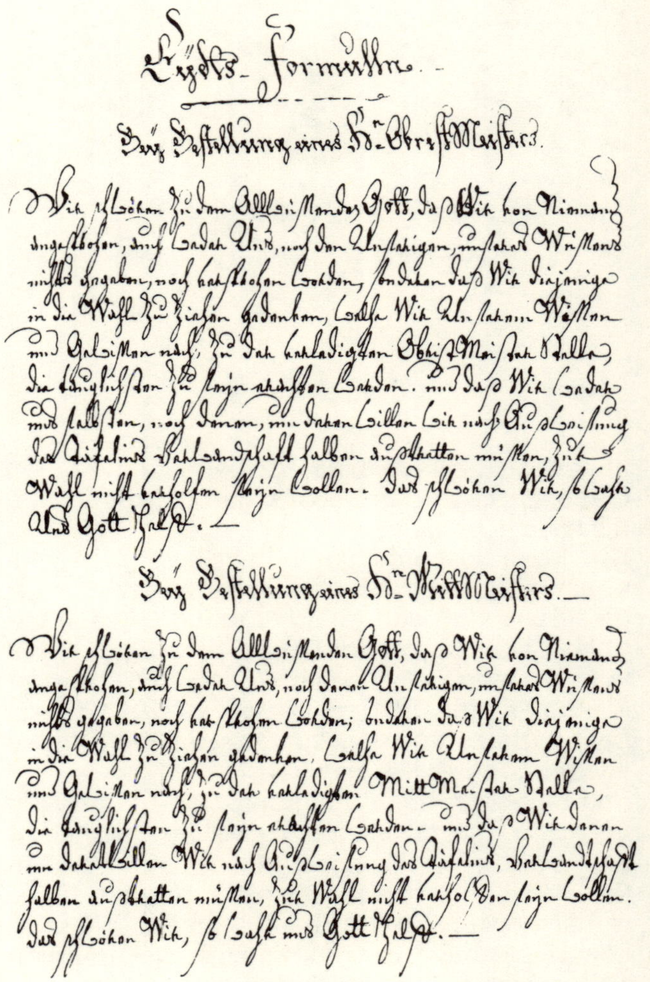
Eydts-Formullen.

Bey Bestellung eines Hn. Obrist Meisters.

Bey Bestellung eines Hn. Mitt Meisters.

35
Eidesformeln zur Wahl des Oberstmeisters und der Mitmeister zum Rebhaus: «Wir schwören zu dem Allwüssenden Gott, dass Wir vor Niemandem angesprochen, auch weder Uns noch den Unserigen unseres Wüssens nichts gegeben, noch versprochen worden, sonderen dass Wir diejenige in die Wahl zu ziehen gedenken, welche Wir Unserem Wissen und Gewissen nach zu der verledigten Obrist Meister Stelle die tauglichsten zu seyn erachten werden, und dass Wir weder uns selbsten, noch denen, um deren Willen Wir nach Aussweisung des Täfelins Verwandschaft halben ausstretten müssen, zur Wahl nicht verholfen seyn wollen. Das schwören Wir, so wahr Uns Gott helff.» 1728.

Mit 398 Gesellschaftsbrüdern wiesen die Ehrengesellschaften 1881 ein Reinvermögen von Fr. 235722.– aus, während dasjenige der ‹reichsten Zunft›, der Webern (310 Zunftbrüder), sich auf Fr. 179406.– belief. Mittlerweile verflachte die ‹finanzielle Führungsposition› der Kleinbasler etwas, stehen doch (1985) den Fr. 1003185.– der Drei Ehrengesellschaften (mit 450 Gesellschaftsbrüdern) Fr. 1632631.– der Rebleuten (mit 393 Zunftbrüdern) entgegen.
Um «im Rechnungswesen der Ehrengesellschaften die nöthige Vereinfachung eintreten zu lassen», ist 1886 ‹die bisherige Separat Verwaltung der Vermögen› durch ‹eine Vereinigung der drei Gesellschaftskassen› (Rebhaus Fr. 56000.–, Haeren Fr. 34800.–, Greifen Fr. 66300.–) abgelöst worden; die «der Gesellschaft zum Greifen gehörenden Fr. 8000.– Brennersches Legat ausgenommen».

Die Ordnung der Gesellschaftsbrüder

Die Rechte und Pflichten der Gesellschaftsbrüder werden durch eine ‹Ordnung› der ‹gemeinen Gesellschaft zu dem Gryffen zu mindern Basel› aus dem Jahre 1446 erstmals offenkundig. Das 19 ‹Artickel› umfassende Instrument hält u.a. fest: «Were ouch, das einer in unser Gesellschafft von Todes wegen abgienge und sturbe, liesse denn derselb Kinde, die eelich geboren und Knaben weren, da soll der eltste Knab die Gsellschafft gar und gantz erben. Also, dass er sy ernüweren soll in der nechsten Jarsfrist noch sines Vatters Tod mit einem Pfund Wachs und einem Viertel Wins. Were aber derselb Knab nit in Land und er darnach über und nach der Jarsfrist nach sines Vatters Tod zu Land käme, wil er dann, so mag er die Gsellschafft ernüweren, als obstat, in dem Jar, als er ze Land komen ist. Welher ouch in unser Gesellschafft ist und Knaben hat, die eelich sint, die mögen wol, wenn sy wollen, by irs Vatters Lebtagen die halb Gesellschafft kouffen und die ander halb sollen sy von irs Vatters wegen haben. Wer es, das zween einander schlugent oder sust unbescheydenlich lebtent, soll ouch die Besserung (Wiedergutmachung) von inen genommen werden. Welcher ouch den andern in unserm Huss (ver)wundete, der soll geben zechen Pfund Wachs. Welcher Messer zugkte oder Degen, der gitt fünf Pfund Wachs. Welcher ouch ein Urtten (Bezahlung einer Mahlzeit) underschlecht frevenlich und mit Wissen unser Kannen, Schüsslen oder anders dergleichen us unser Huss neme, das zu dem Hus gehört, und das verschlug und verdret mit andern Zeichen, der bessert fünf Pfund Wachs. Welcher den andern schüttet mit Wasser, es sye im Hus, Garten oder vor der Thüren, der soll bessern ein Pfund Wachs. Es gescheche in Schimpff oder in Ernst, ouch welcher dem andern in sin Spyl wirfft, wellicherley Spil das sy, mit Grund, Steynen oder welcherley das ouch sye, soll ouch bessern ein Pfund Wachs. Welcher ouch einen in unserm Hus ze Tod schlug (das Gott nit well), der soll gar und gantz von der Gesellschafft sin. Welcher den andern heisset liegen (lügen) frevenlich oder einem das vallend Übel (Aussatz) oder sust einen ungewonlichen Fluch fluchet oder bösse Wort git, der bessert ein Pfund Wachs. Welcher ouch under unsern Gesellen den andern mit einer Kanne oder mit einem Liechtstock, mit Krügen oder mit Gleseren oder anderm schwären Dingk freventlich würffet, der bessert 10 Pfund Wachs. Welcher ouch in zornswyse sin Spys weg würffet oder eines andern Spys, der bessert ein Pfund Wachs. Wer der ist, er sy frembd oder Hussgesell, ein Kartenspil zerbricht, zerhowet oder zum Venster usswürfft frevenlich und in zornswys, der soll bessern ein Pfund Wachs.»

Über das Prozedere der Aufnahme orientiert die 1533 verfasste ‹Eid-Ordnung› der Gesellschaft zur Haeren: «Wer nun hienfüro unser Gesellschafft begerdt und darum bittet, so soll ein Oberstmeister ein gmein Bott halten und ein Frag thun, ob jemandt von desselben unehrliche oder dergleichen Sachen wüsten, darumb ihme die Gesellschafft nit zu leichen seige. Ist er dann ein frembd Mann und dem Meister fuog (angenehm), so soll man ihne empfachen und darumb nehmen einen Gulden und den also paar ussrichten oder mit silbernen Pfändern dem Meister bevuegen oder Bürgen geben. Dann soll er ouch dem Meister paar geben zween Schilling und dem Schreiber zween Schilling und dem Knächt zwölf Pfennig. Wann dann einer in solche Gesellschafft gelassen, solcher gestalten als vorstadt, dass als dann derselb einen gelehrten aufgehepten Eid zu Gott dem Herrn schwören, des Hauses und der Gesellschafft Nutz und Ehre zu schaffen und Schaden zu wenden, darzu den Meisteren gehorsam zu sein und alles das zu

E. Gesellschaft zum Rebhaus.

Herr Carl Goetz-Holzer

ist unter heutigem Tag als Gesellschaftsbruder aufgenommen worden.

Basel, den 18. Dezember 1900.

Der Meister:

Aufnahmegebühr Fr. 10.—

36
Aufnahmeurkunde für Carl Goetz-Holzer, der den Gesellschaftsbrüdern durch ein hochherziges Legat dauernd in Erinnerung bleibt. 18. Dezember 1900.

halten, zu Gott, zu Lieb, zu Leidt und zu den Gebotten nach der Gesellschafft Ordnung und diss Buchs Innhalt.»

Die Mitgliedschaft galt lebenslänglich. Wenn aber «einer von unser Gsellschafft, wer der syge, dieselb unser Gsellschafft onredlich Ursach uffgebe oder uffseyte, der solle zu ewigen Zyten von berierter Gsellschafft gschalten (ausgeschlossen) sin und darzu weder zu Lieb noch zu Leid harin zu uns gan, sundere unsere Meister wyter ungrieret lassen.»

< Lebenslängliche Mitgliedschaft

Das Einhalten der Aufnahmebedingungen, die 1940 durch persönliches Vorstellen des Kandidaten beim Vorsitzenden Meister ‹transparenter› gestaltet wurden, ist peinlich genau überwacht worden. So wurden 1741 Joseph Wägelin von Lindenberg ‹wegen catholischer Religion abgewiesen›, 1748 Christian Mönch ‹als Concursit› gestrichen und 1767 Heinrich Degelmann ‹als unehlichs Kind› abgelehnt. Andrerseits konkurrenzierten sich die Gesellschaften nicht selten unerlaubterweise beim Werben um neue Gesellschaftsbrüder, wie 1732, als das Rebhaus dem Haeren zwei Kandidaten abspenstig machte, indem es diese von der Aufnahmegebühr befreite. 1777 erteilte der Haeren «dem Conrad Hauser, Besitzer des Undern Klybeck, das Gesellschafts Recht, ungeachtet er nichts

<< Eid-Ordnung

>> Wohnsitzzwang

37
Das Regimentsbüchlein nennt seit Jahrhunderten auch die Namen der Amtsträger der Kleinbasler Ehrengesellschaften. 1839.

Rebhaus.

Erwählt.

1832. Herr Samuel Braun, neuer Meister.
1829. — Samuel Minder, des Raths, alter Meister.

Vorgesetzte.

1796. Herr Jakob Christ. Pack.
1809. — J. Lukas Vest.
1810. — Rudolf Hübscher.
1829. — Friedrich Lotz.
1832. — Leonhard Paravicini.
1837. — Theodor Zäslin—Bleyenstein.

Hären.

1806. Herr Leonhard Lotz, neuer Meister.
1826. — Heinrich Finninger, alter Meister.

Vorgesetzte.

1803. Herr Joh. Lukas Merian, des Raths.
1814. — Melchior Münch, des Raths.
1816. — Heinrich Pfannenschmied.
1818. — Peter Pack.
1836. — August Schäfer.
1837. — Rudolf Fäsch.
1838. — Daniel Heußler, Stadtrathspräsident.

Greiffen.

Erwählt.

1824. Herr Achilles Miville, neuer Meister.
1823. — Christof Eglin, alter Meister.

Vorgesetzte.

1808. Herr Daniel Kaspar Hauser.
1818. — Rudolf Geßler, Seckelmeister.
1819. — Joh. Heinrich Horner.
1820. — Emanuel Dickenmann, Vater.
1824. — Dr. Kaspar Münch.
1831. — Johannes Bemler.
1831. — J. J. Herzog, Sohn, Notar u. Schreiber.

eigenes in Klein Basel hatte und er in seinem Begehren vom Greifen kläglich abgewiesen worden war».

Der Wohnsitzzwang scheint erst gegen Ende des 17. Jahrhunderts eingeführt worden zu sein. Noch 1672 haben acht ‹Persohnen auss der Grossen Stadt› und fünf Jahre später «von Herren grossen Basslern 21 die Ehrengesellschafft zur Hären empfangen». Als 1689 Mitmeister Marx Neuenstein «seine Wohnung verenderte und über Rhein zu seiner Tochter Ursula gezogen, alda Speiss und Trank geniesst, ist, um fernere Consequentzen zu verhüeten, selbiger seiner Mitmeister Stell entlassen worden. Da man kein Exempel findet, wan einer über Rhein wohnt und alhier Mitmeister gewesen, ist man also in Gottes Namen zu der Wahl eines andern Mitmeisters geschritten». 1781 ist präzisiert worden, dass «man keinem, der nicht in der kleinen Stadt wohnt, obschon einer ein eigenes Haus besitzt und selbiges nicht bewohnt, das Gesellschafts Recht angedeihen lässt». Als 1793 Oberstmeister Hans Conrad Hauser nach 42jähriger Vorgesetztenschaft sich aus gesundheitlichen Gründen gezwungen sah, zu seinem Schwiegersohn ins Pfarrhaus St. Leonhard zu übersiedeln, erkannten «die Herren Vorgesetzten und übrigen Gesellschafts Angehörigen einhällig, dass Herrn Obristmeister Hauser als ein 77jähriger allerseits geliebter Greis seiner Ehrenstelle nicht verlustig gehe». 1819 wurde die altüberlieferte Ordnung jedoch wieder bestätigt, wonach ein jeweiliger Vorgesetzter, welcher sich in der Grossen Stadt haushäblich niederlasse, in seinem Ehrenamt durch ein anderes Mitglied zu ersetzen sei.

>> Gesellschaftserneuerung

An einer ‹gemeinschaftlichen Sitzung› betonten 1858 Meister und Vorgesetzte, dass «in Zukunft wieder mehr diejenigen Erfordernisse verlangt werden, wie sie ehemals beobachtet wurden und welchen zufolge ausser den haushäblichen Bürgern und ihren Söhnen nur solche, welche irgend einen selbständigen Beruf treiben, bei uns wohnen, nicht aber sofort jedermann, der vielleicht nur für kurze Zeit in der kleinen Stadt ein Logis miethet, als Gesellschaftsbruder aufgenommen werde». 1884 wurde den Söhnen von Gesellschaftsbrüdern das Vorrecht eingeräumt, die Gesellschaft ihrer Väter anzunehmen. Das heute noch verbindliche Organisationsgesetz von 1897 bestimmt hinsichtlich des Erwerbs der Mitgliedschaft: «In die drei E. Gesellschaften kann jeder mehrjährige, in bürgerlichen Rechten und Ehren stehende, unbescholtene Stadtbürger aufgenommen werden, der seit wenigstens zwei Jahren in Kleinbasel wohnt, oder ebensolange Grundeigentum besitzt und sein Domizil im hiesigen Kanton hat.» Demgemäss ist 1902 festgehalten worden, dass in Kleinhüningen wohnhafte Mitbürger nur Mitglied sein können, sofern sie im Kleinbasler Quartierbann über Grundbesitz verfügen. Der Erwerb des Gesellschaftsrechtes wurde in neuerer Zeit (1892) mit Fr. 5.– belastet und kostet seit 1896 Fr. 10.–.

Die Höhe der Mitgliederzahlen war einem steten Wandel unterworfen. Sie belief sich 1445 auf je 100 Mann bei den Haeren und beim Greifen und auf 150 Mann beim Rebhaus, senkte sich mitunter ganz beträchtlich, erreichte aber 1867 und 1925 einen Höchstbestand von gesamthaft 469 Mann (156, 157, 156). Als 1913 sich nicht weniger als 52 Kandidaten meldeten, sah sich die Allgemeine Vorgesetztenversammlung gezwungen, ‹Mittel und Wege zu finden, um die Aufnahmen zurückzuhalten›. Das ‹Tempo an Gesuchen› aber hielt unvermindert an, und so wurde 1930 ‹beschlossen, nicht mehr über die Mitgliederzahl von 450 zu gehen›, was heute noch beobachtet wird.

Über die Mitgliedschaft von Frauen äussert sich die Greifen-Ordnung von 1446 deutlich: «Were es aber, das einer under uns, der also abgangen wer von Todesnot wegen, Töchteren liess und keinen Knaben, die eelich weren und die by irs Vatters Leptagen elich Man hetten, dieselb Tochter, die denn die elltest ist under den Töchteren, soll die halb Gesellschaft haben (also zur halben Aufnahmegebühr) von ihrs Vatters wegen, und will dann ir Man, so mag er die ander halb Gesellschafft kouffen ouch in der nechsten Jarsfrist noch sines Schwechers Tod. Ze glicherwys mögen darnoch die ander Töchteren, so sy Man genommen hatit, die halb Gsellschafft kouffen.» Obwohl demnach die Gesellschaften den Frauen grundsätzlich offenstanden, wurde das Gesellschaftsrecht – im Gegensatz zu demjenigen der Zünfte – vom weiblichen Geschlecht kaum beansprucht. Die Rodel führen nur drei Frauen auf: 1515 Kettrin Fischer und 1516 Christin Bäbler im Rebhaus sowie 1604 Barbara Weitnauer im Greifen.

Neben den Aufnahmegebühren hatten die Gesellschaftsbrüder zum Unterhalt der Gesellschaftshäuser alljährlich das sogenannte Heizgeld zu entrichten, das für die Bestreitung der Heizungskosten der Stuben verwendet wurde. Dieses ist bis 1853 von den Vorständen mit allem Nachdruck abverlangt worden. Wer nicht bezahlte, wurde schonungslos dem Gericht verzeigt. 1732 liess sich Conrad Haas klagend vernehmen, er «könne wegen Mangel der Nahrung nichts geben. Meine Gnädigen Herren wollen so gietig sein und mich auch etwan in das Kleine

<< Quartierbann

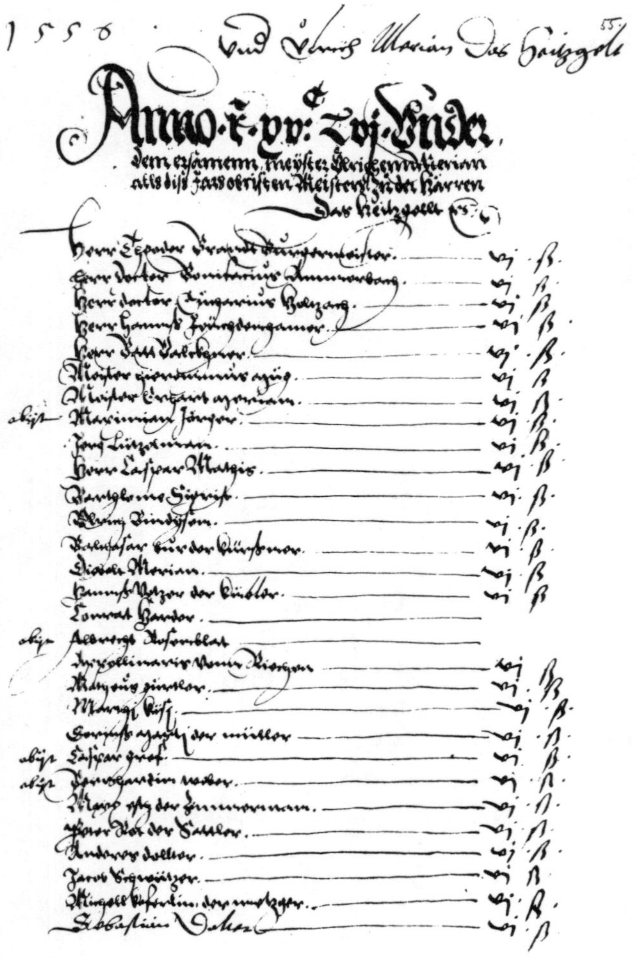

38
Bürgermeister Theodor Brandt, Doctor Bonifacius Amerbach, Doctor Eucharius Holtzach und Hanns Jeuchdenhamer führen den Heizgeldrodel der Haeren an. Die Gebühr, die von jedem Gesellschaftsbruder abzuführen war, betrug im Jahre 1556 sechs Schilling.

<< Frauen

Ehren Zeichen des Wilden Manns anstellen» und den ihm dafür zufallenden Lohn in Anrechnung bringen. Die Vorgesetzten aber beharrten auch in diesem Fall auf der Zahlungspflicht und erkannten gnadenlos, dass ‹widrigen Fahls die Execution (Betreibung) mit ihme solle vorgenommen werden›!

Befugnisse und Aufgaben der Gesellschaften

> Regimentsordnung

> Botte

>> Streifwächter

>> Wachtordnung

Das Pflichtenheft, das die Obrigkeit den in ihrer innern Existenz autonomen, aber nach aussen stets gemeinsam die Interessen der Kleinbasler Gemeinde vertretenden Ehrengesellschaften zur Erfüllung anvertraute, wird durch die Basler Regimentsordnung des Andreas Ryff von 1597 teilweise gegenwärtig: «Ein jeder Burger in der kleinen Statt muoss diser Gselschaften eine haben, uf die er dient, nit der Handtwerck oder Gwerben halb, dan dieselben greiffen den Zinfften nit inn, sonder allein der Gehorsame, auch Hiettens und Wachens halb, wie auch wan man soll kriegen und reisen, diewyl die in der kleinnen Statt (ob si gleichwol beide Stött einem Rath underworfen) in disem abgesöndert, daß si allein die kleine Stat verwachen, auch Erb und Eigen, Fräffell und Buossen, so in der kleinen Stat fallen, doselbsten miesen gerechtfertiget werden, und daß man weißt einem Jeden zuo gebietten, auch wan Sturm außgoth, daß ein Jeder wisse, zuo welchem Paner er sich verfiegen soll.»
Damit die Mandatträger dem Aufgabenbereich in allen Punkten gerecht werden konnten, ordneten die Oberstmeister der Gesellschaften gesellschaftsinterne oder gemeinsame ‹Botte› oder ‹Eidbotte› an, bei welchen an den Eid in den Gesellschaftsordnungen erinnert wurde: «Wenn auch die Meister von dess Hauses Nothurfft wegen ein Gebott haben wollen und den Knecht heissen umbsagen, so soll ein Jedtlicher dem Gebott, er seige reich oder arm, wie darzu beruffen wirdt, gehorsam sein. Uff die Stundt und Zeit ihm gebotten bei Peen (Strafe) fünf Schilling. Weren es aber Sachen, die Unsere Gnedigen Herren die Rähdt oder gemeine Stätt antreffendt, darum soll und mag ein Meister heissen bieten bey den Eyden. Und wem bei dem Eidt gebotten, dem soll eine andere Besserung (höhere Strafe) abgenommen werden, alles nach der Meister Erkantnus, er hette dann ein Urlaub oder solche redlichen Sachen, damit er sich entschuldigen und entschlachen konnte. Und das soll auch ein jetlicher Oberster Meister geloben, so er gesetzt wirdt, dass er in solichen Besserungen niemandts fürfahren noch schonen solle noch wolle.» Je nach Geschäft oder vorliegenden Ratserkanntnissen wurden nur die Vorgesetzten oder die ganze Gesellschaft zu den Botten (Sitzungen) geladen. Sie wurden je nach Bedarf einberufen, mindestens aber viermal pro Jahr, jeweils auf Fronfasten zu Beginn der ehemaligen Fastenzeit vor der Fasnacht, im Frühsommer, im Herbst und vor Weihnachten; bis ins Jahr 1855 wurden die Botte ausschliesslich an Sonntagvormittagen nach der Morgenpredigt gehalten.

Hüten und Wachen

Wie Ryff ausführt, galt es zunächst, das ‹Hietten und Wachen› zu ordnen. Seit dem 14. Jahrhundert gehörte die Bewachung der Stadt zum eigentlichen Aufgabenbereich der Zünfte. Aus ihren Reihen rekrutierte sich die Scharwache, deren Frondienst jeweils mit Wachtwein abgegolten wurde. Die zehn grössern Zünfte stellten seit 1414 in Friedenszeiten je zwei Mann, die kleineren je einen, die bei drohender Gefahr Zuzug erhielten. Die Türme und Tore boten den Spähern einen weiten Ausblick und liessen verdächtige Bewegungen frühzeitig erkennen. Waren die Mauern solchermassen gegen unerwartete Angriffe geschützt, so gewährleisteten die Streifwächter auf ihren Rundgängen durch die stockfinstern Gassen die innere Sicherheit der Stadt, wobei besonders auf Feuersgefahr geachtet wurde. Für die Bewachung der Kleinen Stadt waren die Ehrengesellschaften verantwortlich: «Ennet Rins waren IIII Meister und Knecht werhaftig, darunder LX (60) Schutzend.» Eine um das Jahr 1443 erlassene Ordnung regelte ‹die Wacht ennent Rins› im einzelnen: «Sy sollent alle Nacht wachen mit XXVI Mannen, der vier sollent uszwendig uf dem Graben umbgan in dem Zwingel von einem Rine zum andern. II Wacht uf dem

Thurm Clingental oder uf dem nuwen Vorthor Sant Plesien. Zwen uf dem Schutz, zwen uf dem Ortthurm (Eckturm) zu den Carthuseren, II uf dem Vorthor Sant Jodern. Nachdem sint XIIII uf der Scharwacht. Und sol alle Nacht einer von den Räten oder ein Houptman von einer Geselschaft der Oberste by der Scharwacht sin. Es sol ouch ein iegklicher mit sin selbs Libe, an dem die Wacht ist, wachen und dheinen (keinen) gewinnen umb Lon. Sant Cloren Türlin sol man beschliessen und weder Tag noch Nacht offen han und den Schlissel iemand von den Reten emphellen. Man sol daz usser Türlin by den Santgruben verrumen und den Fleckling darinnen tun, der über den Tich gat. Man soll nachtz niemand uszlassen. Man sol alle Rinthürlin zu Minnren Basel zu tund und dheine Steinknecht usz lassen zu solchen Ziten. Hat es aber Fug, so sol der Fürsprecher einer der Schlissel han und si uszlassen und ze Stund widerumb beschliessen. Man sol die Privaten (Abtritte) abtun und die Phenster verisenen (vergittern). Büchsen Löcher sol man machen, da daz kommelich ist.»

Dass die Wachtmannschaft ‹ohne Überweinung und zu rechter Zeit auf die Parade komme›, wurde 1734 unter Androhung ‹unnachlässlicher behöriger Straff› erneut betont, was bei der Qualifikation des städtischen Sicherheitsdienstes durch Andreas Ryff durchaus verständlich war: «Wir haben bisher eine sehr schlechte, ja liederliche Wacht gehalten, und wir danken Gott, dass er uns bisher in Gnaden bewahrt. Dieweil aber der Teufel und sein Werkzeug jetzt über die Massen stark wütet, viele und seltsame listige und geschwinde Mordpraktiken macht, so liegt uns ob, unsere Wachten so anzustellen, dass wir nicht von jedermann geziehen werden, wir seien faule Hirten und Verwahrloser der Unsrigen gewesen...»

Die Pflicht des Wachens und Hütens galt für jeden Bürger und konnte ursprünglich, wie wir gesehen haben, auch nicht delegiert werden. Wer aus Gründen der Bequemlichkeit, der Gesundheit oder der Abwesenheit nicht mit eigenem Leib das Gebot erfüllte, konnte später allerdings einen Ersatzmann stellen oder ‹steuern›. Auf welche Weise letzteres möglich war, ist 1518 durch einen Protokolleintrag zu erfahren: «Uff Sant Joders Tag im XVIII Jor habend dye ersamen Meister und Gesellen der ersamen Geselschaft zum Griffen zu mynderen Bassel uff das gutt frintlich Ankerren und Begerren des strengen festen Her Hans Kylchman, Rytter zu mynderen Basel, dem selben die bemelty Geselschaft goend, der Meinung werden lassen, wye das von gemeinen Meister und Gesellen her kant ward, doch mit sellichem Geding des bedochten Her Hans Kylchman der benanten Geselschaft zum Gryffen soll jerlichen geben zechen Schylling Pfennig und ine Her Hans Kylchman reisen (des Kriegsdienstleistens), wachen und hüetten und stürrens der bemelten Geselschaft halb unbekymerret und gentzlich lydig lossen (befreien).»

War auch die Gefahr kriegerischer Bedrohung oder innerer Unruhe gering, so musste doch jederzeit mit dem Ausbruch von Feuer gerechnet werden. Bei Brandalarm «stirmbt man in allen Kirchen mit den kleinen dry Glöcklenen, alßdan weißt aber ein Jeder was er thuon soll, derjänige, so den Brand erlydet, muoß 10 Pfundt Gelts zuo seinem Schaden erlegen, dasselbig aber bleibt nit der Obrikeit, sonder es ist ein Feihr Ordnung angesechen. Etliche miesen uf die Thor, Thirn, Letzenen der Statt, Zeüghauß, Etliche sind zuom Feühr verordnet, mit Leitteren, mit Wasserkiblen, zuo Wasser Eimeren, zur Schuoffen, zur Spritzen, zuo Axen, zuo Feürhocken und anderen Nothwendikeiten, also, daß guote Fürsechung zur Gegenwöhr angesechen ist». Gemäss der ‹Feur-Ordnung› von 1715 hatten bei Feuernot im Kleinbasel 12 Mann, ausgerüstet mit «ihren Seiten-Gewehren, Springstöcken oder Hellenparten, sich alsobalden an dem Ort der Brunst ohngesaumt einzufinden» und die Brandbekämpfung aufzunehmen. Die Ehrengesellschaften waren angewiesen, auf dem Richthaus neben zwei Feuerleitern 36 ‹gute Eymer in stäter Bereitschaft zu halten› und diese bei Verlust oder Beschädigung sofort zu ersetzen. Als 1656 die Claramühle in Flammen aufging, sind «ausgelegt worden 4 Mann zu den Leiteren, 3 Mann zu den Hockhen, 2 Mann zu den Spritzen, 6 Mann zu den Eimern und 2 Mann zu den Axten». 1804 ist auf «gemeinschaftliche Kosten der 3 Gesellschaften von 1600 Pfund eine grosse Feurspritze mit Saugwerck angeschafft und im sog. Behäng (provisorischer Schopf), dem Rebhaus gegenüber, aufbewahrt worden». 1848 sicherten die Ehrengesellschaften der Direktion der Löschanstalten einen Beitrag von Fr. 700.— zum Ankauf «einer neuen Feuerspritze, vollständig ausgerüstet mit Schläuchen, 2 Eimersäcken mit je 15 Eimern, einer Kreuzaxt, einem Seil und einer Hackenleiter» zu,

< Brandalarm

<< Liederliche Wache

<< Allgemeine Bürgerpflicht

unter der Voraussetzung, dass «solche zu allen Zeiten das Eigenthum der drei E. Gesellschaften bleibe und mit den Gesellschaften bezeichnet werde». Die Bedienung der Spritze oblag seit 1845 allerdings nicht mehr den Gesellschaftsbrüdern, sondern den ‹in der kleinen Stadt wohnenden Pompiers›.

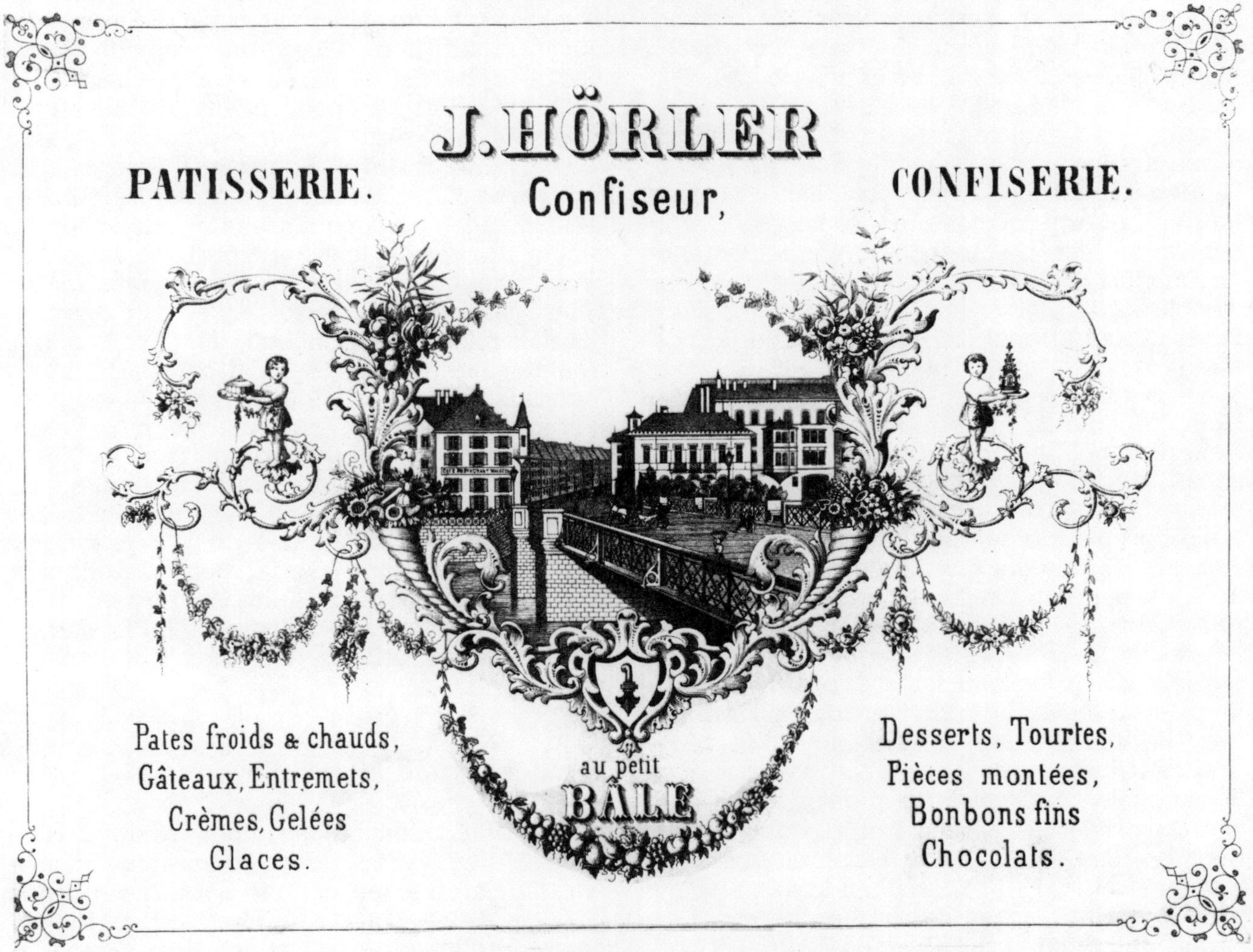

39
Geschäftskarte von Johann Hörler, der an der Greifengasse 13 eine bestbekannte Confiserie betrieb. Als Werbeträger und Qualitätsbegriff dient das Kleinbasler Gesellschaftshaus. Um 1880.

> Wehrpflicht

>> Kriegszüge

Wie das Hüten und Wachen, so lag die mittelalterliche Wehrkraft der Stadt in der Verantwortung der Zünfte und Gesellschaften. Mit dem Erreichen der Mündigkeit, die sich bis 1514 mit dem zurückgelegten 14. Lebensjahr einstellte und dann um zwei Jahre erhöht wurde, unterstanden Basler wie Hintersassen (Niedergelassene) bis zur Altersgebrechlichkeit der Wehrpflicht. In Zeiten ‹kriegerischer Läufe› hatten demgemäss auch die Kleinbasler ein angemessenes Kontingent an kriegstüchtigen Leuten unter das Panner (beim Auszug der gesamten Truppe) oder unter das Fähnlein (beim Auszug einzelner Kampfeinheiten) zu rufen.

Ist auch die Nachricht vom ‹Heldentod› von neun Mann aus den ‹Zünften Kleinbasels›, die 1386 bei Sempach auf seiten der Österreicher gegen die Eidgenossen kämpften, urkundlich nicht restlos gesichert, so gibt das Rote Buch, das nach dem Grossen Erdbeben von 1356 angelegte neue Ratsbuch, über die Beteiligung von noch nicht mit dem Bürgerrecht ausgestatteten Gesellschaftsbrüdern an Kriegszügen zuverlässige Auskunft. Im Zug nach Istein anno 1409 war der Greifen mit 27 Gesellschaftsbrüdern vertreten und der Haeren mit deren 10; aus den Trümmern der von den Baslern geschleiften Veste baute die Stadt den Kleinbaslern einen neuen Befestigungsturm. Zwei Jahre später, im Zug nach Neuenstein und Blauenstein, bezeugte auch das Rebhaus mit 25 Waffenträgern seine ‹Vaterlandsliebe›. Unter der Kriegsschar, die 1444 den bedrängten Eidgenossen bei St. Jakob zu Hilfe eilen wollte, befanden sich ein Haerenbruder, zwei Rebhausbrüder und drei Greifenbrüder. Beim Zug nach Blochmont anno 1449, der von den Zünften und Gesellschaften eigenmächtig unternommen wurde, entgingen die Kriegslustigen nur dank einer vom Rat entsandten Verstärkung einem Blutbad. Im ‹Basler Mannschaftrodel gegen die Fünf Orte im 1. Kappelerkrieg› aus dem Jahre 1529 sind 6 Haerengenossen, 9 Rebhausgenossen und 14 Greifengenossen aufgeführt. Als «man 1555 geförlicher Läuffen des Bischoffs von Basell Landz Gebiets halben in Sorge gestanden», legte die Gesellschaft zur Haeren «hienoch genannte Personen us: Zum Vendlin 8 Mann mit 2 Halbarten, 4 Spiess, 2 Büchsen. Zum Panner 22 Mann mit 3 Büchsen. 14 Spiess, 5 Halbarten, 9 von ihnen sind Todes abgegangen».

Meister und Vorgesetzte, von denen einer den Harst ins Feld zu führen hatte, mussten für die Rekrutierung besorgt sein und für die Mannschaft Verpflegung, Kochgeschirr und Fuhrwerke bereithalten. Aber auch Zelte hatten für die Unterkunft der Mannschaft zur Verfügung zu stehen; 1712 sind die «zwo Zelte zum Griffen neu ausgebessert und rebariert und auf dem S. Claren Bollwerck aufgeschlagen worden»; 1843 wurden «die alten Kriegsgegenstände, so auf dem Estrich im Gesellschaftshaus in einem Kammer Verschlag aufbewahrt werden, verkauft».

Für die militärische Ausrüstung hatte jeder Wehrpflichtige persönlich aufzukommen. Das Rebhaus verpflichtete denn auch im 15. Jahrhundert die neuen Gesellschaftsbrüder bei der Aufnahme, ‹Harnist und Gwer› jederzeit funktionstüchtig zur Hand zu haben. Es mussten also auf eigene Kosten Panzer, Beckenhaube oder Kesselhut, Blechhandschuhe und Waffen (Langspiess, Hellebarde, Schwert, Dolch, Armbrust oder Büchse) angeschafft werden, wozu die Gesellschaften nötigenfalls allerdings einen Beitrag leisteten. Die durch die Teilnahme an Kriegszügen anfallenden Kosten wurden einerseits mittels einer Besteuerung, das sogenannte Reisgeld, gedeckt und andrerseits durch einen Anteil an der allfälligen Beute kompensiert. Tapferkeit im Kriegsdienst bedeutete für die Hintersassen, die von auswärts Zugezogenen, die Möglichkeit, unentgeltlich ins Bürgerrecht und unter Umständen auch ins Gesellschaftsrecht aufgenommen zu werden. Auf diese Weise verzeichnete die Stadt von 1366 bis 1489 einen Zuwachs von 5616 Neubürgern.

< Banner

Ihre Kampfbereitschaft stellten die Kleinbasler auch bei der Anschaffung von Fähnlein und Bannern unter Beweis. 1577 haben «Unsere Gnedigen Herren ein Ersamer Rath der Statt Basel ein Musterung (Waffeninspektion) under gemeiner Bürgerschafft angesehen undt etliche Zunfft undt Gesellschafften ire Fanen erneuweret. Hatt auch eine Ersame Gesellschafft zur Härren mit Hilff undt Zuthun gutter Herren undt Haussgesellen ein neuw gross roth Fenlin mit einem weissen Schweytzer Crütz damitzen turch samt einer Pergen (Stange) machen lassen». An der Spendeaktion, die von Dr. Basilius Amerbach angeführt wurde, beteiligten sich 46 Gesellschaftsbrüder. Hans Junckmann offerierte das ‹Spiessisen› (Metallspitze), Claus Schott, der Tischmacher, «hat das lang Ladlin gemacht, darinn der neuw Fanen ligt», und ‹Job Schütz, der Schlosser, hat selbiges beschlagen›. An Material musste eingekauft werden: 30 Ellen «rotten Thaffet, 10 Elen weissen Thaffet, ein Lod minder ⅛ rott venedische Neysyde, 4½ Lod gele Pfarschnerlin, 6 Elen rott seyden Bendel, 2½ Lod gele Stepseyden». Als «man das Fenlyn (Gerfähnlein) geschnitten, ist zur Härren vier Mass Weins verzehrt worden». Dem «Moler, das er die Härren ins Fänlin undt an der Perge entworffen», liess man fünf Schilling verabfolgen.

<< Rekrutierung

<< Militärische Ausrüstung

Weidgang und Ackerbau

Neben der allnächtlichen Scharwache, dem Sicherheitsdienst und dem Kriegsaufgebot hatten die Ehrengesellschaften auch die Aufsicht über die Allmend und den Weidgang zu führen; diese unterstand aber letztlich dem Gescheid, dem Feldgericht, in welches die Gesellschaften Vertreter abordneten. Zur Wahrnehmung ihres Rechts führten die Häupter der Gesellschaften alljährlich auf Laetare (6. März) einen sogenannten Ausgang durch, inspizierten dabei Felder und Wälder, ordneten Bepflanzungen an, kontrollierten die Grenzsteine und ermahnten die Pächter zur Beobachtung der Gesetze. Gemäss einer im Jahre 1462 gefertigten Kundschaft über die Ausdehnung der Hoheitsrechte von Kleinba-

< Feldinspektion

> Nutzung der Allmend

sel erstreckte sich «der kleynen Statt Basel Herligkeit bis hinuff gon Krenzach zum Byrbömlin by dem grossen Steyn am Rin».
Die Nutzung der Allmend, von der im Laufe der Zeit grosse Teile in den Besitz der Ehrengesellschaften gelangten, geschah auf unterschiedliche Art. Dabei kam dem Weidgang, der ältesten Form der Bewirtschaftung, die grössere Bedeu-

40
Geburtstagsgratulation von Otto Plattner für Ernst Fuchs: «Als Räbhusschryber giltsch nit wenig, meh aber no als Erlekenig!» 1942.

tung zu. Alle Landbesitzer, die über Mattland verfügten, waren ihm unterstellt und hatten solchermassen das allgemeine Weiden zu gestatten: «Ein jeder Bürger der mindern Statt, so gar keine Matten in derselben Bahn besitzet, soll allein ein einziges Haupt Rindveech zu treiben befugt sein.» Wer aber über Weidland verfügte, durfte, je nach Umfang seines Besitzes, mehr Kühe weiden lassen. Vom Weidgang ausgeschlossen waren durch eine 1504 ergangene Ratserkanntnis die ‹Bürgere der mehreren Statt›.

> Kuhkrieg

1551 wickelte sich auf den Weiden der Kleinen Stadt ein eigentlicher ‹Kuhkrieg› ab, indem wildgewordene Kühe «in feindlicher Absicht mit den Hörnern aufeinander losgingen, wobei einige bis zum Dorf Brombach gejagt wurden und kaum zurückgebracht werden konnten. Diese seltsame Sache», bemerkte Chronist Johannes Gast argwöhnisch, «wird ein besonderes Gottesgericht zu bedeuten haben».

> Schafplage

Die Tendenz, nicht nur Grossvieh auf die Weide zu führen, sondern in zunehmendem Masse auch Schafe, Geissen, Schweine und eine ‹zimliche Menge Esel›, hatte ein ‹katastrophales Abgrasen› der Weideflächen zur Folge, so dass ‹die Kühe ihre Nahrung nicht mehr finden›. Die Ehrengesellschaften trachteten deshalb darnach, besonders die ‹schädlichen› Schafe von der Weide fernzuhalten. So wiesen sie 1662 die Kleinviehmetzger an, dass sie mit «ihren Böcken und Schaafen nicht sollen fahren wo der Hirt hinkommt, sondern an die Rheinhalden und an den langen Haag kehren», nachdem den Metzgern schon 1463 von Bürgermeister und Rat anbefohlen worden war, «sie söllent ihre Schaf in bescheydener Zahl geweydet han in dem Horenberge (Horburg) und gen Kluben (Klybeck)». Als auch die Einschränkung auf zwei Schafe und ein Lamm pro Bürger die ‹Schafplage› nicht wirksam einzudämmen vermochte, ordnete der Rat auf den Herbst 1789 die ‹Abschaffung der Schafe› an und sprach den Ehrengesellschaften wegen des ‹entzogenen Waidgangs des kleinen Viehs› eine Entschädigung von 52 Pfund 6 Schilling und 8 Rappen zu.
«Das Aufblühen der Handlung und Manufacturen, Revolution und Kriege und sonderlich der aus diesen Umständen hervorgegangene Zeitgeist» veranlassten schliesslich manchen Bürger, sich ‹der Hanthierung und dem Gewerbe› zuzuwenden und ein Landstück nach dem andern zu verkaufen. Aus diesem Grunde wurde 1829 das Weidwesen vorerst auf ‹eine Probe von 6 Jahren› und dann endgültig eingestellt.

>> Hirteneid

Damit wurden auch die von den Ehrengesellschaften beschäftigten Hirten, die auch den Felddieben nachzustellen hatten, aus ihrer Verpflichtung entlassen. Diese hatten vor Antritt ihres Dienstes den sogenannten Hirteneid zu schwören: «Wir schwören, dass wir Gemeinen und Bürgeren und Hindersassen, geistlichen und weltlichen, in Minderer Statt Basel ihr Vieh, jung und altes, wie das genannt ist, getreulichen hüeten, zu rechter Zeit auss und eintreiben, die Wayd nemmen und suchen und darinnen der Obersten Meisteren der Drey Ehren Gesellschafften Gebott nachkommen, alle Gebresten und Schäden einem jeglichen zu rechter Zeit zu Hauss und Hooff verkhünden und anzeigen wollen. Dazu alle Aynung (Vergehen) und Schaden, so beschehen seynd, Unseren Herren den Rähten in ihrer Alment oder gemeinen Bürgeren in ihren Gütteren denen Oberstmeisteren und Mitmeisteren der Drey Ehren Gesellschafften zu rüegen und anzuzeigen, so weit und fern Euch wüssend und kund ist. Alss uns vorgelesen ist und wir wohl verstanden haben, deme wollen wir nachkommen, stät und vest halten, getreulich, ohne Gefehrte. Das schwören wir: als unss Gott helff.»

Einträglich war das Kleinbasler Hirtenamt nicht. Als sich 1740 bei immer kleiner werdenden Kuhherden der Hütepreis von einem Rappen pro Stück Vieh auf deren zwei erhöhen sollte, zeigten die Vorgesetzten kein Verständnis! Bei dieser Hartherzigkeit war es begreiflich, dass 1814 der 83jährige alt Hirt Jakob Holdenegger den zuständigen Herren bei Gewährung «eines kleinen Gnadenschärfleins das Versprechen zu Füssen legte, er werde bald jenseits des Grabes seinen liebwerthen Gönnern den göttlichen Segen samt dem ewigen Frieden auf den Altar der Vergeltung durch seine Fürbitte als Dankopfer darlegen»...

<< Stadtgräben

Auch die Nutzung der Stadtgräben stand den Ehrengesellschaften zu. Diese wurden nach der 1771 durch den Rat beschlossenen ‹Abschaffung der darin genährten Hirsche› mit Gärten und mit ‹Erd Äpfel Pflanzungen› belegt.

«Anno 1712 im früh Jahr haben die Herren Vorgesetzten von allen 3 Gesellschafften sich under einander verglichen, in Ansehung der grossen und lang anhaltenden Theurung ungefehr den halben Theil der Almentgüthеren umb zu fahren und mit Früchten (Getreide) anzubliemen.» Zu diesem Zweck sind verschiedene Pächter eingesetzt worden. 1731 wurden die «auf dem sogenannten Galgenfeld sich befindlichen Almenten von 45 Jucharten sowie auch die Alment gegen die Wiesenbruck» an Niclaus Hagenbach verliehen, der «das erste Jahr mit Korn, die nächstfolgenden Jahr aber mit Gersten und Haber völlig anblüemen sollte».

Im ‹Hungerjahr› 1817 stellten die Ehrengesellschaften notleidenden Familien unentgeltlich 62 ‹Abteilungen› fruchtbaren Bodens im Rheinakker zum Anbau von Gemüse und Kartoffeln zur Verfügung. Als trotz der Freigabe weiterer Parzellen beim Neuen Weg und im Klybeck weiterhin grosse Nachfrage nach Pflanzland bestand, erwogen die Ehrengesellschaften, die Kiesgrube bei der Wiesenbrücke einzuebnen. Doch es ergaben sich hinsichtlich der Eigentumsverhältnisse Schwierigkeiten, die sich, trotz der Intervention von Oberstmeister Flick beim Stadtrat (alles Land gehöre seit der Schöpfung der Welt den Ehrengesellschaften, nur seien die Urkunden bei der Sintflut untergegangen (!)), aber als unlösbar erwiesen!

< Baumfrüchte

Die Ehrengesellschaften kontrollierten nicht nur den Anbau der Feldfrüchte, sondern besassen auch Rechte an den Baumfrüchten, an Nüssen, Kirschen und Eicheln. Zwar einigten sich in der ersten Hälfte des 16. Jahrhunderts die beiden Räte, Schultheiss und Gesellschaftsmeister, dass die Nüsse «hinfür zu ewigen Tagen dem Gotzhus zu Sannt Theodoren bliben, geschwungen und ingesamlet und zu Nutz des Gotzhuses verbrucht werden», doch wurden die Ehrengesellschaften später auch ergiebiger Nussernten teilhaftig, indem sie eigene Bäume anpflanzten und 1788 einen Bestand von nicht weniger als 173 Nussbäumen notierten. Die zahlreichen Bäume im ausgedehnten ‹Kirschen Acker› wurden zur Erntezeit jeweils einzeln versteigert, wobei «nur im Fall, was Gott verhüten wolle, wenn durch Hagelwetter Schaden eintreten sollte, ein angemessener Nachlass gestattet» wurde. Das Aufziehen und Versetzen der Eichen ist ganz den Hintersassen anheim gestellt worden, die, bei Strafandrohung im Falle von Nachlässigkeit, unter Aufsicht eines Vorgesetzten dieser Pflicht nachzukommen hatten. 1780 ist «zu besserer Besorgung und Benutzung der Allment Gütheren und darauf befindlichen Nuss und Kirsch Bäumen daselbst ein gemaurtes Häusslein erbaut worden, wobei einige E. Glieder zu besserer Oeconomie sich gütigst anerbotten haben, einige Sand, Stein und Holz Fuhren ohnentgeltlich verrichten zu lassen oder etwas in Gelt grossmüthigst beyzutragen».

< Waldpflege

Auch für die Pflege des Waldes brachten die Ehrengesellschaften viel Interesse auf. Immer wieder wurde für ausreichenden und gesunden Jungwuchs gesorgt, damit der durch Nutzung oder Unwetter dezimierte Baumbestand aufgeforstet werden konnte. 1787 ist beim Bäumlihof ein Eichenwäldchen angelegt worden, damit die Schweinemast ein mehreres abwerfe. Als sich 1812 «die Gemeinde Riehen erfrecht hat, in dem

Bahn der mindern Stadt, an der Riehen Strass beim sogenannten Langen Haag, Holz zu fällen», forderten die Ehrengesellschaften mit Nachdruck die Untersuchung ‹des verübten Frevels›. Als fünf Jahre später das in den Langen Erlen angepflanzte Akazienwäldchen zu Brennholz verwertet wurde, sahen sich die Ehrengesellschaften erneut gezwungen, in aller Form Protest einzulegen.

41
Aufruf an die Gesellschaftsbrüder betreffend Annahme einer Gesellschaft bzw. das Gryffemähli im Schweizerischen Volksfreund. 1879.

Drei E. Gesellschaften Kleinbasels.

(99) Durch Beschluß des Großen Raths vom 7. Dezember 1874 wurde bekanntlich die Verpflichtung zur Annahme einer Gesellschaft aufgehoben, dagegen steht die freiwillige Annahme einer solchen jedem majorennen Bürger, der in Kleinbasel wohnt, frei.

Es ergeht deßhalb an diejenigen Mitbürger, welche wünschen einer der drei E. Gesellschaften zugetheilt zu werden, die freundliche Einladung, sich bei einem der Herren Oberstmeister anzumelden und zwar:

für die **Gesellschaft zum Rebhaus** bei Herrn Oberstmeister **W. Jenny-Otto,** Claragraben 38.

für die **Gesellschaft zur Hären** bei Herrn Oberstmeister **A. Lotz-Holzach,** Rheingasse 44.

für die **Gesellschaft zum Greifen** bei Herrn Oberstmeister **R. Trueb-Preiswerk,** Claragraben 52.

Drei E. Gesellschaften Kleinbasels.

(101) Den verehrlichen Gesellschaftsbrüderu, welchen wegen Abwesenheit oder irgend welchem Grunde die Liste zur Unterzeichnung für die allgemeine Mahlzeit nicht zugekommen sein sollte, wird hiemit angezeigt, daß dieselbe noch bis Samstag den 11. Jänner bei Herrn **J. Götz-Hamm** im Gesellschaftshause aufgelegt bleibt.

Majorenne Söhne von Gesellschaftsbrüdern, welche sich an der allgemeinen Mahlzeit zu betheiligen wünschen, aber noch keiner Gesellschaft zugetheilt sind, machen wir auf obstehende Anzeige aufmerksam.

Die Verwaltung.

> Reiche Erträge

Die Erträge aus der Bewirtschaftung von Feldern und Baumgärten waren mitunter ganz beträchtlich. So wurden 1772 beim Zollhaus an der Wiesenbrücke und auf dem Galgenfeld 330 Garben Roggen und 485 Garben Korn geerntet, die 12 Sack 16 Becher Roggen und 376 Wellen Stroh bzw. 33 Sack Korn und 298 Wellen Stroh ergaben. Der Verkauf erbrachte unter Einbezug des ‹Kirschen und Nuss Geldtes› einen Erlös von 375 Pfund. Die Ausgaben für ‹die Frucht zu schneiden und aufzubinden› sowie für die Drescher und Fuhrleute erreichten 187 Pfund, so dass aus dieser Ernte jeder Gesellschaft eine Einnahme von rund 62 Pfund verblieb. Die hübsche Summe, die durch anfallende ‹Tauengelder› (Mattenzinse) noch aufgestockt wurde, verlockte dann und wann zur Begehrlichkeit, ging doch da die Anfrage ein, «ob von diesem Geld aus den Alment Früchten nicht etwas under die Gesellschafts Brüdere auszutheylen sey». Die Vorgesetzten aber wollten davon nichts wissen, mahnte ‹die Underhaltung der E. Häuseren› doch zur Sparsamkeit.

>> Schanzen

Geschmälert wurde der Ertrag aus den Allmendgütern mitunter durch den Bau von Schanzen. Als 1792 Kleinbasel zum Schutz gegen mögliche militärische Auswirkungen im Zusammenhang mit dem Krieg zwischen Österreich und Preussen mit Befestigungsanlagen bewehrt war, mussten zur Errichtung der Wiesenbruckschanze 45 Eichbäume gefällt werden. Die Drei Ehrengesellschaften erhoben gegen diesen Raubbau in Kleinbasler Waldungen geharnischten Protest und forderten – allerdings ohne Erfolg- den Kriegsrat auf, das notwendige Holz aus dem Hardwald zu beschaffen. 1798 besetzten die Franzosen das Gebiet vom Bäumlihof bis nach Kleinhüningen mit 16 Batterien, und auf dem Galgenfeld und im Klybeck liessen sie grosse Feldlager erstehen. Auf Anordnung von General Dufour, der das Kommando bei der durch die Neuenburgeraffäre ausgelösten Besetzung der Rheinlinie führte, wurden 1857 auf dem Galgenfeld erneut Schanzen aufgeworfen. Als die Gefahr gebannt war, sprach der Eidgenössische Kommissär, Oberst J.J. Stehlin, den Ehrengesellschaften eine Entschädigung von Fr. 3800.— zu samt «dem Holzwerk, bestehend in Flecklingen, Diehlen, Pfahlholz, Faschinen, Pallisaden und Schanzkörben, für die Wiederherstellung der Culturfähigkeit des Bodens und für alle Verluste an Zins und Bodenertrag».

>> Wässerungsmatten

Die aufkommende Industrialisierung machte sich nicht nur durch ein gewisses Desinteresse an Ackerbau und Viehzucht bemerkbar, sondern auch durch die Beanspruchung von Allmend für gewerbliche Bedürfnisse. Nun war die Nachfrage nach Wässerungsmatten gross, die zum Bleichen der Tuche benötigt wurden. 1736 war es Ratsherr Lucas Hagenbach, der ‹an dem Ablass beym Egelsee eine neue Bleiche anrichten wollte›. Die Ehrengesellschaften erteilten ihr Einverständnis zu diesem Unternehmen erst, als Hagenbach ‹Realersatz› zusicherte, indem er «jeniges Stück wild oder ödes Land auff dem sogenanndten Horburg bis gegen das Zollhaus an der Wiesen Brugg Reben» zugunsten der Gesellschaften nutzbar zu machen versprach.

>> Maulbeerbäume

1738 gelangte Abraham Legrand mit dem Begehren an die Ehrengesellschaften, es möchten ihm lehensweise 40 Jucharten Land auf dem Galgenfeld überlassen werden, damit er «etlich tausend Maulbeerbäum aus der Baumschul auff einen grossen und beständigen Platz versetzen» könne: «Die an underschiedlichen Orthen in der Schweitz gemachten Erfahrungen haben gezeigt, dass allhier eben so wohl, auch schönere und feinere Seyde, alss an vielen anderen Orthen könnte mit Nutzen erzogen und fabriciert werden; folglich der Aussgang vieles Gelts auss dem Lande erspahrt und einer Menge armer und presthaffter Leuthe, so zu anderer Arbeit ohntüchtig sind, die Nahrungs Mittel angeschafft werden.» Die Vorgesetzten waren gut beraten, Legrands Wünschen nicht stattgegeben zu haben, denn die zahlreichen Versuche, die Seidenraupenzucht in nördlicher gelegenen Ländern einzuführen, sind erfolglos geblieben. Gelegentlich erinnert ein Flurname an sie wie die Maulbeerstrasse im nachmaligen ‹Scherbenviertel› hinter dem Badischen Bahnhof. Das Haus Maulbeerstrasse 11, in welchem der Kleinbasler Dichter Theobald Baerwart von 1877 bis 1891 seine Jugendzeit verlebt hat, ist 1875 erbaut worden und trägt heute noch den Namen ‹zum Maulbeerbaum›.

Eine weitere Einschränkung des Weidrechts liessen sich die Gesellschaftsmeister indessen 1757 gefallen, als Emanuel Ryhiner für seine an der Riehenstrasse erbaute ‹Indienne Fabrique› ein «Equivalent von 225 Gulden Gelts hiesiger Wärung zu gutem aller Drey Ehren Geselschafften angebotten und richtig bezahlt hatte»!

Religiöse Verankerung

Wie die Zunftbrüder, so pflegten auch die Gesellschaftsbrüder ein enges Verhältnis zur Kirche. Äusseres Zeichen der religiösen Verankerung war zunächst die Verbindung mit einem bestimmten Gotteshaus. Im Kleinbasel galt diese der Pfarrkirche von St. Theodor. Hier erfüllten die Gesellschaftsbrüder ihre kirchlichen Pflichten sowohl im Kreis ihrer Familien als auch in Gemeinschaft mit ihrer Gesellschaft. Ihre Andacht verrichteten sie mit Vorliebe vor der Statue des Heiligen Theodul, des Schutzpatrons der Rebleute, die auf dem Heiligkreuzaltar stand. 1731 bekräftigten die Vorgetzten ihre Treue zu St. Theodor: Als sich die Frage stellte, ‹ob man wolle an den Sonntag Abends die Predigt zu Sant Glahren (St. Clara) gehalten haben›, entschied man ‹einhälig, fürtershin den Gottes Dienst zu Sant Teodoren zu halten›.

< Sakrale Kunst

Ein frühes Zeugnis sakraler Kunst stellt in der Theodorskirche die Rundscheibe der Gesellschaft zum Rebhaus im nördlichen Seitenschiff dar, die 1480 gestiftet worden war und drei weiss gekleidete Engel zeigt, die den mit einem silbernen Rebmesser geschmückten Schild der Gesellschaft halten. Auch die Gesellschaft zur Haeren verehrte dem Gotteshaus ein Glasgemälde: eine prachtvolle Marienscheibe im südlichen Lettnerfenster, die vermutlich 1526 nach einem Holbeinschen Riss entstanden ist und die Himmelskönigin mit dem Jesuskind auf dem Wappenschild im Sockelfries zur Darstellung bringt.

Dass auch der Greifen mit einem ‹Bildniss aus Glass› in der Theodorskirche vertreten war, bringt die Streitschrift betreffend die Rangfolge des Rebhauses und des Haeren aus dem Jahre 1668 zum Ausdruck: «Under den dreyen in dem Chor sich befindenden Fensteren ist das uralte Räbhausswapen in dem mittleren und ansehnlichsten Fenster. Der Härren Zeichen aber allein zu dessen rechter Seiten in einem schrägen Fenster steht. Gleicherweiss wie das Greiffenwaapen zu dessen linkher Seiten gestanden, vor wenigen Jahren aber, wie bekhant, erst abgangen ist.» 1984 stiftete ein ungenanntseinwollender Gesellschaftsbruder dem Gotteshaus eine neue Greifenscheibe, welche der Hand eines elsässischen Meisters entstammt.

< Geistliche Musik

Als um die Mitte des 18. Jahrhunderts die Orgel «durch einen Wetter Strahl beschädiget und keiner Reparation würdig befunden wurde», sagten die Vorgesetzten 1767 einer von Andreas Silbermann zu erbauenden neuen Orgel, einem ‹zum Lob Gottes höchst nothwendigen Vorhaben›, spontan die verdiente Unterstützung zu; eine solche ward ebenfalls dem Orgelneubau von 1916 zuteil, ebenso der Orgelrestauration von 1984.

<< St. Theodor

Auch bei der Kirchenrenovation von 1836 liessen die Ehrengesellschaften ihre Hilfsbereitschaft spürbar werden, indem sie die Kosten für Reparatur und Vergolden des kupfernen Hahns und Knopfs auf dem Kirchturm übernahmen und eine Schenkungsurkunde mit den Namen der Vorgesetzten und Nachrichten aus der Zeit in den Hohlraum der Spitze verpackten. Ein ‹Unglück mit dem Wetterhahn› veranlasste 1851 eine Ergänzung des ‹Kirchturmtextes›: «Ein starker Sturm schleuderte wenige Jahre nach seiner Herstellung im Jahr 1836 den Hahn von seiner Höhe hinab in den Graben der Stadt – daher dieses 2te.

< Wetterhahn

>> Leichenfolge

im Jahr 1851 niedergelegte Dokument. Ein Sturm ganz anderer Art hatte mittlerweile das Vaterland ergriffen. Ein Bund hatte sich gestaltet im Bunde. Die ganze Schweiz stand in Waffen – sie entschieden, der Sonderbund erlag und ein neuer kräftigerer Bund entstand. Und es krähte der gallische Hahn, und von seiner Stimme sank der Thron der Orleanisten zusammen und die Völker Deutschlands und Italiens erhoben sich und ihre Fürsten erschraken und ihre Throne wankten. Aber die Führer der Völker verstanden sich nicht, und ihre Wünsche überflogen das Ziel und das Maas. Da erlahmten ihre Kräfte und viele Tausende ihrer Flüchtlinge fanden ein langes und sicheres Asyl in der gerüsteten Schweiz. – Wann endlich wird die Stimme eines Hahns ertönen, welche der Menschheit die Morgenröthe eines langen, schönen, friedlichen Tages verkündet?!» Anlässlich der Wiederherstellung des Kirchenchors der Kartause im Jahre 1930 leisteten die Ehrengesellschaften durch die Stiftung einer prachtvollen, von Fritz Haufler gestalteten Glasscheibe einen Beitrag zur Verschönerung des bedeutsamen Sakralbaus.

> Pfarrwahl

Eine direkte Mitbestimmung in kirchlichen Angelegenheiten stand den Ehrengesellschaften bei der Wahl des Hauptpfarrers und Helfers (Pfarrers) zu: Jede Gesellschaft hatte das Recht, vier ‹ehrbare Hausväter› zu ernennen, welche das Wahlgremium bildeten. Noch 1832 hatten ‹die durch das Gesetz bezeichneten Elektoren aus der kleinen Stadt› ihre Pflicht bei der Pfarrwahl wahrzunehmen. Die Anhänglichkeit gegenüber der Geistlichkeit war oft von rührendem Ausdruck, wie aus dem nachfolgenden Beispiel zu ersehen ist: «Eingedenkt des unermüdlichen Eifers, der Treue und Sorgfalt, womit der verehrungswürdigste und edle greise Pfarrer Johann Jakob Faesch ein halbes Jahrhundert für das ewige Wohl seiner ihm anvertrauten Gemeinde so väterlich sorgte», liessen die Vorgesetzten 1827 «dem so würdigen Seelsorger, demjenigen, der so herrlichen geistigen Saamen streute, in kindlicher Ehrerbietung ein Präsent im Namen der ganzen Gemeinde klein Basels mit heissem Dank darbringen». Eine ähnliche Dankesbezeugung wurde 1856 auch Pfarrer Johann Jakob Bischoff abgestattet, zu dessen 50. Amtsjahr Goldschmied Johann Jakob Handmann ‹eine silberne Zuckerbüchse auf silbernem Plateau› anzufertigen beauftragt wurde.

Zu den vornehmsten Pflichten der Gesellschaftsbrüder gehörte die Leichenfolge zu Ehren eines verstorbenen Mitbruders. Oberstmeister und Mitmeister legten grössten Wert auf die Befolgung dieser Ehrenpflicht. Als 1687 sieben Gesellschaftsbrüder der Bestattung von Oberstmeister Emanuel Meyer – ‹Gott verleihe dem Verstorbenen eine fröhliche Auferständtnus!› – fernblieben, wurden sie zur Rechenschaft gezogen und hatten ihr Versäumnis genau zu begründen. 1708 «ist ein Ehrenbott gehalten worden wegen den Begräbnussen, dass man in so geringer Anzahl jeweillen erschienen, also haben meine hochgeehrten Herren erkannt, dass die Gesellschaftsbrüdere künftighin besser und mehrer erscheinen sollen, widrigen Fahls die Ungehorsamen zur gebiehrender Straff gezogen werden»; und diese betrug für Vorgesetzte 3 Batzen und für Gesellschaftsbrüder 2 Schilling 6 Rappen. Beim tragischen Hinschied von Mitmeister Johann Pfannenschmidt, der 1677 «durch die keyserlichen Soldaten oder sog. Schnapphanen uffem Rhein erschossen und also seines Lebens beraubt worden ist», formierten die Ehrengesellschaften ein ausserordentlich feierliches Trauergeleite.

Während jeder Trauerzeremonie war der Sarg, der im Schein grosser Kerzen von den Gesellschaftsbrüdern zu Grabe getragen wurde, mit dem sogenannten Bahrtuch der Gesellschaft bedeckt; 1598 schaffte der Haeren erneut einen solchen Überwurf an, wozu ‹6½ Elen linysch schwartz Duch› benötigt wurden.

>> Seelenmesse

Zentrales Anliegen beim Tod eines Gesellschaftsbruders war das Zelebrieren einer Seelenmesse. Die Ordnung der Gesellschaft zum Greifen von 1446 befasste sich denn auch überaus gewissenhaft mit der Gestaltung der Jahrzeitmessen, dem würdevollen Zeichen christlicher Fürbitte: «Es ist ouch harin sunderlich ze wissen, das unsere Meister und gemeinen Stubengesellen einhelliglich sich miteinander vereinbart und erkant haben, das nunfürohin zu künfftigen Jaren, sunderlich eins jeden Jars uff den Sontag allernechst vor der Fronfasten ze Wyhennacht, das gemein Jorzit aller und jeder Brüdern und Schwestern, so von unser gemeynen Gesellschaft mit Tod abgangen sindt, uff Mentag nechst vor der Fronfasten obgemelt zu Sanct Theoder mit einem gesungnen Seelampt und sechs gesprochnen Messen in Gedechtnusse aller Seelen, so unser Gesellschaft zum Gryffen verscheyden, halten und began solle. Es soll ouch ein jeder Obrister Meister uff obbemelt Zyt allen Stubengesellen verkünden unnd ze wüssen thun, das sy und ein Jeder by dem Jorzit erschinen für die aberstorbenen Brüder und Schwestern Seelen ze bitten. Ob aber ir einer nit dahin zu dem Jorzit kommen mechte durch sich selbs oder sin Efrow, der solle doch das Opffer zwey Denar ze geben verbunden und uszzerichten verpflicht sin.» Der «Ersamen Wisen Meister und Gemein der Geselschaft uff der Reblüten Huss in Minderen Basel Altar» ist 1484 im pergamentenen Jahrzeitenbuch der Pfarrkirche zu St. Theodor aufgeführt.

Gesellschaftsbrüder, die zu tieferer Frömmigkeit neigten, fanden im Schoss der Gesellschaften eine weitere Möglichkeit zu religiöser Entfaltung: Sie schlossen sich der Bruderschaft St. Pantaleon an und versahen vor dem Altar ihres Schutzpatrons in der St. Theodorskirche den kirchlichen Dienst. Neben der Verehrung des volkstümlichen Pestheiligen galt die Hingabe, die mit materiellen Auflagen verbunden war, der Abhaltung gottesdienstlicher Besinnung, der Lesung von Seelenmessen für verstorbene Gesellschaftsgenossen und der Begehung feierlicher Familienereignisse, darüber hinaus aber auch der gegenseitigen Hilfe und Unterstützung. 1493 «hant die Meister zum Rebhaus ouch ingenommen ein Gulden von der Panthaleonen Bruderschafft und hant den selbigen geben Clauss Übelin dem Haffner». In Erinnerung an diese altüberlieferte Tradition ist 1953 von elf Gesellschaftsbrüdern die St. Niklausbruderschaft gegründet worden.

Beim gleichsam täglichen Kontakt mit dem Kultus und dem geistlichen Einfluss, dem die Oberstmeister und Meister durch ihre kirchenvögtliche Stellung ausgesetzt waren, erstaunt es nicht, dass die Drei Ehrengesellschaften keine grosse Begeisterung für die Reformation aufbrachten und sich denn auch dem Bildersturm zunächst energisch widersetzten. So tritt das Sonderwesen Kleinbasels auch im religiösen Bereich hervor, was besonders während der Wirren des Bildersturms sichtbar wurde. Von einem ernsthafteren Zusammenstoss berichtet uns Fridolin Ryff unterm 14. Februar 1529: «Uf disen tag erhub sich ein unwil über Rin, dan alß sy die gotzen abbrochen, hatten siß zamen behalten, in meinig, die zu nochgendiger zit wyder uff zu richten: das wart nu die gemeint innen, des sy nit wol zufryden waß, giengen etlich burger hiedisent hinüber zu besechen, das sy nu fast vertroß und satzten die uber Rin an dise, und wart ein großer zwytracht, zugten über einander, wart ein frempter gsel fast übel gehouwen von dennen über Rin, indem dieselbigen wichen musten, komen also uff dem Rin hinweg. Do butten min herren, das sy die götzen denselben tag musten zerhouwen und morndes ouch verbrent wurden.

Satzungen

1. Die Niklaus-Bruderschaft bezweckt die Freundschaft und die Geselligkeit unter den Gesellschaftsbrüdern zu fördern und kleinbaslerische Eigenart zu wahren und hochzuhalten.
2. Die Bruderschaft ist ein kleiner Freundeskreis, der sich alle Samstage zu gemütlichem Hock am runden Tisch im Gesellschaftshaus zusammenfindet.
3. Jeweils am oder um den Niklaustag herum, halten die Brüder ein gemeinsames Nachtmahl.
4. Jeder Bruder zahlt zur Bestreitung gemeinsamer Ausgaben eine Aufnahmegebühr und einen Jahresbeitrag ins Büchslin, über welches der Büchslin-Halter jährlich Rechnung ablegt. Außergewöhnliche Ausgaben können durch eine besondere Auflage und durch freiwillige Zuwendungen gedeckt werden.

42
«Eingedenk, dass anno 1858 die Drei Ehren-Gesellschaften die St. Niklaus-Kapelle an der Rheingasse erworben und ebendaselbst ihr Gesellschaftshaus erweitert haben, geben wir unserer am heutigen Tag gegründeten Bruderschaft den Namen: Niklaus-Bruderschaft. 5. Dezember 1953.»

Also dorfften sy sich nit me losen mercken in unwillen, und satzt man in ouch ein gutten predicanten hinuber zu sant Joder, wart dernoch gutter frid und einigkeit.» Chronist Christian Wurstisen will hiezu noch wissen, so Knuchel, daß die Meister zur Haeren jenen Volksauflauf verursacht hätten und daß verschiedene Teilnehmer nachher genötigt waren, durch ein ‹Privat› (Abort) in den Rhein sich zu retten und davon zu schwimmen. Überhaupt kam es in jenen unruhigen Zeitläuften zu verschiedenen Bedrohungen des Stadtfriedens: so hatten die Bewohner der Minderen Stadt die Rheinbrücke abgedeckt und hielten am Brückenende Wache, entschlossen, ihren alten Glauben zu bewahren; doch bald zeigte es sich, daß auch in ihren Reihen die neue Richtung erstarkt war. So wurde auch das Mindere Basel durch die stetig anwachsende Anzahl von Anhängern des neuen Glaubens der Reformation geöffnet.

<< Reformation

43
‹Tanz im Café Spitz.›
Die Aufwartung der Drei Ehrenzeichen im grossen Saal des Gesellschaftshauses vermag nicht alle Gesellschaftsbrüder in ihren Bann zu ziehen, wird doch von einigen Herren mit ungezügeltem Appetit Kulinarisches Kulturhistorischem vorgezogen! Ölgemälde von Johann Rudolf Weiss. Um 1885.

44
Das Rebhaus mit dem Rebhausbrunnen. Ursprünglich stand vor dem Gesellschaftshaus der Rebleute ein mächtiger achteckiger Brunnentrog, der um die Mitte des 19. Jahrhunderts nur noch ‹einen wenig schönen Anblick› darbot. Er wurde deshalb 1862 durch den Solothurner Steinmetz Urs Bargetzi ersetzt. 1883 ist auch der Brunnstock aus der Spätrenaissance mit den vier musizierenden Musen und dem korinthischen Kapitell durch eine Kopie ausgewechselt worden. ‹Nachtbuben› fügten 1900 und 1972 dem Löwen erheblichen Schaden zu, so dass dieser wiederholt nachgebildet werden musste. Photo von Jakob Koch. Um 1890.

45
Die Baarmatte bei der Kartause, im letzten Jahrhundert ursprünglicher ‹Wässerungsplatz› des Wilden Mannes. Vor Anker liegt die Harzgrabenfähre, die bis zum Bau der Wettsteinbrücke im Jahre 1877 das Obere Kleinbasel mit dem St. Albanquartier verband. Um 1869.

46
Die Wirtschaft ‹Greifenbräu› am Claraplatz. Das lebhaft frequentierte Lokal war von Bierbrauer Louis Dietrich eingerichtet worden, der sowohl das ehemalige Gesellschaftshaus zum Greifen als auch den Brauerei-Mälzereibetrieb ‹Greifenbräu Horburg› an der Amerbachstrasse in seinem Besitze hielt. Photographie von Fritz Bulacher. Um 1915.

47
Das ehemalige Gesellschaftshaus zum Greifen, welches im Herbst 1928 abgerissen wurde. Um 1890.

Filiale Greifenbräu
BASLER LÖWENBRÄU
G. LÖRTSCHER-LEIMGRUBER
Restauration

BRAUEREI ZUM GREIFEN

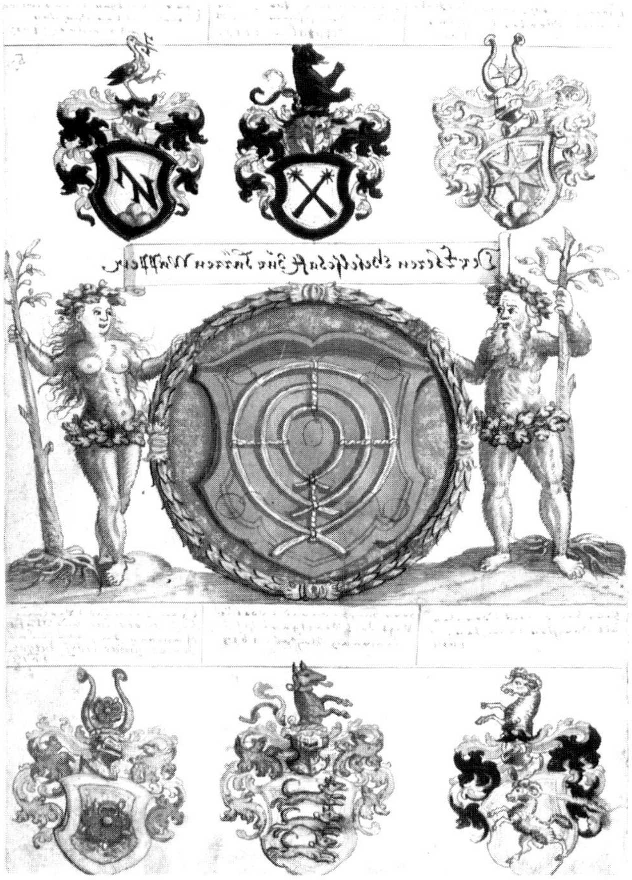

48
Erstes Wappenbuch zur Haeren. Der Wilde Mann teilt seine Wappenhalterfunktion mit einer Wilden Frau. 1613.

49
Der berühmte Zeichner und Maler Emanuel Büchel gestaltete das Titelblatt des zweiten Wappenbuches der Haeren. 1751.

50
Das Gesellschaftshaus zur Haeren mit dem Durchgang zur Rheingasse (Haerengässlein, heute Wild Ma-Gässli), vom Oberen Rheinweg aus gesehen. Der Durchgang des Haerengässleins führte zur Rosstränke am Rhein, wo am 14. November 1458 ein Rudel von mehr als 20 Wildschweinen beobachtet wurde. Aquarell von Johann Jakob Neustück. 1856.

51
Wie die Haeren so verfügen auch das Rebhaus und der Greifen über kostbare Wappenbücher. Beide sind Stiftungen generöser Donatoren. 1763 bedachte Oberstmeister Johann Rudolf Bulacher das Rebhaus mit einem prachtvollen Folianten, dessen Titelblatt ebenfalls der Hand Emanuel Büchels entstammt.

52
Ohne einen berühmten Künstler beizuziehen hatte bereits ein Jahr zuvor Gerichtsherr und Mitmeister Peter Rosenburger seiner Gesellschaft, dem Greifen, ein stattliches, in Leder gebundenes Buch zur Aufnahme der Vorgesetztenwappen zum Geschenk gemacht

53
Das Gesellschaftshaus zur Haeren an der Rheingasse. Rechts anschliessend die nun als Reithalle benützte St. Niklauskapelle und das Café Spitz. Über dem Haerengässlein das überlebensgrosse Abbild des Wappenhalters. Aquarell von Johann Jakob Neustück. 1856.

54
Karl Jauslin (1842–1904): Wieweit die Darstellung des bekannten Historienmalers aus Muttenz den Tatsachen entspricht, lässt sich nicht mit Sicherheit feststellen. Zeitgenössische Berichte aus dem letzten Jahrhundert erzählen verschiedentlich, der Wilde Mann sei bei seiner Talfahrt von Vogel Gryff und Leu begleitet gewesen. Archivalische Belege, welche diese Aussage stützen könnten, aber liegen keine vor.

55
Das vom Abbruch bedrohte Café Spitz (1838–1841) und der Erweiterungsbau (1857–1860) im Januar 1966: «S fliegt näggschdens zämme – s Kaffi Spitz. S hebbt numme-n-o am Lauber Fritz!»

56
Das Café Spitz mit dem legendären ‹Schwalbennest›, der ‹umsatzstärksten Bierbeiz› der Stadt. Photos Rolf Brönnimann. 1966.

57
Café Spitz und Hotel Merian vom Grossbasler Brückenkopf aus gesehen. Links im Vordergrund das Käppelijoch. 1986.

58
Café Spitz und Hotel Merian von der Greifengasse her gesehen. Tribut an die moderne Zeit (Strassenverbreiterung): das arkadisierte Gesellschaftshaus. 1986.

Zem Vogelgryff

Ihr Buebe, d'Gläbbere-n-
usem Sagg,
es schmeggt doch scho no
Larvelagg,
ihr Zipfle, mergge-n-er
denn nit,
's isch d'Zyt, wo's Faschte-
wähje git.
Der Kibel butzt und zümftig
gschränggt,
der Alltagsmensch an
Nagel g'hänggt,
es lyt doch ebbis in der
Luft,
Mählsubbe, Zibelewähje-
duft;
y schmegg doch Gam-
pher, Farb und Lagg,
he Buebe, d'Gläbbere-n-
usem Sagg
und gläbberet mitenand
um d'Wett,
«d'Millere het, si het!»

De waisch nit, was e Gläb-
bere-n-isch?
me glaubt nit, dass d'Glai-
basler bisch!
Doch halt, es fallt mer
ebe-n-y,
er sin jo erscht nyn Johr
alt gsi
und mir hän Grieg, hit bald
vier Johr,
drum kunnt eich d'Gläb-
bere komisch vor.
Er kennet nur, was ratio-
niert,
mit Faschtewähje bisch
agfiehrt,
und d'Costimkischte, si
blybt zue,
fir e wyter Johr het d'Larve
Rueh.
Der alt Spruch teent au
däwäg nätt:
d'Millere wott, si hätt!

Doch ains, ihr Binggis,
blybt bistoh,
der Wildma, dä wird
trotzdäm ko.
Är wirzelet, au wenn's
flaischlos isch
und trotz em Vol-au-vent
mit Fisch.
Au mir, ihr Buebe, laufe
mit,
«so lang's no Grutt und
Gnepfli git!»

Arthur Rahm, 1943

59
Der Greifenbecher der Gesellschaft zum Greifen. Arbeit von Sebastian Schilling. 1606. Gewicht: 1498 g. Höhe: 32 cm. Fassungsvermögen: 4,2 dl.

60
Der Wild Ma-Becher der Gesellschaft zur Haeren. Arbeit eines unbekannten Goldschmieds. 1744. Gewicht: 1754 g. Höhe: 53 cm. Fassungsvermögen: 2,6 dl.

61
Der Leuenbecher der Gesellschaft zum Rebhaus. Arbeit von Johann Jakob Biermann. 1637. Gewicht: 2027,43 g. Höhe: 39 cm. Fassungsvermögen: 5 dl.

> Vormundschaftswesen

>> Aufhebung

62
Vor dem Café Spitz erweisen Vogel Gryff und Leu dem ‹bachabfahrenden› Wilden Mann Reverenz, der von den Fähnrichen und Tambouren der Gesellschaften zur Haeren und zum Greifen begleitet ist. Rechtsaussen bittet der dannzumal noch einzige, in den Basler Farben gekleidete Ueli um milde Gaben. Ölgemälde von Johann Rudolf Weiss. Um 1885.

63
‹Die Rheinfahrt des Hären›. Aquarell von Arthur Riedel (1888–1953).

64
‹Vogel Gryff in Basel.› Kolorierte Lithographie von Burkhard Mangold (1873–1950).

Im Dienste des Mitmenschen

Ein vitales Interesse bekundeten die Gesellschaften dem Vormundschaftswesen. Die Sorge um die Witwen und Waisen sowie um die entmündigten Gesellschaftsangehörigen beschäftigte Oberstmeister und Mitmeister in ausserordentlichem Masse, sollten die Hinterbliebenen doch in jeder Lebenslage mit dem Beistand der Ehrengesellschaften rechnen dürfen. Nach dem Tod eines Gesellschaftsbruders, der Frau und unmündige Kinder hinterliess, ernannten die Vorgesetzten einen Vogt, der ein Inventar von Hab und Gut aufzunehmen hatte und fortan die vaterlose Familie begleitete, deren Vermögen verwaltete und sich um die Ausbildung der Waisen kümmerte. Über die Ausübung ihres Amtes hatten die Vögte dem Vorstand alljährlich Red und Antwort zu stehen und gleichzeitig schriftlich Rechnung abzulegen: wer ‹die heilige Pflicht des persönlichen Erscheinens› bei der Prüfung der rechtmässigen Besorgung der ihm übertragenen Vogtei missachtete, hatte massive Vorwürfe zu gewärtigen. Die Verwaltung der Vormundschaften, für welche jede Gesellschaft eigene Vogteibücher führte, war vielfach mit Mühe und Ärger verbunden. Und oft hatten die Vorgesetzten die Gesellschaftsbrüder, die keinesfalls eine Vormundschaft ablehnen durften, an ihr Vogtgelübde zu erinnern: «Wir geloben und versprechen bey guten Treuwen und Ehren an Eidstatt, dass wir der Frau Wittib und Kindern, welchen wir zu Vögten und Vormunden geordnet worden, Person und Gütter treulich versehen, bewahren und ausserhalb Rechtens vertretten und beschirmen, was ihnen nutzlich ist, bestens Fleiss vollbringen, was schädlich ist, unterlassen und sonsten insgemein alles thun, handeln und lassen wollen, was getreüen Vögten und Vormundtern von Rechts wegen zu handelen, zu thun und zu lassen eignet und gebührt».
Zur Klärung der Kompetenz zwischen Zünften und Gesellschaften «haben Meine Gnädigen Herren die Räthe den 12ten Julii 1760 erkannt, dass wenn ein Bürger der minderen Stadt, der neben der Gesellschaft einer Zunft zugethan, zu sterben komt und eine Wittwe und Kinder hinterlässt, die Wittib, sie mag einen Beruf treiben oder nicht, von der Zunft und die Kinder von der Gesellschaft; falls aber nur eine Wittwe ohne Kinder oder Kinder ohne Mutter vorhanden wären, solche von der Zunft bevogtet werden sollen». Mit geballter Entrüstung begegneten die Vorgesetzten 1860 einem «Ansuchen des löblichen Justizkollegiums, es seyen die den 3 E. Gesellschaften der mindern Stadt zugewiesenen Vogteien abzunehmen und auf die E. Zünfte zu übertragen». Kein Mensch mochte begreifen, weshalb «in der Mitte der hohen Regierung ein solcher in unsere Kleinbasler Verhältnisse tief einschneidender Antrag gestellt worden ist, ohne dass irgend welche Gründe oder eine besondere Veranlassung dazu vorhanden wären». Der energische Protest aus dem Kleinbasel verhallte zunächst nicht ungehört im Rathaus; das Vorhaben wurde ‹schubladisiert›. Doch am 7. Dezember 1874 fasste der Grosse Rat «in Betracht der Übelstände, welche das Bestehen besonderer Vormundschaftsbehörden in Klein-Basel mit sich führt», den Beschluss über ‹die Aufhebung der vormundschaftlichen Befugnisse der drei Gesellschaften in Klein-Basel› mit dem Inhalt, dass die bisher von den Gesellschaften besorgten Vormundschaften an diejenige Zunft übergehen, welcher der Vater der betreffenden Bevormundeten angehört hatte. So gelangten die noch bestehenden 153 Vogteien an folgende Zünfte: Schlüssel 1, Hausgenossen 2, Weinleuten 6, Safran 10, Rebleuten 6, Brodbecken 13, Schmieden 22, Schuhmachern 5, Schneidern 5, Kürschnern 1, Gartnern 7, Metzgern 4, Spinnwettern 28, Himmel 7, Goldenen Stern 3, Webern 14, Schiffleuten 5, Fischern 10, Akademische Zunft 4.
In engem Zusammenhang mit dem Vormundschaftswesen, das während Jahrhunderten die Leidgeprüften vor Angst und Verzweiflung bewahrte, stand das Gebot der tätigen Nächstenliebe. So konnte das ‹grosse Almuszen von St. Niklaus› – die spätere erste städtische Armenanstalt, die ursprünglich von den Pflegern der 1255 vom Leutpriester von St. Theodor am Ort des heutigen Hotels Merian erbauten St. Niklauskapelle betreut wurde – immer wieder die Wohltätigkeit der Ehrengesellschaften beanspruchen. Später kam die Caritas der Gesellschaftsbrüder den verschiedensten gemeinnützigen Institutionen zugute. Die Vergabungen von 1918, welche die aussergewöhnliche Höhe von Fr. 12000.— erreichten, nennen nicht weniger als 42 wohltätige Einrichtungen, wie die Vereine für Soldatenwäsche, Suppenverteilung, Schülertuch, Kinderabende, Ferienversorgung, Kinderheilstätte, Handarbeitsschule, arme Wöchnerinnen, Kin-

derkrippen, Krankenpflege, Familiengärten oder für schwerkranke Wehrmänner, als dankbare Empfänger; 1874 hatte auch das Kadettencorps einen Beitrag ‹zur Ausrüstung mit Vetterli-Hinterladern› entgegennehmen dürfen!
Innerhalb der Ehrengesellschaften erfolgte die Verteilung der Spenden an die ‹Armengenössigen› jeweils auf ‹Hilarius›, ‹Fabian und Sebastian› und ‹Johannes Chrysostomus›, die Feiertage der einzelnen Gesellschaften. Nach der Vereinigung der drei Gesellschaften wurden die Angehörigen bedürftiger Gesellschaftsbrüder am Vorabend des Gryffemählis mit Speis und Trank versehen. Die Lebensmittelspende bestand zunächst aus Getreide (zum Brotbakken), Kartoffeln und Brot (6 Pfund pro Familie oder 3 Pfund pro Einzelperson) sowie aus Wein (2 Mass [3 Liter] bzw. 1 Mass). Als 1847 «die Erdäpfel, deren Erhaltung sehr ungewiss ist, bedänklich teurer wurden», entschloss sich die Armenkommission, nur noch Brot abzugeben, das gelegentlich ‹mittels einer Wurst aufgebessert wurde›. Zum Bezug wurden nun sogenannte Brotzettel verabreicht, mit denen die ‹bedürftigen Gesellschafts Angehörigen zu den üblichen Brotstunden› während acht Wochen im Mai und Juni wöchentlich drei bis sechs Pfund Brot, ‹je nach Verhältnis der Haushaltungen›, abholen konnten. Am Gryffemähli 1879 wurden die Gesellschaftsbrüder eingeladen, eine besonders offene Hand zu zeigen «für die Beschuhhung ärmerer Kleinbasler Schulkinder, um solche vor der Unbill harter und strenger Winterkälte einigermassen zu schützen». Der Warmherzigkeit des Aufrufs entsprechend erfreulich war denn auch das Ergebnis der Kollekte: 12 Mädchen- und 9 Knabenprimarschulklassen konnten mit Schuhen beschenkt werden. 1908 erweiterte die Spendekommission die Schuhspende, indem sie auch das Sohlen der Schuhe bewilligte.
Neben Brot und Wein unterstützten die Ehrengesellschaften ihre notleidenden Mitbürger auch mit Holzwellen. «Die Wellen Spende beginnt jeweilen das erste Mal gegen Ende des Jahres, sobald die Lokalien nothwendig geheizt werden müssen, und zum zweiten Mal werden die Wellen im Jänner des folgenden Jahres ausgetheilt. Es erhalten die Angehörigen der 3 E. Gesellschaften jedesmal 50 Wellen jeder. Auch erhalten noch arme Leute, welche keiner der 3 Ehrengesellschaften angehören, aber schon lange Zeit in der mindern Stadt wohnen, jedesmal 25 Wellen.» Gelegentlich wurden die Wellen, von denen beispielsweise 1865 13638 Stück zum Preis von Fr. 922.— eingekauft worden waren, in der Allerheiligenkapelle, der 1881 abgebrochenen ehemaligen Begräbniskapelle bei der Theodorskirche, eingelagert. Um die letzte Jahrhundertwende sind die Reiswellen durch Brennholz

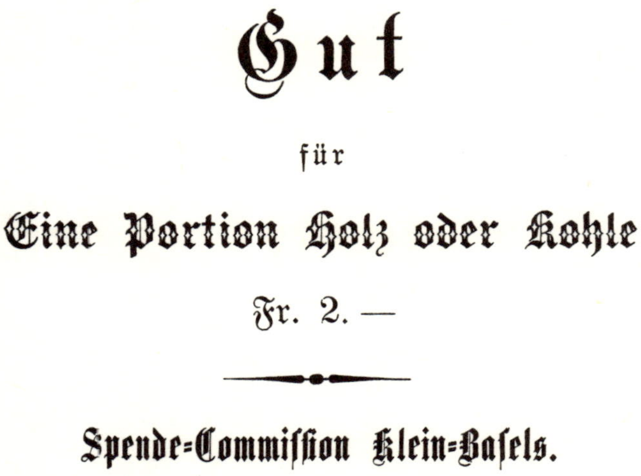
Gut

für

Eine Portion Holz oder Kohle

Fr. 2. —

Spende-Commission Klein-Basels.

65
Mit diesem Gutschein konnten bedürftige Kleinbasler am Tag des Gryffemählis Brennmaterial beziehen. Um 1880.

<< Wurst und Brot

(jährlich 75 kg) und Kohlen ersetzt worden, in jüngster Zeit wird infolge des Verschwindens der Öfen von vielen Bedürftigen Heizöl bevorzugt.
Zur Entlastung des Gesellschaftsseckels wurde am Gryffemähli 1879 erstmals ein Ueli eingesetzt, der es dabei auf ein Sammelergebnis von Fr. 1090.41 (!) brachte. Anno 1900 stellte der Vorsitzende Meister fest, der Spendefonds sei in den letzten Jahren stark angewachsen, man verausgabe im Verhältnis zu den Einnahmen zu wenig, weshalb «die beiden Uli's am Umzug der 3 Ehrenzeichen möchten angehalten werden, nicht allzusehr das Publikum zum Spenden zu animieren bzw. zudringlich zu sein»! Die Spendefreudigkeit der Kleinbasler Bevölkerung aber hielt unvermindert an: 1921 überschritt das Sammelergebnis die Tausendfrankengrenze, und heute ergibt die Uelispende weit über Fr. 20000.— pro Vogel Gryff. Zur Erleichterung des ‹mühsamen Geldzählens› ist 1968 eine ‹Münzsortiermaschine mit Handbetrieb› angeschafft worden.
Einem Kreis initiativer Gesellschaftsbrüder erwuchsen in jüngster Zeit verschiedentlich ‹Hilfsaktionen›, die in vorbildlicher Weise die Tradition tätiger Nächstenliebe weiterführen:

< Uelispende

<< Holzwellen

< Volksfeste

Fähri-Fescht (1974/1981), Claraspittel-Fescht (1977), Lamm-Fescht (1979), Weihnachtssammlung der Drei Kleinbasler Hirten (seit 1981).

> Stipendienfonds

Eine Institution, die nur für wenige Jahre Bestand hatte, war diejenige des 1902 mit einer Einlage von Fr. 500.— eröffneten Stipendienfonds. Die Bearbeitung der eingereichten Gesuche bot hinsichtlich der Abklärung der persönlichen Verhältnisse der Petenten grösste Schwierigkeiten, so dass der Fonds nach 20 Jahren geschlossen wurde.

Segensreich wirkten sich die Unterstützungsaktionen während des Ersten Weltkrieges aus, welche die Not manch eines bedrängten Familienvaters zu lindern vermochten. Während ‹der Edelsinn der Menschenliebe› der Ehrengesellschaften 1817 von Pfarrer Faesch in stilistischer Vollendung besungen worden war, bedankte sich 1854 das Pompiercorps mit Becherklang für die Munifizenz ‹der Decken zur Schirmung der zwei Parr Pferde bei Feuerlärm›. Einige Gesellschaftsbrüder bedachten mit einem Vermächtnis auch nur die eigene Umgebung, wie 1582 der Küfer Hans Caspar Bey, welcher «der Ehren Gesellschaft zum Gryffen verehret nach seinem tödtlichen Abgang einen Saum guten Weyns, dergestalt, dass gemeine Geselschaffts Brüeder den selbigen sollen und mögen früntlich und frölich miteinander trincken und niessen»! Zugunsten in Not geratener Gesellschaftsbrüder bedachte 1972 Louise Götz-Holzer die Drei Ehrengesellschaften mit einem Legat in der Höhe von Fr. 50000.—.

66
«Der Brenner sait im Testamänt: My Wy, der Pulver justamänt, das griegt der Gryffe-n-und derno darf Lai, Wildma zuem Guene ko!» Entwurf zur Bemalung einer Erinnerungsvase von Otto Plattner. 1950.

Öffentliche Tätigkeit

Mit finanziellen Zuwendungen gegenüber der Öffentlichkeit konnte es aber nicht immer sein Bewenden haben. Es bedurfte oft des handfesten Einsatzes, gewisser Missstände Herr zu werden. So musste 1721 Fronarbeit geleistet werden,

> Fronarbeit

um ‹den Wäg bey dem Niechten Brünnlein zu verbessern›. Als 1838 der «durch die Strassen – die obere Rheingasse – der kleinen Stadt fliessende Bach nicht mehr durch die Lohnämtler, früher durch die Schellenwerker, geräumt wurde, haben die Vereinigten drei Ehrengesellschaften von sich aus und auf ihre Kosten solches besorgt». Und 1865 bemühten sich die Gesellschaftsbrüder, der «hier herrschenden Epidemien und der in Aussicht stehenden Cholera» wirksam entgegenzutreten, indem sie «Ställe, Bau- und Abtrittgruben auf ihre Beschaffenheit» überprüften und deren Sanierung in die Wege leiteten.

>> Trinkwasser

Dann war aber auch immer wieder ein hartnäckiges Ringen mit den Behörden vonnöten, um berechtigte Interessen der Kleinbasler durchzusetzen. Dies war besonders 1788 der Fall, als die Bevölkerung mit trübem und schlechtem Wasser versorgt wurde und «bei dem St. Klara Brunnen einmal ein Frosch und ein andermal eine Kröte aus der Brunnenröhre herausgezogen worden sind». Untersuchungen ergaben, dass «ob Riehen bey der Brunn Quelle unreines Waldwasser in die Leitung einfloss». Durch die Erschliessung einer «etwan 400 Schritte oberhalb der Hauptquelle liegenden Quelle mit gutem Wasser» konnte das Problem gelöst werden. 1899 war es die Industrie, welche die Grundwasserverhältnisse störte und der Bevölkerung das notwendige Trinkwasser entzog; nun konnte durch die Errichtung von Pumpbrunnen Abhilfe geschaffen werden. «Zur Aufstellung öffentlicher Laternen und Beleuchtung in der mindern Stadt» musste 1798 jede Gesellschaft ‹dreyssig neue Louisd'ors beischiessen›. 1814 ist «auf Wunsch einiger Herren zum Vergnügen der Bürgerschaft vor dem Riehen Thor längst dem Teich auf das Wohlfeilste eine Promenade eingerichtet worden».

Eine Beharrlichkeit sondergleichen mussten die Ehrengesellschaften an den Tag legen, damit im

Kleinbasel endlich eine Apotheke installiert wurde. Geltender Usanz entsprechend, war das Sanitätskollegium befugt, sieben Apothekerkonzessionen zu vergeben, und diese verteilten sich auf das Grossbasel. Unter ausführlichem Hinweis auf die Bedürfnisfrage ersuchten die Gesellschaften 1829 ebenfalls um Gewährung einer Konzession: «a) Es haben einige Ärzte und Wundärzte ihr Domizil bei uns aufgeschlagen, welche in Notfällen eine schnelle Anschaffung von Arzneimitteln fordern. b) Wenn nachts bei Stürmen, Regengüssen oder harter Winterszeit oft unerfahrene Mägde oder ein Kind in die Apotheke der grossen Stadt über die Rheinbrücke geschickt werden, wie zeitraubend ist dies, wo der mindeste Verzug für den Patienten lebensgefährlich sein kann. c) Für die bedeutende Bewohnerzahl der beiden Stadtbänne vor dem Riehen- und dem Bläsithor ist die Entfernung noch schlimmer, als für die Stadtbewohner.» Die umfangreiche Begründung reichte indessen nicht aus; die Kleinbasler wurden mit fadenscheinigen Erklärungen vertröstet. Auf ein erneutes Gesuch, das ‹zur dringenden Abwendung der Cholerakrankheit› zwei Jahre später eingereicht wurde, anerboten sich die Behörden, «eine Art Dépot aller Medikamente, so gegen die Cholera dienen, in der kleinen Stadt einzurichten». Damit aber waren die Ehrengesellschaften nicht einverstanden, sie wollten keine Filialapotheke, sondern eine ‹richtige Apotheke wie die Grossbasler›. Nachdem vier Jahre später ein weiteres Begehren wiederum abschlägig behandelt worden war, wandten sich die Kleinbasler mit geharnischtem Protest an den Rat. Nun konnte sich die Regierung nicht mehr vor der Verantwortung drücken, und sie erlaubte, entgegen dem Willen der Grossbasler Apotheker, 1837 dem Kleinbasel die Einrichtung einer Apotheke. Die Konzession wurde gegen Fr. 7700.— Johann Christian Kellermann zugesprochen, der umgehend im Gesellschaftshaus zum Greifen eine Offizin eröffnete.

1660 setzten sich die Ehrengesellschaften beim Rat mit Erfolg um die Eröffnung eines ‹eigentlich sogenannten Lehr-, Zucht- und Schulhauses› ein, da die ‹Öffentliche Schul für die Töchterlin› noch immer nicht über eigene Räumlichkeiten verfüge, «so dass bald dieser, bald ein anderer Ort zu Haltung der Schul musste entlehnet werden, mehrenteils die Stuben daselbst kaum den zweyten Theil der Jugend haben fassen können, daher besonders in Winterszeit wegen des Dampfes etc. nicht wenige von den Kinder erkrancket». Als Folge der Demarche der Kleinbasler Ehrengesellschaften richteten die Behörden im ehemaligen Turmbläserhaus an der Rheingasse (86) eine Mädchenschule ein, welche bis ins Jahr 1824 jugendlichen Kleinbaslerinnen offenstand.

<< Erste Apotheke

< Theodorsgottesacker

Als Ersatz für die überfüllten Friedhöfe der Theodorsgemeinde (Kirchhof, Merianscher Totenakker, Kleeacker, Ziegelhütte) musste 1831 ausserhalb des Holzplatzes vor dem Riehentor eine neue Begräbnisstätte für das Kleinbasel angelegt werden. Die Ehrengesellschaften hatten sowohl die Federführung anzunehmen als auch den weitaus grössten Anteil der sich auf Fr. 10300.— belaufenden Kosten zu tragen. Der neue Theodorsgottesacker auf der nachmaligen Rosentalanlage erfüllte seine Funktion bis zur Eröffnung des Horburggottesackers, auf dem das erste Krematorium der Schweiz erbaut worden war, im Sommer des Jahres 1890.

< Wäscherei

1828 sahen sich die Ehrengesellschaften genötigt, wegen «der immer mehr überhandnehmenden öffentlichen Wascherey vor dem Riehenthor, wodurch der Spazierweg am Teich die Landfeste (Uferbefestigung) durch das Umleeren der Laugen und Seifenwasser sehr verdorben wird», bei den Behörden vorstellig zu werden. Es sei stossend, führten die Vorgesetzten weiter aus, dass «nicht nur im Sommer durch das Zusammendrängen der Wäscherinnen aller Art der Weg des Teichs entlang sozusagen gesperrt werde, sondern auch das Auge des Vorübergehenden durch die scandalöse Mannigfaltigkeit der zu waschenden und trocknenden Gegenstände beleidigt und selbst das Zartgefühl und die Sittlichkeit etwas stark in Anspruch genommen werden»...

< Mustermesse

Erwuchsen den Ehrengesellschaften aus dieser ‹moralischen Aufrüstung› keine direkten Kosten, so mussten 1852, nach einem Sturmwind, für das Setzen einer neuen Linde am Lindenberg Fr. 14.50 berappt werden. Mit Fr. 200.— beteiligten sich die Ehrengesellschaften 1889 auch am Bau der Klingentalturnhalle, wie sie 1920 auch drei Anteile à Fr. 500.— zugunsten der Schweizer Mustermesse zeichneten, weil «diese fürs Kleinbasel speziell von besonderem Interesse ist, da das Mustermessgebäude gegenüber dem provisorischen Holzbau auf das Areal des alten Badischen Bahnhofs zu stehen kommt».

Festfreudige Kleinbasler

Immer wiederkehrende Ereignisse boten den Gesellschaftsbrüdern reichlich Gelegenheit, den kulinarischen Lebensstil genüsslich zu pflegen, der kraftvollen Gemütlichkeit ungestüm zu huldigen, die ‹mannhafte› Trinkfestigkeit unter Beweis zu stellen und bei alledem die Zusammengehörigkeit zu fördern.

> Neujahrsspendieren

Die erste Festivität im Jahresablauf war das ‹Neu Jahr Spendieren›. Oberstmeister, Mitmeister, Irtenmeister und Gesellschaftsbrüder verehrten der Gesellschaft auf Neujahr grössere und kleinere Geldbeträge, wogegen die Gesellschaft die Gesellschaftsbrüder mit ‹süssem Wein› (Hypokras) und ‹Ancken Eyer und Schleck Brot› (Weggli oder Ringe) beschenkte. In schlechten Zeiten wurden nur Brotwecklein abgegeben, wie 1770, als das Rebhaus «320 Stuck Brod Wegly à 3 Rappen» austeilen liess. Vermochte das finanzielle Umfeld Anlass zur Grosszügigkeit zu geben, dann wurde das ‹Gut-Jahr› auch noch mit einem ‹Ymbiss-Essen›, einem gemeinsamen Mittag- oder Abendessen, gefeiert. Dadurch konnte der Sinnspruch auf der Titelseite des «Schreib-Büchleins, darinnen alle Eynamb wie Aussgaaben, so über das Neue Jahr ergangen», der Gesellschaft zur Haeren von 1700 besonders betont werden: «Mit Gott in einer jeden Sach den Anfang und das Ende mach. Mit Gott geräth der Anfang wohl, für s Ende man Gott danken soll.» Am Neujahrsspendieren, das traditionsgemäss von Musik begleitet und auch mit dem ‹Verteilen des Armenbrots im Sinne des Armenrodels› verbunden war, bezeugten die Gesellschaftsbrüder ihren Vorgesetzten Hochachtung und Dankbarkeit, indem sie dem Oberstmeister zwei Mass süssen Wein und zwölf Ringe (Gebäck) und den Mitmeistern je eine Mass Wein und sechs Ringe zum Geschenk machten.

> Rechnungsmähli

Nur wenige Tage nach dem ‹Verprassen› des ‹Gutjahrgeldes› hatten die Vorgesetzten das sogenannte Rechnungsmähli zu meistern, das die alljährliche Rechnungsablage, die während Jahrhunderten zu den Obliegenheiten des Oberstmeisters gehörte, besiegelte. Ab 1774 ist «die Rechnungsmahlzeit auf den gewöhnlichen Tag auf den Mittag, an welchem sonsten die Ehrenzeichen umgeloffen», gehalten worden. Zum Rechnungsmähli 1762 lieferte Traiteur Andreas Geymüller auf das Rebhaus: «2 Schüsslen Gersten, 1 Timballen Pasteten (aus Fleisch), 2 Blatten Forellen, 2 gefühlte Krautköpf, 2 junge Haassen, 2 Welsche Hüener, 7 Stück Dauben, 2 Salät, 1 Rinds Zungen, Nach Tisch Brot.»

Das Gryffemähli

Noch im selben Monat Januar feierten die Kleinbasler ihr grösstes Fest, das nachmalige Gryffemähli. In seinen ‹Wunderlichen Historien› nimmt Theodor Richard, Pfarrer zu St. Leonhard, als erster Geschichtsschreiber Bezug auf das zentrale Kleinbasler Ereignis. Seine handschriftliche Chronik enthält unter dem Jahr 1629 folgenden Eintrag: «Es ist Brauch, dass jedes Jahr um den 20. Jänner die Gesellschaft zur Hären mit dem Wilden Mann, diejenige zum Greifen mit dem Greifen und diejenige zu Rebleuten mit einem Löwen umzieht. Sie laden auch die Herren aus dem Grossbasel dazu ein. Nach dem Umzug haben sie ein Mahl, bei welchem alles voll und toll sein muss.»
Entgegen der Feststellung des Andreas Ryff aus dem Jahre 1597 (auf die wir im Kapitel ‹Die Drei Ehrenzeichen Kleinbasels› näher eingehen), wonach jede Gesellschaft an einem besonderen Tag mit ihrem Zeichen umziehe, lässt Richards Schilderung nicht deutlich werden, ob die Mahlzeiten von den Gesellschaften separat oder gemeinschaftlich abgehalten wurden. Dass die Gesellschaften ihre Mahlzeiten zumindest gelegentlich am nämlichen Tage durchführten, wird 1730 bestätigt, als «die Herren Vorgesetzten der zwey Ehren Häuseren als Räbhauss und Greiffen nach der Session des Umzuges halben ein

Abendt Trunckh mit uns (den Haeren) auff unserem Ehren Hauss gethon» hatten.

Die zeitweilige Fixierung auf einen gesellschaftseigenen Tag mag sich in den folgenden Jahrzehnten erneut durchgesetzt haben. Als frühestes authentisches Datum erscheint 1668, ‹wie von altem her üeb.- und gebräuchlich›, der 13. Januar des Rebhauses, «zur Härren aber erst 8 Tag und zum Greiffen 14 Tag hernach». Dieses Datum stimmt überein mit dem in den Protokollen oft genannten ‹XX. Tag›, an welchem das Rebhaus seine Lustbarkeiten abhielt. Der in unserer Gegend gebräuchliche Ausdruck ‹Zwanzigstertag› nach Weihnachten, der Hilariustag am 13. Januar, oder ‹Octava epiphanie domini›, ist in Basel schon 1427 bezeugt: «An dem nechsten Cinstag nach Sant Hylaryentag, dem man sprichet der Zwentzigist Tage nach Wyenachten.»

Hinsichtlich der Richardschen Bemerkung, es sei alles ‹voll und toll›, finden sich in den im 17. Jahrhundert einsetzenden Rechnungsbüchern genügend Belege, erscheinen doch immer wieder ‹nahrhafte› Ausgabeposten im Zusammenhang mit dem Gryffemähli, dem Wildmannmähli und dem Löwenmähli. Oft aber wurden die materiellen Aufwendungen auch durch eine Sammlung bei betuchten Mitbürgern gedeckt, auch im Grossbasel. So 1677, als ‹Herr Doctor Stadtschreiber Fäsch› und andere mit etlichen Fass Wein das Stimmungsbarometer am Kleinbasler Feiertag um einige Grad anhoben. Ein Eintrag im Haerenarchiv für das ‹Mälle 1747› illustriert nicht nur den gesegneten Appetit der Festbrüder, sondern vermittelt auch den Hinweis, dass zum Mähli, das sich über zwei Tage ausdehnte(!), nur Vorgesetzte und Gäste geladen wurden. Gemäss der ‹Nota› des Stubenverwalters sind an jenem ‹Wildmanns Fest› für vielleicht vier Dutzend Personen aufgetragen worden: «6 Supen, 2½ Böcklein, 5 Basten, 3 Stockfisch und 2 Milchlein und Morchen, 5 Blatten Blumenköhl, 5 Blatten Karpffen, 3 Welsch Hiener, 2 Stuck schwartz Wildtpredt, 3 Kapaunen, 1 wilde und 2 zame Endten, 5 Blatten Saladt, 2 gantze Zungen. Auf den Abendt: 6 Blatten kleine Gersten, 5 Blatten Milchlein und Morchen, 4 Lummel, 21 Dotzet Schänckgelein, 3 Hasen, 5 Blatten bachene Karpffen, 5 Blatten Maronen. Den anderen Tag: 3 Supen, 2 Blatten Rindts Fleisch mit Mörädtig, 2 Blatten Hasenpfeffer, 3 Balchen, 1 Spansau, 1 Blatte Fisch, 2 Blatten Saladt, 1 Dauben.»

<< Gesellschaftseigene Tage

<< 20. Tag

< Spänauflesen

Ab 1751 hatten aber auch die Gesellschaftsbrüder allgemeinen Zutritt zu den Mähli, nachdem die «Herren Vorgesetzten, denen bewilliget ist, zwee bis drey Gäste darzu zu laden», in aller Form aufgefordert worden waren, «denen Gesellschaffts Brüdern ohne Ausnahm anzusagen, es können kommen, wer will, wenn dieselben wollen für ihr Silber (auf eigene Kosten) beywohnen, aber ohne Gäste». Was vom Mähli übrig blieb, wurde jeweils am darauffolgenden Tag von einigen Gesellschaftsbrüdern im Gesellschaftshaus mit gesegnetem Appetit verzehrt. Weil bei dieser sogenannten Spänauflesrei aber oft auch neues Essen bestellt wurde, sahen sich 1775 die Vorgesetzten zum Greifen genötigt, den Teilnehmern einen entsprechenden Kostenanteil abzuverlangen.

< Gemeinsame Mähli

Der Gedanke, «ob es nicht schicklich wäre, von sämtlichen drey E. Häuseren eine Mahlzeit zu halten», ist 1793 von Oberstmeister Achilles Miville zur grundsätzlichen Diskussion aufgeworfen worden, doch wurde ‹für dissmalen hievon abstrahiert›. Vier Jahre später aber war man sich einig, gemeinsam im Gesellschaftshaus zur Haeren «eine allgemeine Mahlzeit zu halten und alldorten für einen Neuthaler auf den Kopf zu rüsten, den Wein aber aus dem gemeinen Sekkel zu bezahlen. Dazu sollen der Herr Schultheiss und die Herren Geistlichen der mindern Stadt eingeladen werden». Obwohl sich bis in die 1830er Jahre gelegentlich noch ein ‹Sonderzüglein› bildete, begründete dieser Beschluss die Tradition des gemeinsamen ‹Gryffemähli›, welches «die Bande der Eintracht und des Gemeinsinns der Bürger der Minderen Stadt zu vermehren hat».

< Alternierende Organisation

<< Menükarte

< Sonntag

Die Organisation wurde ‹der Tour nach› den einzelnen Gesellschaften übertragen, wobei – wie wir bereits gesehen haben – ‹altem Herkommen nach› das Rebhaus die gemeinsame Mahlzeit der Drei Gesellschaften am Tag des Heiligen Hilarius (13. Januar), der Haeren am Tag der Heiligen Fabian und Sebastian (20. Januar) und der Greifen am Tag des Heiligen Johannes Chrysostomus (27. Januar) durchzuführen haben. Ein Abweichen von diesen Daten ergibt sich seither nur, wenn das Gryffemähli auf einen Sonntag fällt: 1849 bestimmten die Vorstände, dass dieses in einem solchen Fall am nachfolgenden Montag abzuhalten wäre; 1901 wurde dieser Beschluss rektifiziert und verfügt, dass es dann der vorausgehende Samstag sei. Ein in dieser Sache 1922

Toast beim Gesellschaftsmahle der 3 Ehrengesellschaften.

Verehrte Herren in dem Saal
Bim heitre, frohe G'sellschaftsmahl!
Es freut mi jedesmole wieder,
Wenn i die ehrewerthe Brüder
Dreiblättrig, wie im Feld der Klee,
Im frische Wuchs versammlet seh
Im G'sellschaftshus, so schön ufg'füehrt,
Das bsunders s'kleine Basel ziert.
Denn 's Richthus mitem Schwalmenest, —
Us alter Zit e fule Rest, —
Vom Lällekünig lang verspottet,
Isch sit 8 Johre ganz usgrottet —
Die Raritäte sind eweg,
Und 's Gsellschaftshus stoht an dem Fleck.
Das isch jetz 's wahre Schwalmenest,
Wo menge Vogel trinkt und drescht
Mit siner Zunge, was er ka:
Me mueß e Zitvertrib jo ha!
Do fliegt me täglig i und us;
Do bringt me dri und holt me drus
Wo Wohret und wo Luge viel,
Im neue und im alte Styl.
Die Schwalme nämmen aber nit vorlieb
Nur mit Insekte; denn ihr Trieb
Dä goht de Bifstek und de Schoppe noh,
Und 's Wasser wird de Fische glo!
Die Vögel hend ihr Nestli tauft —
Zwor nit im Rhi, wil Wasser lauft;
Und ei Parthei tauft's: zum Verein:
Das isch gar schön und au nit g'mein.
Die andri tauft's: zum goldne Spitz;
Doch sage sie: 's sei nur e Witz:
E Spitz am Hus, e Spitz im Kopf,
Mach eim jo nit zum arme Tropf.
Die dritte isch gar liberal
Und tauft's: zum Café national;
Zuem Nutzen und zum Fromme git's
Jetz die Parthei der ganze Schwitz,
Wil jede Mensch gern ißt und trinkt,
Und gern in G'sellschaft d'Zit zubringt.
Doch macht der Namme d'Sach nit us;
Denn d'Hauptsach isch, mer hend e Hus,
Das jede Fremde b'schaue darf;
Si Kritik wird gewiß nit z'scharf; —
Mer hend e Hus, an dem me ka
Si Freud zue alle Zite ha;
Wo d'Einigkeit und Brudersinn
Sich einig hend verbunde drinn,
Und wo en edle, milde Geist
Sich thätig zeigt, wenn's d'Noth erheischt.
Dorum ihr werthgeschätzte Herre,
Thuen i das Hus vo Herzen ehre!
Dorum thuen i mi Glas erhebe:
Hoch soll jetz 's G'sellschaftshus au lebe!

67
Die Grussadresse zum Gryffemähli 1849 hat u.a. den Abbruch des alten Schwalbennestes zum Inhalt, das in der Folge nach einem Entwurf von Melchior Berri als viergeschossiger Eckbau neu erstand und «eine so glückliche Allianz mit dem Gastgewerbe einging...»

eingereichter Antrag, es könne «die allgemeine Mahlzeit in Zukunft nie mehr an einem Freitag stattfinden, da sich kein Katholik (wegen der Fleischabstinenz) beteiligen dürfe», wurde ‹in Berücksichtigung des alten bisherigen Usus abgelehnt›.

> Stimmungsbild

Ein anschauliches Stimmungsbild über das ‹Ritual› der abwechslungsweise auf den Stuben der einzelnen Gesellschaften gefeierten Gryffemähli ist uns aus dem Jahre 1834 überliefert: «Schreiber diess erlaubt sich, der Nachwelt einige unvollkommene Notitzen über die Montags, den 13ten Jänner 1834 stattgehabte allgemeine Mahlzeit auf dem Rebhause mitzutheilen, welche einigermassen zu einem wahren Klein Basler Nationalfest geworden, wie Nachstehendes zeigen wird. Mit Inbegriff der meisten Herren Vorgesetzten waren anwesend 50 Gesellschaftsbrüder des Rebhauses, 38 zur Haeren, 45 zum Greiffen = 133 Personen. Sodann als Gäste 9 Personen, nämlich die beiden Herren Bürgermeister, die Herren Gerichtspräsident Laroche, Bauverwalter Faesch, Rathsherr Pümpin und statt die andern noch fehlenden erschienen als eingeladen: die Herren Baumeister Osterriedt von Bern und Stadler von Zürich, dermalen in Basel als Schatzungsexperten sich aufhaltend, sodann Herr Stadtrath und Major Geigy und Herr Stadtkanzlist Wierz. Die von Herrn Traiteur Bachofen gerüstete herrliche Mahlzeit nahm ihren Anfang gegen 2 Uhr nachmittags. Bei Aufstellung des zweiten Gangs nahm Herr Oberstmeister Minder das Wort und trug der aufmerksam zuhorchenden Gesellschaft folgendes vor: Hochgeachtete Herren Bürgermeister, hochgeachtete Herren und Vorgesetzte, liebe Freunde und Mitbürger! Die Vorsteher der Drei E. Gesellschaften haben in Rückerinnerung alter treulicher Sitte sich erlaubt, unsere hochzuverehrenden Standeshäupter zur Theilnahme an ihrem einfachen bürgerlichen Mahle einzuladen; mit gewohnter Freundlichkeit haben Hochdieselben die Einladung angenommen, unsere herzliche, tiefgefühlte Freude hierüber sei jetzt ihr Dank. Der freudige leichte Dank aber sei ihnen zugleich Bürgschaft für die Fortdauer eines höhern Ernstern, die sie sich durch eine Reihe mühe- und opfervolle Jahre (Kantonstrennung) so wohlverdient erworben haben. Hochgeachtete Herren Bürgermeister! Sie haben, gestützt auf eine gleichgesinnte, treue, hingebende Bürgerschaft, mit Muth, mit Festigkeit und unter Anstrengungen aller Art für eine schöne Idee gestritten! Ihre Verwirklichung sollte nicht statthaben, wenigstens nicht in dem Umfange, wie zu wünschen gewesen wäre. Sie habe nun um so herrlicher nach Innen statt. Dahin auf das Wiederaufbauen des zerissenen theuren Gemeinwesens, auf die fortschreitende Ausbildung seines bürgerlichen und sittlichen Wohls sei unser aller Streben gerichtet! Wir alle nur nach diesem einen Ziele streben, die daraus herfliessende gegenseitige Liebe und Achtung, diese nothwendige einzig wahre Grundlage republikanischer Wohlfahrt, mögen uns das schwere Werk erleichtern und es möglich machen. Sie aber, hoch geachtete Herren Bürgermeister, erhebe das Bewusstseyn, dass sie noch immer noch weiter im Namen einer wahrhaft freisinnigen Bürgerschaft zu sprechen und zu handeln haben, einer Bürgerschaft, wovon ich hier den zwar nur kleinen aber darum für wahre Freiheit und jede bürgerliche Tugend nicht minder empfänglichen Theil einlade, mit mir unseren hochgeachteten Standeshäuptern dieses Glas mit lautrem Munde und aus treuer Brust zu weihn. Auf das Wohlseyn der beiden Herren Bürgermeister Frey und Burckhardt! Sie leben hoch!

Auf diese Toaste folgten mehrere (zwölf!) andere. Auf diese und andere Weise ging der Nachmittag vorüber, ohne man sich's versah. Im grossen Zimmer sassen 100 Personen, worunter die Honoratioren, im Nebenzimmer hingegen die übrigen 42, lauter junge Leute, die auf den Abend eine Tanzparthie veranstalteten, welche in dem hiezu eigends eingerichteten Hausgang des Gesellschaftshauses stattfand und sozusagen ohne Unterbrechung bis 4 Uhr morgens dauerte. Die Fuldaer Musik trug bei Tische nicht wenig zur Ergötzung bei. Gegen Abend verliessen die Herren Bürgermeister und mehrere der ältern Gesellschaftsbrüder das Fest. Man sah es ihnen allen an, sehr heiter und vergnügt! Allein, es erschienen als dann Frauen, Söhne und Töchter der an der Mahlzeit Theilnehmenden, die vereint mit noch andern Frauenzimmern neues Leben in die Versammlung brachten und den prophetischen Toast des Herrn Rathsherrn Oswald in Erfüllung gehen liessen. Junge und Alte, Vornehme und Geringere, tanzten vergnügt und auf ächt republikanische Weise unter und mit einander.

Oben in den beiden Zimmern wurde gezecht und gesungen, als einmal der Nachtisch, der mit einer guten Gerste eröffnet wurde, begonnen hatte. Gegen 3 Uhr morgens nahm die Menge ab. Allein, man sah Frauenzimmer und Herren noch nach beendigtem Tanze munter beisammen an der allmälig leer werdenden Tafel. Und erst gegen 6 Uhr mögen die Letzten nach Hause gewandert seyn, nachdem jedoch noch vorher sämtlicher Weinvorrath nach alter Sitte und Brauch geleert worden war! Lange noch möge das Andenken an diesen schönen Tag, der sich besonders auch dadurch auszeichnete, dass das E. Zeichen des Löwens mit Genehmigung des regierenden Herrn Oberstmeisters zuerst um die Tafel herum in Begleit des sogenannten Uhlis und eines Trommelschlagers und nachher vor

Eintritts-Karte
zur
allgemeinen Mahlzeit
der
Drei vereinigten Gesellschaften Kleinbasels.
Freitag den 13. Januar 1882.
TYP. G. A. BONFANTINI, PETERSGASSE 46 IN BASEL.

68
Bei den prekären Platzverhältnissen im Café Spitz war eine frühzeitige Einschreibung in den aufliegenden Rodel ratsam. Die Zutrittskarte zum Gryffemähli aber wurde vom Verwalter erst nach Entrichtung eines bescheidenen Kostenanteils ausgehändigt. 1882.

dem Hause und um den Rebbrunnen herum zur allgemeinen Zufriedenheit tanzte, in den Herzen aller derjenigen, die unmittelbar oder mittelbar am Feste theilgenommen, sich erhalten und aus diesem Grunde den alten Gebrauch der sogenannten Mähli nicht untergehen lassen. Einigkeit und festes Zusammenhalten sei unser Wahlspruch. Möge solcher von uns ausgeübt werden, dann komme, was wolle, wir werden gefasst seyn zu ertragen Freud und Leid, wie wir es schon seit 3 Jahren bewiesen haben! Doch ich vergesse mich, ich wollte blos erzählen, was sich am 13ten Jänner 1834 zugetragen. Solches ist geschehen, und ich wünsche blos, dass jedes künftige derartige Fest auf solche angenehme und ungetrübte Weise gefeiert werden möge!»

Mit dem Bezug des 1841 eröffneten vereinigten Gesellschaftshauses machte sich ein gewisser Widerstand gegen die gemeinsame Durchführung des Gryffemählis bemerkbar. Der Sprecher der Opponenten, Mitmeister Dr. Gottlieb Bischoff, legte der Allgemeinen Vorgesetztenversammlung 1857 die Gründe seiner wachsenden Ablehnung dar: «Die Erfahrung zeigt, dass die Mahlzeiten im neuen Gesellschaftshaus unerquicklich geworden sind, weil sie viel zu gross sind. Viele befinden sich deshalb in durchaus unbekannter Tischgesellschaft, wodurch das Essen langweilig wird. Die Spezialessen jeder Gesellschaft sind viel gelungener, weil es dann wieder möglich ist, sogar aus Grossbasel

< Gegen gemeinsame Durchführung

<< Bis 06.00 Uhr

einen Gast einzuladen...!» Die Mitvorgesetzten aber vermochten sich in keiner Weise für ‹dieses Ansinnen› zu erwärmen.

> Aschermittwoch

Bemerkenswertes war indessen in jenem Jahr trotzdem geschehen: «Aus politischen Umständen› konnte das Gryffemähli nicht am 27. Jänner abgehalten werden, sondern musste auf den Aschermittwoch verschoben werden: «In die

20. Januar 1898
Gut für 1 Flasche Wein.

20. Januar 1898
Gut für 1 Flasche Wein.

Allgemeine Mahlzeit
der
Drei E. Gesellschaften Klein-Basels
Donnerstag, 20. Januar 1898, Nachmittags 1 Uhr
im Café Spitz

Herr ....

Diese Karte ist persönlich zur Mahlzeit mitzubringen und auch Abends vorzuweisen.

20. Januar 1898
Gut für 1 Mittagessen mit 1 Flasche Wein.

20. Januar 1898
Gut für 1 Flasche Wein.

69
‹Zur Erquickung des Herzens› standen am Gryffemähli 1898 jedem Teilnehmer 4 (vier!) Flaschen Wein zur Disposition...

wie gewohnt in Zirkulation gesetzten Rodel hatten sich 171 Personen eingeschrieben; Gäste durften keine eingeladen werden. Der erste Toast wurde vom Vorstand der Greiffengesellschaft auf das Vaterland gebracht. Abends wurde den am Aschermittwoch ebenfalls versammelten Zunftbrüdern zum Schlüssel, zum Bären (Hausgenossen) und zu Safran ein Besuch abgestattet, die E. Zeichen, Fahnenträger und Tambouren mitgenommen und die anzubringenden Gesundheiten unter die Herren Vorsteher vertheilt!» Die Folge war, dass einige Gesellschaftsbrüder den Wunsch äusserten, es möchte auch künftighin das Gryffemähli am Aschermittwoch durchgeführt werden. Doch waren die Vorgesetzten nicht gewillt, ‹von ihrem Festtage abzugehen›.

> Einschränkungen

Verschiedentlich sahen sich die Vorgesetzten gezwungen, die Gesellschaftsgenossen in ihren Rechten einzuschränken. Dies war 1901 der Fall, als «durch die enorme Bevölkerungszunahme die bürgerlichen Elemente Klein-Basels so grossen Zuwachs erhielten, dass im vergangenen Jahr 67 (!) neue Gesellschaftsbrüder aufgenommen und demnach 315 Couverts aufgedeckt werden mussten». Um die allgemeine Mahlzeit deswegen nicht zu gefährden, verfügte der Vorstand, dass während der nächsten drei Jahre die Mitglieder einer Gesellschaft einen Beitrag von Fr. 5.– pro Kopf zu leisten hätten, während die Mitglieder der beiden andern Gesellschaften weiterhin gratis am Gryffemähli teilnehmen konnten. Die Massnahme aber blieb erfolglos, weil sich auch unter Kostenfolge beinahe alle Gesellschaftsbrüder im Café Spitz einfanden!

In ähnlicher Weise operierten die Vorgesetzten 1923, indem sie beschlossen, «in Zukunft zum Gryffenmähli nur noch zwei Gesellschaften einzuladen und die dritte auszuschliessen, und zwar wegen Platzmangels im Spitz». Der Greifen, der als erste Gesellschaft von ‹der Ausschliessung› betroffen worden war, organisierte denn auch prompt ein ‹Gegenmähli› zum Preis von Fr. 6.– pro Kopf im Restaurant Greifen. «Es soll dies aber nicht als Protest aufgefasst werden. Nein, im Gegenteil, sondern ein Drang eines fröhlichen Beisammenseins, nach altgewohnter Sitte», liessen sich die Initianten vernehmen. Tatsächlich bildete 1926 «der Besuch der Haerenbrüder, die im Gryffen getafelt hatten, den Höhepunkt» des offiziellen Gryffemählis.

Als nach einmaligem Umgang auch das System mit nur zwei einzuladenden Gesellschaften nicht zu befriedigen vermochte, wurde das Gryffemähli wieder in althergebrachtem Rahmen durchgeführt. Jeder Winkel im Café Spitz musste genutzt werden, damit jedem Gesellschaftsbruder ein Stuhl zugewiesen werden konnte. Und so gelang es 1929, «unter Zuhilfenahme des Durchganges in den Theatersaal und der Galerie 360 Gesellschaftsbrüder zu placieren und auch gut und reichlich zu verpflegen».

Ohne Murren akzeptiert werden mussten die durch kriegerische Ereignisse hervorgerufenen Einschränkungen. «In Anbetracht der Kriegswirren, deren schwere Folgen sich auch bei uns fühlbar machen», teilten die Vorgesetzten im Januar 1915 den Gesellschaftsbrüdern mit, müsse auf die Abhaltung der allgemeinen Mahlzeit verzichtet werden, dagegen seien die üblichen Vergabungen auf Fr. 10000.– erhöht worden, auch wolle man in Not geratenen Gesellschaftsbrüdern nach Kräften hilfreich beistehen. «Trotz der Kriegsfurie, die noch immer ihre Fackel schwingt und auch unser liebes Schweizerhaus wirtschaftlich bedrängt», erschien es 1916 verantwortbar, ein Gryffemähli durchzuführen. Allerdings nur in Form ‹eines bescheidenen Mittagessens›. Vom Umziehen der Ehrenzeichen ist während des Ersten Weltkriegs abgesehen worden. Nur mit einem Abendessen wurde das Gryffemähli 1940 abgehalten, «doch ward im Verlauf des Abends einstimmig beschlossen, die Ehrenzeichen im Saal auftreten zu lassen; den Gesellschafts-Soldaten wurde ein Obolus von Fr. 10.– in den Dienst gesandt». «Gemäss Verfügung der Kantonalen Zentrale für Kriegswirtschaft durfte am Gryffemähli 1943 die Suppe nicht serviert werden, nur zwei Gänge und ein Dessert.»

<< Weltkriege

Blieb es ursprünglich bei den Mahlzeiten der einzelnen Gesellschaften in der Regel bei der Bewirtung mit Gerstensuppe, Brot und Wein, so gestaltete sich das gemeinsam durchgeführte Gryffemähli betont opulent. Um die letzte Jahrhundertwende war es üblich, zwei Vorspeisen, drei Hauptgänge und zwei Desserts zum Mittagessen und eine ‹einfache Platte› zum Abendessen, die etwa mit Zwiebelsuppe, Kalbsbraten mit Beilage, kaltem Aufschnitt und Häringsalat garniert sein mochte (1909), zu servieren. Dazu wurden je drei bis vier Bons für eine Flasche Wein und je zwei Bons für ein Fläschchen Mineralwasser pro Gast abgegeben! «Als Neuerung wurde 1937 anstelle von Flaschenwein offener Wein in Garaffen dargeboten.» Das Ausschenken offenen Weines war allerdings nicht ganz neu, ist doch ‹in der guten alten Zeit› jeweils auch noch ein mit 100 Liter Wein gefülltes Fass aufgestellt worden, an dem «sich die Neuaufgenommenen nach Herzenslust laben konnten»! Zur «Bewahrung der Gutwetterstimmung im Familienkreis» wurde den Gesellschaftsbrüdern 1911 erstmals ein ‹Bhaltis›, das sogenannte Drachenfutter, auf den Heimweg mitgegeben.

<< Weinkonsum

<< Bhaltis

Die Gesellschaftsbrüder aber wurden nicht nur mit leiblichen Genüssen verwöhnt, sondern auch – wenn wir von der langweiligen Rechnungsablage absehen – mit ausgesuchter Unterhaltung. Neben der Rede des Vorsitzenden Meisters, dem Aufnahmezeremoniell, das bis 1899 gemeinsam von den drei Statthaltern vorgenommen wurde, den Vorträgen der 1897 aus 20 Mitgliedern bestehenden Gesangssektion, den ‹Fanfarenstössen› der Wurzengraber oder der Kleinhüninger Blechmusik und dem obligaten Schnitzelbank gehörte auch die Aufführung einer Volkskomödie ins Programm. Als Konzession an die jungen Gesellschaftsbrüder – so wurde es zumindest deklariert – fand das Gryffemähli bis gegen Ende des letzten Jahrhunderts mit einem Tanzvergnügen, zu dem die Gesellschaftsbrüder ihre Frauen, Töchter, Bräute und Freundinnen auf das Parkett führten, einen beschwingten Ausklang.

<< Aufnahme-zeremoniell

Der «wacklige und verlotterte Zustand des Café

70
Gryffemähli 1910: 292 Teilnehmer à Fr. 14.45 pro Gedeck (inkl. Getränke).

Spitz, wie's im Grossen Rat hiess», zwang die Ehrengesellschaften 1963, von der seit 1842 geübten Praxis abzuweichen und das Gryffemähli im grossen Saal der Mustermesse zur Durchführung zu bringen. Weil im Kleinbasel mit Ausnahme des 1979 renovierten Volkshaussaales in der ehemaligen Burgvogtei keine andern öffentlichen Lokalitäten zur Abhaltung von Grossanlässen zur Verfügung stehen, findet das Gryffemähli heute noch vornehmlich in der Mustermesse statt.

Trotz der räumlichen Veränderung konnte der

innere Gehalt der ‹monströsen Kleinbasler Mahlzeit› gewahrt bleiben, nur in der Konsumation leiblicher Genüsse ist man bescheidener geworden, und der Weinverbrauch beträgt heute keinen Liter mehr pro Kopf (noch 1950 waren es 1,6 Liter). Ganz bewusst aber wird noch immer am altüberlieferten Zeremoniell festgehalten, wie dem ersten Bericht des Gesell-

>> Einzug

71
Gryffemähli 1908: 307 Teilnehmer à Fr. 13.90 pro Gedeck (inkl. Getränke).

72
Gryffemähli 1909: 308 Teilnehmer à Fr. 14.15 pro Gedeck (inkl. Getränke).

schaftshistorikers E.A.M., der als Chronist von 1970 bis 1976 den dickleibigen Almanach fütterte, zu entnehmen ist:
«Während die Ehrenzeichen wie gewohnt sich auf ihre lange und anstrengende Tagreise durchs Kleinbasel machten, zogen die Gesellschaftsbrüder in festlichem Schwarz zur Mustermesse, um im trauten Freundeskreis das Gryffemähli mitzufeiern. Sicherten sich die ‹Gemeinen› rechtzeitig einen guten Platz im grossen Saal, so vollzog sich der erste Kontakt zwischen Meistern und Vorgesetzten und der Schar illustrer Gäste bei einem Glase Weisswein in einem Nebensälchen. Dann formierten sich diese zu einem hierarchisch gegliederten Züglein, das mit militärischer Präzision um 13.00 Uhr Einmarsch in den grossen Festsaal hielt. Das Glaibasler Sextett spielte aus Hans Hubers Festspiel den ‹Aufzug der Zünfte›, die Gesellschaftsbrüder spendeten stehend herzlich Beifall, den die Einziehenden mit lebhaftem Kopfnicken und der Präsentation des prunkvollen Tafelsilbers nach allen Seiten verdankten.
Nachdem Meister, Vorgesetzte und Gäste an der von Hans Mäglin geschmackvoll dekorierten Tafel Platz genommen hatten, erfolgte das Auftragen der Vorspeise. Dann gab die Gesangsektion unter der bewährten Leitung von Carl Bürgin

>> Gesangsektion

mit dem Lied ‹Das weisse Kreuz im roten Feld› ihren ersten Beitrag zum besten. Und während die frohgelaunte Festgemeinde sich die Suppe zu Gemüte führte, liess das Orchester einen Melodienreigen beschwingter Volkslieder erklingen. Punkt 14.00 Uhr bat Statthalter Werner Gutekunst um gebührende Aufmerksamkeit für die Meisterrede.

<< Meisterrede

Einleitend galt des Vorsitzenden Meisters besonderer Gruss den Ehrengästen. Nämlich: Dr. Paul Schwartz, Präsident des Bundesgerichts, auf dass er dem Bundesanwalt bezeugen könne, dass es sich beim Wilden Mann um eine ehrenhafte Gestalt handle. Oberstkorpskommandant Johann Jakob Vischer, dem 410 Anwesende gemeldet werden konnten (unter denen 3 Präsidenten des Grossen Rats, 6 Meister von Zünften und Gesellschaften, 20 Vorgesetzte und 372 Gesellschaftsbrüder). Dr. Andreas Christ, lebendiges Bild der Verkörperung unserer Ehrenzeichen: sein Bart führt in die Nähe des Wilden Mannes, sein tänzelnder Gang mahnt an den Leu und sein goldener Zahnstocher im linken Gilettäschli erinnert an den Stab des Vogel Gryffs. Markus Bruckner, Meister E.E. Zunft zu Safran, im Gedenken an einen Besuch unserer Gesellschaften anno 1484, bei dem die Tranksame ‹gar knäpprig› war. Grossratspräsident Eugen Keller, der als Gesellschaftsbruder zum Rebhaus sein hohes Amt mit Bravour ausübt. Regierungsrat Franz Hauser, sympathischer Vertreter der Regierung. Professor Dr. Max Staehelin, verdienstvoller Präsident der Kuratel der Universität. Professor Dr. Kurt Eichenberger, dem es die Alma Mater Basiliensis vornehmlich zu danken hat, dass unsere Universität als die ruhigste in ganz Europa gilt. Die um unsere Gesellschaften sehr verdienten Ehrenstubengesellen Philipp Fürstenberger und Jakob Oeri sowie alt Meister Walther Bohny. Und schliesslich noch Dr. Hans Lanz, der als Direktor des Historischen Museums sich mit grosser Sorgfalt unserer Schätze annimmt. Leider fehlte an der Spitze der Ehrengäste der Bischof von Basel, Dr. Anton Hänggi; an ihm hatte offenbar der ausser Kurs gesetzte Heilige Sankt Blasius Rache geübt, wurde der Gnädige Herr doch plötzlich mit einer Grippe ins Bett befohlen.

Ehe Meister Noldi Schneider seine überaus witzige Begrüssung beschloss, überreichte er Ehrenstubengeselle Oeri einen silbernen Becher, und zwar namens der zweifellos an etwelchen Minderwertigkeitskomplexen leidenden Gesellschaft zur Haeren, die das Gryffemähli gewiss in nächster Zukunft im Landgasthof Riehen oder im Brohhaus in Bettingen abhalten werde! Nun gratulierte A.S. mit Wappenscheiben und Blumen zur 50jährigen Zugehörigkeit Hans Reimann und Emil Fischer und gar zur 60jährigen von Friedrich Daiger. Auch Chorlei-

Tischornig

Gryffemähli 1973

20. Jänner

Vorgesetzter Gustav Fricker	Verwalter Louis Kayser
Vorgesetzter Walter Höhn	Herr Rolf Waller
Vorstadtmeister Max Brühl E. E. Gesellschaft zur Krähe	Herr Philipp Fürstenberger Ehrenstubengeselle E. E. Ges. zum Rebhaus
Vorgesetzter Dr. Max Ziegler	Herr Robert Christ
Vorgesetzter Eugen A. Meier	Herr George Gruntz
Vorgesetzter Walter Senft	Statthalter Dr. Nicolas J. Hodel
Herr Max Sulzbachner	Herr Hansulrich C. Schweizer
Statthalter Werner Gutekunst	Meister Arnold Schneider
Vorgesetzter Max Christen E. E. Zunft zu St. Niklaus	Herr Botschafter Dr. Dr. h. c. Paul Jolles
Schreiber Werner Winkler	Meister Lux Zeuggin
Herr Felix Musfeld	Herr Dr. Hansruedi Schmid Grossratspräsident
Statthalter Ernst Hasler	Meister Dr. Hans J. Nidecker
Altmeister Dr. Walther Bohny	Statthalter Dr. Paul Vock E. E. Zunft zu St. Niklaus
Schreiber Hans Hug	Herr Eugen Keller Regierungsrat
Vorgesetzter Hans W. Mäglin	Seckelmeister Rolf Preiswerk E. E. Zunft zu Hausgenossen
Schreiber Niggi Schoellkopf	Herr Hans Luder Kantonsbaumeister
Vorgesetzter Peter Kocher	Herr Robert Sprich Bürgermeister
Vorgesetzter Samuel Baumgartner	Meister Dr. Gustaf Adolf Wanner E. E. Akademische Zunft
Seckelmeister Hans Hoch E. E. Zunft zu Safran	Herr Walter Bertsch Bürgermeister
Vorgesetzter Eduard Buol	Vorgesetzter Alfred Obergsell

73
Nach altüberliefertem Brauch steht am Gryffemähli dem Vorsitzenden Meister der ‹beste Platz an der Tafel› zu. Ihm gegenüber ist immer dessen Statthalter plaziert. Im übrigen nimmt die Tischordnung auf die hierarchische Rangfolge der Gäste Rücksicht.

ter Carl Bürgin durfte zum bevorstehenden 70. Geburtstag eine verdiente Ehrung entgegennehmen. Lobende Erwähnung fanden auch die ‹hauseigenen Schriftsteller› Meister Hans Jakob Nidecker, Vorgesetzter Eugen A. Meier und Haerenbruder und Fährima Karl Städeli. In vornehmer Schlichtheit gedachte der Vorsitzende Meister sodann der Verstorbenen (unter ihnen die alt Vorgesetzten Othmar Jauch und Emil Schaefer). Und während Paul Zeier mit gedämpftem Schlag die Trommel rührte, erinnerte sich die Festgemeinde still der toten Freunde.

< Gedenkminute

Dem würdigen Gedächtnis, das sinnvoll zum

Ausdruck brachte, dass auch in unsern Gesellschaften Freud und Leid nahe miteinander verbunden sind, fügte Meister Schneider weitere eindrückliche Gedanken an: Wir leben in einer hektischen Zeit, in der die Massstäbe verloren gehen, in der das Bestehen der Kirche, des Staates und der Armee keine Selbstverständlichkeit mehr bedeuten und deshalb der Anfechtung

Drei Ehren- Gesellschaften
Klein- Basel

Allgemeine Gesänge

1. Dem Vaterlande.

1. Rufst du, mein Vaterland!
Sieh uns mit Herz und Hand
All dir geweiht!
Heil dir, Helvetia!
Hast noch der Söhne ja,
Wie sie St. Jakob sah,
Freudvoll zum Streit.

2. Da, wo der Alpenkreis
Dich nicht zu schützen weiß,
Wall dir von Gott,
Stehn wir den Felsen gleich,
Nie vor Gefahren bleich,
Froh noch im Todesstreich,
Schmerz uns ein Spott.

3. Frei und auf ewig frei
Ruf unser Feldgeschrei,
Hall unser Herz.
Frei lebt, wer sterben kann,
Frei, wer die Heldenbahn
Steigt als ein Tell hinan!
Nie hinterwärts.

2. Bundeslied.

1. Brüder, reicht die Hand zum Bunde,
Diese schöne Feierstunde
Führ' uns hin zu lichten Höhn;
Laß, was irdisch ist, entfliehen:
Unsrer Freundschaft Harmonien
Dauern ewig fest und schön.

2. Preis und Dank dem Weltenmeister,
Der die Herzen, der die Geister
Für ein ewig Wirken schuf.
Licht und Recht und Tugend schaffen
Durch der Wahrheit heil'ge Waffen,
Sei uns göttlicher Beruf.

74
Neben der Nationalhymne und dem Bundeslied wurden am Gryffemähli regelmässig auch das Sempacherlied und ‹Hab' oft im Kreise der Lieben› gesungen. 1934.

>> Aufnahmen

> Senkrechte Kleinbasler

unterliegen. Als senkrechte Kleinbasler verteidigen wir Gesellschaftsbrüder die Ordnung im Staat und die Aufrechterhaltung der Armee, auch wenn wir keine Hurrapatrioten sind. Wir sind eine Männergesellschaft und bleiben eine Männergesellschaft, die in jeder Situation des Lebens zueinander hält! Abschliessend erhob der Vorsitzende Meister seinen Becher und leerte ihn unter lang anhaltendem Beifall auf das Wohl unserer Heimat.

>> Musterungen

Nach dem allgemeinen Gesang von Hermann Suters ‹Landeshymne› folgte der Einzug des Spiels. Und als die Ehrenzeichen (der Vogel Gryff zur Ehre des Vorsitzenden Meisters mit Bart!) der Reihe nach der Festgemeinde Reverenz erwiesen, bebte der Saal vor freudiger Begeisterung, die schliesslich auch klingenden Niederschlag in den Sammelbüchsen der vier Ueli fand.

Mittlerweile begannen Messewirt Schaerer und seine Küchenbrigade die Hauptplatte aufzutragen, die allseits uneingeschränkte Zustimmung fand. Darnach blieb es ‹Aisse› Christ vorbehalten, als einziger Redner den Dank der Geladenen abstatten zu dürfen; er erfüllte diese Aufgabe mit Brillanz. Hierauf schritt Statthalter Gutekunst zu den mit Ungeduld erwarteten Neuaufnahmen. 24 Anwärter sind nach sorgfältiger Prüfung für würdig befunden worden, in den Kreis unserer Gesellschaften zu treten. Ehe sie ihre Trinkprobe zu bestehen und der Meisterschaft mit Handschlag ihre Aufnahme zu bekräftigen hatten, ermahnte der Greifen-Statthalter die jungen Gesellschaftsbrüder eindringlich an die staatsbürgerlichen Pflichten. Diese getreu zu erfüllen und die Traditionen Kleinbasels immerfort zu bewahren, gelobte im Namen der Aufgenommenen Eugen Weber.

Mit der Meisterrede, dem Tanz der Ehrenzeichen, den Aufnahmen und dem allgemeinen Gesang des Vogel-Gryff-Liedes hatte auch das diesjährige Gryffemähli seine Höhepunkte erreicht. Noch erfreute die Gesangsektion mit schönen Liedern, das Orchester mit rassigen Rhythmen und die ‹Mistkratzerli› mit pointenreichem Schnitzelbank. Dann aber nutzten die Gesellschaftsbrüder die noch verbleibende Zeit zu freundschaftlichem Gespräch und frohem Zutrinken, bis die inzwischen über müde Beine klagenden ‹Service-Engel› diplomatisch zum Aufbruch mahnten, worauf die schwarzbefrackten Herren widerstandslos im öffentlichen Kleinbasler Festtrubel untertauchten...

Vogel Gryff und Fasnacht

Mit der Fasnacht stand das Umziehen der Ehrenzeichen insofern in einem Zusammenhang, als die obrigkeitlichen Musterungen – wie wir später sehen werden – zur Fasnachtszeit abgehalten wurden und demnach sich auch die Kleinbasler Embleme bis um die Mitte des letzten Jahrhunderts mitunter den Fasnachtszügen anschlossen. Durch die Gleichzeitigkeit der Ereignisse kam es, wie vielfach bezeugt wird, zu einem Überlappen militärischer und fasnächtlicher Traditionen, denn unter die Umzüge der Zünfte und Gesellschaften, die bewaffnet mit Gewehren, Harnischen und Hellebarden, mit ihren Fahnen und Wappenzeichen durch die Stadt zogen, mischten sich immer wieder Maskierte, die ihre Fasnacht feierten. 1515 stellte die Obrigkeit denn auch mit grösstem Missfallen fest, dass «ettlich mit Pannern und dergleichen Zeichen in vergangner Zytt in der Statt umbzogen und allerley grober Hendlen und verwüsten der Kleider gebrucht», und sie gebot eindringlich, dass man sich weder in fasnächtlicher Weise mit verbutztem Antlitz noch mit Waffen, Trommeln und Fakkeln sehen lasse. Noch deutlicher kommt der Auftritt der Zünfte und Gesellschaften an Fasnachten durch die Schilderung des Fridolin Ryff aus dem Jahre 1540 zum Ausdruck: «Uff Mentag noch der alten Fasznacht geschach eine gemeine Mustrung hie zu Basel durch min Herren in der ganzen Burgerschafft, also dasz uff allen Zunfften und Gselschafften alle Burger undt Hintersesen sich musten erzeigen in irem Gwer und Harnist, und ouch bim Eydt behalten, dasz sollich Gwer und Harnist sin Wer und keinerley endlent het; wart ouch jedem botten, sollich sin Gwer und Harnist weder zu versetzen noch zu ferkouffen, sunder zu sinnem Lip behalten. Esz erzeigten sich ouch uff diesen Tag noch der Mustrung jede Zunnft mit irem Fenly und hübscher Kleydung wohl gerüst, zog jede Zunfft in der Stat mit irem Zeichen um. Esz wart ouch dise Fasznacht mit frölicher Geselschafft und mengerley Kurzwil vertriben und geendet in acht Tagen; dornoch musterten mine Herren in allen iren Emtren (auf der Landschaft) ouch, wart uff dise Zit zu Stat und Landt jederman wolgerust erfunden, deszglich Mustrung ist nit zu erdencken bisz uff dise Zit. Gott gebsz unsz zu gut!»

Am 2. Februar 1592 ermahnte die Obrigkeit die Kleinbasler, mehr Bescheidenheit in ihrem Umzug zu gebrauchen. Und sieben Tage später folgte die Erkenntnis: «Es sind die Meister und Mitmeister aller Gesellschaften enet Ryns fürgestellt und des unzüchtigen (mutwilligen) Wäsens, (das sie) mit ihrem Umbzug getrieben, gerechtfertiget worden. Sollen hinfür den Meistern die Vendlin (Banner) überschicken ohne Umbzug, sonst möchten sy gestraft werden.» Die uns bekannten ‹Festberichte› bestätigen, dass die Drei Ehrengesellschaften grundsätzlich an ihren historisch überlieferten Daten feierten. Dies schloss aber nicht aus, dass die Ehrenzeichen auch noch an der Fasnacht umzogen. Anhand der chronikalischen Aufzeichnungen des Überreiters (Standesweibels) Johann Heinrich Bieler lässt sich feststellen, dass die Kleinbasler anno 1760 und 1761 sowohl im Jänner als auch im Hornig ‹ihre Possen trieben›, dagegen sind 1772 «wegen noch anhaltenden theuren Zeiten die Ceremonien denen 3 E. Zeichen in der Kleinen Statt wieder unterlassen, aber die Fasnacht Umzüge sind den 9. Merz gehalten worden». 1701 zeigten die Vorgesetzten zum Greifen eine offene Hand, «als am Hirsmontag die Knaben auf allen drey Gesellschaften umzogen, und bezahlten damahlen dem, so im Greyffen (Kleid) gegangen, dem Trommenschlager und dem Führer, weilen sie kein Essen überkommen, 1 Pfund 6 Schilling 8 Pfennig».

< Doppeltes Vergnügen

An der Fasnacht 1761 «hat die Ceremonien der alljährlichen Knabenumzüge bei stürmischem Regen- und Schneewetter wiederum ihren Fortgang gehabt, allwo diesmalen wiederum fünf Quartier umgezogen, nämlich Aeschemer und Steinemer mit einander ohne Harnisch, Spalemer mit 15 Harnisch, St. Johansemer mit 12 Harnisch und die Kleinen Basler auch mit 12 Harnisch aber 10 Officier, welches bei dreissig Jahren nicht geschehen. Mithin hatten die Kleinen Basler wegen vielen Officier und vielen Knaben wiederum das Pro gehabt. Mittwoch, als der letzte Fasnachtstag, sind aus allen Quartieren bei miserablem Regen- und Schneewetter so viele vermasquierte Personen in der Stadt herumgeloffen, dergleichen in 50 Jahren nicht geschehen. Endlich hatte sich diese Fasnacht-Ceremonien glücklich und im Frieden geendet.»

Da im Jahre 1788 «die Vorgesetzten des Räbhauses per majora (grundsätzlich) den Umlauf des Löwen auf den 20ten Tag schon seit einigen Jahren aberkannt haben, hingegen solcher auf Fasnacht zu den andern Ehrenzeichen des Wildmannes und Greiffen hergeben wurde, so wollte der neue Obristmeister, Registrator Merian, den Löwen nicht herausgeben, ungeachtet, dass 7 Vorgesetzte dazu schriftlich ihre Einwilligung gegeben hatten. Damit ihr Entschluss nicht vergebens war, liessen solche die Löwen Haut abholen und gaben diese den Knaben preis. Kaum war die Löwen Haut in Sicherheit, so kam der Obristmeister mit einem Harschier (Polizi-

<< Mehr Bescheidenheit

75
In der zweiten Gruppe des von über 800 Teilnehmern gebildeten Kinderfasnachtszuges von 1841, der ein für Basel ‹noch nie gesehenes Faschings-Divertissement› darstellte, marschierten auch die Kleinbasler Gesellschaften mit:

Jetzt kommen die Miracula
von unsrer kleinen Stadt,
Der Löw', der wilde Mann,
der Greifen hat
Bestanden schon seit 1391
her.
Drum danke Gross und
Klein der hohen selt'nen
Ehr',
Dass wir die alten Herrn
nicht bei dem Fest vermissen.
Sie thuen männiglich uns
Allen heut zu wissen,
Dass Ruhm und Glanz und
Ehr' der gross' und kleinen Stadt
Am schönsten im Verein
sich stets bewähret hat.

> Allgemeines Verbot

sten) und fand das Nest lähr. Zur Belohnung seines widersinnigen Eyfers warfen ihm die Buben nachts die Fenster ein».
Als der Zusammenbruch der alten Regierungsherrlichkeit im Jahre 1798 auch ein allgemeines Verbot der Fasnachtsbelustigungen zur Folge hatte, konnte die Jugend solches schwerlich verstehen. Besonders die Kleinbasler Buben hielten es für undenkbar, nicht in die Kostüme der Gesellschaften schlüpfen zu dürfen. Und so gelangten die ‹gehorsamsten Diener› Wilhelm Fürbringer, Christian Christ, Philipp Hindenlang, Rudolf Biermann und Georg Hetzel 1801 mit einer ‹underthänigen Bittschrift› an ‹Bürger Regierungs Stadthalter›: «Ob wir gleich wohl schon von Ihnen die Erlaubnis, diese Fastnacht nach alter Gewohnheit umzuziehen, erhalten haben, so sehen wir uns doch auf die gestrige Anzeige des Cantonsblats genöthiget, nochmahls anzufragen, ob das Verboth auch uns betrifft. Wir haben keine andere Verkleidung, als diejenige, mit welcher wir vergangenes Jahr mit Erlaubtnis des damahls gewesener Bürger Regierungs Stadthalters Schmit den Umzug gehalten haben. Nemlich ein Löw, ein Greif, ein Wilder Mann und ein Uhly oder Hanswurst. Unterzeichnete Knaben, worunder keine über 14 Jahre alt, bitten nochmahls, uns diese unschuldige Freude zu

> Unschuldige Freude

gönnen und uns Ihre gütige Erlaubnis zu bestätigen. Wir versichern, dass keine Unanständigkeiten dabey vorgehen sollen.» Ob Regierungsstatthalter Zschokke für den Wunsch der Kleinbasler Verständnis aufbrachte, wissen wir nicht. Jedenfalls stellte 1807 der ‹Schweizerbote› bedauernd fest, dass «am Aschermittwoch, wo auf allen Zünften Schmäuse gegeben werden, der nach alter ehevoriger Übung erwartete Besuch der drei sogenannten Ehrentiere, des Greifen, Wildenmann und Löwen mit ihrem Uhly, unterblieb, was so doch sonst nie und nur zur Zeit der unglücklichen helvetischen Regierung unterbrochen ward». Nachdem die Allgemeine Vorgesetztenversammlung 1829 beschlossen hatte, das «Auslaufen der Ehrenzeichen an den Fastnachten sey für immer untersagt», blieb auch der ‹Baseler Zeitung› 1835 nichts anderes übrig, als – wenn offensichtlich auch nicht ganz wortgetreu – zu berichten: «Es ist schade, dass am gestrigen Aschermittwoch die originelle alte Sitte, die Ehrenthiere Kleinbasels, den wilden Mann mit dem Greifen und Löwen aus der Hardtwaldung den Rhein herab kommen zu lassen, vergessen oder vernachlässigt worden ist. Alte Städte sollten auf alten Sitten in Scherz und Ernst halten, schon des alterthümlichen und nationellen Werthes wegen». Unter dem Druck der

öffentlichen Meinung kamen die Vorgesetzten 1841 nochmals auf ihren Beschluss zurück: «Der Jugendfest Commission under Aufsicht achtbarer Familienväter werden an einem der nächstkommenden Faschingstage zu veranstaltenden costümierten Kinderzug, um der lieben Jugend eine Freude in ihrem ganzen Umfange bereiten zu können, die den drei E. Gesellschaften angehörenden Insignien (Greiff, Löw, Wildenmann) und die dazu gehörenden Fahnen gütigst anvertraut.» Und noch 1849 konnten die Leser der Literarischen Beilage des ‹Intelligenzblattes› vernehmen, dass «der stattgehabte Umzug wieder ein ächter baslerischer Fastnachtszug war. Er trug das stattliche Gepränge der alten Reichsstadt, die flatternden Fahnen, die so oft unsern Vätern zur Freude und Lust vorangeweht, die Eidgenossen in malerischen Trachten, der Wilhelm Tell mit seinem Knaben, die Wahrzeichen unserer Stadt, der stattliche Greife, der Leu, der wilde Mann, die Krähe, die zahllosen Tambouren, die mit dröhnender Musik den Zug begleiteten, gaben dem Ganzen jenen heimeligen Anstrich: Es war ein nur uns Baslern verständlicher Zug». 1906 dagegen wollte man längst nichts mehr von einer Verbindung zur Fasnacht wissen, ist doch «ein Gesuch der jüngeren Klein-Basler um Belehnung unserer Steckenlaternen» schroff abgelehnt worden. Mit diesem Entscheid knüpften Meister und Vorgesetzte an die Aussage von 1802 an, die im Zusammenhang mit dem von den Behörden erlassenen Umzugs-Verbot gemacht worden war: «Jeder, der in der Geschichte bewandert und der Sache keine hässige Auslegung machen will, muss der Wahrheit die Ehre lassen, dass der Auslauf der Ehrenzeichen weder für eine Fassnachts-Lustbarkeit noch für eine Lapperey gehalten und angesehen werden kann.»

Dass es bei den Fasnachtsvergnügen nicht immer frohgemut zu und her ging, wissen wir anhand der Aufzeichnungen von Johann Heinrich Bieler, übrigens eines Kleinbaslers: «Zu Basel ist von altersher die Ceremonien, dass auf den Fasnacht Hirsmontag die Knaben von den meisten Quartieren 3 Tag militärisch mit Under- und Übergewehr, mit Officiren, Grenadir, Fähnen und Trummen in der Statt herumziehen, auch vor ihren Freunden Häusern sich mit Schiessen exercirten. Bey diesen Umzügen, insonderheit zwischen den Steynemern und Kleinen Baslern, sind schon manchmalen grosse Händel entstanden, so dass viele blutige Köpf davon getragen haben. Da nun im Jahr 1757 die Kleinen Basler, die einen von den grössten Umzügen mit 6 Harnischmännern hatten, Dienstages abends 5 Uhr im Heimziehen im Begriff waren, racontrirte ihnen beym St. Johann Schwibogen der Steynemer auch grossen Umzug. Einer von ihren grossen Grenadirer namens Andres Dürring, welcher ein Klein Basler war und an der Steynen bey Meister Müller ein Küfer lehrte, wollte alda under die Kleinen Basler. Die Steynemer weigerten sich und wollten ihn nicht gehen lassen, fiengten mit ihnen Händel an, so dass sich dasige Männer und Nachberen darein gelegt und abwehren wolten. Da nun diese Nouvellen an Steynen gekommen, kamen gleich viele Steynemer Burger und wolten sich revanschiren. Anfangs suchten die Kleinen Basler den Frieden. Weilen aber viele Steynemer nicht wolten nachgeben und dreinschlagdten, kamen viele Kleinen Basler grosse Knaben mit verkehrtem Gewehr (Gewehrkolben). Etliche zogen vom Leder; die Thiere und Harnischmänner schlugdten drein und wehrten sich dapfer, so dass etliche blutige Köpf davongetragen und sich in die Häser salviren mussten. Endlich hatten die Kleinen Basler victorisirt und haben zum Siegeszeichen den Steynemern ihr Fahnenfutter und etliche Gewehr erobert und sind mit grösstem Jubilirn nach Haus gezogen.

Diese Schlägerei veruhrsachte hernach bey den Steynemern wegen diesem Schimpf eine grosse Piganterie (Gereiztheit). Etliche 100 Burger complotirten sich zusammen, dass man, wenn die Kleinen Basler im Steynen Closter ihr Compedenswein abholen wolten, sich an ihnen mit Brüglen revanschire. Als aber die Kleinen Basler solches durch einen ihrer Spione vernommen, bleibten sie selbigen Abend zu Haus. Den andern Tag resolvirten sich 8 gouraschirte 20 bis 22jährige ledige Knaben, darunder Nübling, Werdenberg, Hosch, Bieler und Stecheli, militärisch als Grenadirer mit einem Tambour und den Sabel in der Faust ihr Combedenswein zu holen. Etliche Burger aus der Kleinen Statt wandten zwar, um ein Unglück zu verhüten, alle Mittel an, sie zurückzuhalten. Man offerirte ihnen anbey ihr Ohmen Wein in einer Bügte incognito abholen zu lassen, aber vergeblich. Denn die point d'honeur legt ihnen nach, die Steynemer möchten vielleicht sagen, sie hätten kein Gourasche – und marschirten. Inzwischen als die Steynemer ver-

< Fasnachtshändel

76
Der Tanz der Drei Ehrenzeichen Kleinbasels vor dem Käppelijoch: «Jedes Jahr haben wir unsere Freude am Erscheinen der Ehrenzeichen; sie erinnern an längst entschwundene Zeiten und mahnen daran, dass die Tage wieder zu wachsen beginnen. Sie stellen also die allerersten Frühlingsboten dar und sind dem Storch, der Ende Februar um Petri Stuhlfeier kommt, um mehrere Nasenlängen voraus!» (1897). Ölgemälde von Johann Rudolf Weiss. Um die Mitte der 1880er Jahre.

CENTRAL BAHN. 12 BADISCHE BAHN.
TRAM

77
Wappenhalter in ‹tierischer Aufmachung› sind natürlich nicht als ‹Kleinbasler Erfindung› zu bezeichnen. Wie das Faksimile aus der berühmten Edlibach Chronik zeigt, brachten die Zürcher bei ihrem Fasnachtsbesuch am Rheinknie im Jahre 1504 einen Leu mit, während die Basler einen Basilisken als Schildhalter vorführten.

78
Auf Antrag des Mathematikers Daniel Bernoulli wurde 1774 die Basler Uhr, die um eine Stunde vorausging, der in Europa üblichen Zeitrechnung angepasst. Die Bevölkerung, und besonders die Kleinbasler, aber war mit dieser Anordnung der Obrigkeit nicht einverstanden und verlangte (mit vorübergehendem Erfolg) energisch die Wiederherstellung des alten Zustandes, «damit man wieder früher als an andern Orten Mittag haben kann»! Das zeitgenössische Spottbild zeigt einen Ziegenbock, den Kleinbasler Anführer Rudolf Langmesser persiflierend, der die Turmuhr des Bläsitors wieder um eine Stunde vorrichtet, aufmerksam von den Drei Ehrenzeichen assistiert.

79
Die Ehrenzeichen Kleinbasels vertreiben die französischen ‹Citoyens›. Karikatur des Kleinhüninger Schulmeisters Johann Jakob Schwarz auf den Abzug der französischen Armee aus der Schweiz anno 1802.

80
Das Antlitz von Leu und Wildma, aquarelliert von Daniel Burckhardt-Wildt. 1815.

No.

ANLEHEN

der

Drei E. Gesellschaften in Klein-Basel

von

15,000 Franken

genehmigt durch die Beschlüsse der allgemeinen Vorgesetzten-Versammlung vom 30. Dezember 1895
und des Engeren Bürgerrathes vom 29. Januar 1896.

Antheilschein

von

EINHUNDERT FRANKEN

zu Gunsten

von

oder jedes anderen Gesellschaftsbruders oder dessen Angehö-igen,
die sich über ordnungsgemässen Uebertrag ausweisen können.

Bedingungen des Anleihens:

1. Der jährliche Zins ist **vier vom Hundert,** zahlbar jeweilen am **30. Juni** (erstmals 1897) gegen Einlieferung des betreffenden Zinscoupons.
2. Das Anleihen ist von Seite der Gläubiger während zehn Jahren, also bis **30. Juni 1906** nicht aufkündbar; von diesem Tage an steht jedem Einzelnen derselben für sich eine sechsmonatliche Aufkündigung per 30. Juni oder 31. Dezember zu.
3. Die Drei Gesellschaften behalten sich das Recht vor, das Anleihen ganz oder theilweise jeweilen auf sechs Monate per 30. Juni oder 31. Dezember zu kündigen.

BASEL, den 30. Juni 1896.

Namens der Drei E. Gesellschaften:

Der vorsitzende Meister

Der Verwalter

NOTA. — Uebertrāge dieses Titels sind der Verwaltung anzuzeigen.

81
«Behufs Deckung der ca. Fr. 25000.— betragenden Kosten für notwendige Neu- und Umbauten im Gesellschaftshause, für welche blos ca. Fr. 10000.— verfügbar sind», sahen sich die Vorgesetzten 1896 gezwungen, eine Anleihe von Fr. 15000.— zu begeben. Der Erfolg der Emission erlaubte die umgehende Inangriffnahme der Bauarbeiten, so dass schon Monate später «die verstummte Spitzuhr zur Freude der Nachbarn wieder lebendig wurde und die Gesellschaftsbrüder ein gegenüber dem alten weit besser ausgestattetes Lokal vorfanden».

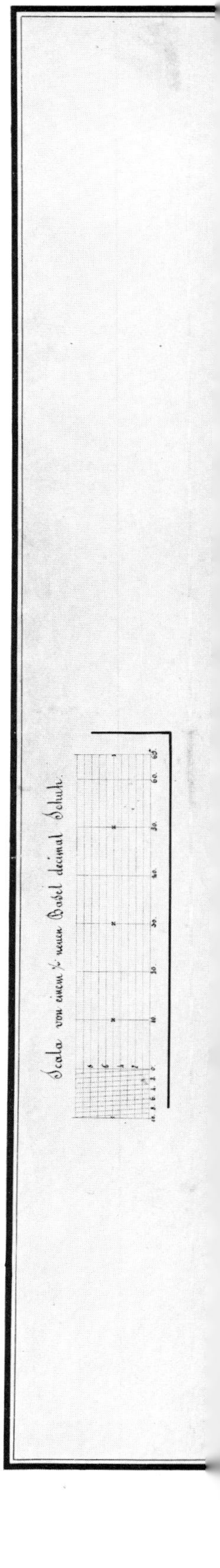

82
Der Grundbesitz der Drei Ehrengesellschaften auf dem Galgenfeld, das einerseits durch die Riehenstrasse und die Grenzacherstrasse und andrerseits durch das Hirzbrunnengut und den Bäumlihof begrenzt war. Aufgenommen 1821 durch Geometer Jacques Süffert. «Die in Blei geschriebenen Längenmaasse sind in Schweizermas gemessen worden im Jahr 1843.» Durch den Verkauf der letzten 46 Jucharten im Jahre 1896 (zum Preis von Fr. 411000.–) verblieb den Kleinbasler Ehrengesellschaften nur noch ein kümmerlicher Rest ihres einst so umfangreichen Grundbesitzes!

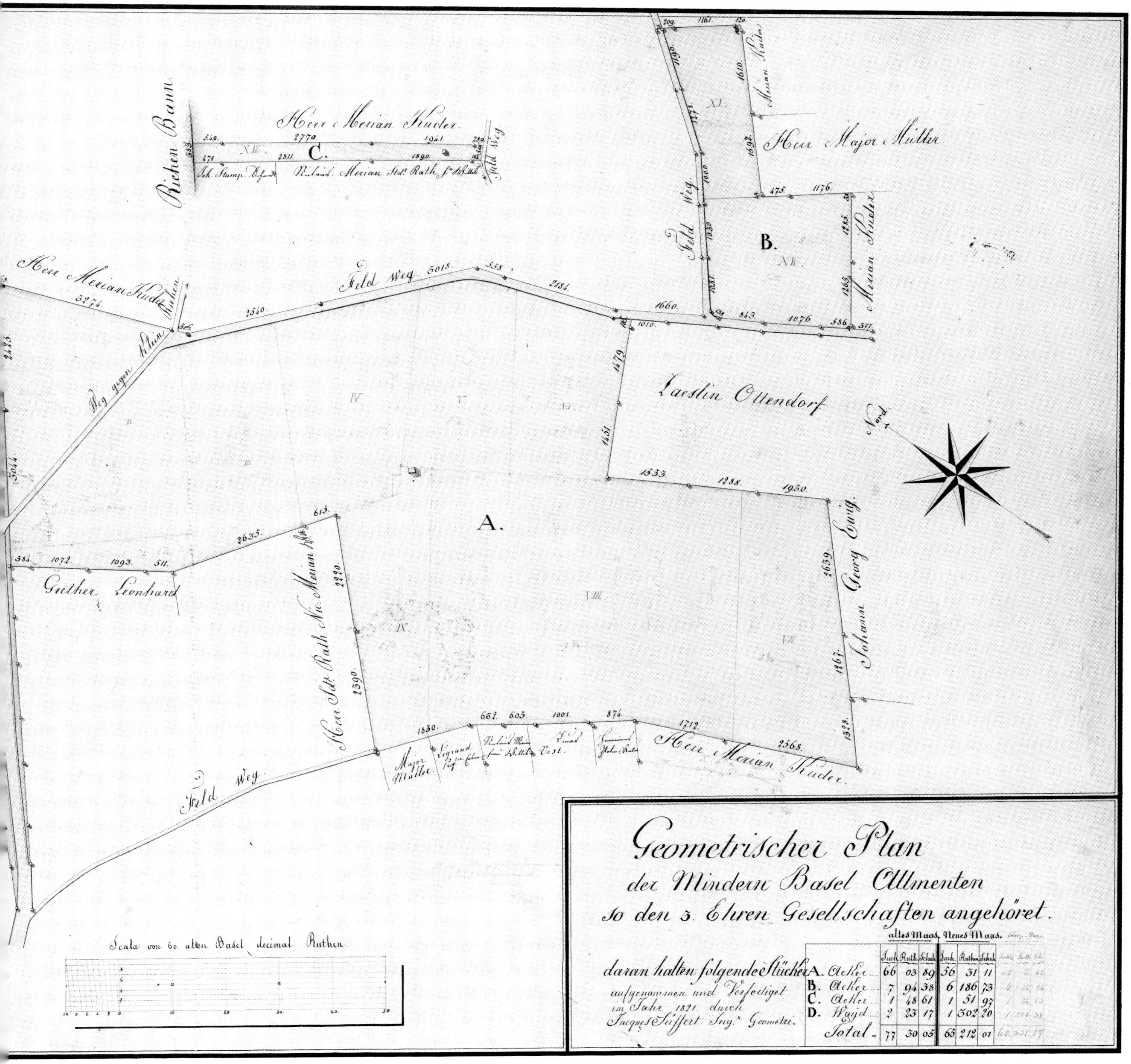
Geometrischer Plan
der Mindern Basel Allmenten
so den 3. Ehren Gesellschaften angehöret.
altes Maas. Neues Maas.
Juch. Ruth. Schuh Juch. Ruthen Schuh
daran halten folgende Stücker
A. Acker 66 03 89 56 31 11
B. Acker 7 94 38 6 186 73
C. Acker 1 48 61 1 51 97
D. Wayd 2 23 17 1 302 20
Total - 77 30 05 65 212 01
aufgenommen und Verfertiget
im Jahr 1821. durch
Jacques Süffert Ing.r Geometre.
Scala von 60. alten Basel decimal Ruthen
Herr Merian Kuder
Riehen Bann
Feld Weg
Herr Major Müller
Laeslin Ottendorf
Nord
Weg gegen Riehen
Grether Leonhard
Herr Std. Rath Nic. Merian
Johann Georg Ewig
Herr Merian Kuder
Major Müller
Legrand
Vest
A.
B.
C.

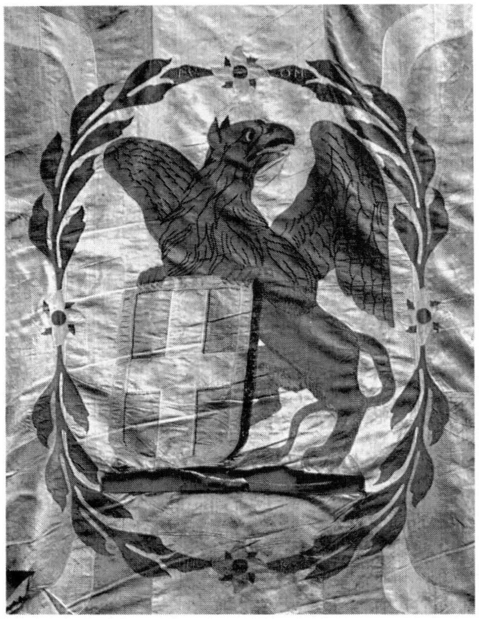

83
Der Rebhaus-Löwe des Mattaeus Merian. 1786.

84
Seidenatlas der Gesellschaft zur Haeren. 1794.

85
Fragment des Greifen-Banners von 1774.

86
Der Wappenhalter der Haeren. Bemaltes Holzschnitzwerk, Ende 19. Jahrhundert.

87
Berühmte Gesellschaftsbrüder:
Bonifazius Amerbach (1495–1562) zur Haeren. Professor für Rechtskunde und fünffacher Rektor der Universität, Stifter des Amerbachischen Kabinetts und damit des ersten Kunstmuseums der Welt.

88
Oberstmeister Johann Heinrich Brenner (1706–1788) zum Greifen. Wohlhabender Handelsmann und Stifter des Brenner-Mählis.

89
Christian Friedrich Schönbein (1799–1868) zum Rebhaus. Professor für Physik und Chemie, Entdecker der Passivität des Eisens, des Ozons und der Schiesswolle.

90
Johann Jakob Spreng (1699–1768). Professor für deutsche Poesie und Beredsamkeit sowie der griechischen Sprache. Setzte sich als Publizist und Pfarrer am Waisenhaus vehement für die Erhaltung des populären, aber bei der Geistlichkeit verhassten Kleinbasler Volksbrauchs ein.

91
Die Kleinbasler Ehrengesellschaften vor dem Sommercasino als Mitwirkende beim grossen Festspiel zur Vereinigungsfeier von 1892.

92
‹Fastnachtszug über das Heinrichsmähly 1921.›

93
Die Drei Ehrenzeichen in Zürich, allerdings «nur in imitierten Kostümen, da die Originale nicht verabfolgt wurden»!
«Bei der Einweihung des Landesmuseums in Zürich anno 1898 durfte selbstverständlich auch die berühmte Basler Fastnacht nicht fehlen. Humor und Ernst vereinigten sich in dieser Gruppe zu einer gelungenen Mischung. Der Umzug der drei Ehrenzeichen mit dem närrischen Ueli und der Morgenstreich der wakkeren Trommler versetzte uns lebhaft in das Fastnachtstreiben der Rheinstadt.»

94
Noch im letzten Jahrhundert war es gleichsam an der Tagesordnung, dass sich die Drei Ehrenzeichen Kleinbasels samt ihrem Anhang auch im Grossbasel vergnügten, besonders während der Fasnachtszeit. Lithographie des Fastnachts-Umzugs der Patrizier-Gesellschaft von Basel. 1857.

95–96
Fasnacht 1903. «Zu den alten Zügen gesellten sich einige Novitäten, die gewiss alle Fastnachtsfreunde höchlich ergötzt haben. Vor allem zu nennen ist der St. Johannklub mit einer flotten Darstellung des Café Spitz-Prozesses in Sachen Achilles Lotz. Alles war so tadellos, dass jedermann erkennen konnte, dass hier das Geld nicht gespart worden war. Greif, Leu und Wilder Mann schritten so makellos einher, dass sie von den wirklichen Schildhaltern kaum zu unterscheiden waren.»

97–99
«Zur Maskerade der drei heraldischen Ungetüme holt sich der Wilde Mann seinen Tannenbaum in der Hard und fährt dann auf zwei gekoppelten Booten unter Trommelschall und Böllerschüssen den Rhein hinunter bis zur alten Brücke, wo er von den andern Ehrenzeichen empfangen wird. Dann spazieren sie zum Käppeli-Joch und führen dort schlags 12 Uhr possierliche Tänze auf. Dann gehen sie, begleitet von einem Mann in Narrenkleidern, der milde Gaben sammelt, vor das Haus des vorsitzenden Oberstmeister etc.» 1898.

100
Historischer Wandschmuck in der Vorgesetztenstube (vgl. p. 132).

101
Das Spiel der Ehrengesellschaften im Hof des Waisenhauses. Um 1910.

Johannes
Leonhard de Leonh.
Oberst Meister 1788.
Rathsherr 1793.
Joh. Jacob Freyburger
Canzlist u. Notarius
Andreas de Andr. Fäsch
M. Meister 1789
Johan Rudolf Ritter
M. Meister 1791.

102–104
Ernsthaftigkeit und Fröhlichkeit bestimmen gleichermassen den Ablauf der Spielproben.

«Die zum Spiel vereinigten Herren proben schon Wochen zuvor. Kräftige junge Leute gilt es zu finden, die auch in die Kostüme der drei Zeichen hineinpassen! Aber es sind nicht immer nur Junge. Wir wissen von einem Leuen, der nahezu fünfzig war, als er Tier und Tanz endlich abtrat. Und nun sind wir bei der letzten Probe dabei. Die Stimmung ist schon da. Fahnenspitzen werden blank gerieben und die Kessel auf Hochglanz poliert. Die Kostüme werden probiert, bis alles sitzt und passt. Allerlei Mühe, bis der Vogel Gryff sein 12 Kilo schweres Gewand endlich anhat, und nun wird ihm auch noch der 22 Kilo schwere Kopf auf die Schultern gehoben. Es sind heisse Gefängnisse, diese drei wuchtigen Köpfe; der Leuenkopf mit seinem Pfannenputzerschnauz und die schwere Kupfermaske des Wilden Mannes mit Kranz, Haar und Bart. Auch das Tännlein des Wilden Mannes ist wahrlich nicht von Pappe! Schier gar zu lang für den knappen Raum, wo geprobt wird. Hier, wie bei den drei Tambouren, rinnt manches Tröpflein Schweiss, bis alles klappt. ‹Talbuure› betiteln sich die Tambouren gegenseitig, wenn etwas nicht ganz stimmt, und die altvertrauten Rufe der Tänze dröhnen durch das Lokal, gefolgt von den Wallisern mit Fin de siècle, den Märmeli und einer prachtvollen Tagwacht.» Fridolin 1941.

nommen, welche über 160 Männer gewesen, dass die Kleinen Basler auffem Weg waren, separirten sich die halben ins Steynen Closter. Da sie nun an Closterberg kamen, wurden sie von 60 Burgern, zwar nicht militärisch, sondern mit grossen Brüglen und Stangen zum erstenmal salutirt. Vier von ihnen nahmen die Flucht, aber die 4 andern, Nübling, Stecheli, Werdenberg und Hosch, lauften mit dem Sabel in der Faust gouraschirt under die obigen 60 hinein und sie jagdten sie bis zum Steynen Thor und blessirten etliche. Als aber ihr Securs, etliche 60 Mann, welche im Steynen Closter incognito versteckt waren und gesechen, dass sie Noth leideten, kamen sie ihnen zwar widrum nicht zu ihrem Ruhm, mit grossen Kiesligsteinen zu Hilf und wolten sie verfolgen. Etliche von diesen 4 wurden zwar von der vielen Steinen ein wenig blessirt. Dessen ohngeacht förchteten sie sich nicht, lauften furieus under sie hinein und blessirten widrum etliche. Endlich gehts ihnen wie das Sprichwort sagt, viel Hund sind des Hasen Tod. Sie wurden von wegen vielen Steinwerfen verfolgt bis über den Münster Platz. Wan aber obigen Vieren ihre 4 zaghaften Cameraden nicht die Flucht ergriffen, auch die Steynemer nicht mit Steinen geworfen hätten, würde bey nachem eine grosse Massaccer entstanden sein. Mithin hatten obige 4 gouraschirten Kleinen Basler dennoch nach Proportion widrum victorisirt.
Als Unsere Gnädigen Herren solches vernommen, schickte der Burgermeister seinen Bedienten Christian Münch mit der Farb (in der Amtstracht) zu den Kleinen Baslern. Um ferneren Streit zu verhüten, sollten sie mit ihm ins Steynen Closter gehen und ihr Ohmen Wein abholen. Da sie nun abends 8 Uhr selbigen verlangten, fanden sie noch viele Burger alda versammelt, welche ihnen mit Brüglen aufpassten. Der Herrendiener Münch kündete ihnen an, dass sie aus Befelch Unserer Gnädigen Herren den Kleinen Baslern ihr Wein in Frieden abfolgen lassen, widrigenfahls sie in die höchste Ungnad verfallen. Etliche furieuse Männer aber respectirten anfangs die Farb nicht und weigerten sich; auch stossten etliche viele insolente Worte aus, welche Herrendiener Münch ad notam genommen. Endlich nach langem Certirn mussten sie den Wein abfolgen lassen, aber dem Herrendiener wurde, vielleicht aus Raach, von etlichen sein Mantel verrissen. Den 4. Mertz wurde Herrendiener Münch wegen dieser Sach von etlichen Cantzlisten gegen 2 Stunden examinirt. Den 5ten dito kam obige gantze Hergangenheit vor Unsere Gnädigen Herren, alwo erkand, dass 3 von obigen hitzigen Burgern sollten von denen Herren Sieben examinirt werden. Dem Herrendiener Münch aber wurde für seinen schadhaften Mantel 6 Pfund bezahlt. Letstlich wurde die Sach beygelegdt und die Fehlbarsten von beyden Pardeien mussten mit einem feinen Castor (Tadel) verlieb nehmen und zum Frieden recommendirt.»
Viel hätte nicht gefehlt, und es wäre 1760 zu einer Wiederholung des tumultuösen Ereignisses gekommen: Zur Fasnachtszeit vergnügte sich die Jungmannschaft wie gewohnt mit farbenprächtigen Knabenumzügen. Bei dieser Gelegenheit zeigten die Kleinbasler erstmals ihren neukostümierten Löwen sowie den Wilden Mann in aufgefrischtem Kleid. Begleitet waren die Wappenhalter von 18 Harnischmännern, die mit sichtlichem Stolz den Haerenschild präsentierten. «Diese vielen Harnisch (militärische Uniformen) von schönen, jungen, grossen, lödigen (ledigen) Knaben, so noch niemals gewesen, veruhrsachten unter denen Steynemern eine grosse Picanteri und wolten nicht weniger sein, halteten auch bey Burgermeister Merian auch um 18 Harnisch an, formirten und complotirten auf Mittwoch den 27sten denen Kleinen Baslern zum Trutz einen von kleinen Kindern, Buben und Meidli grossen Umzug, welcher mehr zu ihrer Schand als Ehr gedienen, massen etliche diesen Kindern Vätter in der grössten Einfalt im Harnisch, 6 vorn und 6 hinden gerütten und per pedes unter den Kindern gezogen. Da nun solche mit einem grossen Gedräng von Steynemer und Äschemer Burgern in die Kleine Statt gekommen, aus Forcht sie möchten etwan von denen Kleinen Baslern angegriffen werden. Weilen aber etliche von diesen, insonderheit einer namens Nicles Marbach, sonsten ein böser und bekandter Gassenschwirmer, ein Tag vorher aus Passion gegen den Kleinen Basler Harnisch viele insolente Reden ausgestossen, so dass, wan er sich nicht mit andern flüchtig gemacht, auch zum grössten Glück die Kleinen Basler mit ihren Harnisch, den Sabel in der Faust tragent die Rheinbruck schon passirt, inzwischen auch etliche Kleinen Basler Burger bey der Rheinbruck sich ins Mittel geschlagen und Frieden gemacht, wurde bey nachem wegen obigen Reden eine grosse Massaquer entstan-

den sein. Mithin hatten die Kleinen Basler, von denen meisten unpardeyischen und vernünftigen Persohnen wegen ihrem gouraschirten und militarischen Umzug und lödigen Harnischmännern, widrum das Pro gehabt und die grösste Ehr davon getragen. Da hingegen die Steynemer wegen ihren einfältigen, verheuratheten extraordinari Harnisch Reuttern die meisten mit ihren kleinen Kindern zum Trutz denen Kleinen Baslern in der Stadt herumgezogen, die grösste Schand widrum wie vor 3 Jahren darvon getragen.»
1844 wurden ‹zur Aeufnung des allgemeinen Seckels› erstmals im Gesellschaftshaus Fasnachtsbälle durchgeführt; am Montag und Mittwoch bei einem Eintrittspreis von 12 Batzen Maskenbälle und am Dienstag zu einem ‹Entréegeld von 7 Batzen pro Person› ein Kinderball. In Anbetracht der unterschiedlichen Ergebnisse wurde die Organisation auch befreundeten Vereinen, wie den Wurzengrabern oder der Dramatischen Gesellschaft, übertragen. Die Wogen der Begeisterung aber hielten sich dennoch im Rahmen. Um den drohenden Niedergang der Fasnachtsbälle abzuwenden, ermunterte die Vergnügungskommission die Gesellschaftsbrüder, auch dann zu erscheinen, wenn man sich nicht zur Maskierung entschliessen könne, doch möge in diesem Fall wenigstens durch eine Kopfbedeckung etwas Witz und Farbe in den Saal gebracht werden... Der flammende Appell zündete nicht sonderlich; die Konkurrenz der Muba-Bälle entzog dem ‹Spitz-Massggi› 1931 endgültig die materielle Grundlage.

Kleinbasler Banntag

Wie die Grossbasler so besammelten sich auch die Kleinbasler am Auffahrtstag bzw. am Tag der Kreuzauffindung unter den Auspizien der Gescheidherren zum Banntag, der feierlichen Bezeugung der Feldgerichtsbarkeit: «Gott dem Allmechtigen ze Lobe und ze Eren, der Frucht ze Schirme und der Gemeyn ze Troste für Ungewitter». Dem Charakter der religiösen Flurweihe und Wetterprozession entsprechend, fanden sich die Kleinbasler um sechs Uhr früh in der Kirche zu St. Theodor zur Heiligen Messe ein. Dann formierte sich die Prozession, an der Spitze zwei Priester mit dem Allerheiligsten und dem ‹Arm des heiligen Theodorus› und Schüler mit Kreuz und Fahnen, und bewegte sich zu Fuss zum St. Bläsitor. Dort bestiegen die beiden Priester Pferde und ritten, begleitet von Kirchendienern und berittenen Bürgern, nach Kleinhüningen und wieder zurück, um «das Weichbild dem Schutze Gottes und dem Schirme des Schutzpatrons zu empfehlen». Dieweil beging das Fussvolk die näher gelegenen Rebgärten und Felder.

Werte Gesellschaftsbrüder!

Die Vorgesetzten der Drei E. Gesellschaften Kleinbasels haben beschlossen, auch dieses Jahr wieder in altgewohnter Weise für die Mitglieder und deren Angehörige, Freunde und Bekannte einen

Fastnachts-Abend

im **grossen Saale des Gesellschaftshauses** zu veranstalten. Er ist auf

Samstag den 11. März, abends 8 Uhr

festgesetzt.

Der Eintrittspreis beträgt **Fr. 1. —** pro Person.

Der erhöhte Besuch der letzten Anlässe war für uns so ermunternd, dass wir gerne einen solchen Vergnügungsabend angeordnet haben. Wir laden Sie daher recht freundlich ein, zahlreich mit Ihren Angehörigen und Bekannten unserer Einladung Folge zu leisten.

Dieser Abend soll ganz speziell dem Tanze gewidmet sein, doch ist auch dafür gesorgt, dass Witz, Humor und fröhliche Geselligkeit ebenfalls zu ihrem Rechte kommen.

Um dem Anlasse wenn möglich ein fastnächtliches Gepräge zu verleihen, werden die Teilnehmer höfl. gebeten, kostümiert oder wenigstens mit Maskenabzeichen versehen am Ballabend zu erscheinen.

Indem wir Ihnen einen fröhlichen Abend in Aussicht stellen, ersuchen wir Sie, beigegebenes Anmeldeformular abzutrennen und ausgefüllt bis spätestens **Mittwoch den 8. März 1911** an Herrn Statthalter **G. Peter-Studer** einzusenden.

In Erwartung zahlreicher Beteiligung zeichnen

Mit freundlichem Grusse

Namens des Vorstandes der Drei E. Gesellschaften

Der vorsitzende Meister: **C. Zeller-Bubeck.**

Der Schreiber: **H. Jucker-Reutter.**

Zum Abschluss wurden alle Teilnehmer mit einem fröhlichen Mähli regaliert. Auch nach der Reformation wurde am Banntag, an dem sich in beiden Basel oft bis zu 400 Reiter anschlossen, festgehalten, «damit man der Statt Bann und Gerechtigkeit in frischem Gedechtnuss und Wissenschaft erhalte». Aber der religiöse Gehalt des Anlasses wurde von gesellschaftlicher Renommiersucht verdrängt: Der Banntag am

Auffahrtstag mit üppiger Reitermahlzeit wuchs zu einem prahlerischen Auftritt der wohlhabenden Bevölkerung aus. «Jeder rüstet sich so prächtig als möglich her; es wird Gold getragen, was gewöhnlich nicht erlaubt ist, denn die Reichen versäumen nichts, um möglichst glänzend zu erscheinen.» 1644 weigerten sich die Kleinbasler, um den Bann zu reiten, worauf sie von der Obrigkeit angewiesen wurden, «nach altem Brauch zu continuieren, doch ist ihnen die Mahlzeit freigestellt». Um «dem traurigen Ende alter guter bürgerlicher Feste entgegen zu arbeiten», beschworen 1863 die Vorgesetzten die Gesellschaftsbrüder, dem Bannritt, der «das Herannahen des Frühlings bezeichnet und in geselligem Kreise die bürgerlichen Elemente verschiedenen Standes der kleinen Stadt vereinigt», die Sympathie nicht ganz zu versagen. Man bemühe sich, die mangelhafte Verproviantierung in den Gasthäusern Kleinhüningens durch eine gute Verpflegung im Gesellschaftshaus zu ersetzen. Trotz den verzweifelten Anstrengungen des Vorsitzenden Meisters war ‹das nahende Erlöschen› des einst so populären Banntags indessen nicht mehr aufzuhalten.

105
Einladung zum traditionellen Ballabend mit Maskentreiben. 1911.

> Fronleichnamsfest

Auch die alljährliche Teilnahme am prunkvollsten Fest im baslerischen Kirchenjahr, dem Fronleichnam, war den Verantwortlichen der Gesellschaften ein echtes Anliegen. Damit das Mitmachen am grössten Fest kirchlicher Prachtentfaltung für alle Gesellschaftsbrüder ‹schmackhaft› war, hatte jeder, der ‹am Fronlichnams Tag Gott ze Lob und Ehren Kertzen umbtrage›, Anrecht auf Verköstigung und auf ‹ein Scheppelin› vor dem Nachhausegehen. Die Reformation setzte dieser volkstümlichen Äusserung sichtbarer Frömmigkeit abrupt ein Ende.

Regimentserneuerung und Schwörtag

> Nationalfeiertag

Galt das Fronleichnamsfest als des Kirchenjahres bedeutsamster Feiertag, so verkörperten auch ‹jenseits Rheins› Regimentserneuerung und Schwörtag ‹die wichtigste Staatssolennität der alten Republik bis an deren Ende›. Am Vorabend des Wahltages am Sonntag vor St. Johannis Baptiste (24. Juni) erging an die männliche Bevölkerung der Ruf: «Ich bütt üch morn uff den Hoff für min Gnedigen Herren den Bischoff, Knecht und die Meister, das sie sind Edel oder Bürger, wan man die Glocken am morgen hört lüten, bim Eyd.» So strömten die Männer und Jungmänner der ganzen Stadt in festtäglichem Gewand auf den Münsterplatz, wo durch den Bischof und acht Wahlmänner, die sogenannten Kieser, Rat, Bürgermeister und Oberstzunftmeister erkoren wurden. Nach der feierlichen Eidesleistung der Regierung auf das goldene Kreuz des Münsterschatzes folgte eine Woche später der Schwörtag, an dem die Bürgerschaft ihrerseits dem Bischof und dem Rat Treue bezeugte. Nach der Reformation wählte der abtretende Rat in eigener Kompetenz den neuen Rat, während die Wahl des Bürgermeisters und des Oberstzunftmeisters durch den alten (stillstehenden) und neuen (amtierenden) Rat erfolgte. Gewählt wurde nun im Rathaus, und die Vereidigung vollzogen Behörden und Bürgerschaft in erbaulichem Zeremoniell auf dem Petersplatz, dem ‹Lustgarten› des Alten Basel.
Eine Woche später wurde der Schwörtag abgehalten. Alle Bürger und Hintersassen hatten Gehorsam zu schwören. Wer den Eid nicht leistete, wurde bestraft und ging des Beistands durch Rat und Meister verlustig.
Während im Grossbasel die Eidesabnahme vom Oberstzunftmeister auf den Stuben der Zünfte vorgenommen wurde, hatten die Kleinbasler ihr Treuebekenntnis auf eigenem Boden abzulegen: «Der Schwörtag der Bürgerschaft der Mindern Stadt fällt immer 8 Tage nach dem Schwörtag der Bürgerschaft der Mehrern Stadt, hiemit auf den zweyten Sonntag nach der Einführung E.E. Regiments. An selbigem Sonntage begiebt sich der neue Herr Oberstzunftmeister oder sein Stellvertreter Morgens um 7 Uhr in Begleit des Rahtschreibers und noch eines Canzlisten, wie auch sämtlicher obrigkeitlicher Bedienten nach der Mindern Stadt, allwo die sämtlichen Angehörigen der Drey E. Gesellschaften im Richthause versammelt werden. Der Schulteis der Mindern Stadt, begleitet von den Rähten und Vorgesetzten der Drey E. Gesellschaften, gehet dem Herrn Oberstzunftmeister oder seinem Stathalter bis zur Capelle auf der Rheinbrücke entgegen und hohlt denselben ein. Im Richthause hält der Herr Oberstzunftmeister eine Anrede an die daselbst versammelte E. Bürgerschafft, eröffnet die Ursache seines Daseyns und fordert zu Handen Unserer Gnädigen Herren von derselben den Eid ab. Der Schulteis oder in seiner Abwesenheit der erste Oberstmeister erwiedert die Anrede des Herrn Oberstzunftmeisters mit einer Gegenrede

und zeigt an, dass die E. Bürgerschafft willig sey, den Jahr-Eid zu schwören, welcher auch wirklich hierauf derselben vorgelesen und von ihren beschworen wird. Nach geleistetem Eide zieht der Herr Oberstzunftmeister mit Seinem Gefolge in Begleit des Schulteissen, der Rähte und der Vorgesetzten der Drey E. Gesellschaften nach der Kirche bey St. Theodor, allwo ebenfalls eine auf die vorgenommene Handlung gerichtete Predigt gehalten wird.» (Jakob Friedrich David Huber 1792).

1796 wurde «zur Ablegung des jährlichen Bürger Eyds, der bisher auf dem Richthaus vorgegangen, ein Ort, wo mehr Reinlichkeit und Platz ist, ausfindig gemacht und die St. Klara Kirche dazu bestimmt». Und 1805 «verabredete Meister Merian neue Maasregeln auf den bevorstehenden Schwörtag: 1. Wird man sich auf dem Richthaus versammeln, und zwar die hochgeachteten Herren Vorgesetzten in schwarzer Kleidung und Degen an der Seiten. 2. Werden die Schreiber ersucht, die Heitzrödel der Gemeinds Bürger abzulesen. 3. Der allgemeine Schreiber wird diejenigen Gemeinds Bürger ablesen, die noch keine Gesellschaft haben. 4. Den Gemeinds Bürgern wird durch die Stubenverwalter gebotten, die Kantons und Schweizer Bürger werden dem Gesellschafts Meister vom Räbhaus überlastet. 5. Nach alter Übung wird man der Ehren Deputation bis zum Käppely entgegen gehen».

<< Frühlingsausflüge

Gegen Ende des letzten Jahrhunderts bildete sich die Tradition der sogenannten Frühlingsausflüge. Die Gesellschaftsbrüder aller drei Gesellschaften besammelten sich an einem Sonntag und gönnten sich, gelegentlich auch mit ihren Angehörigen, einen ganztägigen Ausflug in die nähere oder weitere Umgebung. Diese ‹Gesellschafts-Spaziergänge› erfreuten sich bald grösster Beliebtheit, doch den Vorgesetzten wurden sie wegen des grossen organisatorischen Aufwandes und der hohen Kosten bald zur Qual. Als deswegen auf die weitere Durchführung von Ausflügen verzichtet wurde, richteten 1920 107 Gesellschaftsbrüder eine Petition an den Vorstand, es möchte eine ‹Frühlingsausfahrt per Breaks veranstaltet› werden. Weil «die Casse eine solche Ausgabe nach den grossen Auslagen für das Greiffenmähli nicht mehr ertragen kann und keiner das Amt des Bärenführers übernehmen will», konnte das Begehren nicht erfüllt werden. 1928 musste sich die Allgemeine Vorgesetztenversammlung erneut heftigster ‹Notschreie betreffend Gesellschaftsausflug› erwehren. Als diese ebenfalls unerhört verhallten, verlangten zwei Jahre später 220 erboste Gesellschaftsbrüder mit Vehemenz einen Ausflug, auch wenn es nötig sei, ‹wegen Geldmangel die Vergabungen zu kürzen›. Eine von 150 Gesellschaftsbrüdern besuchte Gesellschaftsversammlung ‹verknurrte› denn auch ‹einstimmig unter Stimmenthaltung des Vorstandes› die Vorgesetzten, die Tradition wieder aufleben zu lassen. Doch die Vorgesetzten versagten der eindringlichen ‹Stimme des Volkes› auch diesmal ihr Gehör! Es gärte weiter. 1938 ersuchte eine von 160 Gesellschaftsbrüdern besuchte Versammlung die Vorgesetzten von neuem, den Wunsch der Gesellschaftsbrüder endlich zu erfüllen. Nun «äusserte sich der Vorstandssprecher in sachlicher, klarer, ruhiger Weise über die ungünstige finanzielle Lage des Gesellschaftsvermögens und appellierte an den gesunden Menschenverstand», so dass bei geheimer Abstimmung 110 Gesellschaftsbrüder den Argumenten des Vorstandes folgten und auf die Durchführung des Gesellschaftsausfluges verzichteten. Mit einer gewissen Regelmässigkeit sind erst in jüngster Zeit wieder halbtägige Ausflüge organisiert worden, wobei jede Gesellschaft nach eigenem Gutdünken verfährt. Zur festen Tradition dagegen gehört seit Mitte der 1960er Jahre das ‹Sparse-Ässe›, das die drei Vorstände jedes Jahr im Frühling gemeinsam durchführen.

< Gesellschaftsbälle

«Als der kleine Saal im Café Spitz noch genügend Raum bot, um die Gesellschaftsbrüder zum Gryffemähli bequem aufnehmen zu können, war es üblich, die Familienangehörigen abends zu einigen vergnügten Stunden im Gesellschaftshause zu empfangen.» Weil der Mitgliederzuwachs solches später nicht mehr zuliess, wurde 1888 zum erstenmal ‹ersatzweise› ein Gesellschaftsball in Szene gesetzt, an welchem besonders auch die tanzfreudigen Gesellschaftsbrüder auf ihre Rechnung kommen sollten; dieser Anlass konnte sich bis 1911 im Kleinbasler Festkalender behaupten. 1925 bemühte sich die Vergnügungskommission, einen Familienabend zu institutionalisieren: «Me kunnt im Sunntigs-Kleidli mit em Schnupftubacknastuech als Krageschoner wie vor Zyte.» Doch bereits bei der zweiten Auflage war «die Beteiligung mit 50 Personen so gering, dass es in jedem Fall fraglich ist, ob dieser einst so beliebte Gesellschaftsball in

106
Zu den Glanzpunkten im Festleben der Gesellschaftsbrüder waren um die letzte Jahrhundertwende auch Musik- und Theaterabende im Kreise der Familie zu zählen, die der Pflege des Gemeinschaftssinns überaus förderlich waren.

Zukunft noch abgehalten werden soll». Von der Durchführung weiterer Veranstaltungen dieser Art wurde denn auch abgesehen.

Zahlreicher war die Beteiligung der Gesellschaftsbrüder jeweilen an Anlässen von allgemeiner lokaler Bedeutung. Denn an Schützenfesten, den sogenannten Schiessen im 18. Jahrhundert, an Brückeneinweihungen, patriotischen Feiern (1. und 26. August), oder erst recht an der monumentalen Vereinigungsfeier von 1892, liessen die Kleinbasler ihrer Festfreudigkeit, die sich nicht nur durch Trinkfestigkeit artikulierte, sondern auch durch Ideenreichtum und Konstruktivität auszeichnete, freien Lauf...

>> Kleine Mähli

In Erinnerung an die ‹gute alte Zeit›, als jede Gesellschaft ihren Tag nur im eigenen Kreis feierte, was den persönlichen Kontakten unter den Gesellschaftsbrüdern überaus förderlich war, begehen die Gesellschaften alljährlich ihre sogenannten Kleinen Mähli (das Rebhaus seit 1967, der Greifen seit 1970, der Haeren seit 1972). Dabei ist dieser Anlass, der jeweils an einem Abend im November von jeder Gesellschaft gesondert abgehalten wird,· der Pflege der Freundschaft unter den Gesellschaftsbrüdern gewidmet, bei betont einfacher Verpflegung und ohne jede Formalität. Zu später Stunde begeben sich die Teilnehmer, die ihr Mähli im Rebhaus oder im Alten Warteck feierten, zum frohen Ausklang noch ins Café Spitz!

1775 stiftete Oberstmeister Johann Heinrich Brenner (1706–1788), ein philanthropisch gesinnter, wohlhabender Handelsmann, seiner Gesellschaft, dem Greifen, eine weitere Tafelrunde: «Siebenzehendes legiere und vermache ich E.E. Gesellschaft zum Greiffen, nebst meinem im blauen Rock gemahlten Portrait, und der goldenen Rahmen von dem anderen, nebst drey Saum von meinen besten Weinen, annoch zwölfhundert Pfund gelt, in neuen Thaleren à 40 bz. mit dem Beding, dass besagte E. Gesellschaft verbunden seyn solle, alljährlich auf Keiser Heinrich Tag, oder etliche Tage hernach, ein Abend Essen anzustellen, und jemand von Brennerischer Familie als Zeug einzuladen.»

Dem Wortlaut des Vermächtnisses entsprechend, erfüllten die Vorgesetzten zum Greifen jeweils am Kaiser Heinrichstag (13. Juli) den Willen des grossherzigen Testators zunächst im eigenen Kreise. Die Bevorteilung gegenüber ihren Mitvorgesetzten in den beiden andern Gesellschaften aber «beschämte die Greifen Vorgesetzten in ihrem Egoismus dermassen», dass sie oft während längerer Zeit (1874–1896) auch ihre Amtskollegen im Haeren und im Rebhaus zum Brennermähli einluden und den Termin der Durchführung, in Verbindung mit dem Allgemeinen Vorgesetztenmähli, in den Spätherbst verlegten. 1872 liessen 51 Personen das Andenken des Stifters – bei drei Liter Wein pro Kopf! – hochleben. Es blieb aber nicht immer bei einem Abendessen im Gesellschaftshaus, vermochte doch ein ‹Ganztägiger› in die Badische Nachbarschaft die Festfreude noch zu steigern:

Drei E. Gesellschaften Klein-Basel.

Unterhaltungs-Abend

Samstag den 11. November 1899 im Gesellschaftshaus

Anfang abends 8 Uhr präzis.

PROGRAMM.

1. **Kosakenritt,** Marsch . . . . Kapelle Schreiber.
2. Ouverture zu „**Pique Dame**“ von Suppé . . . . . »
3. **O Jugendzeit** . . . . Gesangssektion.
4. **Souvenir de Prague,** Duett für 2 Flöten.
5. **Prolog.**
6. Trinklied aus Undine: **Arie des „Veit“.**
7. **Vortrag** des Jodlerquintettes v. Stadtturnverein Bern.
8. Variation „**Vom Säntis her**“ . . . . Kapelle Schreiber.
9. Theater:

„Nette Mieter“

Schwank in 1 Akt.

Personen: Lamprecht, Schuster. Schnabel, Schauspieler.

10. **Gruss aus Tyrol,** Duett für 2 Flöten.
11. a. **Fahr wohl, o goldne Sonne** . . . . Gesangssektion.
    b. **Schöne Ahnung** . . . . »
12. **Schweizerlieder-Potpourri** . . . . Kapelle Schreiber.
13. „**Üse Aetti**“, Jodlerquintett v. Stadtturnverein Bern.
14. Theater:

Die Gerichtsscene aus „De Vikari“

von Joh. Mart. Usteri.

Personen:

Der Herr Pfarrer
» Fischer Joos
„ Gerichtspräsident
» Schreiber
„ Wächter vom Dorf.

Der Richter Meyer
» Frey, gen. Trumpfuus
» Stiereruedi
» Chappi, Dorfbarbier.
(Meyer, Frey, Stiereruedi:) Bauern

Ort der Handlung: Gemeindestube im Kt. Zürich. Zeit: 1820.

BASLER HANDELSDRUCKEREI A. GALLIKER

«Gegen Abend ergötzte sich ein Theil der Gesellschaft beym Kegelspiel, der andere Theil machte einen Spaziergang nach der Leopoldshöhe und verweilte dort eine Stunde bey einem Glas Bier. Nach der Rückkehr setzte sich die ganze Gesellschaft wieder zum letzten Gang des Tafel Gedecks, und die harmonische Fröhlichkeit begann wieder von neuem, wobey abwechselnd gesungen und manche sinnige Toaste angebracht wurden, bis die Gesellschaft bey der 2ten Thorspehre und finsterer Nacht, aber dennoch vergnügt, wieder in die Stadt zurückkehrte.» 1939 war der Vorstand nicht abgeneigt, auch die Gesellschaftsbrüder zum Brennermähli einzuladen, doch ‹war in den Protokollen nie die Rede davon›... So ist von einer ‹Öffnung› abgesehen und die ursprüngliche Form der Durchführung bis zum heutigen Tag bewahrt worden. 1971 wurde erstmals eine Dame als Vertreterin der Brennerschen Familie zum Heinrichsmähli eingeladen.

Städtische Solennität

Gleichsam zur eigenen Freude gestalteten die Vorgesetzten auch das alljährliche Vorgesetztenessen. Es erwuchs aus dem sogenannten Erwählungsmähli, das Oberstmeister und Mitmeister jeweils nach ihrer Wahl zu spendieren hatten. 1788 sind die Modalitäten der sogenannten Sechsermähli durch die Obrigkeit neu geregelt worden. Es war inskünftig den neugewählten Vorgesetzten nicht mehr erlaubt, eine besondere Mahlzeit zu spenden. Stattdessen musste ‹eine moderate Summe in den Zunftseckel› erlegt werden, dafür war es einem neugewählten Grossrat (also einem Sechser) unbenommen, an die von der Gesellschaft ohnehin zu offerierende Mahlzeit auf deren Kosten bis zu 12 Gästen einzuladen! Der Aufwand für diese Solennität, die jede Gesellschaft auf ihrer Stube abhielt, wurde den Zeitumständen angepasst: Oft begnügte man sich mit einer frugalen Mahlzeit, oft liess man ein Gedeck auffahren, dass die Schwarten krachten! An Beispielen mangelt es nicht: 1732 «beliebten meine hochgeachteten Herren Vorgesetzten vor ein Mitag und Nacht Essen Erstlich zwey Suben, zwey Blatten Fleisch in Merädig, zwey Blatten Kehl, ein Haubt Blatten Karpfen, ein bar Enden in Sossen, ein gebeitzter Brotten in Wildtbrätt Sossen, zwey Blatten Karpfen gebachen, zwey Blatten Salat, Brott, Karden (Kardamom, Ingwergewürz aus Indien), Duback und Pfeiffen». 1787 dagegen gaben sich die Vorgesetzten mit Wein, Brot, Käse und Knackwurst zufrieden. << Brennermähli

«Zur Befestigung der Einigkeit aller drey E. Gesellschaften» sind schon im 18. Jahrhundert gemeinsame Vorgesetztenmähli abgehalten worden: «Den 27. April 1761 als 2 Tag vor der Auffahrt hatten die sambtlichen H. Vorgesetzten denen 3 E. Gesellschaften in der Kleinen Statt sambt denen in der Kleinen Statt wohnenden Herren des Kleinen Rahts, Herren Geistlichen und Herren Gescheidsherren unter dem Präsidio des neuen regierenten H. Obristmeister, Gerichtsherr und Notharius Nicolaus Lüdi auffem Rebhaus und H. Oberstmeister Samuel Stupanus zur Härren und H. Oberstmeister Conrad Hauser zum Greiffen von ihrem neuen Stubenknecht auffem Rebhaus Andreas Geymüller jünger, das erstemal conjunctim von 40 Persohnen eine kostbahre Mahlzeit in einer frischen und < Vorgesetztenmähli

Was vo mäng hundertdausig Städt / Halt kaini ass 's Glaibasel het!

Drrredem-tlem, 's isch Vogelgryff!
's Glaibasel het sy Ehredag:
Em Rhywäg noh und uf dr Brugg
Stoht Kopf an Kopf ai Menschehag.
D' Luft zitteret vo Bellerschiss —
Jetz gsehsch si obenabe ko
Und underem zwaite Joch verby —
Drrrem — jetz sind si do!

Drrredem-tlem, jetz lande si!
Derwyl dr Gryff gar nobel winggt,
Dr Lai zem Gruess sy Rugge biegt,
Dr Wildma uff dr Dile springt:
Zue Drummelschlag und Fahneschwung
Dunggt er sy Baimli gschwind im Rhy —
Jetz zäpfet ab, Ihr Kinder, los,
Drrrem — sunscht fahrt er dry!

Drrredem-tlem, 's isch Vogelgryff —
Jetz kemme die drei Dänzli dra:
Fein wie sit vyl Johrhundert här
Sind Gryff und Lai und Wildema!
Und jedes ächt Glaibaslerkind
Hangt dra, wenn's elter wird und ryff
Und nie verbasst's dä Ehredag,
Drrrem — dr Vogelgryff!

107
‹Vogel Gryff›. Federzeichnung von Arthur Riedel. 1943.

neuen Harmonie gehalten. Mithin ist dieser Tag, weilen dergleichen Mahlzeit noch niemals geschechen, gleichsam wie ein Jubelfest celebrirt und in das Protocoll prodocollirt, und auffem Rebhaus ihr neuen grün und weisser Liberey Fahnen herausgehängt worden» (Bieler).

> Jubelfeste

Für regelmässig gemeinsam durchzuführende ‹Jubelfeste› war die Zeit indessen noch nicht reif. Die Vorstände bevorzugten weiterhin Vorgesetztenessen im eigenen Kreis. Und so verging fast ein Jahrhundert, ehe es in dieser Sache zu einer gründlichen Aussprache kam. Nun aber rückte man dem Problem mit deutlicher Sprache zu Leibe: «Die jetzige Sitte, dass die Vorgesetzten allein essen und nur die Oberstmeister dabei gegenseitig umessen, ist in keiner Weise gut. Gerade diese Vorsteher des Volks sollten sich einmal im Jahr zusammen sehen, und gerade sie würden zusammen eine Gesellschaft bilden, deren Zahl eben recht wäre, während die jetzigen Vorgesetztenessen zu klein und dabei ziemlich blöd und matt sind», wurde 1857 unumwunden an einer Allgemeinen Vorgesetztenversammlung festgestellt und sogleich beschlossen, dass «sämtliche Vorgesetzte ihre besondere Mahlzeit auf eine Probe hin gemeinschaftlich abhalten sollen». Damit es dabei nicht bei einem ‹Versuchsballon› bleibe, wurde den 55 Gästen im Sommercasino neben köstlicher Bewirtung auch ein erlesenes Programm dargeboten, das von ‹einem Buben mit Meerkatze›, dem Taschenspieler Andreoletti und der bekannten Musikgesellschaft Dithmar bestritten wurde. «Die Erfahrung bei solchen Essen hat gelehrt, dass man nach Mitternacht gewöhnlich schon wieder etwas Hunger verspürt und dass der Mensch die Strapazen eines solchen Abends spielend überwindet, wenn er um diese Zeit noch ein kaltes Plättchen zu sich nehmen kann.»

108
«Vorgsetzte-Ässe am Ottilie-Dag anno 1942: Der Lai fiehrt as galante Kärli zue Schmaus und Danz hit fufzäh Päärli.» Einladungskarte von Otto Plattner.

Also ist 1910 beschlossen worden, dass nach Mitternacht noch ein Poulet serviert wird! Nach einem Unterbruch von 1914 bis 1925 ist die Tradition des Vorgesetztenessens, zu dem 1942 auch die Damen eingeladen wurden, wieder aufgenommen worden. Es wird anfangs Dezember im Gesellschaftshaus in betont festlicher Ambiance durchgeführt und vereinigt Meister und Vorgesetzte mit einer grössern Anzahl von Ehrengästen und den persönlichen Gästen der Vorgesetzten der Vorsitzenden Gesellschaft sowie einzelne Gesellschaftsbrüder zu einem der gediegensten Anlässe im gesellschaftlichen Leben nicht nur Kleinbasels, sondern der Stadt überhaupt.

Es waiht e Byse kalt und styf —
Juchhe! hit isch dr Vogel Gryf!
Scho trummlet's in de Gasse;
D'Schuelbuebe gehn go passe.

Es trummlet in de Gasse,
Es bölleret uf em Rhy;
D'Schuelbuebe gehn go passe —
Dr Vogel Gryf zieht y.

Sie kemme! Gsehsch, wie dr Wild-Ma
Sy Tännli schwänggt, mit Wurzle dra?
Ryss us und briel; er schpringt dr no;
Gäll, Wunderfitz, är het di gnoh!

Gar frindlig griesst dr Häre.
Hop, Guschdi, hol dy Räre,
Schränk d'Trummle und stimm 's Piccolo;
Bald isch dr Morgestraich scho do.

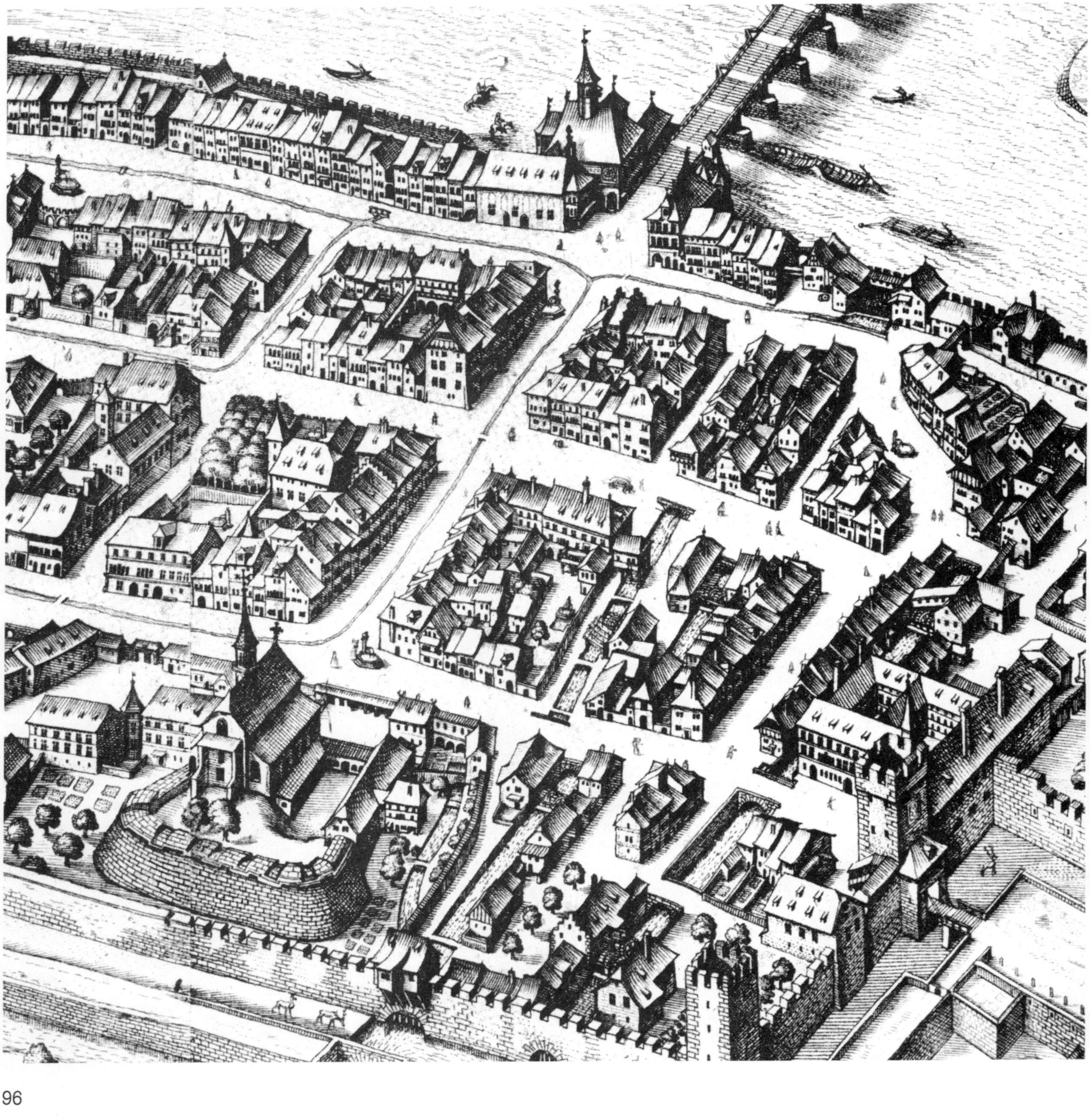

Allmendgüter und Gesellschaftshäuser

> Umfang

109
Ausschnitt aus dem Vogelschauplan der Stadt Basel des Matthaeus Merian von 1614/15. Die überaus exakte Darstellung des berühmten Zeichners und Kupferstechers vermittelt ein anschauliches Bild von der spätmittelalterlichen Topographie der Kleinen Stadt. Besonders interessant ist die Betrachtung der ‹reissbrettartigen› Anlage der Strassenzüge. Deutlich erkennbar sind u.a. der Verlauf der Stadtmauer, das Richthaus bei der Rheinbrücke, die Rossschwemme am Rhein, die St. Niklauskapelle und das Haerenhaus an der Rheingasse, die Kirche und das Bollwerk von St. Clara, das Bläsitor sowie die Gewerbekanäle des Riehenteichs und der Stadtgraben.

Die Allmend Kleinbasels, das Gemeindegut der Stadt jenseits, stand seit alters den Ehrengesellschaften zur Nutzung offen, und diese zogen durch Weidgang, Ackerbau, Obstbau, Kiesabbau und Forstwirtschaft reichen Gewinn aus ihrer Domäne. Der genaue Umfang der Kleinbasler Allemend wird allerdings erst 1786 ersichtlich. Nach dem aus diesem Jahr vorliegenden Urbar teilten sich 52 verschiedene Besitzer in die 488 Jucharten Ackerland und trockenen Matten auf dem Galgenfeld, dem Horburgfeld und dem Klybeckfeld. Der Anteil, den die Drei Ehrengesellschaften durch Gewohnheitsrecht und Erwerb am ursprünglichen Gemeindeland in der Gegend des Buckelinsmannswegs, des Hurengässleins und des Kreuzwegs hatten, ist 1865 von Geometer Rudolf Falkner neu vermessen worden. Das Schwergewicht der Allmendgüter lag eindeutig auf dem rund 77 Jucharten haltenden und in 16 Parzellen geteilten Galgenfeld zwischen der Riehenstrasse und der Grenzacherstrasse einerseits und dem Hirzbrunnen und dem Bäumlihof andrerseits. Weitere, zum Teil ausgedehnte Grundstücke lagen im Surinam, beim Eglisee, bei den Weihern von Klein-Riehen, in den Schoren, im Vogelsang, im Rheinacker, auf dem Klybeckfeld und auf dem Horburgfeld. 1865 wies der ‹Flächeninhalt über das gesamte Land der drei Ehrengesellschaften› 61 Jucharten 183 Ruthen 65 Schuh (221254 m²) auf.

Mit dem Ankauf von 32000 Quadratschuh ‹an die badische Eisenbahn grenzenden› Wieslandes und einem ‹Stück Ackerland in den Weihern› von 25432 Quadratschuh im Jahr 1860 tätigten die Ehrengesellschaften ihren letzten Landerwerb. Doch bereits sieben Jahre später setzte der ‹Ausverkauf der Heimat› ein: Gegen Fr. 12000.– wurden den J.J. Merian-Burckhardtschen Erben 6417 m² ‹Land zwischen der Strasse nach Riehen und dem Surinam› abgetreten. Als 1874 Meister und Vorgesetzte die Kiesgrube an der Riehenstrasse dem Baukollegium zum Erwerb anboten, liess Regierungsrat Rudolf Falkner die Vorsteher der Gesellschaften zunächst wissen, der Staat sei nicht in der Lage, das Geld der Steuerpflichtigen in Land anzulegen; ein Jahr später ging die Kiesgrube beim Weiher bei den Drei Linden zum allerdings ‹gedrückten Preis› von Fr. 11562.50 an ein Baukonsortium. Kurze Zeit darauf gelangten sowohl ein 1352 m² haltendes Grundstück im Vogelsang für Fr. 17500.– an Marie Legrand als auch ein 27613 m² umfassendes Areal an der Hirzbrunnenstrasse für Fr. 30000.– an Peter Vischer-Burckhardt. 1882 wurde das 3312 m² grosse Areal im Klybeck für Fr. 2000.– der Chemischen Fabrik Bindschedler & Busch (nachmals Ciba) verkauft. Dann nahte verhängnisvoll ‹das grösste Unglück›, das die Drei Ehrengesellschaften in ihrer Geschichte zu meistern hatten: Von gewissen Angehörigen des Vorstandes unter dem verführerischen Hinweis, der bauliche Unterhalt des Gesellschaftshauses stelle die weitere Durchführung des Gryffemählis ernsthaft in Frage, kontinuierlich in die Wege geleitet, eröffnete die Aufsichtskommission am 18. August 1896 den ‹verehrten Mitgliedern der 3 E. Gesellschaften der mindern Stadt dahier› folgenden Sachverhalt: «Ihre Aufsichtskommission hat einstimmig, ihre Vorgesetzten haben mit überwiegendem Mehr unter Vorbehalt Ihrer Genehmigung und der Ratifizirung durch E. E. Bürgerrat etc. einen Verkauf abgeschlossen, und erlauben sich nun, Ihnen bei dieser Gelegenheit die dermalige Vermögenssituation der 3 E. Gesellschaften klar zu legen. Wie Ihnen wohl bekannt ist, war die finanzielle Situation der 3 E. Gesellschaften in früheren Jahren eine günstige. Aus dem Ertrag des Vermögens konnten nicht blos die geselligen Anlässe, Mahlzeiten etc. bestritten werden, sondern es blieb für gemeinnützige und Armen-Zwecke noch ein ganz hübscher Betrag vor. Durch den Bau des neuen Gesellschaftshauses November 1857 bis Juli 1861 änderte sich die Finanzlage sehr. Der Neubau hatte, ohne den Boden des schon vorher dort gestandenen Hären-Gesellschaftshauses zu rechnen, die

Summe von Fr. 227000.– gekostet. Die 3 Gesellschaften, welche bisher auf ihrem freien Eigenen gesessen waren, fanden sich genöthigt, Geld aufzunehmen auf Hypothek. Was aber noch schlimmer war: das also vergrösserte Etablissement rentirte schlecht. Alle paar Jahre war, was bei einem so weitläufigen Gebäude nicht anders möglich ist, eine kleinere oder grössere Reparatur nothwendig, und hiezu langten die Summen, zu welchen die Gebäude vermiethet waren und noch sind, bei weitem nicht. Man sparte oft am unrechten Ort und war dann alle 5 bis 6 Jahre zu grösseren Reparaturen genöthigt. Dennoch gerieth das Gebäude in einen schlechten Zustand, so dass nach Abzug des letzten Pächters, Ende März dieses Jahres, ein Augenschein in den Logir-Zimmern des zweiten und dritten Stockes uns belehrte, dass diese Räumlichkeiten in einem solchen Grade verwahrlost waren, dass sie an anständige Bewohner nicht zu vermieten seien. Mit grossen Opfern mussten wir für diese Knauserei büssen. Bisher wurden die Deficite ab und zu durch Verkauf von Parzellen des Eingangs erwähnten Allmend-Landes gedeckt. Unser Landkomplex wurde kleiner, unsere Ausgaben dagegen nicht, und gerade dieses Jahr sind wir wieder zu einer grossen Reparatur gezwungen worden, zu deren teilweisen Zahlung ein neues Anlehen von Fr. 15000.– aufgenommen werden musste, was Ihnen s. Z. mitgetheilt wurde.»

Der beschwörende Aufruf der Aufsichtskommission, die ‹mit gutem Gewissen den Verkauf des Allmendlandes› den Gesellschaftsbrüdern nahebrachte, schloss mit einer Darstellung der wirtschaftlichen Überlegungen: «Nach dem Verkauf haben wir Fr. 300000.– disponibel, welche wir zu verwenden gedenken wie folgt: Fr. 190000.– für die Abzahlung von Hypotheken und Fr. 10000.– für Renovationen des Gesellschaftshauses. Es verbleiben als Anlage Fr. 100000.– à 3½%. Unter Einbezug von Pachtzins und Unterhaltskosten verbleiben Fr. 6000.– disponibel per Jahr. Auf diese Weise werden wir, wie in den guten alten Zeiten, im Stande sein, der Gemeinnützigkeit, der Mildthätigkeit unser Scherflein zu bringen und ausserdem die geselligen Anlässe und Mahlzeiten wieder aus dem Gesellschaftssäckel zu bestreiten.»

Von den 350 Gesellschaftsbrüdern folgten nur 126 dem Ruf der Vorgesetzten zu einem ‹Sonderbott›. Die Versammlung nahm – trotz der Bedeutung des zur Behandlung und Verabschiedung gelangenden Geschäftes keineswegs überwältigenden Interesses seitens der Gesellschaftsbrüder – einen turbulenten Verlauf. Zunächst wurde stillschweigend Kenntnis genommen von einem Schreiben des enttäuschten Rudolf Geigy-Merian vom Bäumlihof, mit dem die Vorgesetzten einen Vorvertrag über Fr. 300000.– abgeschlossen hatten: «Ich verdanke die Mittheilung, wonach von Seiten der Herren Speculanten Gebote von bis zu Fr. 330000.– eingelaufen sind. Da zu befürchten ist, dass das Überbieten damit seine Endschaft nicht erreicht hat, so ziehe ich vor, bei diesem Treiben nicht mitzumachen.» Tatsächlich lag nun bereits eine Offerte von Fr. 340000.– vor. Auf ‹die detaillierte Wiedergabe der diesbezüglichen Discussion› verzichtete der Protokollführer, weil ‹zu weitführend›, vermerkte aber doch beschwichtigend, ‹sämtliche Redner hielten sich sehr sachlich›. Gegen einen sofortigen Verkauf wandten sich namentlich die Baumeister Straub, Acker und Oelhafen, für einen umgehenden Abschluss plädierten Dr. Göttisheim, Baumeister Staechelin und Ingenieur Hetzel; «Statthalter Lotz und Schreiber Trueb beschränkten sich blos auf Richtigstellungen». Das Ergebnis der ‹lebhaften Auseinandersetzung› gipfelte in fünf Abstimmungen, die einerseits zum Ausdruck brachten, dass sich die Gesellschaftsbrüder ‹mit grosser Mehrheit› grundsätzlich für einen Verkauf der ‹alten Allmend› aussprachen und andrerseits, dass mit einem Mehr von 38 Stimmen «ihr sämtliches ca. 46 Jucharten haltendes Allmendland zum Verkauf auszuschreiben und dasselbe an den Meistbietenden loszuschlagen ist». Der Antrag, es sei vor dem definitiven Verkauf nochmals eine Allgemeine Versammlung einzuberufen, wurde ‹mit grosser Mehrheit verworfen›. Die geforderte Ausschreibung erbrachte drei Angebote, von denen das höchste, dasjenige von Baumeister Florentin Acker, Gastwirt Emil Bratteler, Baumeister Karl Keckeis und Holzhändler Eduard Schmidt, auf Fr. 411000.– lautend, akzeptiert wurde.

Nachdem auch noch der Bürgerrat mit allen gegen eine Stimme ‹den Handel› sanktioniert hatte, ist «das seit Jahrhunderten der Bürgerschaft Klein-Basels gehörende Allmendgut, von dem Grossrat Dietrich gesagt hat, es sei eine Million wert, in die Hände der Spekulanten gelangt. Kein Mensch war da von all den freisin-

<< Begründung

<< Beschwörender Aufruf

< Spekulanten

nigen Sozialpolitikern und Führern, welcher im öffentlichen Interesse und aus sozialpolitischen Gründen auf die Folgen dieser Verschacherung hingewiesen und kein Mensch, der ein Gefühl dafür gehabt hätte, wie gering eine Generation sich zeige, die ein seit Jahrhunderten gewahrtes Gemeineigentum in die Hände von Spekulanten fallen liess, nur damit man wieder Geld für die

Freiwilliger Liegenschafts-Verkauf.

Die 3 E. Gesellschaften des mindern Basels

haben beschlossen, ihr an der Riehenstraße und dem Allmendweg liegendes, ca. 46 Jucharten haltendes Kultur- und Bau-Land (**Sektion VIII Parzellen Nr. 436₁ und Nr. 469 des Grundbuchs**) zu veräußern.

Die auf dem Lande liegenden Rechte und Pflichten können bei der Tit. Grundbuch-Verwaltung Basel eingesehen werden.

Unter Vorbehalt der Genehmigung durch die zuständigen Behörden ist die unterzeichnete Kommission ermächtigt worden, zum Preis von nicht unter Fr. 340,000.— netto den Verkauf abzuschließen.

Liebhaber sind ersucht, **ihre verbindlichen Angebote bis spätestens 30. September a. c., abends 5 Uhr,** dem vorsitzenden Meister, Herrn **August Schetty-Eisenlohr, Rappoltshof Nr. 16, schriftlich und verschlossen** unter der Aufschrift **„Offerte für Allmendland“** einzusenden.

Kleinbasel, den 1. September 1896. 4524 H3532Q

Die Aufsichtskommission
der 3 E. Gesellschaften des mindern Basels.

110
Die Aufsichtskommission der Drei Ehrengesellschaften lässt die Bevölkerung wissen, dass das Allmendland der Drei Ehrengesellschaften Kleinbasels an zahlungskräftige ‹Liebhaber› zu verkaufen sei. 1896.

Greifenmähli und die baulichen Reparaturen habe. Herr Acker (1904 vorsitzender Meister!) der als Baumeister und hoch intelligenter Mann, vielleicht der einzige der Gesellschaft war, der aus der Geschichte der baulichen Entwicklung Basels schon die hohe Bedeutung dieses Gutes für die fernere Entwicklung der Stadt kennen müsste – er hatte geschwiegen und sich mit den andern freisinnigen Führern in vorderster Linie an der Konkurrenz um den Erwerb dieses Gutes beteiligt». (Basler Volksblatt, 20.6.1908.)

> Endschaft

«Mit diesem letzten Teil verschwand der Landbesitz der Drei Ehrengesellschaften, und der Präsident konnte dem kaum begonnenen neuen Protokoll beruhigt den Satz hinzufügen: Damit hat die Allmendkommission ihre Endschaft erreicht...»

Die Gesellschaftshäuser

Ist der panikhaften, von anrüchigen Begleiterscheinungen geprägten ‹Verschleuderung des Galgenfeldes› aus der Sicht der heutigen Generation kein Verständnis entgegenzubringen, so mag die Trennung von den Gesellschaftshäusern – wie wir später sehen – ‹wirtschaftlich vertretbar› gewesen sein. Was mit ihrem Verkauf dem Kleinbasel aber ans Mark ging, war der Verlust der Eigenständigkeit ihrer drei Gesellschaften.

>> Verlust der Eigenständigkeit

Denn auf den Trinkstuben bewahrte sich während Jahrhunderten die Originalität der einzelnen Korporationen und ihrer Angehörigen. In den Gesellschaftshäusern wurzelte die Identität der Gesellschaftsbrüder. Hier, im Kreise Gleichgesinnter, beschlossen sie ihr Tagewerk, frönten sie Bacchus, trieben sie Spiel und Kurzweil, feierten sie Familienfeste und übten sie sich in demokratischer Auseinandersetzung um das Wohl ihrer Stadt. So waren die Stuben, die ursprünglich nur den Stubengenossen offenstanden, ‹die Schenkenen zu Lieb und zu Leid›.

>> Stubenknecht

Die Verantwortung für die Gesellschaftshäuser war den Stubenknechten anvertraut, die sowohl Hausrat, Geschirr und Weisszeug zu verwalten als auch für Speis und Trank zu sorgen und über die Einhaltung der Vorschriften und Gesetze zu wachen hatten.
Die Vorgesetzten zum Rebhaus bekräftigten 1788 erneut die altüberlieferte ‹Ordnung und Pflicht des Stubenverwalters›: «I. soll der Stubenverwalter den Herren Vorgesetzten in allen Theilen gehorsam seyn. Die Gebott, so ihm von dem regierenden Herren Obersten Meister, als auch in den Grossen Rath, auf die E. Gesellschaft, an Begräbnissen und s.w. umzusagen befohlen werden, eifrigst und fordersamst anzusagen und damit niemanden übergehen, auch die Rathserkanntnisse, Auskündzedel und alles andre, so zur Publication eingeht, richtig und in rechter Zeit umtragen, besonders aber die Rathserkanntnisse, welche E.E. Gesellschaft insbesonder, oder aber mit den andren 2 Ehren Gesellschaften gemeinschaftlich angehen, sobald er selbige empfangt, dem Neuen Herren Obersten Meister sogleich überbringen. II. soll er und die Seinigen das Gesellschaftshaus rein und sauber halten, darinnen nichts Unverdenkliches, keine Schand und Schlägereyen oder irgend einige Ärgernisse dulden, sondern vielmehr allen Ungebühren bestmöglichst vorbeugen. Dafern aber dennoch Unordnungen darinn vorgehen würden, solches dem Neuen Herren Obersten Meister sogleich hinterbringen, welcher selbige für samtliche Herren Vorgesetzte zur Rechtfertigung zu ziehen wissen wird. III. solle derselbe dasjenige, so ein Hausbeständer (Mieter) nach

dem Bestandsrecht zu unterhalten schuldig, in seinen Kosten machen lassen: Die zwo Stuben auf dem mittlern Boden allezeit zur Disposition der Herren Vorgesetzten leer und sauber halten und selbige zu nichts anders, als zu Mahl- und Hochzeiten gebrauchen. IV. für das, was ihm an Silber und anderm Geschirr, Hausrath etc., so der Ehren Gesellschaft zugehörig, und nach Inhalt des Inventarii anvertraut ist, auch noch überdies zum Gebrauch von Zeit zu Zeit herausgegeben wird, soll er nicht nur gute Sorge tragen, sondern alles, so beschädiget, verwahrloset oder gar verloren wird, in eigenen Kosten ersetzen. Falls aber bey einer von denen Herren Vorgesetzten gehaltenen Mahlzeit etwas beschädiget würde, selbiges gleich den folgenden Tag dem Neuen Herrn Obersten Meister anzeigen, wiedrigenfalls er den Schaden allein zu ersetzen haben wird. Von allen diesen Effecten solle er nichts von dem Ehrenhause ausleihen. V. soll er jährlich im Monat May die Heizgelder nach dem Rodel einziehen und die bezogenen dem Neuen Herren Obersten Meister (nebst einem Verzeichnis von wem und für welche Jahre solche bezahlt worden) ohngesaumt zustellen, auch diejenigen Gesellschafts-Angehörigen, so sich wider Verhoffen saumselig erzeigen würden, nach vorherbeschehener Mahnung dem Neuen Herren Obersten Meister verzeigen und die ferneren Befehle darüber erwarten; überhaupt aber keine Exstanzen aufhäufen lassen, sonst der Verlust von ihm ersetzt werden soll. VI. übergeben ihm die Herren Vorgesetzten zu seinem Gebrauch die ganze Wohnung ebenen Fusses samt dem kleineren Keller, die Stuben auf dem Gang, den gantzen obersten Boden mit der nun darauf neu gebauten Stube, so dann auch die Esterich, welche letztere aber ihm nur so lange zu nutzen überlassen sind, bis die Herren Vorgesetzten anders darüber verfügen werden, da sie sich ihm jeweilige Disposition darüber vorbehalten, ohne dass er eine Entschädigung oder Nachlass begehren könne. Auch solle er ohne Vorwissen der Herren Vorgesetzten keine Hausleute noch Kostgänger, die das Logis bey ihm haben, halten oder sonst etwas in dem Haus verleihen und an dem Eingebäude desselben im geringsten nichts verändern. VII. soll der Stubenverwalter jährlich bey der Rechnung den Jahrzins mit zehen neuen französischen Thalern erlegen und um fernere Beybehaltung gebührend anhalten. Überdies hat er von jedem Ball oder Hochzeit einen Gulden und von jeder Gant täglich 6 Batzen dem Neuen Herren Obersten Meister zu bezahlen, welcher das Bezahlte in Rechnung bringen wird. VIII. Damit die Herren Vorgesetzten der Treue und Sorgfalt ihres Stubenverwalters desto mehr versichert seyn, als solle er für alle nach dieser Ordnung ihm obliegende Pflichten, wie auch für alles, so ihm in Verwahr und Verwaltung anvertraut wird, zwey anständige Bürgen stellen.»

<< Stubenordnung

Sinngemäss war diese ‹Stubenknecht-Ordnung› für alle Drei Gesellschaften anzuwenden. Die Vorgesetzten zur Haeren fügten ihr allerdings im frühen 19. Jahrhundert folgenden Zusatz an: «Auch hat der Stubenverwalter das Kantonsblatt richtig und zu rechter Zeit abzuholen, solches zur Einsicht eines jeden Gesellschaftsbruders immer bereit zu halten, jedoch die äusserste Sorge dafür zu tragen, dass dasselbe nie und unter keinem Vorwand von dem Gesellschafts Haus weggenommen werde und solches nach Verfluss von 8 Tagen dem neuen Herrn Gesellschaftsmeister zur Verwahrung einzuliefern. Ebenso darf er weder Taschenspieler noch dergleichen Leute ihre Künste zeigen lassen und in der neuen grossen Stube weder schlafen noch viel weniger Pastetenwerck darin machen.»

111
Vogel Gryff 1947: Federzeichnung von Arthur Riedel, Gryffevärsli von Emmy Müller.

< Schwierige Charaktere

Trotz der schriftlich abgegebenen Erklärung, sich gegenüber «allen Herren Vorgesetzten ehrerbietig, höflich, willig und gehorsam zu betragen», war der Umgang mit den Stubenknechten oft sorgenvoll und beschwerlich. Eigennutz und Liederlichkeit hinderten die Amtsinhaber oft an der einwandfreien Pflichterfüllung. Und so erscheint die ‹underthänigliche Anfrage› des Stubenknechts zur Haeren im Jahre 1752, es möchten «Meine Gnädigen Herren Meister dem neugebornen Knäblein sämtliche zu Gevatter seyn, und möchten das Kind zur heiligen Taufe befördern helfen», eher als aussergewöhnliches Zeichen guter Zusammenarbeit. Denn der Haerenvorstand ‹hat dasjenige gantz willig und mit Froiden angenommen› und erkannte, «die Götty Obristmeister Johannes Rumpff und Meister Emanuel Merian, welche dieses christliche Werk sollen verrichten, mögen je ein halber neuer Louisd'or zur Entbindung geben und zwölf Zucker Stöck ins Kindbett schicken».
Die Vielfalt der Charaktere der Kleinbasler Stubenmeister illustriert auch nachfolgende Geschichte: «Als 1760 Herr Bulacher, der Stuben-

knecht zum Greifen, dergleichen that, mit seiner Frau zu seinem Schwächer (Schwager), dem Cronenwirth, nach Kleinhüningen zu gehen und dort zu übernachten, wollte sich dessen die betagte Markgräfer Magd zu Nutze machen. Allein sie machte die Rechnung ohne den Wirth, denn Bulacher und seine Frau kamen um 12 Uhr mit Johannes Linder, dem Kiefer, nach Haus und

Der Vogelgryf, en alte Bruuch,
fyrt bald di minderi Stadt
ob 's Wätter scheen isch oder ruuch,
ganz Basel findets glatt —

Am Morge fahrt der «Wildi Ma»
Rhy ab mit Böllerschiesse
Der Lai, der Gryf mit drum und dra
dien ihn bym Spitz begriesse —

Punkt zwelfi isch bim Käppelijoch
dä wältberiehmti Danz —
wenn d' Glick hesch seh'sch no dur e Loch
vom dicke Menschekranz —

Und d'Ueli gumpe här und hi
mit ihre volle Kässli —
si kessle mit und sammlen y,
und machen ihri Gschpässli —

Jetz aber sitzt im Cafe Spitz
scho d'Zumpft bym Gryfemähli
dert het die Gsellschaft ihre Sitz
im oberen alte Sääli —

Z'Mittag mien d'Ehrezaiche sich
zum Umzug wider tummle,
mit ihre scheene Fähnerich,
mit Danze und mit Trummle —

Si ziehn 's Glaibasel uus und y
und alli Kinder trabe
und d'Friehligssunne schynt derby
i hoff's — uf alli abe. Emmy Müller.

fanden die Magd mit einem Schlosser Gesellen gantz nackt in ihrem Ehebett. Linder führte nun beyde in solcher Postur die Stege hinab in den Hof, band sie an einen Baum, nahm einen Bäsen, haute denselben voneinander, gab dem Bulacher und seinem Knecht auch eine Handvoll Reisiges, worauf sie das Paar erbärmlich zerfilzten und es dann zum Haus hinaus jagten.»

Dass aber auch die Vorgesetzten gegenüber den Stubenknechten nicht immer den Anstand wahrten, tritt 1659 zutage, als Meister Jacob Steinhauser des Stubenknechts zur Haeren Frau «eine Bluothuor gescholten und ihr ein Glas mit Wein ins Gesicht geworffen». Oberstmeister und Mitmeister, denen die Strafgerichtsbarkeit über alle Frevel, wie Schimpfworte, Schlaghändel und Wundtaten, zustand, ahndeten umgehend dieses ‹schmähliche Vergehen›.

Während derbe Wortgefechte und handfeste Auseinandersetzungen bei der oft masslosen Trinkgewohnheit der Gesellschaftsbrüder gleichsam an der Tagesordnung waren, bildeten schwere Zwischenfälle glücklicherweise Ausnahmen. An Denkwürdigkeiten in dieser Beziehung sind aufgezeichnet: 1548 «ist auf dem Rebhaus in Kleinbasel ein Mann beim Spiel von einem Mitspieler aus geringer Ursache erstochen und getötet worden. Der Täter entrann und entfloh». 1590 «ist der Schaffner Pfannenschmied zu St. Theodor im Gesellschaftshaus zum Greifen die Treppen hinuntergestürzt und tot liegengeblieben. Dies war augenscheinlich ein Gericht Gottes, hatte dieser doch seinem Vater beim Abendzehren gewünscht, dass er bald sterben möge. Nun hat sich das Blatt umgewendet, also dass der alte Vater, den er gern auf den Kirchhof begleitet hätte, ihm nun das Geleit hat geben müessen. Es ist ein Exempel, das wohl zu bedenken ist, für diejenigen, welche gern ihre Eltern sterben sähen». 1669 ist im Greifen «ein Keigel Kugel durchs Fenster geworfen worden, dass leichtlich ein Todtschlag hätte beschehen mögen»! 1680 «wurde auf der Gesellschaft zum Rebhaus ein lediger Metzger namens Hans Ulrich Keller mit einem Degen erstochen. Weil es aber nacht und finster war, wollte keiner der Täther seyn. Daher hat man anderntags alle Tore bis um 10 Uhr verschlossen gehalten». 1695: «Als Hauptmann Sulger mit guten Freunden im Kleinbasler Gesellschaftshaus zur Haeren beim Nachtessen sass, hat sich ein schrecklicher Vorfall ereignet: Zweifellos, weil sich Sulger oft dem bösen Feind (Teufel) mit Fluchen und Schwören ergeben hatte. Gegen 10 Uhr begehrte unversehens ein Unbekannter Einlass, um den Hauptmann zu sprechen. Als der Fremde dann an den Tisch der fröhlichen Tafelrunde geführt wurde und nach dem Grund seines Besuches gefragt wurde, verschwand er urplötzlich vom Erdboden. Dieses sonderbare Ereignis setzte Sulger derart zu, dass er zunächst in Ohnmacht fiel und darnach von einer schweren Krankheit befallen wurde.»

Ausgestattet waren die Gesellschaftshäuser ursprünglich nur mit dem Notwendigsten; sie wiesen an Hausrat und Mobiliar nur gerade das auf, was für die einfache Bewirtung der Gesellschaftsbrüder unumgänglich war, so dass die Einrichtungen jeder Prachtentfaltung entbehrten. Erst die wachsende Opulenz in Handwerk und Handel liess dekorative Elemente in den Gesellschaftshäusern aufkommen, die Tafelgedecke verfeinern und die Tischkultur anheben. 1582 ist Martin Muckensturm, dem neuen Stubenknecht zur Haeren, «nachgeschribner Hussrath überantwortet worden: 15 grosse zinni Platten, 4 mittel zinni Platten, 12 zinni Saltzfessli, 6 möschin (messingene) Liechtstöck (Kerzenständer), 16 zinni Senfschüsseli, 2 möschin Dischring, 19 Mostkannen, 2 Senfkannen, 34 Orenschüsseli, 1 12mässige Flesche, 1 8mässige Flesche, 1 6mässige Flesche, 1 möschin Spaltmesser, 1 isen Gebelin, 4 Für Heffen, 1 kupferin Weschbecki, 5 isen Pfannen, 1 kupferin Wasserkessel, 7 Kessel sampt Buchkessel (Waschhafen), 6 Brottspiess, 3 Knecht zu den Spiesen (Küchentablare), 1 kupferin Wassergetzi, 1 kupferin Haffen, 1 Heel (Kesselhacken, an dem der Kochkessel über dem Feuer aufgehängt wurde), 1 Brannt Reitti (Brennholzträger), 4 Dotzet Deller, 2 möschin Liechter an der Wantt, 1 cleiner Dreyfuss (auf welchem die Pfanne über dem Feuer aufgesetzt wurde), 1 Rost, 2 ürten Deffeli (Menütafeln), 1 isen Für Hacken, 2 Dischlachen (Tischtücher) uff der Meister Disch, 6 Dischlachen grow und bös, 11 Hant Zwehelen (Handtüchlein), 1 blaw Hannt Zwehelen, 5 schauben Dischlachen, 9 hölzi Liechtstöckh».

Das Mobiliar war anfänglich nur aus Tannenholz angefertigt, dann wurden die Büffets, Kästen, Brotkänsterlein und Stühle sowie die langen, ovalen und runden Tische aber auch aus Eichenholz und Nussbaumholz geschreinert. Zur besondern Zierde gereichten den grossen Stuben geschnitzte, mit den Gesellschaftswappen versehene Lehnstühle, von denen der Greifen deren 24, der Haeren und das Rebhaus je 18 besassen, und Spiegel mit Goldrahmen und bemalte Trommeln. Letztere, aus den Jahren 1579 (Greifen) und 1759 (Haeren) stammend, lassen sich im Historischen Museum bewundern.

Der Haeren

<< Ausstattung

< Im Schatten von St. Niklaus

Das erste bekannte Gesellschaftshaus ist dasjenige der Gesellschaft zur Haeren an der Rheingasse, das sich bis ins Jahr 1857 an den Gasthof ‹zum weissen Kreuz› bzw. an die St. Niklauskapelle reihte. Seine urkundlich belegbare Geschichte beginnt 1321 mit Elisabeth von Helbelingen, die zu ihrem Seelenheil ab dem Hause der Nonnen im Klingental vier Pfund Geld und zwei Hühner vergabte. 1384 begegnet uns die Gesellschaft ‹zu der Herren›, indem der Ziegler Cuntz von Hiltalingen in seinem und im Namen der Haeren das Haus gegen einen jährlichen Zins von zwei Pfund gewöhnlicher Basler Zinspfennig und zwei Ring Brot zugunsten des Klingentaler Klosters übernahm. 1502 belehnte der Fischkäufer Ludwig Zwilchenbart das «Hus zer Herren, gelegen an dem Gesslin, so zwüschen Sant Niclaus Cappell und dem Hus zer Herren zu dem Rin hinab gath», mit 140 Pfund. Sonst sind aus der Frühzeit der Liegenschaft wenig interessante Daten überliefert. Erst 1723 erfahren wir, dass der Stubenknecht mit Erfolg «gebätten, dass ihm in der Kuchi etwas geändert werde, nämlich der Wasser Stein sowie die Kunst- und Windöfelin». 1735 wurde Heini Herborth beauftragt, das Gemälde ‹des Wilden Mann im Sommerhaus zu bessern›. Als 1749 die Arbeiter ‹bey Erbauung des (neuen) Käppelin Jochs in der grossen Stube beherbergt› werden mussten, hat «löbliches Bau Amt für diese Gefälligkeit den Zwingel Hof mit einer Mauren (zur Abwehr des Hochwassers) einfassen und auch ein neuer eisener Ofen in die Stuben setzen lassen». Von 1753 bis 1764 sind 1754 Pfund verbaut worden, wobei namentlich der Sodbrunnen neu ausgehoben, das Dach neu gedeckt, ein Känsterlein aufgeführt, das Sommerhaus mit einem Kamin versehen, ein Taubenhaus eingerichtet und die obere Stube ‹Schwefel gelb mit Öhlfarb gemahlt› wurden. 1838 gewährten die Haerenbrüder der obdachlosen Schiffleutenzunft, die ihr «Zunfthaus an der Schifflände zu der bevorstehenden Verschönerung und Erweiterung der Eisengasse abtreten musste», gegen einen Jah-

<< Mobiliar

reszins von Fr. 50.– Gastrecht. ‹In Berücksichtigung des schwachen Fonds der Gesellschaft› wurde 1832 nur die Vorderfassade renoviert, wobei der Maler dem ‹desolaten Gesellschaftszeichen des Wildenmann am Hause› besondere Sorgfalt zu widmen hatte.
Im Hinblick auf den geplanten Erweiterungsbau des gemeinsamen Gesellschaftshauses sahen

112
Einladungskarte zu festlichem Schmaus von Otto Plattner. Um 1930.

sich die Vorgesetzten zur Haeren 1856 gezwungen, ihr heimeliges Haus mit seiner unregelmässigen dreiteiligen, mit schönen gotischen Kreuzstöcken geschmückten Rheingassefassade gegen ‹die sogenannte Reitschule oder ehemalige St. Niklauskapelle› abzutauschen und für den Abbruch freizugeben: «Herr Pfister übernimmt die Wegräumung des sich ergebenden Schuttes, wobei der Gesellschaft zur Herren der Ofen, die Wappenschilde und die gemalten Scheiben als Eigenthum zuzustellen sind...»

Der Greifen

> Gesellschaft zum Baum

In unmittelbarer Nachbarschaft der Gesellschaft zur Haeren, am Eingang zum Schafgässlein (heute Restaurant zum schwarzen Bären), befand sich die ‹Urzelle› der Gesellschaft zum Greifen: Die Gesellschaft zum Baum, die 1427 von ‹Herr Riehemer›, dem ersten bekannten Gesellschaftsmeister, angeführt wurde. Kurze Zeit später zogen die Gesellschaftsbrüder an die Bürgergasse (Greifengasse 21) und bezeichneten sich fortan mit dem Hausnamen dieser Liegenschaft, ‹zem Gryffen›. Das Haus ‹zum Greifen›, flankiert von den Behausungen ‹zum goldenen Greifen› und ‹zum Schnabel›, erscheint 1363 erstmals in den urkundlichen Quellen. Als Eigentümer von «Hüsern, Hofe, Garten und Gesäss genannt zem Griffen, gelegen im minren Basel in der Gassen, die von der Rinbrugk wider Sant Clara ufgat», treten die Cluniazenser des Klosters St. Alban hervor. Ab «den Hüsern und Gärten, so den Herren und Gesellen zu dem Griffen gehören», waren ihnen in der Folge auch die Greifenbrüder bis zur Reformation zinspflichtig. 1458 löste die Gesellschaft aus dem Verkauf der Scheuer an den Kübler Martin Üllinzschan 24 Gulden. Gegen Ende des 15. Jahrhunderts müssen die Einkünfte der Gesellschaft derart bedeutsam gewesen sein, dass auch das Nachbarhaus ‹zum kleinen (goldenen) Greifen› in Besitz genommen werden konnte. Aber schon anno 1508 verkauften «Meister Lienhart Asimus, als neuer, und Hans Jeuchdenhammer, als alt Obristmeister, im Namen und Bevelch irer Mitmeister das Hus zum cleinen Griffen dem erbarn Meister Hans Oettli, dem Wagner». Ob dabei wirtschaftliche Gründe – die Gesellschaft stand bei der Kirchgemeinde St. Theodor in der Kreide – oder Ärger mit der Nachbarschaft Meister und Vorgesetzte zu diesem Schritte trieben, wissen wir nicht. Gewiss ist indessen, dass es mit den ‹lieben› Anstössern im Laufe der Jahrhunderte manch ernsthaftes Wort zu reden gab. So musste sich 1547 Gesellschaftsmeister Fridlin Weitnauer energisch gegen Georg Grünnagel, Schmied zum kleinen Greifen, wegen ‹Regenwasser, so vom Khänel herab in das Höflin fällt›, zur Wehr setzen. 1596 war es Barbara Dobler, die ‹betreffend Liechter (Fenster)› beim Gericht Klage erhob. 1689 galt es, ebenfalls wegen Wasserschadens, mit Heinrich Sundgauer, dem Schneider, vor dem Kadi die Klingen zu kreuzen. Und 1788 war es Lux Linder, der Küfer, welcher seinen Mitvorgesetzten beliebt zu machen verstand, das Abwasser seiner Wohnbehausung in den ‹Thurm der Heimlichkeit› leiten zu dürfen. Doch hatte er den Auslauf mit einem Seichter zu versehen, damit das ‹Güllenloch› der Greifenbrüder auch während des Gryffemählis nicht zum Überlaufen kommen konnte! 1798 wurden ‹die Bürger Vorsteher des Gesellschaftshauses zum Greiffen› aufgefordert, den ‹allhier in Garnison liegenden Truppen einen Platz zu ihren Fechtübungen zu bewilligen und anzuweisen›.
Für Kleinbasel war der ‹Greifen› nicht nur als Sitz einer einflussreichen Ehrengesellschaft von einiger Wichtigkeit, sondern auch als Standort der einzigen Apotheke ‹ehnet Rheins›; die langwierige Vorgeschichte der Konzessionserteilung haben wir bereits an anderer Stelle darge-

legt. Erst anno 1837 gaben die Behörden das ‹Privilegium einer neuen, achten Apotheke› zur Ausschreibung frei. Gegen die hübsche Summe von 7700 Franken wurde das Patent Apotheker Johann Christian Kellermann zugeschlagen, der denn auch im Gesellschaftshaus zum Greifen umgehend die erste Apotheke Kleinbasels einrichtete, die im Erdgeschoss nebst der Apotheke Nebenzimmer, Warenkammer, Laboratorium und Schlafstüblein aufwies.
Als Kellermann 1857 seine Offizin an die Untere Rheingasse 5 verlegte, gerieten die Gefolgsleute des stolzen Vogel Gryff ob des Zinsausfalls in finanzielle Bedrängnis. Und so musste, der Not gehorchend, nun auch der Greifen als letzte der Drei Ehrengesellschaften sein Gesellschaftshaus verkaufen. Zu Fr. 70000.– kam der Handel schliesslich ein Jahr später mit dem Basler Benjamin Merian-Hänsler und dem Lörracher Ludwig Dietrich, ‹letzterer mit der hiezu erforderlichen hochobrigkeitlichen Bewilligung› (!), zustande. Obwohl die beiden erfahrenen Bierbrauer die Liegenschaft, zu der auch ein Hinterhaus und eine gedeckte Kegelbahn gehörten, im Rahmen der sogenannten Gewerbefreiheit nicht zum Betrieb einer Brauerei verwenden durften, ging das im ‹Pleindpied errichtete Wirtslokal› ausgezeichnet, fand das ausgeschenkte, in Riehen gebraute ‹Bock Ale› bei den ‹bierverwöhnten› Kleinbaslern doch allgemeinen Beifall. 1928 musste der ‹alte Greifen› einem Neubau weichen.

Das Rebhaus

Der ‹Reblüten Trinkstub in minore Basilea› begegnet uns erstmals in einem 1349 angelegten Zinsbuch von St. Peter. Als formelle Eigentümer des aus drei Hofstätten gebildeten Gesässes erscheinen die ‹Rebleute› indessen erst 1397, nachdem die Einwilligung Ottemanns zem Haupt zum Verkauf vorlag. 1421 bestätigten «Meister und Gesellschaft gemeinlich der Tringkstuben zem Rebus, genannt Straszburg, gelegen in der minren Stat Basel, obnan in derselben Statt gegen die Zechendentrotten über», den Kartäusern die jährlichen Abgaben, die auf der Liegenschaft lasteten. Und diese drückten die Gesellschaftsbrüder des öftern, so dass das schon 1341 genannte und 1601 erweiterte Anwesen immer wieder mit Hypotheken beladen werden musste. 1736 war es aber doch möglich, den Maler Eucharius Holzach zu beauftragen, «einen grossen Löwen sampt einer Schrift an das Räbhauss zu mahlen, zwei Gätterli anzustreichen und die zwee kleinen Löwen zu renovieren». 1768 «drohte dem Gesellschafts Haus, besonders dem Dachstuhl, ein unabwendbarer Einsturtz», weshalb die ‹vom Alter mürbe und faule› Lie-

Hoch Obrigkeitlich
Gnädigst privilegierte monathliche
Lotterie
zur Ziehung No.
hat Inhaber dieses Looses bezahlt 30 Kreutzer und dargegen dieses Billet empfangen
Collectiert bey E. E. Gesellschaft des Rebhauses in Basel.

genschaft durch «ein Gebäu, welches anständig und kommlich, fürnehmlich aber solid und dauerhaft» ist, ersetzt werden sollte. Die dazu notwendigen Mittel gedachten die Vorgesetzten bei der ‹Löblichen Haushaltung›, der obrigkeitlichen Finanzkontrolle, aufzunehmen. Doch diese befürchtete «böse und dem gemeinen Gut schädliche Folgen, indem noch viele dies- und jenseitige Zunft- und Gesellschaftshäuser sich in der gleichen Baulosigkeit befinden dürften und ein einmal gegebenes Beispiel von den Vorstehern derselben für ein gegründetes Recht zu einem ähnlichen Begehren möchte angesehen werden», und wies das Begehren ab. So blieb der Gesellschaft nichts anderes übrig, als ‹alle ihre Kräfte zusammenzufassen›, um wenigstens ‹den Dachstuhl aus ihren schwachen Mitteln neu aufzuführen›. Kaum war dieser «aufgerichtet, so erzeigten sich im Gemäuer aller Orten Risse, die hintere Mauer fing an zu sincken, und der neue Dachstuhl musste gestützt werden». Dass ein Neubau unumgänglich war, sahen nun auch die Behörden ein, und sie stellten einen Baukredit von 5000 Pfund zur Verfügung, damit ‹das gantze Hauss von Grund aus neu erbauet werden kann›. Trotz des namhaften Zuschusses aus der Staats-

113
Zur Finanzierung des notwendigen Neubaus des Rebhauses bewilligten die Behörden 1774 den Vorstehern die Durchführung einer Lotterie, doch blieb diese ohne Erfolg: «Das Misslingen benahm der Gesellschaft allen Mut, und die Vorgesetzten mussten sich dazu entschliessen, aus ihren privaten Mitteln einen Vorschuss ohne Zinsen zu thun, um bei bester Oeconomie die restierenden Kösten abführen zu können.»

114
«Die Banner entrollen sich im Winde, dem Kanonenöfchen entflattert bläulicher Rauch, die Lunteneisen glühen rot, und die Böller sind geladen. 11 Uhr! Los! Von der sichern Hand der Schiffleute gelenkt, legt das Floss ab. Die Tambouren schlagen die Streiche des ‹Rhy-ab-Märschli›. Der Wilde Mann beginnt zu schreiten, sich zu beugen, abwechselnd das Tännlein und seinen Allerwertesten hin und her zu schlenkern. Das Gefährt gleitet gravitätisch dahin, während die Kanoniere mit echtem Feuereifer die geheimnisvollen Ladungen in ihre Böller hämmern, Pulver aufschütten und das glühende Eisen dran halten. Bumm und Bumm krachen die Schüsse. Das Kanonenöfchen speit und glüht. Der Nebel verflüchtigt sich, das liebe Stadtbild und dichte Menschenmengen erscheinen in der Ferne.» Fridolin. 1941.

83

115
Meister, Vorgesetzte und Gäste legen sich in Gemeinschaft mit Mitgliedern des Spiels ein solides ‹Bödeli› für den langen Tag zu.

116
Die Ueli dagegen sind bereits verpflegt und erwarten frohgemut den Befehl des Spielchefs: ‹Ueli ab uff d Gass!›

117
Der Begleiter des Vogel Gryffs überprüft mit fachmännischem Griff den Sitz der Montur ‹seines› Tiers.

118
Seit 1975 ziehen die Gesellschaftsbrüder nach ‹stattgehabter Einstimmung im Café Spitz› gemeinsam durch die Greifengasse und die Clarastrasse zum Gryffemähli in der Mustermesse.

119
Im altehrwürdigen Mannschaftswagen der Hermandad disloziert der eine Teil des Spiels in Begleitung von ‹Polizeiminister› Karl Schnyder zum Wild Ma-Horst an der Grenzacherstrasse.

120
Mit dem Läuten des Käppelijoch-Glöckleins erinnerten sich die Gesellschaftsbrüder 1972 wieder der alten Tradition des Einläutens des Vogel Gryffs. Das ‹Keppelin uf der Rinbruck› bot als einfache Wegkapelle Durchreisenden wie Einheimischen Gelegenheit zu kurzer frommer Andacht. Sein in die offene Dachlucke eingehängtes Glöcklein läutete zu freudigen und traurigen Ereignissen. 1903 ertönte das alte Jochglöcklein, das auch zur Exekution der zum Tode durch Schwemmen Verurteilten schlug, zum letzten Mal: es läutete das Sterbeständchen der historischen Brückenkapelle ein.

BÄCKEREI KONDITOREI
Schneider

HOTEL MERIAN

121
Die Katzenköpfe werden für den grossen Tag ‹geölt›. 1949.
Das ‹Vogel Gryff-Patronenrezept› von Alex Baumgartner aus dem Jahre 1943 weist folgende Zusammensetzung auf:
Papierhülsen: 35 mm Durchmesser, 295 mm Länge.
Sägemehl: 1 Becher.
Schwefel-Russ: ½ Becher.
Pulver: 100 g Schwarzpulver, Körnung 6 bis 8.

122
Unter Mithilfe des Dorfbriefträgers entwurzelt der ‹zivilisierte› Wilde Mann im Riehener Maienbühl zwei schöngewachsene, langstämmige Tännchen. 1951.

123
Periodisch auftauchende technische Probleme veranlassten das Spiel 1985 zur Anschaffung eines eigenen Flosses, was inskünftig eine reibungslose Talfahrt garantieren soll.

124
Die Kleinbasler Schülerschaft erwartet beim Wildma-Horst mit Ungeduld die Abfahrt des zottigen Walddämonen.

125
In Gegenwart des Vorsitzenden Meisters begrüsst der Horstverwalter ehrerbietig – wie es sich für einen Kleinbasler gehört! – den in unserer Stadt besonders populären ‹Landesvater› Dr. Kurt Furgler. 1980.

126
So wie es der schöne Brauch will, erhält jedes Kind zur Feier des Tages seinen Schnägg.

127
Traditionsgemäss dürfen neugewählte Vorgesetzte beim nächsten Vorsitz ihrer Gesellschaft die Talfahrt des Wilden Mannes miterleben. 1971.

128–131
«Alle Jahre das Gleiche und doch wieder etwas anderes! Das Jahr 1934 wird in der Geschichte der drei Kleinbasler Ehrenzeichen als das erste nach dem vollendeten Rheinstau figurieren. Die Zeiten, wo unsere Jugend die Ankunft des Wilden Mannes auf den Steinen des trockenen Rheinbettes erwartete, sind jedenfalls vorbei. Um so dichter drängte sie sich auf der Brücke und am Rheinweg. Endlich hörte man den ersten Böllerschuss, und bald sah man bei der Wettsteinbrücke das Doppelfahrzeug mit seiner interessanten Bemannung um die Stromecke biegen und die vom Lärm der Schüsse verängstigten Möven sanktjohannwärts fliegen. Gross und klein hatte seine Freude an dem alten Volksspiel, welches das Plumpe und Graziöse, das Groteske und Künstlerische so harmonisch vereinigt.»

Betten
BUCHDRUCKEREI
R.G.ZBINDEN

132–133
«Kein Regisseur hätte eine Volksversammlung nach monatelanger Übung so gut herausgebracht, wie die Kleinbasler Jugend in ebensoviel Minuten. Die eifrigen begnügten sich nicht mit dem Stehplatz am Quaigeländer, sondern sprangen aufs vereiste Flussbett und liefen rheinaufwärts. Die kühnsten gar stellten sich auf Steine, die aus dem Flussbett herausragten, um ja den Wilden Mann zuerst aus der Nähe zu sehen.» 1909.

134
«Die Landjäger zeigen sich von ihrer gutmütigsten Seite: Gütig wie die Londoner Bobbies beschützten sie die schwächern Kleinen und hoben sie, als der Tanz auf der Brücke stattfand, in die Höhe, so dass diese fortan im Polizisten nicht einen Kinderschreck, sondern einen Freund und Beschützer sehen.» Während 1951 ‹Brechfritz› anordnete, die Polizei habe zum Vogel Gryff in Sonntagsuniform zu erscheinen, werden unter dem ‹Schnyder Karli› die Gugelhopfhelme und Ledercceinturons wieder zu Ehren gezogen.

135–138
Zu einem Wildmanne-Öpfeli zu kommen ist ein riskantes Unternehmen: Deshalb wohl lassen sich keine Mädchen auf das gefährliche Spiel ein...

«Sehr geehrter Herr Jenny! Es tut mir leid, wenn sie am Tage des Vogel Gryff von unserm Wilden Mann belästigt worden sind, aber das kann vorkommen, und Sie werden wohl nicht der Einzige gewesen sein, welcher mit dem Tannenbäumchen eins erwischt hat: E. Frey-Gysin, Meister zum Rebhaus. 17. Januar 1927.»

139
Das Spiel präsentiert sich dem Photographen. 1928.

140
«Kopf an Kopf in der heimeligen Druggete, das Volk gärt und stösst hinter dem von der Polizei freigehaltenen Tanzplatz. Das Gryffedänzli ertönt, und mit gemessener Verbeugung beginnt der Gryff, seine majestätisch gespreizten Schritte und Tritte vorzuführen. ‹Jetz isch Vogelgryff!› klopft es in tausend Kinderherzen. Das Fabeltier tritt zurück und der Leu, graziös wie eine junge Dalbanesin tänzelnd, führt seinen Tanz vor. Der vielgeliebte wie gefürchtete Wilde Mann löst ihn ab und schlenkert seinen Baum.» 1941.

141
Ein letztes Mal lassen sich die Drei Ehrenzeichen, würdevoll und Respekt gebietend, vom Volk umjubeln, dann entschwindet der urweltliche Spuk in die Dunkelheit der Nacht...

«Der Vogel Gryff ist der grösste und wichtigste Festtag im Kleinbasel. Es gibt alte Gesellschaftsbrüder, die schon acht Tage vorher den Boden Grossbasels nicht mehr betreten und nur noch im dunklen Gewand und weissen Kragen einherwandeln. Andere benützen die Tage vor dem Vogel Gryff gern, um sich langsam auf das Becherheben zu trainieren, was zu allerlei fröhlichem Tun Anlass bietet. Die Flüsterpresse weiss gar von einem Gaul eines wackeren Milchmannes, der ausgespannt und zur Stärkung in eine Wirtschaft geführt wurde, wo er dann bald in süssen Schlummer sank. Erst als das wenig trinkfeste Hühross seinen Ziegel ausgeschlafen hatte, konnte man es wieder hinausführen und anspannen. Ein Kanonenrausch!» Fridolin. 1941.

kasse überstieg das waghalsige Unternehmen die finanziellen Möglichkeiten der Gesellschaft, und drängte die baulustigen Rebleute ‹in grosse Verlegenheit›. In ihrer Not entschlossen sich die Vorgesetzten zur «Aufrichtung einer kleinen monatlichen Lotterie mit 6000 Loosen und 10% Profit. Allein alles Eyfers ohnerachtet, sind kaum 3 Ziehungen in einem Jahr und wegen übrig gebliebenen vielen Billetts mit grosser Gefahr zustand gebracht worden. Der schlechte Erfolg benahm allen den Muth». Doch Oberstmeister und Mitmeister bewiesen Opferbereitschaft und übernahmen auf eigene Rechnung die unverkäuflichen Lose, damit ihre Gesellschaft nicht der Schande des Ruins verfalle. Als 1791 ‹in der grossen Stube immer noch keine Umhänge vorhanden›, anerbot sich der Schreiber, ‹statt des Schreibersilbers, solche machen zu lassen›. Dank «bestmöglicher Sparsamkeit und wohl gediehenem Ertrag der auf unserer Allmend stehenden Kirschen und übrigen Früchte und endlich, was wir zwar noch lange noch entfernt wünschten, dem Absterben mehrerer annoch frisch in unserem freundschaftlichen Angedencken stehenden werten Mitgliedern», gelang der Gesellschaft 1795 die teilweise Rückerstattung des Darlehens an den Fiskus.

Das Auslaufen des Vertrags mit Pächter Abraham Euler bot 1858 Anlass, den Verkauf des Gesellschaftshauses, das bereits im Jahre 1506 mit einer Kegelbahn ausgestattet gewesen war, ins Auge zu fassen. Dieses sollte durch eine öffentliche Gant zum Minimalpreis von Fr. 50000.– an den Mann gebracht werden. Als sich ein Interessent meldete, der tausend Franken mehr bot, erhöhten die Vorgesetzten die Limite um einen weitern Tausender. Das war dem einzigen ‹Kaufliebhaber› aber zu viel, und die Gesellschaft musste schliesslich froh sein, ein Jahr später das Haus zum Preis von Fr. 46000.– der ‹Commission des theologischen Pensionats› absetzen zu können, immerhin mit der tröstlichen «Aussicht, dass das alte Gesellschaftshaus fernerhin eine ehrenvolle, wohlthätige Bestimmung behalten soll».

> Theologisches Pensionat

Und der Kantonsrat ratifizierte den Verkauf, «obschon er vernommen, dass bei der veranstalteten Versteigerung desselben ein beträchtlich mehreres geboten worden sei und daher ein damaliges Losschlagen für die Gesellschaft vorteilhafter gewesen wäre». Der dennoch ansehnliche Verkaufserlös konnte, nach Abzug einer bei der Gesellschaft zum Greifen hängigen Schuld von Fr. 2000.–, mit grösster Mühe beim Handelshaus Bischoff zu St. Alban zu 4% Zins angelegt werden.

Während über 30 Jahren erfüllten angehende Pfarrherren die von den Rebhausvorgesetzten geäusserten ‹ethischen› Erwartungen, dann bezog 1898 der Deutsche Arbeiterverein, eine Sektion der Sozialdemokratischen Partei der Schweiz, die Räumlichkeiten. 1970 gewährte die Brauerei Warteck AG, die seit 1916 im Besitz der Liegenschaft ist, der Gesellschaft zum Rebhaus zur Einrichtung einer Stube regelmässig beanspruchtes Gastrecht.

142
Eingangsblatt im Gästebuch des Wildma-Horst. Aquarellierte Federzeichnung von Otto Plattner. 1941.

Das Café Spitz

Der den Stadtbehörden im Zuge der Kantonstrennung von 1833 auferlegte Zwang zur Beschaffung liquider Mittel kam den Ehrengesellschaften sehr gelegen, bot sich ihnen doch mit dem Kauf des verwahrlosten Richthauses, das während Jahrhunderten als Regierungssitz des Schultheissen von zentraler Bedeutung gewesen war und deshalb auch ‹des Rats Hus› genannt wurde, die Möglichkeit, den seit einiger Zeit geplanten Bau eines gemeinsamen Gesellschaftshauses zu verwirklichen. Die bewegte Hausgeschichte des ebenso markanten wie malerischen Kopfbaus, dem 1792 Waisenhauspfarrer Jakob Friedrich David Huber in seinem ‹Statutarium Basiliense› ein interessantes Kapitel gewidmet hatte, machte es den Ehrengesellschaften leicht, sich auf historischem Boden einen neuen Mittelpunkt zu errichten:

«Der untere Teil des Hauses dient zu der Eidsleistung der Bürgerschaft des Minderen Basels und der Hintersassen, die in der Kleinen Stadt wohnen. In dem obern Teil sind die Zimmer, wo das Stadtgericht, das Gescheid und das Quartier der Mindern Stadt ihre Sessiones und Gebotte halten. Auf diesem Hause hat auch der erste Amtmann des Stadtgerichts im Mindern Basel seine Wohnung. Gleichfalls hat die Bürgerwacht der Kleinen Stadt in diesem Hause sein corp de garde oder Wachtstube. Auf dem Türmlein befindet sich ein Stüblein für den Turmbläser, dessen Pflicht ist, des Nachts die Stunden anzuzeigen und bei entstehenden Bränden das Lärmzeichen zu geben und zu stürmen. Auf dem Richthaus jenseits befindet sich eine Gefangenschaft, der St. Niklausthurm genannt, in welche das Gericht jenseits und der Schultheiss der mindern Stadt Fehlbare einzusetzen Gewalt haben. 1634 Amtmann Fink wird wegen Ungehorsam und ausgestossenen unverantwortlichen Reden in diese Gefangenschaft erkannt; da er sich aber widersetzte und den Degen zuckte, wird er in den Wasserthurm (im Grossbasel) gesetzt. 1650

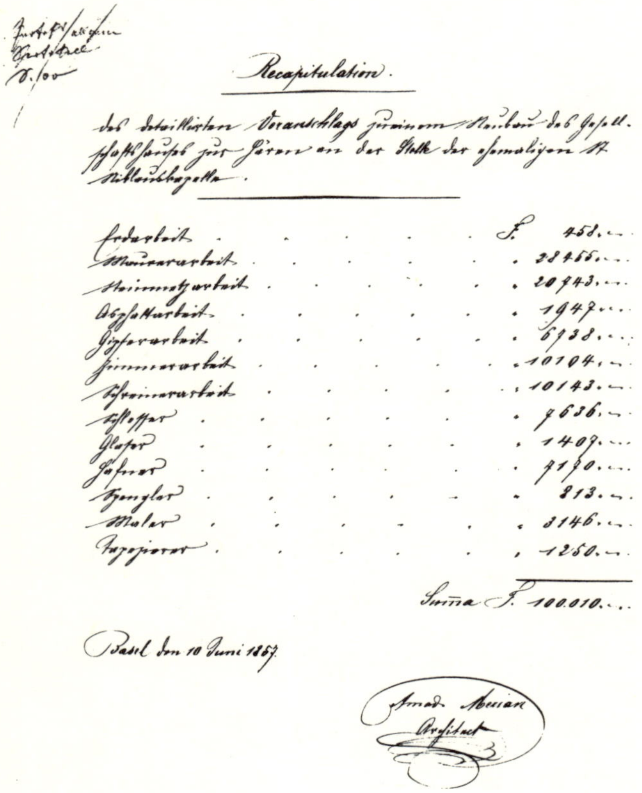
Recapitulation.

des detaillirten Voranschlags zu einem Neubau des Gesellschaftshauses zur Hären an der Stelle der ehemaligen St. Niklauskapelle.

Erdarbeit	F. 458.–
Maurerarbeit	28455.–
Steinmetzarbeit	20743.–
Asphaltarbeit	1947.–
Gipserarbeit	6738.–
Zimmerarbeit	10104.–
Schreinerarbeit	10143.–
Schlosser	7636.–
Glaser	1407.–
Hafner	7170.–
Spengler	813.–
Maler	3146.–
Tapezierer	1250.–
Summa	F. 100010.–

Basel den 10 Juni 1857

Amad. Merian
Architect

Amtmann Scherb wird wegen Trunkenheit und Händeln mit seinem Collega für 2 Tage in St. Niklausthurm gelegt.»

Nachdem der Kanton Basel-Stadt den Kleinbasler Gesellschaften 1836 das Richthaus zum Preis von Fr. 12000.– mit der Massgabe überlassen hatte, für eine Wachtstube, ein Feuerwehrmagazin und eine Stadtuhr den notwendigen Platz freizuhalten, erhielt Bauinspektor Amadeus Merian den Auftrag, ‹eine Baute nach eigenem Ingenium durch alle Details auszuführen›. Am 28. Juni 1841 konnte die neue, in neobyzantinischem Stil erbaute Kleinbasler Begegnungsstätte, die ‹dem jungen Architekten› mit einem Honorar von Fr. 800.–, ‹teils in Gold›, abgegolten wurde, offiziell eingeweiht werden. Die Gesamtkosten «kamen uns im Ganzen mit Inbegriff des dazu angeschafften Mobiliars auf ca. 80000.–», zu deren Begleichung bei der Inspektion des Waisenhauses ein Darlehen von Fr. 52000.– aufgenommen werden musste.

< Das Waisenhaus hilft

Die zunehmende Entfaltung der Geselligkeit liess schon nach wenigen Jahren eine Erweiterung der Räumlichkeiten als wünschenswert

Am 4ten April 1838
bei
Legung des Ecksteines
zum neuen
Gesellschaftshause
der 3 E. Gesellschaften der mindern Stadt.

Der Löwe, dieses königliche Thier,
Sprach jüngst einmal zum wilden Manne:
„Komm her mit deiner schweren Tanne!
„Und du, o Greiff! schwing dich zu mir!
„Wir wollen uns die Hand zum Bunde geben,
„Und alle drei ein neues Haus erbau'n,
„Am Rheinesufer lieblich anzuschau'n,
„Und wollen d'rinn wie liebe Brüder leben!" —
Nach langem Rath nahm's endlich jeder an.
Nun wurde reges Leben an der Brücke;
Das Alte wich dem wechselnden Geschicke;
Und aus der Tiefe stieg der Bau heran.
Und heut' — was rief uns feierlich zusammen?
Der Eckstein dieses Baues wird gelegt.
Ich bringe nun, durch diesen Akt bewegt,
Mein Sprüchlein auch, in der { Baumeister / Gesellen } Namen,
Der Heiterkeit und der Geselligkeit,
Der bürgerlichen Eintracht und der Treue
Sei auf Jahrhunderte hinaus dieß neue
Nun schnell ersteh'nde Haus geweiht!
Es steig' empor, die kleine Stadt zu schmücken,
In edler Wohlgestalt und kunstgerecht;
Es möge noch das kommende Geschlecht
Ein nützlich Werk darin erblicken!
Was Fleiß vermag, wird Jeder gerne thun;
Was Kunst vermag, wird Jeder willig bieten!
Gott wolle uns und diesen Bau behüten!
Nun rasch an's Werk — die Hände soll'n nicht ruhn!

Gesprochen von Joseph Reichenbach, Polier der Maurerarbeit.

erscheinen. «Die schickliche Form, in welcher dieses Projekt zur Verwirklichung gebracht werden kann und durch einen Neubau die Verschö-

143
Detaillierter (Kosten-) «Voranschlag zu einem Neubau des Gesellschaftshauses zur Hären an der Stelle der ehemaligen St. Niklauskapelle» (Erweiterungsbau des Café Spitz) von Architekt Amadeus Merian. 1857.

144
Prolog zur ‹Ecksteinlegung› des Allgemeinen Gesellschaftshauses von Philipp Hindermann. 1838.

145
Bei der Grundsteinlegung eingemauertes Gedenkblatt zur Erinnerung an das wohl markanteste Ereignis in der Geschichte der Drei Ehrengesellschaften.

146
Und noch ein Beispiel aus der Fülle literarischer Produkte, die den Bau des Gesellschaftshauses begleiteten.

>> Café National

nerung eines den heutigen Anstandsbegriffen nicht mehr entsprechenden, den Blicken der Öffentlichkeit stetsfort ausgesetzten Theiles unseres Klein-Basels erreicht», lag einerseits im Verkauf der Gesellschaftshäuser zum Greifen und zum Rebhaus und andrerseits im Abtausch des Haerenhauses gegen die ehemalige St. Niklauskapelle, auf deren Grund und Boden der ebenfalls von Amadeus Merian geplante Erweiterungsbau ‹samt elastischem Tanzboden› erstehen sollte. Die Eröffnung des ‹bleibenden Denkmals des Gemeinsinns der Kleinbasler Bürger›, zu dessen Kostentilgung von Fr. 237500.– die Witwe Christoph Merians ein Darlehen von Fr. 110000.– und Emanuel La Roche ein solches von Fr. 20000.– leisteten, erfolgte am 28. August 1860 mit grosser Festlichkeit.

Etwelche Mühe bereitete die Fixierung des Hausnamens. Nachdem während einer gewissen Zeit mit Blick auf das ‹blechbespitzte› Türmlein auf dem ehemals hohen Walmdach die Bezeichnung ‹zum goldenen Spitz› beliebte, stand 1841 der Name ‹zur Harmonie› ernsthaft zur Diskussion, doch konnte auch ‹nach langer Berathung› kein passender ‹Spitzname› gefunden werden. So wurde abwechslungsweise auch der Name ‹Café National› geführt, bis 1896 ‹die Benamsung Café Restaurant Spitz› allgemeine Zustimmung fand. 1907 wurde die 1852 eingebaute Gasbeleuchtung durch elektrisches Licht ersetzt, wobei sich die Vorgesetzten allerdings nicht für eine ‹Turbinen-Anlage im Rhein› entscheiden konnten, sondern zurecht die Versorgung durch das städtische Netz bevorzugten. Viel Aufmerksamkeit wurde während Jahrzehnten auch dem stadtbekannten Wintergarten auf der Terrasse gewidmet, der mit seinen Orangen-, Citronen- und Feigenbäumchen und den seltenen exotischen Pflanzen und Blumen eine Attraktion ersten Ranges darstellte.

Wurde 1905 und 1923 der angebotene Kauf des Schwalbennestes unglücklicherweise ausgeschlagen, so gelangte glücklicherweise der 1887 vorbereitete Verkauf des Café Spitz zu Fr. 300000.– nicht zur Fertigung. Auch die 1904 und 1947 ausgeschriebenen Ideenwettbewerbe

Als in Folge der im Jahr 1833 stattgehabten politischen Trennung des Kantons Basel neben andern öffentlichen Gebäuden auch das ehemalige Richt- und Gemeindehaus der mindern Stadt veräussert werden sollte, brachten die Vorsteher der drei E. Gesellschaften dasselbe vom Staat käuflich an sich und führten es im Jahr 1838 von Grund aus neu auf, unter der Leitung folgender Commission aus Ihrer Mitte:

Herr Samuel Minder, des Raths, Präsident.
Herr Melchior Münch, des Raths.
Herr Christof Eglin, Appellations-Rath.
Herr Leonhard Paravicini, Appellations-Rath.
Herr Friedrich Lotz, des grossen Raths.
Herr Joh. Herzog, Sohn, Notarius, Secretär.
Den Plan entwarf Herr Bau-Inspector Amadeus Merian.
Die Maurer- und Steinhauerarbeit übernahm Herr Matthias Oswald, in Verbindung mit Herrn Leonhard Müller.
Die Zimmerarbeit übernahm Herr Daniel Barth.
Polier der Steinhauerarbeit Alexander Schreyek.
Polier der Maurerarbeit Joseph Reichenbach.
Polier der Zimmerarbeit Wilhelm Zierener.

Der Malter Weitzen galt Fr. 19. — Der Saum Wein Fr. 20. — Das Klafter Holz Fr. 24. Bürgermeister waren zur Zeit Herr Rud. Frey und Herr Carl Burckhardt, J. U. D. Präsident des Stadt-Raths: Herr Daniel Heusler. — Statthalter: Herr Joh. Bloch.

Die durch die Julitage mächtig gewordene umwälzende Richtung der Zeit war bereits wieder einer mehr Erhaltenden gewichen; Canäle und Dampfboote, Eisenbahne und elektrische Telegraphen rücken Entfernstes sich nah, schrecken die Mauth und den Krieg, und der humanere Geist löset die Bande des Negers.

Lied
bei Legung des Grundsteines des Neuen Gesellschaftshauses der Klein-Basler.

Uf, uf klei Basler stöhnd ins G'wehr,
Legt d'Suntigkleider a;
Es git e Fest, poz Sapperment
s'Neu Hus isch us em Fundement,
Der Grundstei mueß jez dra.

Jä, d'Eintracht isch e schöni Sach,
Ko si mer übereis:
Me soll kei Grife, Rebhus meh,
Und das zur Häre nümme seh,
E Ganzes oder keis.

und der 1944 von der Allgemeinen Vorgesetztenversammlung «in namentlicher Abstimmung geschlossen gefasste, wohl spätern Geschlechtern als wertvolle Entscheidung angesehene Beschluss (!)», das in seinem baulichen Zustand stark vernachlässigte ‹Café Spitz›, für dessen Unterhalt bisher nicht weniger als Fr. 400000.– aufgewendet worden waren, durch einen Neubau zu ersetzen, blieben – gottseidank – ohne endgültigen Erfolg. Als aber 1962 ein Brand den Dachstuhl des jüngern Merianbaus an der Rheingasse in Asche legte, schienen die Tage des nicht mehr bewirtschafteten Hauses gezählt zu sein. Dank der Fürsprache des Eidgenössischen Departements des Innern (mit Bundesrat Hans-Peter Tschudi an der Spitze), welches dem Bauwerk ‹nationale Bedeutung› zumass, das «in seiner Art innerhalb der schweizerischen Kunst der Biedermeierzeit an Schönheit und Würde kaum seinesgleichen hat», sowie dem Verständnis der Gesellschaftsbrüder und dem Einsatz der von privater Seite gegründeten Betriebsgesellschaft ‹Café Spitz AG› gelang die Sanierung des spätklassizistischen Merianflügels. Am 21. November 1972 sind das gediegen restaurierte ‹Café Spitz› und der Neubau des Hotels ‹Merian am Rhein› – mit der in schlichter Eleganz ausgestatteten Vorgesetztenstube der Drei Ehrengesellschaften im Untergeschoss – feierlich eröffnet worden.

Die optimistischen Erwartungen, die in die Wiedereröffnung des Kleinbasler Gesellschaftshauses gesetzt wurden, erfüllten sich leider nicht: Der Geschäftsgang des Restaurations- und Hotelbetriebs entwickelte sich so ungünstig, dass eine Amortisation der (zu) hohen Investitionen nicht möglich war. Nachdem der Grosse Rat die käufliche Übernahme der Liegenschaft abgelehnt hatte, rettete die Regierung die ‹Café Spitz AG› vor dem drohenden Untergang, indem sie 1980 in eigener Kompetenz den Meriansaal im Stockwerkeigentum dem staatlichen Liegenschaftsbesitz zuführte. Unter den Auspizien der Genossenschaftlichen Zentralbank AG bzw. der Christoph Merian Stiftung (seit Spätsommer 1986) und dem bewährten ‹Stubenknecht› Bodo Skrobucha-Haudenschild vermag das ‹Café Spitz› seitdem seiner Aufgabe, in altüberlieferter Gastfreundschaft zwischenmenschliche Kontakte zu fördern und gesellschaftliches Leben zu entfalten, in erfreulichem Ausmass gerecht zu werden.

Ist den Drei Ehrengesellschaften von ihrem einst ausgedehnten Grundbesitz einzig das 776,5 m² haltende Areal des ‹Café Spitz und Hotel Merian›, das mit einem bis ins Jahr 2065 laufenden Baurechtsvertrag belegt ist, erhalten geblieben, so hat sich ihr vor Zeiten stolzer Liegenschaftsbesitz bis auf ein kleines Häuschen am Rhein verringert: den ‹Wildma-Horst› an der äussern Grenzacherstrasse. Der zu einem reizvollen Wochenendhäuschen ausgebaute Fischergalgen Nr. 32 ist 1951 als hochherziges Legat seines Erbauers und Besitzers, des Vorgesetzten zur Haeren Rudolf Moser (1892–1951), in das Eigentum der Drei Ehrengesellschaften übergegangen mit der Bestimmung, «dass der Wildma alljährlich bei Abhaltung des Gryffenmähli sein Abfahrtsziel von diesem Wildma-Horst nimmt».

< Wildma-Horst

147–148
«Die Einweihungsfeierlichkeit des neuen Gebäudes vollzieht sich folgendermassen:
1. Alles und jedes geschieht auf Kosten der Gesellschaften, und zwar für eine jede den sie treffenden Theil.
2. Als E. Gäste sind einzuladen die Herren Bürgermeister, mehrere Kleinrathsmitglieder, der Stadtrathpräsident, die Gemeindspfarrer etc.
3. Der Preis pr. Couvert mit 1 Flasche Wein, Kaffee und Liqueur ist Fr. 5.–.
4. Des Morgens früh 6 Uhr Choral. Abends Gasbeleuchtung des Hauses, dann Fackelbeleuchtung des obern Rheinwegs.
5. Bei Tisch sollen die E. Zeichen im grossen neuen Saal erscheinen.
6. Die Freiburger Regimentsmusik soll engagiert werden.»

Silber und Gold, Seide und Glas

Die altüberlieferte Verpflichtung der Würdenträger der Ehrengesellschaften, den Einsitz in die Vorgesetztenschaft materiell abzugelten, führte den Gesellschaften ansehnliche Vermögenswerte zu. Was von solchen Abgaben nicht an ‹paarem Gelt› in den Seckel floss, zierte als Prunkgeschirr bei festlichen Anlässen die Tafel.

> Schöne Tradition

Die schöne Tradition, den Schatz der Gesellschaften durch Schenkungen zu äufnen, ist bis zur Gegenwart erhalten geblieben, so dass auch zahlreiche Schaustücke und Gerätschaften aus neuerer Zeit in den Glasschränken der Vorgesetztenstube zu bewundern sind. Die Inventare der einzelnen Gesellschaften weisen durch die Jahrhunderte eine Vielzahl kostbarer Erzeugnisse erstklassiger Goldschmiedekunst aus, von denen leider nicht alle bis in die heutige Zeit erhalten geblieben sind. Das hat mancherlei Gründe: Zum einen wurden die Wertgegenstände, die als eigentliche Geldreserven angesehen wurden, nicht immer in den eigens dazu bestimmten und nur mit zwei verschiedenen Schlüsseln zugänglichen ‹Känsterlein› oder ‹Gewölben› in den Gesellschaftshäusern verwahrt, sondern von den Meistern oft mit nach Hause genommen, was die Ursache für manchen Verlust war. Zum andern wurden des öftern ‹altmodische› Stücke oder ‹unnützes Zeug› aus dem Silbervorrat bedenkenlos eingeschmolzen, damit aus dem Erlös entweder neue, dem Geschmack der Zeit angepasste Tafelzierden geschmiedet werden konnten, oder bei Geldknappheit Schulden, die sich etwa durch Reparaturen an den Gesellschaftshäusern angehäuft hatten, getilgt werden konnten. Neben beachtlichen Spenden durch Vorgesetzte wurde der Silberschatz gelegentlich auch durch Ankäufe aus den Mitteln der Gesellschaften vermehrt.

> Die Kilchmanschen Taufschalen

Den Grundstock der reich dotierten Kleinbasler Schatzkammer verdanken die Ehrengesellschaften der hochherzigen Munifizenz des Hanns Kilchman (1470–1522). Der letzte Spross einer mit allen irdischen Gütern gesegneten Kaufmannsfamilie, welche u.a. die Pfarrkirche zu St. Theodor ‹förmlich mit Gaben überschüttete›, wurde 1496 am Heiligen Grab in Jerusalem zum Ritter geschlagen und führte 1507 als Feldhauptmann über 500 Basler im Zug Frankreichs gegen Genua. «Anno Domini Fünffzehen Hundert Sweintzig unnd Eins (1521), uff Frytag nach Sannt Georgen Tag, hatt der streng, fromm und vest Herren Hanns Kilchman, Ritter, als er zu erkennen gab, sonderer Früntschafft unnd geneigts Willens wolbedochtlich gesetzt unnd verordnet, nach sinem Tode zu gebend beiden Geselschafften, zur Herren und zum Gryffen, zu Mynndern Basel die zwo silbrin Schalen, die der lieb, heilig Sannt Ludwig siner Herren Hannsen Kilchmans Anfrowen der Grossmutter seligen inn ir Kyndbetten, mitt siner Heiligkeit Schillt gezeichnet, gegobet hatt. Also das die selben beid Geselschafften ir yegliche die eine behalten und nymmer versetzen, verenndern, empfrömden, verkouffen noch verschmeltzen, sonnder, wie sy sind, behalten unnd die inn getrüwer, gutter Gedechtnus Herren Hannsen Kilchmans gebruchen unnd inn ir yeglicher Geselschafft Buch, also zu halten, schriben lassen, wie dann die ersamen Hanns Müwelin, Meister zur Hären, und Rudolff Supper, Meister zum Gryffen, für sich, ire Mittmeister und Geselschafften und ir ewig Nochkommen dise Satzung dankparlich angenommen.»

Der Erwartung, die Ritter Kilchman in die Vergabung der beiden kostbaren Schalen setzte, die der mit seiner Familie befreundete Kardinal Ludwig Aleman, Erzbischof von Arles, seiner Mutter ins Kindbett geschenkt hatte, vermochten die beiden Ehrengesellschaften nicht auf alle Zeiten gerecht zu werden: die Schalen erscheinen 1735 letztmals in einem Inventar und sind dann auf unerklärliche Art und Weise verschwunden. 1942 ist im Schoss der Vorgesetzten erneut nach dem Verbleib der einzigartigen Kilchmanschen Silbergefässe geforscht worden. Aber wieder ohne Erfolg. Mit der lakonischen Bemerkung ‹sind gestohlen worden› wollen sich Meister und Vorgesetzte indessen nicht zufrieden geben. Die mit dem Wappen des durch Papst Clemens VII. selig gesprochenen, vom Volk aber als Heiligen verehrten zeitweiligen Vorsitzenden des Konzils von Basel geschmückten Schalen wieder in den Besitz der Ehrengesellschaften zu bringen, wird noch immer als ernsthaftes Anliegen betrachtet.

Meisterwerke der Basler Goldschmiedekunst

Aus dem einst grossartig bestückten Silberhort der Drei Ehrengesellschaften verschwunden sind nicht nur Kilchmans Taufschalen, sondern auch Dutzende einzigartige Meisterwerke des Basler Goldschmiedehandwerks. Wir wollen nur aufzählen, was an auffallend hochkarätigem Prunkgeschirr in den ‹beschlüssigen Laden› der einzelnen Gesellschaften verwahrt worden war, aber den Lauf der Zeit nicht überdauert hat, wobei wir auf die sogenannten Meisterkronen später zu sprechen kommen.

Die Inventare der Gesellschaft zur Haeren nannten u.a.: einen glatten Kelchbecher mit drei Schildwappen, ‹so Jost Dürst gegeben› (1572), einen ‹Becher mit vier Schilten› (1582), einen ‹grossen Müller Becher› (1606), einen hohen silbernen Hafenbecher (1620), zwei ‹Trübel Becher› (um 1635), ein ‹Duplet (Doppelbecher), gantz vergüld, woran auf beyden Sitten 24 Wappen› (1690), drei ‹hoche glatte Becher von je 24 Loth Gewicht› (1708), ein ‹ziehrt verguldeter Bächer mit einem Harnischmännlein› (1735), 15 silberne und 9 goldene ‹Metaillen› (1751) sowie ein ‹Silber vergoldtes Wild Männlein mit einem Hochfüsslein darauf› (1763). 1727 wurden dem Goldschmied Jakob Bavier 12 Sesterbecher (konische Trinkgefässe mit glattem Fuss) und 11 weitere Becher zum Einschmelzen gebracht, damit aus dem Erlös die Einrichtung des grossen Saals im Haerenhaus bezahlt werden konnte.

Die Gesellschaft zum Greifen beklagt neben dem Verlust der Kilchmanschen Schale den ‹neüw gemachten Bächer›, welcher 1594 Hans Felgenhauer der Gesellschaft vermachte «dergestalt und mit witerer Verheissung, wan ime Gott widerumb uss disem jetzigen Kriegszuge (gegen die Landschäftler im sogenannten Rappenkrieg) heim hilff, das er die Geselschafft mit einem andern, so noch schwärer als diser sein wird, verehren wölle», einem ‹13 Orte Becher nebst Deckel› (1599) und ‹24 silbernen Schilt und 1 dito geschmeltzt, mit einem silbernen Ring eingefasst› (1773) besonders einen «hohen silbernen Meyel (Pokal) und Trinckhgeschirr mit einem Deckhel, so mit Quadren (wohl: rechtekkige Felder) und eines Jeden Namen und Wappen umbsetzt». Dieser ist 1595 von 14 «wolbescheidenen Herren und Freündt, alle Bürgere zu Mehreren (!) und Minderen Basell», der Gesellschaft «uss sonderbarer Liebe, Fründtschafft und geneigtem Willen» geschenkt worden mit der ausdrücklichen Bestimmung, «solchen Meyel zu ewigen Zytten zu behalten und niemer zu versetzen, verenderen, empfrömden, verkhauffen noch zu verschmeltzen». Die Nachfahren der Beschenkten kümmerten sich offensichtlich nicht gewissenhaft genug um die bescheidene Auflage der Donatoren des Prunkbechers, ist dieser doch schon seit Jahrhunderten verschwunden...

<< Auf ewig verschwunden

Im ‹eisernen Känsterlein› der Ehrengesellschaft zum Rebhaus befand sich 1782 folgendes, aber seit langem nicht mehr vorhandenes ‹Silber Geschirr›: ein ‹hoher Silber vergoldeter Trauben Becher und Dekel› (1676), ein ‹do. Kelch Becher von Caspar Sax› (1650), ein ‹kleiner do. von Oberstmeister Göbeli› (1677), ein ‹do. von Oberstmeister Dietschy› (1707) und ein ‹silberner Grenadier mit geschnittenem Glas von Mitmeister Rud. Wenk› (1750). Zu dieser Zeit (1782) bereits ‹versilbert› worden waren ‹ein hoher vergoldter Schalenbecher von Herrn Fäsch› aus dem Jahre 1707 sowie ‹zwey Schalenbecherlin darinn Männlin› von 1644 und 18 Sesterbecher mit vergoldetem Mundstück (1694 zur Bezahlung der steinernen Treppe im Rebhaus eingeschmolzen).

< Umgeschmolzen

Noch im letzten Jahrhundert wurde leichtfertig ‹altes Silbergeschirr umgeschmolzen›. 1849 lieferte Goldschmied Johann Ulrich Schalch im Auftrag der Gesellschaft zur Haeren gegen die Meisterkrone (!), ein Schreibzeug, zwei Zuckersiebe, sieben grosse Suppenlöffel, neun Ragoutlöffel, sechs Esslöffel, eine kleine Platte, eine grosse Kaffeekanne, ein Milchkännlein, eine Zuckerbüchse und sechs ‹kleinere Stücke› im Gesamtgewicht von 381⅝ Loth: 54 Gabeln und 12 Löffel! 1853 stellte Peter Roth, Oberstmeister zum Greifen, den Antrag, den ganzen Silberschatz der Gesellschaft zu verkaufen und mit dem Geld

arme Witwen zu unterstützen. Seine Mitmeister aber leisteten ihm keine Gefolgschaft. Sie lehnten den Vorschlag jedoch nicht im Willen ab, historisch wertvolles Gesellschaftsgut auf alle Zeiten zu erhalten, sondern in der Überzeugung, dass der Verkaufserlös für eine wirkliche Hilfe bei weitem nicht ausreichend gewesen wäre...
Das letzte besonders unrühmliche Kapitel des für die Nachwelt äusserst bedauerlichen ‹Silber-

149
«Professor Reinhardt berichtet, dass der längst gesuchte Glas-Pokal aus dem Jahr 1717 wieder gefunden wurde.» 1954.

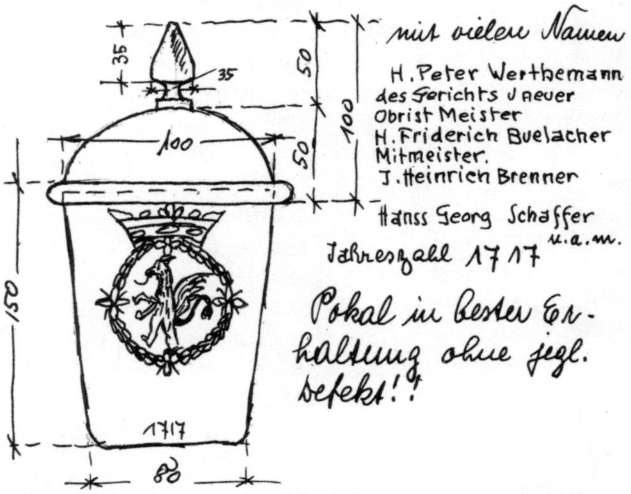

geschäftes› spielte sich in den Jahren 1883/84 ab: Im Sommer 1883 beschlossen die Vorgesetzten zum Greifen ohne weiteren Kommentar, «das Silbergeschirr zu veräussern, mit Ausnahme der gestifteten Löffel, die den Stiftern oder allfälligen Nachkommen zum Kauf angeboten werden sollen». Und schon im Herbst desselben Jahres «konnte das Präsidium Mittheilung machen, dass das Silbergeschirr an Adolf Zinsstag, Goldschmied dahier, verkauft werden konnte und zwar lt. Einkaufsnote 47 Löffel (2387 Gramm) zu Fr. 310.31, 59 Gabeln (2886 Gramm) zu Fr. 375.18 und 59 Messerhefte (3034 Gramm) zu Fr. 303.40, total Fr. 988.89. Es wurde beschlossen, den Ertrag separat anzulegen, da dieser Erlös den Bürgerrath nichts angeht»!

>> Verschleuderung

Das ‹rationelle Handeln› des Greifen beeindruckte den Haeren dermassen, dass deren Meister, Jakob Bienz, seine Vorgesetzten «darauf aufmerksam machte, dass das unserer Gesellschaft gehörige Silbergeschirr, seit Jahrzehnten unbenutzt, als todtes Capital im Kasten liegt und findet, dasselbe sollte, nach dem Beispiel unserer Schwester Gesellschaft zum Greifen, einer Verwerthung entgegen geführt werden. Die darauf folgende Abstimmung ergibt, dass mit 5 Stimmen der Verkauf unseres Silbergeschirrs (Kaffeelöffel, Esslöffel und Gabeln) in Bausch und Bogen zum Einschmelzen beschlossen wird. Von der Möglichkeit, den Vorgesetzten und eventuell anderen Persönlichkeiten zu gestatten, vom Silbergeschirr einzelne Stücke zu erwerben, wird abgesehen».
Es ging nicht lange, so wurde «der Verkauf des Silbergeschirrs von gewisser Seite in tendenziöser Weise in der Stadt herumgeboten und wird voraussichtlich an der bevorstehenden allgemeinen Mahlzeit öffentlich zur Sprache kommen». Dies brachte die Vorgesetzten deshalb in Verlegenheit, weil Goldschmied Zinsstag, entgegen der verbindlichen Abmachung, sämtliches Silber einzuschmelzen, ‹etliche Stücke in andere Hände› hatte gehen lassen (was erklärt, weshalb heute noch Tafelsilber mit dem Haerenwappen in Privatbesitz zu finden ist). Im Hinblick auf den zu erwartenden ‹Zündstoff bei einer Interpellation› verweigerten die Vorgesetzten «eine Auskunft, da diese Angelegenheit lediglich die Gesellschaft zur Hären betrifft»; der Ertrag von Fr. 894.— wurde flugs «bei der Handwerkerbank und der Ersparniss Cassa gegen ein Büchlein von 4% angelegt»!
Ohne Protest vollzog sich sieben Jahre später ‹die Verehrung› eines ‹in Silber gefassten Salzbüchschens mit der Dedication Achilles Lotz, anno 1797› seitens der Gesellschaft zur Haeren an den Greifenmeister Fritz Lotz, da «eine Verwendung dieses Stückes nicht mehr vorzusehen ist und sich Oberstlieutenant Lotz darum beworben hat»!
Damit hatte es mit der ‹Verschleuderung› von Stücken aus dem Silberschatz der Drei Ehrengesellschaften, der nebst eigentlichem Prunkgeschirr unzählige, oft mit den Wappen der Gesellschaften gezierte Gabeln, Esslöffel und Messer, Kaffeelöffel, Zuckerlöffel, grosse Vorleglöffel, Ragoutlöffel, Olivenlöffel, Salzbüchschen, Zukkerdöschen, Milchkännchen, Platten, Kerzenstöcke und Schreibzeuge vereinigte, noch nicht endgültig sein Bewenden. Denn in den Besitz von Gesellschaftsbrüdern zum Greifen gelangten am 8. Dezember 1895 an einer im Tanzsaal des Café Spitz durchgeführten Gant verschiedene ‹belanglose Stücke aus dem Gesellschaftsschatz› wie «23 silberne Löffel mit Wappen, zwei silberne Salzbüchslein von Achilles Miville von anno 1789, 25 gläserne krumme und grade Hochfüssli (Schnapsgläsli), 10 alte Schop-

penflaschen, 1 zinnern Tintenzeug, 1 Brenneisen». Der Erlös von Fr. 522.85 wurde dem ‹Löffelfonds› zugewiesen.

Den Ehrengesellschaften zerrannen nicht nur ansehnliche Werte an kunstvoll verarbeitetem Gold und Silber zwischen den Fingern, sondern auch solche aus Zinn, Messing und Kupfer. So trug beispielsweise Oberstmeister Eglin 1837 seinen Mitmeistern zum Greifen vor, das vorhandene Zinngeschirr sei gänzlich überflüssig, da man bei Mahlzeiten sich desselben nicht mehr bediene. ‹In der Persohn des Juden Samuel Schmoll in Hägenheim› konnte denn auch bald «ein Liebhaber gefunden werden, welcher 55 Rp. fürs Kronenzinn und 84 Rp. fürs englische Zinn pr. Pfund offerierte, während der hiesige Zinngiesser Scholer hingegen davon abstrahierte». Auf diese Weise gelangten 107 flache Teller, 24 Suppenteller, 9 Lichtstöcke, 8 grosse Platten, 4 Salzdosen und 2 Terrinen zum Preis von Fr. 152.60 in den Handel, während 12 Suppenteller aus englischem Zinn von Oberstmeister Eglin behändigt wurden, der dafür Fr. 18.48 in den Seckel legte.

Nachdem wir die Dezimierung des Silberbestandes hinreichend aufgezeigt haben, wollen wir uns nun der Würdigung der den Drei Ehrengesellschaften erhalten gebliebenen Schaustücke zuwenden. Dabei gilt unsere Aufmerksamkeit in besonderm Ausmass der sogenannten Meisterkrone zum Greifen und den Aufnahmebechern, den prunkvollen Trinkgefässen der einzelnen Gesellschaften.

Als Zeichen seiner Würde trug der Oberstmeister bei festlichen Anlässen, wie auf Seite 29 dargelegt ist, eine Kopfzier. Diese bestand ursprünglich aus einem einfachen Blumengebinde aus Rosmarin und Nelken; Ausgaben für ‹den Meister Krantz und Meyen› finden sich ab 1650 regelmässig in den Rechnungsbüchern. Während einzelne Zünfte bereits in der zweiten Hälfte des 16. Jahrhunderts den üblicherweise aus natürlichen Blumen geflochtenen Kranz nun mit künstlichen Blumen aus Seide und Goldfäden winden liessen und rund hundert Jahre später auch diese Tradition wandelten, indem sie den Flitterkranz durch einen dauerhaften Meisterkranz aus kostbarem Silber ersetzten, verblieben die Kleinbasler Ehrengesellschaften bis Eingang 18. Jahrhundert beim Meisterkranz aus lebenden Blumen. 1703 beauftragten die Meister Peter Werthemann, Elias Kern und Johann Georg Dietz zum Greifen den Goldschmied Adam Fechter (II), für ihre Gesellschaft einen ‹dauerhaften› Meisterkranz zu entwerfen und auszuführen. Für das aus Silber gearbeitete Kunstwerk mit losem Laubwerk und silbervergoldeten Blumen und drei ebensolchen Greifen ‹ahn Gewicht 40 Lodt, 3½ Quentlein à 1½ Gulden› wurde die Rechnung mit ‹61 Gulden 3 Batzen 2 Kreuzer oder 76 Pfund 10 Schilling 4 Pfennig› belastet. «Ferner ist ihme Herrn Fechteren lauth anderen Zedels wegen gemachter Arbeit ahn diesem Kranz bezalt 5 Pfund 10 Schilling 10 Pfennig. Item für eingesteckhte Mayen in solchem Kranz 19 Batzen.»

<< Zinn, Messing, Kupfer

Viel fehlte nicht und die 1811 ‹so gut wie möglich renovierte Meisterkrone› hätte auch auf der Verlustseite gebucht werden müssen: 1860 «stellte nämlich Herr Stadtrath Elias Kern eine prächtige silberne Krone mit vergoldeten Schildern auf den Vorstandstisch und erstattete Bericht, wie dieses alte Eigenthum der Gesellschaft in einer runden gewöhnlichen Schachtel im alten Silberkasten vor einiger Zeit wieder gefunden worden sei. Er habe den Auftrag übernommen, dasselbe durch Goldschmidt Schalch wieder in gehörigen Stand stellen zu lassen. Es hatten einige Blätter gefehlt. Die Kosten hiefür betrugen blos Fr. 30.—, und was der hölzerne Fuss und das schöne neue Etui betrifft, welche er habe anfertigen lassen, so mache er sich ein Vergnügen daraus, die Kosten auf sich zu nehmen. Obschon eine Krone nicht das Passendste für uns als Republikaner sei, so habe, einmal vorhanden, dieselbe doch als altes Andenken Wichtigkeit genug, um verdientermassen durch Instandstellung zu Ehren gezogen zu werden».

<< Erstklassige Schaustücke

<< Meisterkränze

Mit Glück und Verständnis also hat die 635 Gramm schwere ‹Greifenkrone› die Jahrhunderte überstanden und funkelt weiterhin bei aussergewöhnlichen Feierlichkeiten auf der Ehrentafel. Die Meisterkränze zum Rebhaus und zur Haeren dagegen sind längst untergegangen. Auf welche Weise, ist nur beim ‹ziert verguldten Crantz von 55 Loth› des Haeren von 1696, welcher durch die kunstfertige Hand Gregorius Brandmüllers entstanden war und 96 Gulden gekostet hat, bekannt: Die ‹silberne Krone mit vergoldeten Verzierungen› ist 1849 bei Goldschmied Johann Ulrich Schalch gegen Essbesteck eingetauscht worden! Über den Verbleib der noch 1785 aufgeführten 41 Loth schweren ‹Rebhauskrone›, einem 1708 von Goldschmied

< Greifenkrone

Hans Jakob Burckhardt gefügten «silbernen Krantz mit dreifach vergoldetem Ehren Zeichen und zierd vergoldtem Blumwerk, so jeweilen in Handen des regierenden Obrist Meisters ist», schweigen die Archivalien...

> Aufnahmebecher

Zu den grössten Kostbarkeiten im ‹Schatzkästchen› der Drei Ehrengesellschaften gehören zweifellos die silbervergoldeten Trinkgefässe,

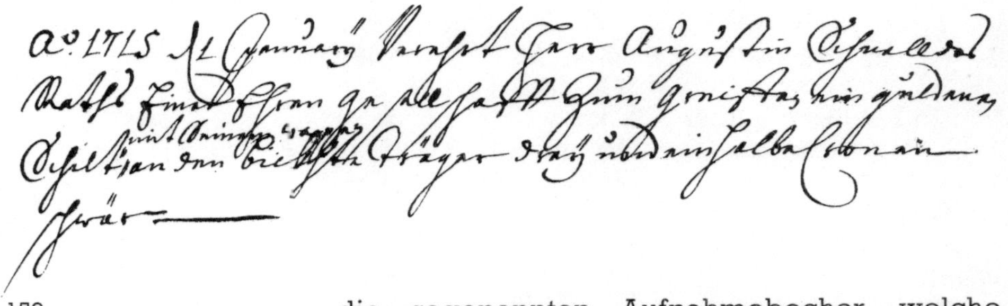

150
Augustin Schnell des Rats verehrt dem Greifen einen mit dem Familienwappen geschmückten ‹Schild› zur Zierde eines Bücktenmännleins. 1715.

die sogenannten Aufnahmebecher, welche jeweils von den Hochgeachteten Herren Meistern beim Einzug zum Gryffemähli der Festgemeinde mit Stolz und Würde präsentiert und den neuen Gesellschaftsbrüdern zum Willkommtrunk gereicht werden. Der Drang zu solcher Prachtentfaltung äusserte sich in der ersten Hälfte des 17. Jahrhunderts, als trotz Krieg und Hungersnot in den umliegenden Ländern die Lebensfreude in Basel ungebrochen blieb. Wie der Rechungsablage für das Jahr 1606/07 zu entnehmen ist, hat sich die Gesellschaft zum Greifen als erste zur Anschaffung eines solchen Prunkgeschirrs entschlossen: «Meyster Hans Friedtrich Wittnauwer mit samptt seinen Meysteren haben an dem Griffen namlichen dem Trinckhgeschirr zaltt und ussgäben 51 Pfund.» Der anspruchsvolle Auftrag ging an Goldschmied Sebastian Schilling (I), der das mit den Pranken den Schild der Gesellschaft haltende Wappentier – halb Löwe, halb Adler, mit Flügeln, herabhangenden Ohren, Vogelschnabel, Löwenkrallen an den Vorderfüssen und Pferdehufen an den Hinterbeinen – gekonnt auf einen ovalen Fuss mit getriebenen Eidechsen und Schnecken stellte.

Damit auch die Ehrengesellschaft zur Haeren mit einem stattlichen Trinkgeschirr aufwarten konnte, lieferten 1621 neunzig ‹Herren und Hausgesellen› 136 Pfund 2 Schilling 6 Pfennig an den Seckel. Mit dieser grossherzigen Spende liess sich die Anfertigung eines ‹verguldten Wild Mann samt Baum› von 81 Loth Gewicht rechtfertigen. Doch mit diesem Prunkstück begnügten sich die Haerenbrüder auf die Dauer nicht: Sie übergaben es 1744 samt einem ‹vergült Duplet› (Doppelbecher) und ‹drey Vorleg Löffel› dem Tiegel! Mit dem eingeschmolzenen Silber konnte ein imponierender Trinkbecher geschmiedet werden. Durch wen, ist allerdings nicht bekannt, doch muss es sich um einen wahren Meister seines Fachs gehandelt haben, denn der auf einem hohen getriebenen Fusse stehende, an Kopf und Lende mit einem Kranz aus Zweigen und Blumen umwundene Wilde Mann, der in der einen Hand einen Schild mit dem Gesellschaftswappen und einer Inschrift, welche die Namen der Vorgesetzten des Jahres 1744 verzeichnet, hält und in der andern ein hochstämmiges Tännchen, besticht ebenfalls durch eine hervorragende künstlerische Qualität. Drei Jahre nach seiner Entstehung wurde der Becher durch den Goldschmied Stefan Bieler leicht verändert, wie einer auf sechs Gulden lautenden Rechnung zu entnehmen ist: «Für den silbernen Baum habe 2 Loth Silber dazu gegeben und dem silbernen Wilden Mann den Kranz im Kopf anders aufgesetzt und mit drei Schräublein befestigt.»

Das an Gestalt die beiden andern zu Trinkgefässen ausgestalteten Wappentiere um 10 Zentimeter überragende Ehrenzeichen ist dasjenige des Rebhauses. Es ist 1637 in der Werkstatt des Goldschmieds Johann Jakob Biermann (I) entstanden und verkörpert einen schreitenden Löwen, der mit seiner rechten Tatze ein Rebmesser umklammert, während er sich mit der linken auf einen reich verzierten Rebstock stützt. Die Initialen und Wappen der sechs Spender (Hans Balthasar Burckhardt, Andreas Jäcklin, Johannes Göbelin, Gebhard Basler, Heinrich Munzinger, Hieronymus von Brunn) sind auf der achteckigen Fussplatte des Trinkgeschirrs eingraviert; von den 107 Schilden an den Seitenpartien des Pokals dagegen sind nur 78 mit Wappen von Gesellschaftsbrüdern ausgelegt, die restlichen waren offenbar für neue Mitglieder vorgesehen. Wie der Greif und der Wilde Mann so ist auch der ‹Leuenbecher› mit zahlreichen Medaillen aus purem Gold und Silber geschmückt, die sich an einer goldenen Kette um die Figur ranken.

>> Tafelgeräte und Insignien

An besonders wertvollen Tafelgeräten und Insignien sind den Kleinbasler Ehrengesellschaften weiter erhalten geblieben:

Von der Ehrengesellschaft zum Greifen: Zwei als Büttenmännchen ausgebildete Trinkgefässe,

Figuren aus Birnbaumholz, Bütten aus Silber, z.T. vergoldet, Arbeit von Johann Friedrich Brandmüller, 1616/1714, gestiftet von Kannengiesser Conrad Biermann und Johannes Lämmlein, bzw. von Goldschmied Johannes Fechter, 1748, gestiftet von Handelsmann Johann Heinrich Brenner. Drei Glaspokale mit silbernem Greif als Träger, z.T. vergoldet, Arbeit von Christoph Beck (II), 1678, gestiftet von Klingentalschaffner Achilles Werthemann-Sarasin, bzw. von Johann Friedrich Brandmüller, 1701, gestiftet von Strumpffabrikant Peter Werthemann und von Johann Rudolf Huber/Johann Ulrich Fechter (II), 1725, gestiftet von Oberstmeister Remigius Frey. Ein Glaspokal mit silbernem Fuss und einem kleinen silbernen Greif auf dem Deckel, vergoldet, Arbeit von Abel Handmann, 1759. Ein Deckelpokal aus Silber mit einem Fahnenträger (der sogenannte Eglinbecher), z.T. vergoldet, Arbeit von Ulrich Sauter, 1898. Erwähnenswert ist auch die schwere silberne Deckelkanne, über deren Herkunft eine ‹Urkunde› aus dem Jahre 1898 erschöpfend Auskunft gibt: «Von Alters her befanden sich in den Truhen der E. Geselschaft zum Greiffen unterschiedliche silberne Löffel und anderes Silbergeräte, schwer zu hüten und niemals gebraucht. Da ratschlagten Meister und Vorgesetzte, wie wohl das unnützliche Silber zu verwenden sei, und wurden einig, dasselbe unter den Gesellschaftsbrüdern zu versteigern. Am 8. Dezember 1895 ergab die Steigerung die Summe von Frs. 522.85, die unter dem Namen Löffelfond der zinstragenden Ersparnisskasse anvertraut wurde. Jetzo entstund die Frage, zu welch einem Zwecke dies Geld dienen könne, und manchen langen Abend opferten die weisen Häupter beim schäumenden Becher bis der Beschluss zu Stande kam, die Silberlinge umzuschmelzen in eine Kanne, den Brüdern zur Freude. Möschlin von der Gewerbeschule entwarf um schweren Mammon die Zeichnung und Uli Sauter, der Silberschmiede Meister, führte sie aus, kunstvoll und gediegen, eine Zier baslerischen Kunsthandwerks. Aus ihr sollten beim Greiffenmähli die Becher gefüllt werden für die neuen Genossen, wenn sie geloben, sich treu einzusetzen für Wohl und Ehre der Gesellschaften. Sie soll auch, mit feurigem Rebsaft gefüllt, das Kaiser Heinrichs Mahl zieren, wenn die Vorgesetzten sich zusammenfinden, das Andenken jenes Heinrich Brenner zu ehren, der sich ein ewiges Gedächtnis erwirkt hat durch seine edle Stiftung. Als nun das Prunkgefäss vollendet war, da fand der Statthalter Riesterer den richtigen Spruch, der Kanne Ursprung und Bestimmung zu zeigen. So erscheint denn heute beim festlichen Mahle die neue Kanne in unserer Mitte, und ihr sehet sie wohlgestaltet, weitbauchig und geräumig, überragt von dem edlen Greiffen, geziert mit dem Wappen der Vorgesetzten und stolz ihren Spruch tragend: ‹Durch Löffels Wert und Brenners Sinn, schmeckt uns der Wein gar wohl darin!› Und wie heute, so soll sie noch ungezählte Jahre Zeuge sein, wie Klein-Basels Bürger bei fröhlichem Schmause und Umtrunk sich zusammenthun, und in guten und bösen Zeiten soll ihr Inhalt erfreuen und begeistern allzeit zu Klein-Basels Ehre und Gedeihen.»

<< Büttenmännlein

<< Glaspokale

Eher des kulturhistorischen als des materiellen Werts wegen erwähnenswert ist auch der bronzene Greif, der 1860 der Gesellschaft durch die Zunft zu Webern überreicht worden war. Die Zunftbrüder an den Steinen, welche bekanntlich ebenfalls den Greif in ihrem Wappen führen, hatten das Fabeltier zum Schmuck einer Uhr für sich selbst anfertigen lassen. Als aber die Ausführung nicht wunschgemäss gelang – der zu grosse Greif trug auch einen Stock in den Vorderkrallen und nicht die für die Webernzunft typische Elle – sandten ihn die Zunftherren grosszügigerweise einfach ins Kleinbasel!

Von der Gesellschaft zur Haeren: Ein Glaspokal mit einem Wilden Mann als Kelchträger, silbervergoldet, Arbeit von Johann Ulrich Fechter (III), 1748, gestiftet von Strumpffabrikant Andreas Heusler. Ein Glaspokal mit einer Wilden Frau als Trägerin, silbervergoldet, Arbeit von Stefan Bieler, 1764, gestiftet von Hans Jakob Iselin vom Klybeckschlösschen. Ein Büttenmännchen mit silberner Bütte und Häre, Arbeit von Gertrud Apotheker-Riggenbach, 1944, gestiftet von Dr. Heinrich Riggenbach.

<< Löffelfonds

Von der Gesellschaft zum Rebhaus: Drei Glaspokale mit einem silbernen Löwen als Träger, z.T. vergoldet, Arbeiten von Johann Ulrich Fechter (I), 1684, gestiftet von Hauptmann Johann Bernhard Burckhardt, bzw. von Adam Fechter (II), 1728, gestiftet von Rotgerber Nikolaus Bulacher, und von Johann Ulrich Fechter (III), 1746, gestiftet von Steinmetz Franz Obermeyer. Als einzige der Drei Ehrengesellschaften besitzt das Rebhaus noch einen vollständigen Satz eines gravierten, aus dem 18. Jahrhundert stammenden Essbestecks aus Silber.

< Graviertes Essbesteck

> Tafelaufsatz

An gemeinsamem Besitz: Ein Tafelaufsatz aus Silber, z.T. vergoldet und emailliert, bestehend aus einem brückenartigen Untersatz und den Drei Ehrenzeichen, die als Trinkgefässe verwendet werden können, Arbeit von Ulrich Sauter, 1903, gestiftet 1947 von den Erben des Dr. Leonhard Fininger-Merian. (Der Erbauer und Bewohner des Palais ‹Klein-Sans Souci› an der Engel-

151
Entwurf für eine Petschaft mit gemeinsamem Siegel der Drei Gesellschaften. 1931.

gasse hatte die Erfüllung des Legats von der Bedingung abhängig gemacht, dass bei seinem Hinschied die Drei Ehrengesellschaften sich in das Kondolenzbuch eintragen würden, was denn auch prompt geschah...).

>> Wappenscheiben

Als gemeinsamer Besitz der Drei Gesellschaften ist weiter besonders erwähnenswert der silbervergoldete Schalenbecher, den 1905 die drei Vorstände aus Anlass der Neuerbauung der Mittleren Rheinbrücke durch Goldschmied Ulrich Sauter zum Preis von Fr. 3500.— auf ihre persönlichen Kosten haben anfertigen lassen. Die Schenkungsurkunde führt unter anderm aus: «Wir wollen am Tage der Einweihung der neuen Greifenbrücke bekunden, wie wichtig das Fest gerade für uns ist, die wir unser Gesellschaftshaus unmittelbar an der Brücke haben, die wir unsere Ehrenzeichen wie auf der alten, so alljährlich auf der neuen Brücke ihren feierlichen Tanz aufführen lassen, die wir die Representanten der Kleinbasler Bürgerschaft sind, welche durch die stolze Brücke fester und sicherer mit Grossbasel verbunden wird, als dies bei der altehrwürdigen, aber auch altersschwachen Vorgängerin der Fall war. Endlich gedachten wir auch, das gute Beispiel der Altvordern befolgend, Kunst und Gewerbe der Stadt zu fördern und Anlass zu geben zu weitern ähnlichen Arbeiten.» Was der wohlformulierte Text der Schenkungsurkunde verschweigt, war die zu dieser Zeit gestörte ‹brüderliche Eintracht› unter den Vorgesetzten. Anlass dazu gab die ‹Affaire Lotz›, welche die Vorgesetztenschaft «in sich gleichsam feindlich begegnende Lager teilte» (vgl. p. 208f). Die Gesellschaftsbrüder verhöhnten deshalb den prächtigen Schalenbecher, welcher die Ehrenzeichen eben ‹in brüderlicher Eintracht› zur gemeinsamen Stärkung vereint, als ‹Händelbecher›.

Ausgeprägter Kunstsinn

Das – nach einem dreisten Einbruch im Café Spitz – seit 1886, bzw. seit 1895, grösstenteils im Historischen Museum verwahrte und in Vitrinen zur Schau gestellte Prunkgeschirr vermittelt auch bedeutsame Hinweise zur Heraldik der Gesellschaften. Die frühesten Wahrzeichen ihrer Existenz finden sich allerdings auf Glas, Papier, Seide und Stoff. So kommt, nebst dem Silberwerk, den Glasgemälden im Kunstschatz der Drei Ehrengesellschaften grundlegende Bedeutung zu. In Verbindung mit der religiösen Zugehörigkeit zur Pfarrkirche St. Theodor sind uns bereits die Rundscheibe der Gesellschaft zum Rebhaus aus dem Jahre 1480 und die aus der ersten Hälfte des 16. Jahrhunderts stammende Marienscheibe der Gesellschaft zur Haeren begegnet. Aber auch hervorragende Beispiele profaner Glasmalkunst sind der Spendefreudigkeit musisch bewusster Gesellschaftsgenossen erwachsen, von denen ausgewählte Stücke die Vorgesetztenstube stimmungsvoll beleben. Es sind, in Holztäfer eingelassen und von Fluoreszenzlicht durchleuchtet, zu sehen: Die Wappenscheiben von Christophe Eglin, 1871; von Hans Ulrich Passavant und Peter Werdenberg (richtig: Peter Werthemann), 1702; von Jacob Basler und Franz Lemly (Lämmlein), 1607; von Hans Rebmann, Jacob Hermüler und Jacob Rebmann, 1561; von Friedrich und Jacob Fischer, 1599; von Hans, Jacob und Marx Neuenstein, 1554/1594/1673; von Achilles Werthemann und Friedrich Bulacher,

1680; von Mathias Biermann, 1582/1673. Der 1635 von Peter Stöcklin für die Gesellschaft zur Haeren minutiös ausgearbeitete Scheibenriss, der einen von zwei laubbekränzten bärtigen Wilden Männern präsentierten Wappenschild zeigt, hat dagegen den Weg in die Staatlichen Museen Berlins gefunden.

So ausgeprägt die Vorliebe der Vergabung von kunstvoll bemaltem und verbleitem Glas hervortritt, so generös wurden die Gesellschaften auch mit Ölgemälden bedacht. Es erstaunt deshalb nicht, dass nur eines der kostbarsten dieser Spezies angekauft werden musste: 1850 ist «von Vielen schon der Wunsch geäussert worden, dasjenige Tableau in vergoldetem Rahmen, welches der hiesige Kunstmaler Constantin Guise in Aquarell gemalt, seines Gegenstandes wegen – das alte Richthaus samt Umgebung mit dem Zug der drei E. Zeichen etc. – auf Rechnung der vereinigten drei E. Gesellschaften anzuschaffen, da dasselbe nicht nur für die jetzige Generation, sondern auch für unsere Nachkommen ein interessantes Denkmal seyn werde». Meister und Vorgesetzte «bestimmten daher Fr. 260.—, welche dem Herrn Guise durch den Kassierer sogleich zu überschicken sind, mit dem Vorbehalt jedoch, dass einige kleine Fehler ausgebessert werden».

Alle andern Gemälde gelangten geschenkweise in den Fundus der Drei Ehrengesellschaften. So das Porträt von Johann Heinrich Brenner, dem Stifter des Brennermählis; ein Ölbild von Ludwig Burckhardt, Mitmeister zum Rebhaus, «einen Löwen zur Zeit als die Menagerie von Acken sich 1842 in Basel aufhielt» darstellend; ein Ölbild mit dem Haus zum Waldeck und dem Richthaus aus dem 18. Jahrhundert; zwei Kopien der Gemälde von Johann Jakob Neustück aus dem Jahre 1856 mit dem Haerenhaus; zwei Aquarelle von Emil Himmelsbach mit dem Rebhaus vor und nach dem Umbau von 1770. 1859 «machte Herr Oberstmeister Minder die Anzeige, dass er von Herrn Ratsherrn Karl Vischer-Merian eine durch den nun verstorbenen Kunstmaler Guise im Jahre 1836 ausgeführte Zeichnung, den nun verschwundenen Bau zunächst der Rheinbrücke darstellend, für die drei vereinigten Gesellschaften als Geschenk erhalten habe, und er, Herr Oberstmeister, sich anerbiete, solches einstweilen bei sich zu Hause zu behalten, bis es im neuen Gesellschaftshause aufgestellt werden könne».

Famosen Zuwachs erhielt die Kleinbasler Gemäldegalerie 1902 durch die Nachkommen des bekannten Bierbrauers Wilhelm Zeller, der neben einer Brauerei an der Utengasse auch die Wirtschaft ‹zum Sternenberg› an der Greifengasse 24 betrieb. In seinem Auftrag gestaltete der gleichermassen produktive wie populäre Dekorationsmaler Johann Rudolf Weiss

< Gemäldegalerie

< J.R. Weiss

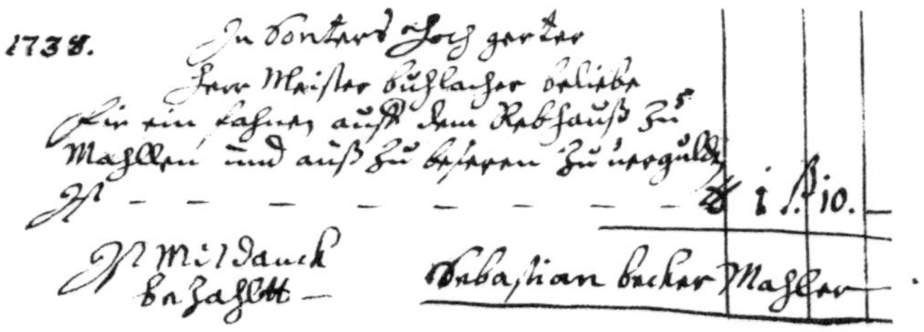

152
Sebastian Becker, der Maler, stellt dem Rebhaus 1 Pfund 10 Schilling für die Restauration eines Banners in Rechnung. 1738.

(1846–1933) fünf grossformatige Bilder, welche einerseits die Ankunft des Wilden Mannes am Rheinufer, den Tanz der Drei Ehrenzeichen beim Käppelijoch und das Gryffemähli zeigen, und andererseits den sogenannten Käppisturm und die Befreiung des radikalen Redaktors Carl Brenner aus dem Lohnhof. «Leider war es nicht möglich», berichtete Gesellschaftshistoriograph E.R. Seiler 1930, «von Herrn Weiss, der in einem Altersasyl in Biel lebt und an Altersdemenz leidet, zu erfahren, wann er diese Bilder malte, da er keine Notizen mehr darüber besitzt und deshalb auch nicht sagen konnte, welche Personen er beim Gryffenmähli am Tisch sitzend conterfeite». Ein weiteres Weisssches Monumentalgemälde, kurzweiliges Treiben auf dem Marktplatz darstellend, gelangte durch Hans Kramer in den Besitz der Gesellschaft zum Rebhaus und konnte 1970 auf Einladung von alt Schreiber Walter Senft restauriert werden. Sodann befindet sich im Besitz der Gesellschaften auch ein Aquarell von Carl Roschet mit dem Café Spitz im Jahre 1902.

<< Constantin Guise

Zur gediegenen Ausstattung der Gesellschaftshäuser waren auch die gestickten Tischteppiche zu zählen, welche den Ehrengesellschaften von kunstsinnigen Vorgesetzten ausgangs des 18. Jahrhunderts verehrt wurden: 1785 ist der Greifen durch die Irtenmeister Johannes Brenner, Emanuel Burckhardt und Nicolas Thurneysen mit einer Tischdecke bedacht worden, die das Bild eines gestickten Greifen mit Wappen zeigt. Ein Jahr später liess Oberstmeister Matthäus Merian durch Judith von Brunn und Sara Brenner eine Löwen–Decke für das Rebhaus «auf seine

< Tischteppiche

Kosten und statt seines Obristmeister Konsignents verfertigen». Und 1794 erhielt der Haeren durch einen unbekannten Spender ebenfalls einen mit dem Wappen und Blumenranken bestickten Seidenatlas.

Gerfähnlein und Banner

> Aus Seide genäht

Aus Seide nähen liessen sich die Gesellschaften auch ihre Banner, die ursprünglich als Feldzeichen die wehrfähigen Gesellschaftsbrüder auf den Kriegszügen begleiteten. Wie wir auf p. 38 ausgeführt haben, stifteten 1577 46 Gesellschaftsbrüder zur Haeren zu diesem Zweck ein ‹gross roth Fenlin mit einem weissen Schweytzer Crütz›. 1598 «steuerten 70 Personen 38 Gulden zu einem grossen roten Fahnen», und 1620 schenkten 93 Mann, davon 28 ‹uss gross Basel›, erneut ein stattliches Banner, diesmal im Wert von 68 Gulden. 1630 hat «Herr Fendrich Hanns Fetzer seinen Fahnen, so er aus Dennenmarckh gebracht undt under Herren Frantz Beckh, Rittmeister und Hauptmann, wie auch nachgends under Herrn Hauptmann Niclauss Im Hoff getragen, Einer Ehren Gesellschafft zu der Härren zue einer Gedechtnuss verehrt und geschenckht. Ist weiss undt roht hat oben ein weiss Creutz undt in der Mitten ein Rösslin». Oberstmeister und Mitmeister wussten dieses Geschenk aus dem dänischen Kriegsdienst wohl zu schätzen und bedachten den Spender mit der Aufnahme in ihre Gesellschaft.

>> Brenners Geschenk

Ein wunderschönes Banner ward der Gesellschaft zur Haeren 1735 durch Meister Abraham Märklin zum Geschenk gemacht. Das 286 cm breite Fahnentuch aus Seidentaffet war mit einem weissen Kreuz in rot-weiss, ein- und auswärts geflammten Feldern und einem Wilden Mann aus grüner Seide sowie der Inschrift ‹Einigkeit erhält Freyheit› bestickt. Das ‹einzigartige historische Stück›, das 1827 von Johannes Heusler «doppelt und sauber genäht und wieder zusammen gestopft» werden musste, befand sich vor einem halben Jahrhundert in einem derart ruinösen Zustand, dass sich der bedeutende Basler Mediävist Albert Bruckner «als Kenner der schweizerischen Verhältnisse und als ein besonderer Freund unserer alten Basler Fahnen» bei den Vorgesetzten vehement für die Restauration der ‹wertvollen Reliquien einer bedeutsamen Vergangenheit› einsetzte. Doch, man mochte die ‹einigen hundert Franken› nicht ausgeben, um «diesen so seltenen gestickten prächtigen Wildenmann für Jahrhunderte zu erhalten»... Die ‹hochgeehrten Herren Collegae› aber anerkannten seinerzeit den Wert von Märklins Vergabung, hatten sie ihm doch «zu einer Dankbarkeit und Honorantz alljährlichen auff den Neüwen Jahrstag für sein Leben lang 3 Gulden» dediziert!

> Einigkeit erhält Freiheit

«Zu Lob und Ehren einer gemeinen Ersamen Geselschafft zu dem Gryffen under Meister Hanns Pfanenschmidt und seinen Mitmeistern Thomen Gürtler, Oswaldt Syff und Jacob Isenflamen» ist am 6. Februar 1582 «das wyss und blauw Fendlin der Ehrengesellschaft zum Greifen gemacht worden», was einen Aufwand von 35 Gulden erforderte. 1667 liess der Greifen für 52 Gulden durch Daniel Le Grand einen ‹neüwen Fahnen› anfertigen, der 1766 als ‹mithin bis dato 99 alt› bezeichnet worden war. Aber wenige Jahre nach des Chronisten Bielers aufmerksamer Feststellung hatte das kostbare Greifenbanner ausgedient, ‹producierte› 1774 doch Oberstmeister Sebastian Gessler seinen Mitmeistern, «wie Oberstmeister Heinrich Brenner Willens seye, einen neuen Fahnen zu Ehren des Ehrenhauses und zu einem Angedenken zu verehren mit der Condition, dass Meine Hochgeachteten Herren Vorgesetzten in Zukunft eine Latterne für das Ehrenhaus hinaus hängen wollen». Die Bedingung wurde ohne weiteres akzeptiert und «Oberstmeister Brenner der verbindlichste Dank abgestattet für das schöne Present und ihme Gesundheit angewünscht bis in das spätigste Alter».
Brenners farbenfroher Ehrengabe folgte bald ein ebenso kostbares Pendant, überraschte doch 1789 auch Mitmeister Franz Linder den Greifen-Vorstand mit der Mitteilung, dass er «einen schönen neuen Fahnen mit einem silbernen massiffen Spiesslein, so Herr Mitmeister Hieronimus Iselin als Guttätter an diesen Fahnen hat machen lassen,» gestiftet habe. Aus Freude an diesem hochherzigen Geschenk wurde ein Mähli veranstaltet, zu dem auch die Gesellschaftsbrüder Einladungen erhielten.
Im Gegensatz zum Brennerschen Banner, das im Zentrum der vier geflammten Felder gleichwertig Schildhalter und Gesellschaftswappen zeigt, beherrscht auf dem Linderschen Banner der Greif, in Gelb mit weisser Mähne und ein Kreuz haltend, die Szene. Beide Banner haben dem

Zahn der Zeit getrotzt, wenn auch mit sichtlichen Spuren der Abnützung, und werden heute im Historischen Museum verwahrt.
Die patriotische Begeisterung des Rebhauses hielt sich offensichtlich in Schranken, ist doch in den Archivalien erst 1735 von einem eigenen ‹Hoheitszeichen› die Rede: Maler Sebastian Becker stellte den Vorgesetzten 3 Pfund und 3 Schilling in Rechnung, weil er «den Löwen Fahnen wider aussgebesseret und vergult, drey lange Riss wohl zugemacht und auff beiden Seiten vergult» hatte. Wie Kunstmaler Constantin Guise 1848 auf seinem meisterhaften Kleinbasler Bild mit bemerkenswerter Beobachtungsgabe festgehalten hat, war das Rebhaus 1752 zu einem neuen Banner gekommen. Ausser der Verrechnung eines Trinkgeldes an den Schneider der ‹neyen Fahnen›, die 1789 ‹dem Herrn Schnäbelin zur Ausbesserung übergeben› werden musste, aber mangelt es an genauen schriftlichen Belegen.
Damit «neues Leben in die 3 E. Gesellschaften und ins Kleinbasler Publikum gebracht» werde, beschloss die Allgemeine Vorgesetztenversammlung 1886 den Ankauf einheitlich gestalteter Fahnen und beauftragte durch eine eigens bestellte Fahnenkommission Dekorationsmaler Franz Baur mit dem Entwurf und das Stickereigeschäft Erlacher mit der Ausführung. «Um die theuren und wertvollen Fahnen bei den abendlichen Umzügen der 3 Ehrenzeichen nicht mitnehmen zu müssen, sind 1898 zusätzlich sogenannte Interimsfahnen aus einem billigen Stoffe angefertigt und, gleich wie die Originalfahnen gestickt sind, bemalt worden»; wegen ‹Schadhaftigkeit› musste dieser Fahnensatz 1932 ersetzt werden.
Nach eingehenden Beratungen hatten sich die Vorstände 1924 erneut zur Anschaffung einer Serie neuer Seidenbanner zu entschliessen und einen Kredit von Fr. 6463.– zu sprechen. Der Entscheid fand am folgenden Gryffemähli auch die Zustimmung der Öffentlichkeit: «Das sind nicht mehr die alten ehrwürdig verwaschenen Fahnen, sondern funkelnagelneue, stolzflatternde, farbensatte Banner. Kunstmaler Carl Roschet hat sie entworfen, und ebenso feinsinnig wurden sie im Atelier der Firma Fritz Brenner ausgeführt. Jedes einzelne ist ein vollendetes Kunstwerk und beweist, dass das Althergebrachte sehr oft das beste ist. Diese Standarten wurden ganz nach Art der alten schweizerischen Zunftbanner hergestellt. Die Flammen gehen nicht verdünnt, wie es die bis jetzt im Gebrauch stehenden Kleinbasler E. Gesellschaftsfahnen zeigen, sondern breit nach aussen und üben so eine ungeahnte Wirkung aus. Stickerei ist beinahe ganz beiseite gelassen und lediglich als Hilfsmittel verwendet worden zum Angeben der Linien, die nicht hingenäht werden konnten. Sonst ist alles von Hand

<< Erstes Rebhausbanner

153
Die Drei Ehrenzeichen Kleinbasels als Postwertzeichen. 1977.

genäht, selbst die metergrossen Figuren der Wappenhalter. Die starken Nähte bilden die Konturen der rot-weiss, blau-weiss und grünweissen Farben, so dass die Banner transparent wie Glasgemälde wirken. Auf die leicht federnden Stangen hat Ulrich Sauter kunstvolle Spitzen gesetzt.» 1960 wurde die Firma Louis Kaiser mit der Anfertigung neuer Fahnen, «geflammt, mit den Wappen je im Oval in der Mitte und mit der Jahreszahl 1961 verziert», beauftragt.

Heraldische Zeichen und Figuren

Die auf den Bannern dargestellten Wappenzeichen der einzelnen Gesellschaften lassen sich bis ins 15. Jahrhundert zurückverfolgen. Gemeinsam aber erscheinen sie erstmals anno 1586 im mächtigen Folianten ‹aller Ehren der Statt Basel Zünfften›, dessen Existenz Bürgersinn und Fleiss des Stadtschreibers Adam Henric Petri zugrundeliegen. Im gehaltvollen Buch der Zünfte sind die Gesellschaft zum Greifen mit einem goldenen Gryff in silbernem Feld, die Gesellschaft zum Rebhaus mit einem silbernen Rebmesser auf rotem Grund und die Gesellschaft zur Haeren

<< Funkelnagelneu

> Historisch getreu

mit einer goldenen Häre auf rotem Schild symbolisiert. Während das Rebmesser des Rebhauses und die Häre der Haeren durch die bekannten Glasscheiben in der Theodorskirche aus dem Jahre 1480 bzw. um 1526 historisch getreu ihre Herkunft belegen, erbringt der Gryff des Greifen den Nachweis seiner heraldischen Funktion durch eine Siegelprägung aus dem Jahre 1523.

154
«Die Oktobertranche der Landes-Lotterie hatte als Bild unsere Ehrenzeichen. Der Entwurf, der von Zürich kam, war falsch: Der Leu zeigte dem Wilden Mann seinen verlängerten Rücken. Auch war der Text unrichtig. Der Losverkauf war in Basel ausnehmend gut. Als Dank wurden uns durch Vermittlung der Basler Regierung Fr. 2000.– zu Handen des Spendefonds überwiesen.» 1949.

Ist das Emblem des Greifen in der Symbolik verankert, so sind die Schildfiguren des Rebhauses und des Haeren den sogenannten sprechenden Wappen zuzuordnen. So wenig das Messer als Handwerkszeug der Rebleute einer nähern Beschreibung bedarf, so notwendig ist eine solche für die Häre. Das Wort ‹Häre› bezeichnete ursprünglich ein Gerät, das beim Vogelfang Verwendung fand. Heute wird das aus zurechtgebogenen und untereinander verbundenen Weidenruten gerüstete und mit Schlingen aus Rosshaar versehene Jagdnetz ‹Dohne› oder ‹Schneuse› genannt. Es wird, mit Wacholder- oder Vogelbeeren besteckt, ins Geäst von Bäumen gehängt oder in Sträucher gestellt, mit dem Zweck, Wachteln, Schnepfen, Drosseln oder Krammetsvögel einzufangen. Verfangen sich die Vögel mit dem Kopf in den Schlingen, dann ziehen sich diese zu und lassen die Beute nicht mehr los. Die älteste Darstellung einer solchen Häre ist durch ein Steinrelief aus dem 15. Jahrhundert überliefert, das bis zum Abbruch des ‹Haeren› im Jahre 1856 die Hausfassade an der Rheingasse zierte, dann ins Haerengässlein versetzt wurde und heute in der Vorgesetztenstube montiert ist.

>> Emanuel Büchel

Während der Haeren immer an der Schildfigur der Häre festhielt, die nach dem oben erwähnten Steinrelief und dem Wappenbuch von 1613 auf rotem Grund mit Gold belegt war, aber 1751 durch Emanuel Büchel einen roten Anstrich auf silbernem Grund erhielt, ersetzte der Greifen den Gryff zunächst durch ein zwei Querbalken aufweisendes Patriarchenkreuz, wie das 1762 angelegte Wappenbuch der Gesellschaft zeigt. Doch schon 1774 führten die Greifenbrüder ein durchgehendes weisses Kreuz, ein sogenanntes Einfaches Kreuz, in vier blau-weiss geflammten Feldern im Banner. Zeitweilig verändert stellte das Rebhaus seine Wappenfigur dar: Die gestickte Tischdecke von 1786, wie das Wappenbuch der Stadt Basel von 1880 und die 1921 von den Vorgesetzten der Drei Ehrengesellschaften gestiftete Wappenscheibe, schmücken den grünbemalten Wappenschild mit fünf silbernen Rebmessern, auf andern Darstellungen sind es gelegentlich nur deren drei. Heute bedient sich die Gesellschaft wieder der ursprünglichen Form mit nur einem Messer, aber nicht mehr auf rotem, sondern auf grünem Grund.
Auch die Kleinbasler Ehrengesellschaften kennen, wie die Zünfte, eigene Wappenbücher, in denen in chronologischer Folge die Würdenträger aufgeführt werden. Die zumeist von Künstlerhand sorgfältig mit Wasserfarben ausgemalten Wappen der einzelnen Vorgesetzten sind von Schriftbändern begleitet, welche Namen, Ämter und Daten nennen. Die in kostbares Saffianleder gebundenen Bücher sind unterschiedlich angelegt. Auch Verteilung und Grösse der Schilde entsprechen keinem einheitlichen Grundsatz. Das älteste der Kleinbasler Wappenbücher ist durch die Gesellschaft zur Haeren überliefert. Es ist unter Oberstmeister Christoph Halter anno 1613 angelegt und bis ins Jahr 1747 weitergeführt worden, allerdings mit wenig Brillanz und Vollständigkeit. 1751 liess Oberstmeister Ott seine Mitmeister wissen, wie «in Ansehung des Wappen Buchs alle die Einrichtungen gemacht» worden seien, damit die ersten Eintragungen im neuen Wappenbuch an die Hand genommen werden könnten. Mit der Gestaltung des Titelblattes wurde der als Zeichner berühmt gewordene Emanuel Büchel beauftragt, der in einem kunstvoll gestalteten Aquarell den Wilden Mann als Wappenhalter zu Papier brachte. Büchel war es auch, der das 1763 vom Rebhaus angelegte Wappenbuch mit einem dekorativen Eingangsblatt schmückte, das einen listigen Löwen mit

Rebmesser, Rebe und Trauben im Mittelpunkt hat. Auch das aus der selben Zeit (1762) stammende Wappenbuch des Greifen zeigt auf der ersten Seite den Wappenhalter der Gesellschaft, doch erreicht die eher dilettantisch wirkende Manier des unbekannten Malers nicht die hohe künstlerische Qualität Büchels. Dafür ist die Herkunft des stattlichen Bildbandes protokollarisch gesichert: «Ferner presentiert der verehrte Herr Gerichtsherr Peter Rosenburger als designierter Mitmeister E. E. Gesellschaft zum Zeichen seines Wohlwollens ein kostbahres und schönes Wappen Buch. Von sämtlichen diss Mahligen Vorgesezten dafür Ihme den schuldigsten Danckh abgestattet worden, auch unser aller Vergnügen darüber bezeügt worden.»

Oberstmeister und Mitmeister legten grössten Wert darauf, nicht nur in den nur einem Kreis Auserwählter zugänglichen Wappenbüchern auf Zeit und Ewigkeit gegenwärtig zu sein, sondern auch an öffentlich sichtbarer Stelle. Damit die Zeichen ihrer Würde von jedermann bewundert werden konnten, stifteten sie grosse Wappentafeln, die in den Stuben der Gesellschaften aufgehängt wurden. So ist in einem Inventar des Rebhauses unter ‹Hölzenwerck›, eine «grosse Tafel in der grossen Stuben, so die Nahmen derjenigen Herren Vorgesezten enthaltet, unter welchen dieses E. Hauss wiederum neü ist aufgeführet und erbauet worden, von 1770», registriert. Während diese Wappentafel irgendwann verschwunden ist, blieb die zweite Wappentafel des Rebhauses erhalten. Allerdings völlig unbeachtet und ‹von Schmutz und Russ überzogen› bis ausgangs letztes Jahrhundert im ‹obersten Stocke des Gesellschaftshauses›, dann im Historischen Museum. Seit der Restauration des Café Spitz' ziert die Rebhaustafel die Vorgesetztenstube. Sie zeigt 11 Vorgesetztenwappen. Nämlich diejenigen von Oberstmeister Jacob Christoph Pack (‹erwählt› 1796), der Mitmeister Johann Jacob Freyburger (1788), Andreas Faesch (1789), Johann Rudolf Ritter (1791), Jacob Christof Rosenburger (1793), Hieronimus Bulacher (1794), Bernhard Faesch (1794), Nicolas Merian (1794) sowie die alt Meister Johannes Minder (1786), Leonhard Heusler (1787) und Johannes Merian (1791). Auch die Vorgesetzten zum Greifen hatten sich eine ‹solche Wappen Taffel vorordnet›. Der mit 13 Wappen besetzte Wandschmuck aus dem Jahre 1712 vermochte der Unbill der Zeit allerdings nicht standzuhalten und lässt heute nur noch durch ein bescheidenes Fragment seine ursprüngliche Kostbarkeit erahnen.

Zur Beurkundung von Rechtsgeschäften bedienten sich die Gesellschaften, wie die städtischen und kirchlichen Behörden, eines Siegels. An einer Urkunde des Kartäuserklosters von 1523, durch welche der Leutpriester zu St. Theodor, der Schultheiss und die Drei Gesellschaften Kleinbasels als Pfleger der Elenden Herberge in der Mindern Stadt den Testamentsvollstreckern des Ritters Hanns Kilchman den Verzicht auf weitere Ansprüche quittieren, hängen die vermutlich ältesten Siegel der Gesellschaften. Allerdings haben nur «Conrat Küng unnd Hans Rotysenn den Geselschafftenn zum Räbhus unnd Gryffenn gemeynen Ingesigels offenlich thun henckenn an diesen Brieff», denn ‹Frantz Gallicion zu der Herren Meister› bekräftigte das Einverständnis seiner Gesellschaft mit seinem ‹eigenen Ingesigell›. 1599 nennen Rechnung und Inventar des Greifen ein ‹Insigel so der Ehren Geselschafft zustendig›. In den Protokollen des Haeren ist erst im Jahre 1821 von einem Gesellschaftssiegel die Rede, als ein solches ‹für gut befunden› und zum Preis von Fr. 28.– angefertigt wurde. Galt es, ein Dokument namens der Drei Gesellschaften zu beurkunden, dann geschah es mit dem Siegel des Rebhauses. Da dies auf die Dauer als zu umständlich erschien und «der Würde der sämtlichen Gesellschaften nicht gemäss sey», entschlossen sich die Vorstände 1834, «ein gemeinschaftliches Petschaft oder vielmehr Insiegel verfertigen zu lassen». 1898 wurde «das seiner Zeit verlorene Siegel des Greifen, demjenigen des Rebhauses ähnlich, zu Fr. 100.– wiederum angeschafft».

Weil es bei gemeinsamen Anlässen nicht leicht falle, die Mitglieder der einzelnen Gesellschaften zu erkennen, setzte sich 1928 der Wunsch nach Gesellschaftsabzeichen durch. «Obwohl es ausser Zweifel steht, dass auch weiterhin ohne solche Abzeichen auszukommen wäre», wurde der renommierte Medaillist Hans Frei mit der Ausführung beauftragt, «mit der Wegleitung, durch Einfachheit eine vornehme Wirkung zu erzielen». Die «in Silber und Email gehaltenen Abzeichen, welche dem Käufer bleibend grosse Freude bereiten», gelangten zum Selbstkostenpreis von Fr. 3.50 unter die Gesellschaftsbrüder und fanden reissenden Absatz!

< Siegel

<< Wappentafeln

155
Das Spiel auf seinem Umgang durch die Strassen des Kleinbasler Stadtkerns.
«Wir zählen den Vogel Gryff zu den erfreulichsten Erscheinungen auf dem Gebiete der Ornithologie, wenn er bisher auch noch keine Eier gelegt hat. Den Wilden Mann betrachten wir als den wackersten Wurzengraber, der je Kleinbasels Fluren betreten hat. Und der Leu repräsentiert den Grundstock eines rechtsufrigen Zoologischen Gartens.» 1897.

156
Der Vogel Gryff, Sinnbild des Geistes, der ‹wehet, von wannen er will›, auf der Mitte der Mittleren Rheinbrücke, dem Grenzpunkt, der dem Grossbasel am nächsten liegt.

157
Der Vogel Gryff im Waisenhaus. 1936.

158
Der Vogel Gryff, dem Spielchef, Emil Schaefer, vor dem Käppelijoch Reverenz erweisend. 1938.

159
Der Vogel Gryff auf der Terrasse des Café Spitz, von leuchtenden Kinder- und Vateraugen bestaunt. 1939.

160
Der Vogel Gryff, seinem Meister, Arnold Stehle, vor dem Kleinen Klingental Ehre bezeugend. 1951.

161
Auch die (zweimal 6 Kilo) rotbackigen Weihnachtsäpfelchen, welche der Wilde Mann in seine Bekränzung eingebunden hat, stellen Symbole immerwährenden Lebens dar. 1934.

162
Die Konfrontation mit dem Wilden Mann glättet auch den kühnsten Übermut und wandelt ihn in bange Erwartung und skeptische Zurückhaltung. 1939.

163
Im Fundus der Ehrengesellschaft zur Haeren befinden sich zwei Wildmannmasken mit unterschiedlichem Gesichtsausdruck. Weil der grinsende Wilde Mann, der ältere der beiden, der heutigen Jugend weniger Respekt einzujagen vermag, wird dieser Tage eher der wütende, der dämonische, zur Schau getragen. 1939.

164
Auf seinem Weg durch die Strassen und Gassen der Kleinen Stadt taucht der Wilde Mann des öftern sein Tännchen in einen Brunnentrog und bespritzt dann ihn bedrängende Zuschauer. Auch das ist der Rest eines Fruchtbarkeitszaubers, des Schlagens mit der Lebensrute. 1934.

165
Dass der Leu in der Traumsymbolik das Herz bedeutet, bringt der Träger der ‹Löwenhaut› durch die Herzhaftigkeit seiner Tanzweise zum Ausdruck, die von innerem Feuer und Temperament nur so sprudelt. Photo Peter Rudin. 1966.

166
Der Leu tritt an: In schnellem Tempo hüpft er seine flinken Kapriolen und hebt die Fersen an sein Sitzfleisch. Abrupt und korrekt stoppt er zum Schluss, mitten aus der raschen Bewegung heraus, und steht auf einem Fusse wie angewurzelt auf dem Boden. 1949.

167
Wegen des Umbaus des Mustermessesaales durften die Gesellschaftsbrüder am Gryffemähli 1980 Gastrecht bei der Ciba-Geigy geniessen. So ‹verschoben› sich auch die Ehrenzeichen per Tram ins Untere Kleinbasel.

168
Der Leu erweist einem Vorgesetzten an der Clarastrasse Reverenz. 1986.

169
Vogel Gryff und Leu begeben sich zur Begrüssung des vorbeifahrenden Wilden Mannes an das Rheinbord. 1947.

170
Rund 450 heisse Wickel sind notwendig, um den Haarbalg des Leus in voller Pracht erstehen zu lassen. 1928.

Claraplatz

RESTAURANT SPITZ
AUFGANG z. TERRASSE

171–175
Ueli werden ist nicht schwer. Vorausgesetzt, man ist ein rechter Kleinbasler Bub und träumt intensiv genug davon, einmal Leu, Wild Ma oder gar Vogel Gryff zu sein. Wem es dann glücklich gelungen ist, bis ins Spiel vorzudringen, der hat zunächst als Ueli die Sporen abzuverdienen, sich gehörig in Einsatzbereitschaft, Ausdauer und Kameradschaft zu üben. Bis der Wilde Mann beim Klingental in Empfang genommen wird, hat jeder der vier Ueli seinen Rayon des Kleinbasels ‹abgeklopft›; von nun ab bleiben sie als Begleiter des Spiels beisammen. Am Gryffemähli werden auch die Gesellschaftsbrüder und Gäste ‹angebohrt›, und wehe, wenn einer versuchen sollte, hinter Fingern versteckt eine schäbige Münze in die Büchse klingeln zu lassen…

176–177
Während die Tambouren seit undenklichen Zeiten Altfrankenkostüme tragen, kleideten sich die Fähnriche mitunter der Mode entsprechend in Frack und Zylinder. «Nach 50jährigem Unterbruch sind die Bannerträger zum Vogel Gryff 1936 aber wieder in schmucke Trachten à la Altfranken eingemustert worden.»
178
Tambouren und Fähnriche bahnen sich einen Weg durch die Menge. 1934.

179
Traditionsgemäss zählen die Tambouren des Spiels zur Elite der Basler Trommlerkünstler. Aber auch die Fahnenträger sind Meister ihres Fachs... Photo Peter Rudin. 1966.

HOTEL MERIA

Die Drei Ehrenzeichen Kleinbasels

> Vogel Gryff-Daten

> Tiefes Mittelalter

Mit dem gleichsam magischen Ausruf ‹dr Vogel Gryff› bezeichnen die Glaibasler *ihr* ‹Nationalereignis›, den alljährlichen Umzug der Drei Ehrenzeichen, der seit 1797 im regelmässigen Turnus am Jahrestag der Vorsitzenden Gesellschaft (Rebhaus: 13. Januar, Haeren: 20. Januar, Greifen: 27. Januar) abgehalten wird. Die ‹Hauptakteure› des «zu den eindrücklichsten Bräuchen, die eine schweizerische Stadt in unserer Zeit zu bieten hat» (Hans Trümpy), gehörenden Kleinbasler Volksfestes sind die Wappenhalter der Drei Gesellschaften: der Vogel Gryff der Gesellschaft zum Greifen, der Wilde Mann der Gesellschaft zur Haeren und der Leu (Löwe) der Gesellschaft zum Rebhaus. Als Fabelwesen und Symbolfiguren entstammen sie dem Reich der Mythologie. Ihr Erscheinungsbild erfüllt das menschliche Wesen im selben Augenblick mit Bewunderung und Furcht, und ihre übernatürlichen Kräfte bewirken Anerkennung, Verehrung, Verherrlichung.

Es ist nicht nur ein schöner Brauch, dass der regelmässig wiederkehrende Umgang der Drei Ehrenzeichen Kleinbasels durch Jahrhunderte bewahrt worden ist, sondern geradezu ein Wunder! Denn da hat sich seltsamerweise aus Urzeiten etwas erhalten, das zwar noch den Menschen des Mittelalters verständlich war: so selbstverständlich, dass man es nie für nötig fand, es erklärend aufzuzeichnen, denn männiglich begriff ja die Sprache der Bilder. Seither aber ging dieses Verständnis fast verloren, es schlummert unter Technik und Maschinen. Und trotzdem blieb der Brauch lebendig. Gegen alle Verbote und alles Miss- und Unverstehen. Man hatte Sinn und Symbolik längst vergessen. Und dennoch gab man ihn weiter, von Generation zu Generation, unbewusst, aber unentwegt!

Mit grösster Wahrscheinlichkeit hat es sich ursprünglich um ein frühmittelalterliches Mysterienspiel gehandelt, von dem dann langsam Stück um Stück abbröckelte. Auf die Dauer hat sich mit dem Frühlingsfest und seinen Fruchtbarkeitsriten mancherlei verwoben, Bannumgang, militärische Musterung und Zunftbrauch, Pflichten, Rechte und Lustbarkeit; sie haben sich vermengt und wieder verloren, kein Mensch vermag sie mehr mit Sicherheit zu bestimmen. Was aber die Hauptsache war, das hat sich herausgeschält, das blieb bis auf unsere Tage bestehen. So dass wir heute, wo uns allmählich wieder Wert und Sinn der Dinge zwischen Himmel und Erde aufgehen, erfassen können, was gemeint ist. Nämlich, dass für den Menschen, damit er wirklich Mensch sei, drei Dinge zusammengehören: offene Sinne, ein warmes Herz und ein freier Geist. Dass die Verschiedenheiten der Elemente jeglichen Lebens sich verschmelzen sollen zu sinnvoller, vom Schöpfer gewollter Einheit, um als Ganzes Bestand zu haben. Das ist das Erbe unserer Ahnen, das uns den Vogel Gryff über Jahrhunderte hinweg vermitteln will.

Die Wappenhalter der Gesellschaften

Halb Vogel, halb Löwe, erscheint die in aufrechter Haltung majestätisch daherstolzierende Figur des Vogel Gryffs als Symbol der Würde und der Intelligenz. Möglicherweise aus dem Orient in die germanische Sagenwelt durch die Lüfte gesegelt, erregte der zauberhafte Vogel im Mittelalter die Aufmerksamkeit des Albertus Magnus, der ihm in seinem 1545 auch in deutscher Sprache erschienenen ‹Thierbuch› eine ausführliche Würdigung teil werden lässt: «Gryphus soll ein Vogel sein, uns mehr aus den Historien bekanndt, denn der erfarnuss odder Schrifftlicher bezeugung der Philosphen unnd fleissiger erkundiger natürlicher ding. Von diesem Vogel schreibt man, das er fürwertz am vorderen halben theil des leibs dem Adler gleich seie, als nemlichen mitt dem haupt, schnabel unnd flüglen unnd den füssen odder kloen, aber das hindertheil, nemlich der halb leib, schwantz, hindergebug unnd schenckel soll sich dem

180
Ausschnitt aus dem Wald der Steckenlaternen, die vornehmlich von Carl Roschet und Otto Plattner bemalt worden sind.

181
Die letzte Reverenzerweisung vor einem Vorgesetzten am Vogel Gryff 1982.

182
Die Olympia hebt zum Schlussmarsch an. 1986.

183
Der allerletzte Tanz im Merian-Saal des Café Spitz. 1986.

Lewen vergleichen, denn an den vorderen Adlerfüssen soll er vast (sehr) lannge kloen haben, an den hinderen Lewenfüssen kurtze kloen, von solchen hinderen klawen, welche wie gesagt, kurtzer unnd gross, soll man krefftige becher und trinckgeschirr bereidten, darumb man zweierlei greiffen klawen findet, als lang und kurtz, die einander ungleich, ob sie gleich von einem Thier kommen. Diser Vogel soll, sich im Hiperbischen gebürg erhalten (das ist drei meil hinder dem Schlauraffen landt), den pferden und menschen sehr auffsetz sein. Denn man schreibt, das der Greiff also starck, das er ein Pferde mit dem Reutter inn die lufft hinweg füret, auff die hohen Felsen. Es sollen auch in solchem gebürg grosse Schätz von Gold, Silber, Edelgestein und kostbarlichen Schmaragden gefunden werden, welche Schatz diese Vögel bewaren. Diser Vogel soll auch den stein Achaten in sein nest legen, desselben vielfeltiger krefft und tugendt halber.»

Seine Vorliebe zum Gold liegt beim Vogel Gryff nicht etwa im Geldwert, sondern in der Symbolhaftigkeit des Goldes als Ausdruck des reinen Lebens. Mit seiner linken, mit grossen Krallen bewehrten Pranke schultert der Kleinbasler Vogel Gryff einen 180 Zentimeter langen weissblau-geringelten Stab; dieser, ursprünglich Symbol der Macht, wurde später, als Verhöhnung des Machtgedankens, zum sogenannten Lastersteken erklärt, den im Alten Basel Verbrecher als sichtbares Zeichen ihrer Schuld vorzuführen hatten. 1520 in Basel erstmals erwähnt, trägt der Vogel Gryff einen 13 Kilo schweren, aus Aluminium und Stahlblech gearbeiteten Kopf, einen geschuppten Lederpanzer um Hals und Brust, zwei gezackte Flügel am Rücken und ein braunes Beinkleid, ebenfalls aus Leder.

Mit seinem hämisch grinsenden Gesicht gilt der Wilde Mann, in dunkelgrünes Filztuch gehüllt und an Brüsten, Ellbogen und Knieen mit Ledereinsätzen braun markiert, als Dämon der Fruchtbarkeit und der Lebenskraft. Aus dichten Wäldern kommend, und gelegentlich auch in weiblicher Begleitung von Waldmüttern, die mit umgeworfenen Fellen bekleidet sind, lässt sich der Wilde Mann auf dem Leben und Segen spendenden Element des Wassers in offenes Gelände treiben, Blühen und Gedeihen in Haus und Feld bringend. Haupt und Lenden sind umkränzt mit frischen Efeublättern, in die rote Äpfel eingebunden sind. Sein typisches Attribut ist ein entwurzeltes Tännchen, mit dem er nicht nur bei seinen tänzerischen Auftritten schwungvoll umzugehen weiss, sondern sich auch einen Weg durch die Volksmenge bahnt und seinen Apfelschmuck vor der Begehrlichkeit zupakkender Buben und Mädchen bewahrt.

< Apfelschmuck

Was an Behendigkeit und Temperament seiner Artgenossen zu übertreffen ist, vollbringt der Leu. Er verkörpert nicht nur Macht und Kraft, sondern bringt überschäumend auch Lebensfreude und Präzision zum Ausdruck. Sein Haupt ist, im Gegensatz zu seinem leibhaftigen Ebenbild, mit einer geschorenen Lockenmähne geschmückt. Rotbehaart ist auch sein Oberkörper. Ebenso sind Kniee und Versen mit üppigem Haarwuchs bedeckt. Mit seinen Krallenpfoten umfasst er einen grünweiss bemalten Stock, als Herrscher über die Tierwelt einem Szepter gleich.

Begleitet werden die drei Schildhalter seit alters von sogenannten Ueli, die, ursprünglich ‹in alte Schweizer Trachten verkleidet›, als Tierbändiger ihre Bestien, den Vogel Gryff und den Leu, an einer Kette oder an einem Strick durch die Kleine Stadt führten. Mit ‹Ueli› wurden schon früh Narren bezeichnet. Bereits Sebastian Brant benannte in seinem berühmten ‹Narrenschiff› den fingierten Narren mit ‹Uly von Stouffen›. 1879 begegnet uns der Ueli erstmals in der heute bekannten Aufmachung und Funktion: im gestreiften Narrengewand mit Schellenkappe, Narrenpritsche und Kollektierbüchse. Meister und Vorgesetzte überbanden ihm die Aufgabe, milde Gaben zugunsten notleidender Kleinbasler Mitbürger zu sammeln.

< Ueli

<< 1520: Erste Erwähnung

Monopolistisch sind Gryff, Wilder Mann und Leu für Kleinbasel nicht. Sie kommen auch bei uns verschiedentlich als heraldische Figuren bürgerlicher Geschlechter wie als Halter des Standesschildes der Stadt vor, besonders der Wilde Mann und der Leu. «Für den Greif und für den Löwen jedenfalls ist die Kopie höfischer Vorbilder höchst wahrscheinlich. Der Raubvogel und das Raubtier zierten gerne die Wappen mittelalterlicher Ritter; in der Manessischen Handschrift erscheinen die Wappenfiguren meist wieder in den maskenartigen Ritterhelmen. Man darf insofern von ‹gesunkenem Kulturgut› sprechen, als sich die Kleinbasler an höfische Vorbilder hielten, aber dass sie überhaupt das Bedürfnis verspürten, sich als militärische Verbände solche Figuren zuzugesellen, das greift in tiefere, in

< Heraldische Figuren

< Höfische Vorbilder

> Kriegermasken

volkstümliche Schichten zurück; darin lebte die Tradition der Kriegermasken weiter» (Trümpy). Als ‹lebendige› Symbole sind die im Kleinbasel gleichsam eifersüchtig behüteten Figuren auch andernorts bekannt. Namentlich der Wilde Mann, als Vegetationsdämon Sinnbild natürlicher Wachstumskräfte, ist eine populäre Erscheinung im vielfältigen Spektrum der

Auch der Leu tritt oft bei festlichen Umzügen auf, etwa in Bern und Zürich. Einzig die heraldische Figur des Vogel Gryffs scheint sich nur im Kleinbasel heimisch zu fühlen, (wenn wir von der 1513 gestifteten Standesscheibe von Unterwalden im Regierungsratssaal absehen, die zwei veritable Greife als Wappenhalter zeigt, oder der ‹steinernen Menagerie› am Münster...).

184
Einladungskarte zum Gryffemähli 1968. Holzschnitt von Hans Bühler.

schweizerischen Volkskunde. Im Grossbasel ist schon in der ersten Hälfte des 15. Jahrhunderts von Wilden Männern die Rede, marschierten doch im Anschluss an ein Turnier am Dreikönigstag 1434 auf dem Münsterplatz zu nächtlicher Stunde «24 Personen auf, die wie Wilde gekleidet waren, mit langen, bis zum Boden herabfallenden Haaren, halb rot, halb grün, mit Schilden am Arm und mit Keulen aus Leinwand, gefüllt mit Werg», und lieferten sich einen ungestümen Kampf. Bis ins 19. Jahrhundert ergötzte auch im stadtnahen Bärschwil ein Wilder Mann die Dorfjugend. Auch im Begleittross des Liestaler Banntags zog ‹ein sogenannter Wildermann› mit, wie 1754 durch den Geschichtsschreiber Daniel Bruckner zu erfahren ist.

>> Wappenhalter der Zünfte

Die Embleme der Zünfte und Vorstadtgesellschaften

Jedem Stadtteil war durch eine Zunft oder Vorstadtgesellschaft eine Spezies eines Fabeltiers zugetan. Während der Greif der Zunft zu Webern längst das Zeitliche gesegnet hat, vermochte eine andere Zunft, diejenige zu Hausgenossen, ihrem Schildhalter, dem Bär, das Leben zu bewahren: er wird jeweils am Aschermittwoch bei Besuchen der befreundeten Herrenzünfte zum Schlüssel und zu Safran mitgeführt, ohne allerdings – traditionsgetreu – ‹publikumswirksam› in Erscheinung zu treten. Verbreitet war dagegen das Zurschaustellen der Embleme bei den Vorstadtgesellschaften. Alle hatten sie aus-

nahmslos ihre Zeichen, mit denen sie zur hellen Freude der Bevölkerung durch die Stadt wandelten. 1821 berichtete denn auch Peter Ochs: «Einmal im Jahre pflegen sie (die Vorstadtgesellschaften) mit einander freundschaftlich zu essen, und an der Fassnacht, wenn der Rath es nicht verbietet, stellen sie sog. Umzüge an. Dort wird das Wappen der Gesellschaft in lebendiger Gestalt, masquiert oder verstellt, in der Stadt herum begleitet. Einige mit der alten Schweizertracht sind die Begleiter. Dann folgen junge Knaben mit Trommeln und Gewehren und mit der Fahne der Gesellschaft. Endlich Kinder von beiderley Geschlecht und allerley Kleidungsarten schliessen den frohlockenden Tross.»
Bei diesen Umzügen, die in der Regel während der Fasnacht oder kurz darnach, oder dann um Neujahr oder bei Frühlingsanfang, stattfanden, und die meist von Knaben und Burschen der Gesellschaften formiert wurden, präsentierte die Vorstadtgesellschaft zur Mägd (St. Johann) ein hübsches Mägdelein, diejenige zur Krähe (Spalen) den Krayenjoggi, diejenige zu den Drei Eidgenossen (Steinen) den von der Webernzunft entliehenen Gryff, diejenige zum Rupf (Aeschen) den Wilhelm Tell mit seinem Buben und diejenige zum Hohen Dolder (St. Alban) einen Esel, der später durch drei Eidgenossen ersetzt wurde.

Militärische Musterungen

Welchem Ursprung der Brauch des Vorzeigens zunft- und gesellschaftseigener Embleme entstanden ist, vermag die historische Forschung (noch) nicht allgemein gültig zu erklären. Seine Wurzeln mögen in heidnischer Vorzeit liegen, wie sie etwa durch das Umkreisen der Brunnen und die Wassertaufe überliefert sind. Auch Bannritte oder Grenzumgehungen können ihm zugrunde liegen. Wenn «man weiss, wie die reformierte Kirche gegen das Greuel des Maskentragens gewettert hat», dann «muss der Brauch schon vor der Reformation bestanden haben» (Trümpy). Konkrete Hinweise ergeben sich indessen erst in Verbindung mit militärischen Musterungen, der alljährlichen Pflicht zur Inspektion von Harnisch und Waffe durch die Obrigkeit. Über den Verlauf einer Parade der wehrfähigen Bevölkerung im Jahre 1540, der mit den Ehrenzeichen der Zünfte ein farbenfroher Akzent verliehen ward, ist – wie auf Seite 70 im Originaltext nachzulesen ist – die Nachwelt hinreichend unterrichtet.

Kriegerische Umzüge und Schützenfeste

Wie beispielsweise der Stier von Uri das Mitführen von Maskenfiguren an Kriegszügen illustriert, so sind auch die Kleinbasler Ehrenzeichen in Verbindung mit kriegerischen Umzügen zu bringen. Dazu Hans Trümpy: «Mehrfach hat neuere Forschung nachweisen können, dass Kriegszüge, vor allem unstaatlicher Verbände, in der Fastnachtszeit unternommen wurden. Die städtischen Musterungen fanden somit nicht zufällig in derselben Zeit statt. An sich wäre es sinnvoll, wenn alle Krieger in Masken als ein ‹Geisterheer› die Feinde erschreckten. Die Beschränkung auf eine einzige Maske, welche die ganze Schar vertritt, muss man offenbar als Stilisierung betrachten, und Stilisierung ist denn wohl auch sonst ein wichtiges Merkmal für die Bräuche der Kleinbasler Ehrenzeichen.»

<< Embleme der Vorstadtgesellschaften

<< Knabenzüge

Von ‹Kriegsspiel› (1598) und ‹kriegerischem Umzug› (1604) ist auch in Christian Wurstisens berühmter ‹Baszeler-Chronik› bei der Beschreibung denkwürdiger Kleinbasler Auftritte die Rede. Eindeutig den militärischen Charakter der Kleinbasler Aufzüge dokumentieren nicht nur die mit den Truppeninspektionen verbundenen Schiessübungen, sondern auch die chronikalischen Einträge über den von den «Herren Kleinen Basler nach der Ordnung ihren 3 E. Gesellschaften gehaltenen kostbahren, nach der besten Kriegs Formel wohl eingerichteten Burger Umzug, dergleichen noch keiner gewesen»:

<< Ursprung

Mindestens sieben Zeitgenossen widmeten dem ‹Jahrhundertereignis› ihre Aufmerksamkeit: «Am 8. April 1720 sahen wir einen ausbündig schönen Umzug von den Kleinbaslern, da alle drei Gesellschaften umzogen. Sie hatten ihre 3 Thiere bei sich. Ebenso 42 Grenadiere und Harnischmänner mit gewöhnlichen Pelzkappen und Knebelbärten. Sodann 92 Mann vom Rebhaus, 116 Mann vom Hären und 110 Mann vom Greiffen. Zusammen 360 Mann. Diejenigen zur Hären hatten einen neuen Schilt bei sich. Den ersten Zug machten sie auf dem Münsterplatz, wo die Grenadiere ihre Granaten warfen und Salven abfeuerten. Alle waren schön gekleidet, und die Bänder auf den Hüten mussten die Farbe ihrer Fah-

< Jahrhundertereignis

nen haben. Anderntags zogen sie auf die Schützenmatte, wo um drei Becher geschossen wurde. Abends zogen sie besonders durch die St. Albanvorstadt. Vor dem Haus des reichen Gerichtsherrn Beck warfen sie Granaten aus Papier, was verursachte, dass Herr Beck jedem Quartier zwei Dukaten verehrte. Deswegen wurde am nächsten Tag auf den drei Gesell-

185
‹Der Greif.› Kupferstich von Martin Schongauer. Zweite Hälfte 15. Jahrhundert.

schaftsstuben eine Mahlzeit gehalten, wozu Unsere Gnädigen Herren jeder Gesellschaft 3 Saum Wein und einen Sack Mehl spendierten.»

> Wurzengraber

1729 «zogen die Wurtzengraber, so man die Kleinen Basler nennt, mit iren 3 Gesellschaften erneut zu Feld. Sie hatten ein Schiessen auf der Schützenmatte und liessen sich sehen in der Mänge, trotz den grossen Baslern. Sie machten ihre Exercitia besser als sie. Da hiess es:

>> Käppelijoch

Botz rapinzelin rechts um.
Kraut, Rüben und Rätig in einer Sum.
Macht euch alle fertig zu dem Schutzen
den grossen Baslern jetzt zu trutzen».

Als 1736 der ‹sich alhier befindliche Marggraf von Baden-Durlach› die Bürgerschaft zu einem grossen Schiessen auf die Schützenmatte einlud und nicht weniger als «210 Medailles, darunder sieben goldene, zu verschenken gedachte», sagten auch die Drei Ehrengesellschaften ihre Beteiligung zu. Wie üblich zogen sie in festlichem Zug, angeführt von Tambouren und ‹Hautboisten› (Oboen-Bläser), auf den Wettkampfplatz. Und dort legte vorab Elias Rosenmund, Oberstmeister zum Rebhaus, Zeugnis seiner Treffsicherheit ab: «Er hat die der E. Burgerschafft der Minderen Statt zugedacht guldene Medaillie von 12 Ducaten, als der nächste am Nagel, gewonnen.»

Das ‹Gryffen Zeichen›

Bereits ausgangs des 16. Jahrhunderts wird das Umlaufen der Kleinbasler Ehrenzeichen durch Andreas Ryff in ‹Der Stadt Basel Regiment und Ordnung *1597*› als *alte Tradition* beschrieben: «Dise 3 Gsellschaften haben ein alten Brauch, den land si nit abgon: ob gleichwol oft in der grossen Statt unnöttige Kurtzwylen verbotten werden, so fahren si für (fort), jerlich uff ein gewissen Tag ziechen sie bewöhrt (bewaffnet) mit iren Fenlinen in der Stadt umb, das Räbhaus fiert einen Leiwen, die Härren ein wilden Mann, der Greiff ein Greiffen, jede Gesellschaft uff ein besonder Tag, an einer ketten umb, mit allerley kurtzwilen.»
Der Beleg zu Ryffs Aussage findet sich 1520 – als erster im Zusammenhang mit den Drei Ehrenzeichen Kleinbasels überhaupt – im Inventar der Gesellschaft zum Greifen bestätigt, in welchem ein ‹Gryffen Zeichen› aufgeführt wird. Dieses konnte sich ursprünglich nicht frei bewegen, sondern befand sich – wie der Leu – in der Obhut eines Tierwärters, dem Ueli. Auch wurde es, wenn ein zweites Kostüm zur Verfügung stand, von einem Artgenossen, einem ‹kleinen Greiff› (1806), begleitet. Durch den Tanz des Vogel Gryffs wird 1642 auch der erste Hinweis auf den Tanz beim Käppelijoch gegeben: «Schneider Samuel Fink, ein Sechser, wird als Ehebrecher (zum Schwemmen) zum Käppelin geführt, gerade eben als die Klein-Basler Umzug gehalten. Der Greif und der Fink kommen just bei dem Käppelin zusammen. Alle Umzüger geben Salve. Solche Ehr ist noch nie einem Ehebrecher widerfahren.»
1649 ist der Vogel Gryff ‹neu gewandet› worden, was erhebliche Auslagen verursachte. Den grössten Brocken (mehr als 18 Pfund) beanspruchte Reitsattler Matthis Straub für den ‹neüwen Greyffen zu machen›. Aber auch der «Stubenknecht zum Himmel, vom Greyffen zu mohlen und Isac Treu, der Schlosser, vom Greyffen zu

beschlagen» wurden für ihre Arbeit recht entlöhnt. Verhältnismässig bescheiden dagegen war das Entgelt für den Schneider, das «umb 7 Ellen Zwilch, 1 Schaffähl, Baumwullen zu Handschue und Nestel thut sambt Macherlohn 5 Pfund 15 Schilling». 1677 restaurierte Flachmaler Hans Heinrich Faust ‹den Gryff› auf seine Kosten, worauf er unentgeltlich in die Gesellschaft aufgenommen wurde. Gegen Verrechnung brachten 1705 Maler Samuel Wurstisen und Sattler Felix Tschientschy das ‹arg lädierte Ehrenzeichen des Greiffen› wieder auf Hochglanz. Während 1759 Wilder Mann und Leu ‹wegen ihrer dreijährigen Maladie› nicht umziehen konnten, war «aber der Vogel Greiff, welcher ein ander Naturel hatte, auch allezeit von seinem lieben, alten, erst vor 14 Tagen abgetrettenen Hauswürth Hans Ulrich von Külch seiner 48jährigen Abwardung gesund geblieben, so dass er wie vor 1 und 2 Jahren den 29sten dito widrum eintzig zwar bey schönem, kalten Wetter herumgeloffen. Mithin hatte sich der Greiff als ein complesanter Vogel das erstemal under Abwardung seines neuen Hauswürthes Seidenmann, gewesener Chronen Würth zu Kleinen Hüningen, durch sein Herumlaufen so beliebt gemacht, dass er ihme versprochen, wofern er sich nicht an der Fasnacht von seinen zwey Cameraden, dem Löwen und Wildenmann wegen Schalusie verführen lässt, so soll er allezeit wie ihn sein alter Hauswürth verlassen, in seim Gesundheitsstand verbleiben. Weilen aber der Vogel Greiff allezeit gesund geblieben und in langer Zeit keine Medicin gebraucht, hatte er im nächsten Jahr vor ein Präserfadif (zum Schutz) eine gelbe Laxirung eingenommen, welche ihm so wohl bekam, so dass er mit seinen zwey neu curirten Cameraden an der alten Fasnacht mit denen Knaben mit der grössten Lustbahrkeit gesund herumgezogen».
Als 1792 der Zustand der ‹Tierhäute› so miserabel war, «dass man sie von Niemandem sehen lassen darf, präsentierte Ulrich Heusler zu einem Irtenmeister Present ein neues Greiffen Kleyd wie er auch zugleich den Greiffen Kopff neu lassen zu mahlen». Bereits 1857 waren «die Beinkleider namentlich wieder derart unbrauchbar», dass sie ersetzt werden mussten. Zum Preis von Fr. 50.– lieferte Sattlermeister Langmesser einen neuen Unterteil aus Kalbsleder, «statt des bisherigen angestrichenen Leinenzeugs».
Während 90 Jahren waren nun die Vorgesetzten der Sorgen um die Kosten des Gryffen-Kostüms los. Am 27. Januar 1947 aber «ereilte den einst so stolzen Vogel das Schicksal. Als die Festfreude ihren Höhepunkt erreicht hatte und der Vogel Gryff sich am Abend um 21.00 Uhr im Restaurant zum Rheinfelderhof vor der jubelnden Kleinbasler Bevölkerung zum Gruss verbeugte, sind ihm die Flügel gebrochen und abgefallen. Notdürftig zusammengeschnürt trat er seinen letzten Marsch zum Café Spitz an. In Anbetracht dieser bedauernswerten Tatsache wurde beschlossen, einen neuen Vogel Gryff-Kopf anfertigen zu lassen». Spengler Otto Schächtelin, Sattler Louis Spahr und Maler Leo Mensch waren notwendig, um ein solides Ebenbild des ‹an Altersschwäche gestorbenen Vogel Gryff› aus dem 17. Jahrhundert zu schaffen. ‹Als Novität erhielt der neue Kopf eine vergoldete Chromstahlkette umgehängt›. Der ‹alte Vogel-Gryff-Balg› aber ward 1955 im Rahmen ‹50 Jahre Basler Heimatschutz als Depositum der Denkmalpflege unterstellt›.

< Neuer Vogel Gryff

<< Complesanter Vogel

‹Wildmänner und Wildweiber›

Wie der Vogel Gryff so hatte auch der Wilde Mann zeitweilig eine Begleitung an seiner Seite: einen ‹jung Wildmann›, ein ‹Wildwib› oder einfach einen Ueli. 1762 «lauften die 2 Wildenmannen bey schönem kalten Wetter herum, welche abends unter einem grossen Cettergeschrey mit der Wacht herumgezogen». Das ‹Zetergeschrei› spielte auch 1766 beim Umzug des Wilden Mannes eine Rolle, denn «bald hätte sich etwas Ausserordentliches ereignet, so dass bey nachem aus einer Comödie eine Tragödie worden. Als nun von vielen Jahren her bey Herumlaufung des Wildemanns gebräuchlich, dass er nach seiner ausgestandenen Hals Fatiquen abends auf der Paraden ein wenig ausgerastet und mit denen Bueben sich mit ABC Singen divertirte und hernach unter einem frohlockenten Geschrey mit der Wacht hinunter gezogen. Als er nun diesmalen auch hinunter ziechen wolte, oponirte sich der damalige in seiner Einbildungskraft geglaubte zwar... Staatspoliticus etc. H. Wachtmeister... und wolte absolut nicht haben, dass er hinunter ziechen sollte. Da nun solches der in dasiger Nachbarschaft wohnente H. Joh. Linder, Küefer und Mitmeister zur Härren sach, geht er gleich zum Wachtmeister hin und sagdte ihme, dass der Wildmann per fors ziechen müsste, woriber er sich entristete und seine

< ABC-Singen

<< Kalbsleder

>> Beschämender Zustand

Autorität zeigen wolte; kamen auch mit Worten hintereinander und wan H. Linder nicht abgewehrt hätte, bey nachem Schläge darauf erfolgdt wären. Sobald dieser staatspolitische Wachtmeister gesechen, dass er nicht reusiren konnte, commendirte er gleich (auf die Kommandoposten) Rüechen und Bläsy zum Abmarsch, gab sein Spondon (Spiess) einem Wächter und geht

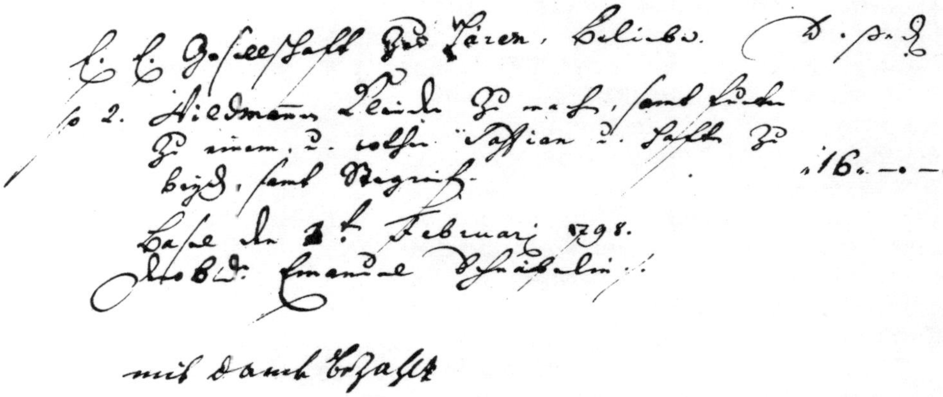

186
Emanuel Schnäbelin quittiert der Gesellschaft zur Haeren den Empfang des Macherlohns für zwei neue Wildmann-Kleider im Betrag von 16 Pfund. 1798.

im Zorn nacher Haus. Endlich zeucht der Wildmann widrum unter einem victorisirten Geschrey mit der Hauptwacht hinunter. Mithin kann man diesmalen wohl sagen, dass die Wacht nicht dem Wachtmeister, sondern der Wachtmeister der Wacht und dem Wildmann hat müssen Parition (Gehorsam) leisten».

Hinweise auf das Kostüm des Wilden Mannes tauchen relativ spät auf; ein Inventar von 1730 nennt zwei Wildmannkleider. Auf Antrag von Oberstmeister Emanuel von Mechel, der es «fündte für nöthig, widerum ein newes Wildman Kleyd machen zu lassen», ist 1723 Schneidermeister Michel Rebmann aus Liestal beauftragt worden, sowohl «ein wohl gemachtes neues Kleid zu machen als auch das Alte widrum zu renoviren und auszubessern». Als 1760 «die Herren Vorgesetzten zur Härren vernommen, dass der Löw wieder gesund, hatten sie den Wildenmann durch einen zwar unerfahrenen Medico mit einer grünen Wullen-Tinctur auch curiren lassen».

> Unrühmliches Ende

Ein unrühmliches Ende fand 1767 ‹die Ausbesserung der Wilden Mannen›, nachdem die Vorgesetzten offensichtlich nicht willens gewesen waren, Abraham Müller die fällige Rechnung zu bezahlen. Als sich dann der ungeduldige Handwerksmeister bei Mitmeister Lotz ‹ungebührlich› beschwerte, liess sich dieser ‹im Zorn aus Liebe zu seinen Herren Mitvorgesetzten› dazu hinreissen, Müller ‹einige Maulschelten mitzutheilen›. Lotz akzeptierte schliesslich ohne Murren die ihm ‹für diese Schläge› auferlegte Geldbusse, ‹indem er für seinen Theil Satisfaktion genug habe›...

Im Hinblick auf den beschämenden Zustand des Kostüms wollte 1786 Löwenwirt Conrad Hauser seinen Mitvorgesetzten beliebt machen, es sei besser, das Tier abzuschaffen. Sein Vorschlag fand keine Beachtung. Im Gegenteil: 1797 liess der Haeren durch Emanuel Schnebelin für 16 Pfund zwei neue Wildmannkleider anfertigen. Gleichzeitig wurden bei Andreas Faesch zu 15 Pfund ‹zwo kupferne Wildmann-Larven› angekauft, die vom beliebten Karikaturenmaler Franz Feyerabend bemalt wurden, und – von Jakob Scherb ‹nach neuester Mode und Geschmack› geknüpft – zwei Perrücken. 1897 war wieder eine Erneuerung der Bekleidung fällig, die im Schneideratelier von Victor Settelen zu Fr. 50.– genäht wurde, und ein Jahr später bedachte Christoph Eglin die Gesellschaft mit der Spende einer neuen Kupfermaske. 1937 fand Emil Schaefer, der sich als Vorgesetzter und Spielchef mit grösstem Eifer um die Ehrengesellschaften verdient machte, «unter alten Requisiten eine kupferne Wildmannmaske. Sie ist deutlich erkennbar auf dem Bild des Malers Guise, der in den dreissiger Jahren das alte Richthaus samt den Ehrenzeichen dargestellt hat. Sie ist an Gewicht viel leichter als diejenige, die gegenwärtig verwendet wird; der Gesichtsausdruck ist ein lachender Wilder Mann im Gegensatz zur neueren Maske aus dem Jahre 1895 (richtig: 1898), die eher einen zahnlosen, düstern Alten darstellt. Die ältere Maske wurde zu meiner Spielzeit einige Jahre hindurch gebraucht. Heute wird wieder die neuere Maske getragen, die mit Kopfkranz und Aepfeln über 6 kg wiegt. Ein ansehnliches Gewicht für den Träger! Nach mündlicher Überlieferung soll eine holzgeschnitzte Maske vor Jahren an einen Engländer, der offenbar Sinn für Volkskunde besass, verkauft worden sein. Das wäre die älteste Wildmann-Maske, von der wir wissen, wahrscheinlich war sie von Feyerabend bemalt. Sie dürfte identisch sein mit der Maske auf einem vom gleichen Künstler stammenden Bild der Drei Ehrenzeichen, das im Museum zum Kleinen Klingental aufbewahrt wird. Die Figur mit dem Tännlein wirkt breit und untersetzt. Der Laubkranz deckt Kopf und Stirne. Wie von einem Wasserfall ist das Gesicht von Haar und Bart derart verdeckt, dass nur die runden listigen

Augen und eine breite Nase mit geblähten Nüstern sichtbar sind. Über das Alter dieser Holzmaske, die vielleicht von Feyerabend nur aufgefrischt worden ist, kann ich nichts sagen. Ebensowenig über den jetzigen Aufbewahrungsort. Ich habe wohl an verschiedene Museen in England geschrieben, aber leider ohne Erfolg. Das Filzkleid, das der Wilde Mann trägt, stammt aus neuerer Zeit (1922)».

Von der offensichtlich zumindest seit dem 17. Jahrhundert praktizierten Talfahrt des Wilden Mannes erhalten wir erstmals 1713 durch den Chronisten Samuel von Brunn Kenntnis: «Eben den 20sten Januar, als der wilde Mann umbgeloffen, gienge der Rhein sehr an mit Regenwetter, und kame derselbige gewohnlichem Gebrauch nach auf dem damaligen leimigen Rhein herunder gefahren.» Neben von Brunn notierten im folgenden Jahr auch die schreibgewandten Johann Heinrich Scherer genannt Philibert und Hans Rudolf Schorndorf die aussergewöhnliche Wasserreise des Wilden Mannes: «An Vincenty Tag ist der wilde Mann, wie jährlich umb diese Zeit umbgezogen, da er dan auf dem Rhein wie gebräuchig sich herunterführen lassen, und weilen es sich eben zugetragen, dass der Rhein sehr klein, ja bey Mansgedäncken kaum so klein gewesen, hat er sich auf die sogenannte Eselsgrüene, das ist auf die Tröckene, so bey kleinem Rhein sich oberhalb der Salmenwag (auf der Höhe der Universität) sich zeigte, begeben, alda getantzt, zum Angedencken hernach eben umb dieser Ursach willen im Hinunderfahren sich auf das an dem äussersten steinenen Joch herausgehende und gebauene Postament begeben, alda auch getantzt und Freud geschossen und seinen Namen zum Denckzeichen hinderlassen (in das Brückengemäuer eingekritzt).»

Die Tradition der Rheinfahrt scheint in der Folge unterbrochen worden zu sein, denn erst am 20. Jänner 1836 «kamen die 2 wilden Männer auf einem Nachen (wieder) den Rhein herab». 1851 werden im Rechnungsbuch erstmals auch Entschädigungen für die Schiffleute ausgewiesen; jeder der beiden Ruderknechte erhielt für seinen Einsatz einen Franken. Um die letzte Jahrhundertwende bestand die «Mannschaft, welche die Rheinfahrt zu bewerkstelligen hat», aus vier Schiffleuten, vier Zimmerleuten, zwei Luntenhaltern und dem Rheinknecht.

Die Abfahrt des Wilden Mannes geht seit alters in unüberbautem Ufergebiet vor sich. Zunächst vollzog sich die ‹Wässerung› an der sogenannten Baarmatte beim Waisenhaus, der spätern Anlegestelle der 1854 in Betrieb genommenen Harzgrabenfähre. Nach dem Bau der Wettsteinbrücke tippelte der Wilde Mann rheinaufwärts, bis zum Landgut ‹Rosengarten› (an der Grenzacherstrasse 106), dann zur ‹Solitude› und zum ‹Sumaki-Platz› (vgl. p. 206) und schliesslich zum Wild-Ma-Horst, «einem sauber ausgelegten Fischerhäuschen oberhalb der Eisenbahnbrücke, wo er am 27. Januar 1941 erstmals von Land ging». Für das Losbrennen von Böllerschüssen während der Rheinfahrt musste 1856 erstmals die Rechnung belastet werden; 1896 wurde ein ‹eigener Böller› angekauft.

<< Holzmaske?

<< Die Talfahrt

1910 «konnte der wilde Mann wegen allzustarkem Hochwasser nicht per Waidling den Rhein hinunter fahren. Er kam deshalb zu Fuss dem Rheinquai entlang, und wurde dadurch jedes Unglück verhütet». In die Geschichte der Drei Kleinbasler Ehrenzeichen eingehen werde das Jahr 1934, prognostizierte die National-Zeitung ihren Lesern, als der bärtige Waldgeist seine Talfahrt zum ersten Mal ‹nach dem vollendeten Rheinstau› antreten musste. Obwohl «zum Glück infolge der letzten Regenperiode die Strömung sich wieder etwas gemacht hatte», trieb das Floss nun tatsächlich gemächlicher gegen die Mittlere Brücke. «Die Zeiten, wo unsere Jugend die Ankunft des Wilden Mannes auf den Steinen des trockenen Rheinbettes erwartete, waren jedenfalls vorbei.»

< Zu Fuss

< Kraftwerkbau

Sein Tännchen durfte sich der Wilde Mann bis in die 1850er Jahre beim Förster im nahen Hardwald holen. Dann wurde ihm «ein neumodischer Bon für ein Tännlein in den Langen Erlen» verabfolgt. Seit mehr als einem halben Jahrhundert gräbt sich der Wilde Mann sein Bäumchen im Riehener Wald aus; es sind heute deren zwei, mit dem einen beginnt er die Flossfahrt, mit dem andern seinen ersten Tanz vor den Gesellschaftsbrüdern am Gryffemähli.

< Tännchen

<< Unterbruch

Wassertaufe im Rebhausbrunnen

So wenig sich die Auftritte von Vogel Gryff und Wilden Mann im Verlauf der Jahrhunderte verändert haben, so sehr hat sich der Umgang des Leus vereinfacht. Bis zur Kantonstrennung von 1833 fand zum Abschluss des bis zum Einbruch der Dunkelheit andauernden Gassentreibens

> Spektakuläres Gaudium

beim Rebhausbrunnen das spektakuläre Gaudium der Brunnentaufe statt. Wir haben bereits des öftern gesehen, dass auch der Leu bei seinem Rundgang von einem Ueli geführt wurde.

> Duftender Braten

Zur Abgeltung seiner Dienstleistung erhielt der Löwenführer nebst etwas Kleingeld einen duftenden Braten, und diesen hatte er unmittelbar vor Beendigung seines Auftrags dreimal feier-

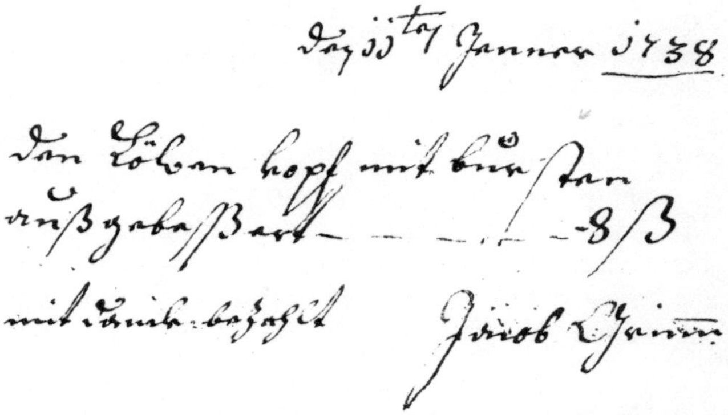
Den 30ten Januar 1738
den Löwen kopf mit bürsten
außgebessert — — — — 8 ß
mit dank bezahlt Jacob Grimm

187
Jacob Grimm belastet das Rebhaus ‹für den Löwen Kopf mit Buorsten aussgebessert› mit 8 Schilling. 1738.

lich um den Brunnen zu tragen. Beim dritten Mal riss sich der Leu von seinem Pfleger los und stürzte ihn ins eiskalte Brunnenwasser, weshalb der ‹getaufte› Ueli auch ‹Bader› genannt wurde. 1679 weist die Rechnung des Rebhauses eine Ausgabe von 10 Schilling aus für den «Rothkopff, so inn Brunnen geworffen worden», und sieben Jahre später eine solche von 1 Pfund 10 Schilling für «drey Irten (Essen) und für den Broten, so umb den Brunnen getragen». Weil 1761 beschlossen wurde, «diesmalen und inskünftig soll der Löwenführer Uhle nicht mehr in den Brunnen geworfen werden», ist im folgenden Jahr «nicht der Uhle, sondern ein anderer Bettiger Mann namens Löw für sein eigen Bläsir, nachdem er zuvor von denen Zuschauern Geld eingesammelt, vom Löwen in den Brunnen geworfen» worden.

> Ein Geheimnis

Das Geheimnis von Wassertaufe und Brunnengang ist in Basel verschiedentlich zu ergründen versucht worden. Doch weder die Erklärung aus dem Jahre 1827, der Brauch sei mit der Kalten Kilbi, der Kirchweih des Münsters bzw. der Theodorskirche, in Verbindung zu bringen, ist einleuchtend, noch die Meinung von Pfarrer J.J. Spreng von 1755, es sei damit die Gerichtsbarkeit von Wasser und Feuer symbolisiert. Vielmehr ist anzunehmen, dass dem ‹Indenbrunnenwerfen›, welches in Basel schon 1436 üblich war, ein heidnischer, in ganz Europa verbreiteter Fruchtbarkeitszauber zugrunde liegt, mit dem jeweils der spriessende Frühling begrüsst worden ist. Der Braten als wesentlicher Lohnanteil des Uelis endlich «lässt auf einen alten Opferbrauch schliessen der seine Analogie im klassischen Altertum findet» (Knuchel).

Als erster bekannter Schöpfer der ‹Löwenhaut›, wie das Kostüm des Leus im Volksmund genannt wurde, erscheint 1683 Jacob Herbster; ihm wurden 6 Pfund 10 Schilling ausgerichtet, nachdem er zur vollen Zufriedenheit «den neyen Leywen sambt aller Zuegehert gemacht» hatte. Nur 8 Schilling stellte dagegen 1692 Samuel Wurstisen ‹für den Löwenkopf auszubutzen› in Rechnung. Als 1760 «die Zeit angenaht, dass in der Kleinen Statt der Löw und der Wildemann widrum herumlaufen sollten, wurde solches durch die Majora (Mehrheit) denen meisten H. Vorgesetzten dieser E. Gesellschaften wegen ihrer Maladie wie vor 1, 2, 3 und 4 Jahren widrum zurückgestelt. Der Vogel Greiff aber laufte wie vor 1, 2 und 3 Jahren widrum eintzig herum. Inzwischen hatten etliche H. Vorgesetzte mit noch 3 patriodischen H. Gesellschaftsbrüdern vom Rebhaus in Erfahrung gebracht, dass dem Löwen von seiner 4-jährigen Maladie durch Hülf von 10 Professionen ihrer Arbeit präparirten Elixir noch vor der Fasnacht könne curirt und geholfen werden, damit er gesund mit denen Knaben herumziechen könne. Auf dieses resolvirten sich diese 6 Patrioten, alles was es kostet aus ihrem Beutel zu bezahlen, welche waren: 1. H. Mitmeister Abraham Egli, Zimmermann; 2. H. Mitmeister Rudolf Bulacher, Gerber; 3. H. Waysenvatter Joh. Heinr. Ebert als Schreiber auffem Rebhaus; 4. H. Ambtmann Joh. Heinrich Oberried; 5. H. Rudolf Wenck, Kaufhausbedienter; 6. H. Georg Häusler, lediger Strumpf-Fabricant. Weilen nun diese 6 Autoren wohl wussten, dass vom Peruquier zu diesem Elixir das meiste gebraucht wurd, auch meine guten Freunde waren, bekam ich von H. Egli das Recept und die Commission, damit dem Löwen auf das geschwindeste möchte geholfen werden. Auf dies liesse ich von 10 Professionen, nemlich vom Färber, Schneider, Mahler, Kupferschmied, Bürstenbinder, Schreiner, Schlosser, Drechsler und Schuemacher obiges Elixir sambt einer von meiner Profession von extraordinari starcken Haaren eine Tinctur machen. Dieses meullirte (mischte) ich alle Tag 3 Wochen lang mit vieler Arbeit in meiner Poudiquen. Weilen aber diese Tinctur etwas bitter ausgefallen, auch der Löw beim ersten Versuch solche nicht neh-

men wolte, ware ich gezwungen, solche mit 3 neuen Louisdor und 3 neuen Thalern untereinander zu meullirn und zu versüssen. Sobald der Löw diese mit Haaren und Gold meullirte Tinctur in 3 Malen eingenommen, bekam er einen guten Appetit und einen Gelüst mit denen Knaben an der Herrenfasnacht herum zu ziechen. Solches bekam ihme so wohl, dass er völlig curirt wurde, auch jederman wer ihne gesechen, gesagdt, er seye jünger und stärcker als vorher. Selbige Nacht logirte ich ihn noch und gab ihme morges nüchter ein Präserfatif und schickte ihn abends gesund in sein alt Logis auf Rebhaus» (Bieler).
Was mit viel Liebe und Aufwand wieder zu neuem Glanz gebracht worden war, drängte die Träger des Löwenkleides nicht zu besonderer Sorgfalt. Schon 1785, «als sich einige Gesellschafts Angehörige gemeldet und um die Herausgabe des sogenannten Ehrenzeichen, den zerzausten Leu, gebetten», war der Zustand des Kostüms wieder Gegenstand eingehender Vorstandsberatungen: «Weilen das Löwenkleid oder Löwenhaut ziemlich zerfezt und zerrissen und selbiges mit Ehren nicht mehr an das Tages Liecht könne gebracht werden, waren sämtliche Herren Vorgesetzte der Meinung, dass für in das Künftige eine sogenandte Eidsgenossen oder alt Schweizerische Kleidung nebst einem zu dieser Kleidung gehörigen Schilte, auf welchem des Ehren Hauses Wappen nebst dem Wappenträger, dem Löwen, gemahlt oder in getriebener Arbeit anzubringen wären, könnte gemacht werden, insofern nemlich die beyden E. Häuseren Härren und Greiffen ihrerseits ein gleiches zu thun sich entschliessen wollten.» Weil diese indessen nicht geneigt waren gleichzuziehen, blieb ‹es bey der alten Ordnung›. So fühlten sich denn auch die Mitmeister zum Rebhaus zu ‹schuldigstem Dank› verpflichtet, als 1789 Oberstmeister Heusler «die Erneuerung des Löwenkleides in seinen Kösten aus Generosität übernommen» hatte.

Vom Tierbändiger zum Almosensammler

Auch für die Ueli hatten die Gesellschaften verschiedentlich den Seckel zu belasten. So u. a. 1676, als im Rechnungsbuch zum Haeren erstmals ein bezahlter Ueli erscheint: «Item vür den Wildmann ze fürren, so der Stubenknecht vergessen hat zu heischen 10 Batzen.» 1761 ist «dem Greiffenführer der Gesellschaft Libery (Livree), ein weiss und dunkelblauer Kittel mit einer Devise (Abzeichen) eines weissen Ordens Kreuz gemacht worden». In der ersten Hälfte des vergangenen Jahrhunderts wandelten sich die martialischen Tierbändiger ‹zu einer Art almosenheischender Clowns›. Bis 1895 war es ein einziger Ueli «mit weissschwarzen Hörnern, der < Ueli
mit der Spendebüchse in der Hand der pittoresken Gruppe voranging und männiglich einlud, sein Scherflein zur Spende für arme Wittwen und Waisen von Kleinbasler Gesellschaftsbrüdern beizutragen». Die ‹Einkleidung› eines zusätzlichen Uelis auf den Vogel Gryff 1896 erwies sich als «rentable Investition, hat sich doch das zweite Uli Costüm ganz wohl bezahlt gemacht, indem die Sammlung der beiden Uli die hübsche Summe von Fr. 441.26 ergab, während früher mit nur einem Uli blos ca. Fr. 300.–» eingebracht werden konnten. 1904 wurde ein Uelikostüm in << Zerzauster Leu
weissrot bestellt, und im übernächsten Jahr ein solches in den Farben des Rebhauses. Mit vier Ueli aber rückten die Ehrengesellschaften erst < Vierter Ueli
1937 auf, als «nach Dezennien der einstmals einzige in Schwarzweiss wieder ins Spiel aufgenommen wurde». Als während des Vogel Gryffs 1944 angeblich ein ‹schwarzer Ueli› in die eigene Tasche gewirtschaftet hatte, wurden die ‹echten› Ueli mit Ausweisen ausgestattet, «damit einem eventuellen möglichen Unfug gesteuert werden kann, dass ein nicht berechtigter Ueli mit Sammeln sein Unwesen treibt und sich persönlich bereichert»!

Tambouren und Fähnriche

Noch 1827 wurde bei «den drei drolligen Auftritten der sogenannten Ehrenzeichen» nicht nur getrommelt, sondern auch gepfiffen, was 1666 < Pfeifer
von der Obrigkeit jeweils nur bis zur Mittagszeit geduldet wurde. Dann aber «wirbelten nur noch Trommler zu den Tänzen der grotesken Kleinbasler Maskenthieren, an denen die Zuschauer so grosses Vergnügen fanden, dass sie die Hände klatschten und dem Burgersinn der Klein Basler das Bravo schallte».
Noch immer zum ‹Begleittross der Thiere› gehören die Tambouren und Fähnriche; das Kleinbasel kennt, im Gegensatz zu den Zünften, keine ‹Bannerherren›, weil die Fahnen grundsätzlich von jüngeren Mitgliedern getragen werden. In

seinen 1910 publizierten ‹Kleinbasler Erinnerungen› erzählt der Arzt Paul Barth: «Die Feierlichkeit verlief in meiner Kindheit schmuckloser als jetzt, wo die jungen Bürgersöhne es sich zur Ehre anrechnen, sich in die Gewandung des Greifen, des Löwen oder des Wilden Mannes einkleiden zu lassen, um deren Tänze mit grosser Virtuosität auszuführen. Damals übertrug man sowohl letzteres, als auch das Trommeln und das Tragen der Fahnen, bezahltem Personal; die Trommler und Fähndriche hatten keine Uniform wie jetzt, sondern bewegten sich in denselben altehrwürdigen Fräcken in Kleinbasels Strassen herum, in welchen sie an den hohen Festtagen als ‹Kistlihalter› an den Kirchentüren von St. Theodor standen und das Almosen in Empfang nahmen.»

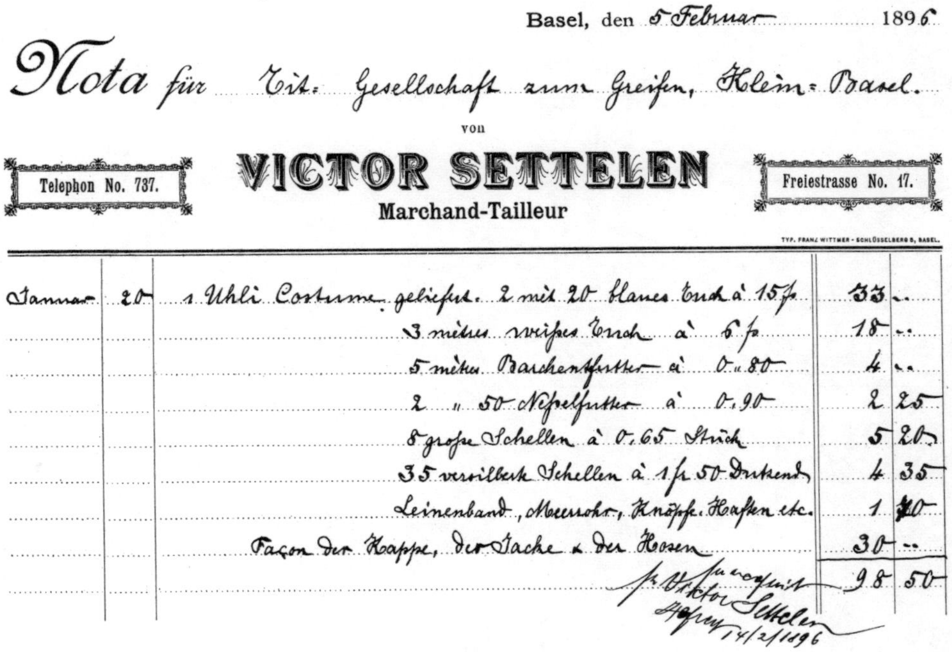

Basel, den 5 Februar 1896

Nota für Tit. Gesellschaft zum Greifen, Klein-Basel.

von

Telephon No. 737. VICTOR SETTELEN Freiestrasse No. 17.

Marchand-Tailleur

TYP. FRANZ WITTMER - SCHLÜSSELBERG 5, BASEL.

Januar	20	1 Uhli Costume geliefert. 2 mit 20 blaues Tuch à 15 fr	33	..
		3 meter weisses Tuch à 6 fr	18	..
		5 meter Barchentfutter à 0.80	4	..
		2 " 50 Nesselfutter à 0.90	2	25
		8 grosse Schellen à 0.65 Stück	5	20
		35 versilberte Schellen à 1 fr 50 Dutzend	4	35
		Leinenband, Meerrohr, Knöpfe, Haften etc.	1	70
		Façon der Kappe, der Jacke & der Hosen	30	..
			98	50

pr. Victor Settelen
[illegible] 14/2/1896

188
Detaillierte Rechnung für die Anschaffung eines Kostüms für den Greifen-Ueli. 1896.

Barths Erinnerungsvermögen unterlag auch hinsichtlich der ‹Uniformierung› keiner Täuschung, wies doch erst die Rechnung von 1859 einen «Miethlohn der vom Theater entlehnten Costüme für die Tamburen» von Fr. 10.– aus. Zur «Einsparung des jährlichen nicht unbedeutenden Miethzinses» wurden 1887 bei Schneidermeister Glaser eigene Tambourenkostüme ‹in Altfrankenmanier› bestellt und Fr. 360.– «zur Bezahlung aus der allgemeinen Casse gutgeheissen». Diese Kostüme bewährten sich in der Folge derart gut, dass sie erst 1932 durch eine «den alter Kleidern in Form und Farbe angepasste Neuuniformierung» ersetzt werden mussten. Die ‹Fahnenbegleiter› dagegen erachteten es, nach vorübergehender ‹Livrierung›, noch zu Beginn unseres Jahrhunderts als Ehrenpflicht, die Banner im Sonntagskleid umzutragen. 1904 stifteten die Witwen Tschudin und Riesterer den Gesellschaften eigentliche ‹Bannerträgercostüms›, aus schwarzem Frack, Zylinder und ‹Vatermörder› (weisses Hemd mit gestärkter Brust und Stehkragen) bestehend. 1935 wurde dann ein «Fähndrichscostum mit blauem Frack, gelber Weste und silbergrauer Hose zum Preis von Fr. 210.– pro Stück» angeschafft.

>> Ehrensache

>> Wermuth

Im Sold der Ehrengesellschaften

Bis 1876 standen alle Mitglieder des sogenannten Spiels, das heute aus 19 Mann besteht (je drei Ehrenzeichen, Tambouren und Fähnriche, vier Ueli, zwei Kanoniere und vier Begleiter) im Sold der Ehrengesellschaften. Die Jahresrechnungen weisen denn auch während Jahrhunderten Positionen aus für diejenigen «so im Greiffen, Löwen, Wilden Mann gegangen» oder sich als «Uhli, Trommenschlager, Pfyffer, Fahnenträger, Schiffleute anheischig machten». Da die ‹Honorare› in der Regel eher knausrig bemessen waren, wurden diese jeweils am Gryffemähli durch «eine Tellersammlung nicht unwesentlich aufgebessert». 1852 versagten die Vorgesetzten ‹dieser Unsitte› ihre ‹stillschweigende Einwilligung›, indem sie beschlossen, «das bei Tisch so lästige Herumgehen des Tellers für die Ehrenzeichen gänzlich abzuschaffen und das betreffende Honorar für dieselben von ca. Fr. 60.– aus dem allgemeinen Fonds zu bestreiten». 1876 war die Zeit reif, «um junge Kleinbasler zu gewinnen, um sowohl die Rolle der Ehrenzeichen als auch der Fahnenträger und Tambouren zu übernehmen, natürlich als Ehrensache unentgeltlich». Was sich die Mitglieder des Spiels aber auch fürderhin nicht nehmen liessen, war der traditionelle Wermuth, den «sämtliche Zugsteilnehmer nach der Rheinfahrt einnehmen». Doch setzten die Vorgesetzten 1908 in dieser Beziehung neue Massstäbe, indem sie verfügten: «Der Wermuthgenuss soll nicht mehr ins Ungemessene gehen. Wir limitieren daher den Consum insgesamt auf 1 Liter.»

Trotz dieser Einschränkung festigte sich die kameradschaftliche Verbundenheit unter den

Mitgliedern des Spiels so stark, dass im Kreis der Gesellschaftsbrüder bald von ‹einem Verein im Verein› gesprochen wurde. Regelmässige Kontakte, wie ‹Spielausflüge›, ‹Galaabende› oder die Organisation des Kleinbasler Volkslaufs ‹Vogel Gryff› schmiedeten tatsächlich eine ‹verschworene Gesellschaft›, die immer wieder Bewegung in den Kleinbasler Alltag bringt... Seitdem «Geldspenden an den Spielchef verpönt und verboten sind, weil die obligatorischen Tänze vor den Vorgesetzten nicht weiter als bezahlte Tänze zu qualifizieren sind», wird seit 1961 alles, was an Unkosten anfällt, aus dem durch besondere Aktivitäten gespeisten ‹Spielkässlein› finanziert.
Was lange ungeklärt blieb, war die Frage, ob die nun ehrenamtlichen Mitglieder des Spiels auch Gesellschaftsbrüder sein müssten, wurden doch immer wieder ‹Wilde› zugezogen. Kein einheitliches Prozedere vermochte man auch anzuwenden, wenn es um die Frage ging, ob die Embleme und Requisiten der einzelnen Gesellschaften nur von ‹eigenen› Gesellschaftsbrüdern zu tragen seien, oder ob auch ‹fremde› dazu berechtigt wären; schon 1806 hatte der Haeren dem Franz Scherb das ‹Wildmann-Kleyd› versagt, weil ‹dieser von der Greifengesellschaft ist›. Mittlerweile folgt der Spielchef bei der Besetzung des Spiels dem Grundsatz, dass die Mitglieder aus dem Kreis der Gesellschaftsbrüder zu rekrutieren seien, die Zuweisung der Funktion jedoch nicht von der jeweiligen Gesellschaftszugehörigkeit abhängig gemacht werde, sondern von Talent und Statur.

Die Tänze der Ehrenzeichen

Was alles versinnbildlichen die Drei Ehrenzeichen doch! Zuerst die vier Elemente: Erde und Wasser im Wilden Mann, Feuer im Leu, Luft im Gryff. Dann den Menschen selbst in seinem dreifachen Sein: Unterleib, Herz und Haupt, also Körper, Gefühl, Verstand. Weiter, auf die Welt übertragen: biologisches Leben, seelische Kräfte, geistige Macht. Und noch höher: Erde, Sonne, Kosmos. Wie klar sehen wir nun, dass es kein Zufall ist, dass gerade diese drei Wesen sich in einem Brauch zu einem Ganzen zusammengefügt haben. In diesem Sinne sind die Tänze der Drei Ehrenzeichen ebenfalls typisch: Das Wildmannedänzli springende Lebenslust, breitbeinig und derb. Der Leu hüpft, in seinem Tanz spürt man das Pulsieren des Herzens, das Kreisen des Tagesgestirns. Die Bewegungen seiner Rechten sind verbindend von unten nach oben, und seine Linke trägt den Stab: wohl ist er noch erdgebunden, aber er hat die Kraft des Fühlens und damit des Herrschens über Niedriges, er ist die Brücke zwischen Trieb und Geist. Die Schritte und

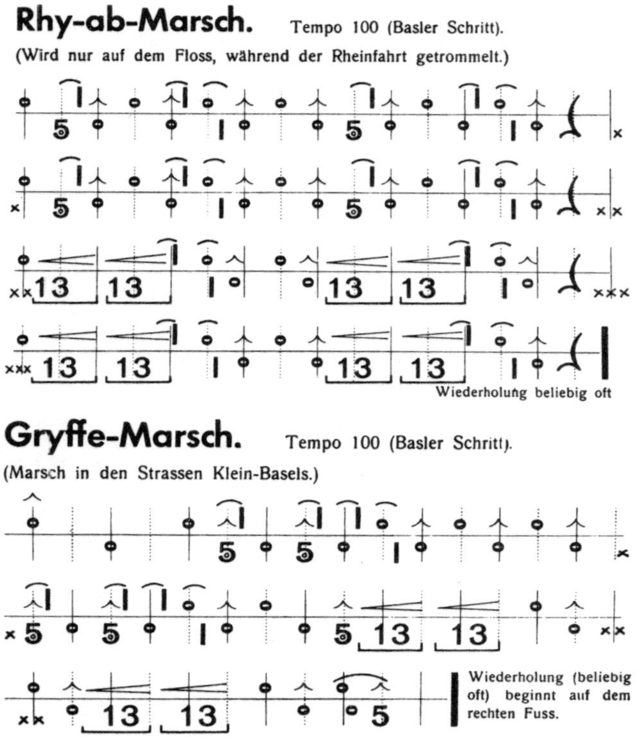

189
Trommeltexte für die Märsche und Tänze der Ehrenzeichen in der Notensprache der 1908 gegründeten Kleinbasler Fasnachtsgesellschaft ‹Olympia›.

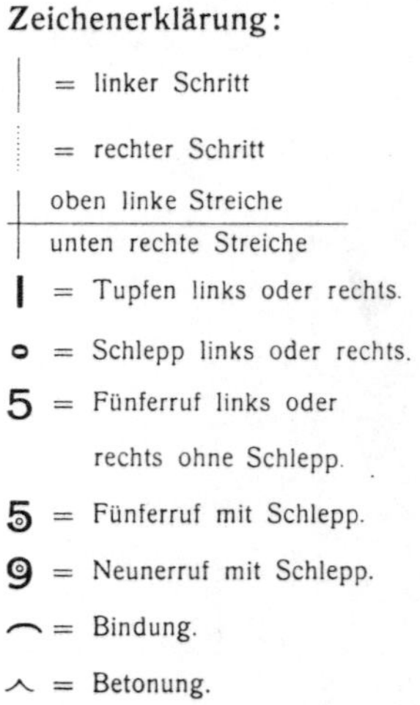

Gebärden des Vogel Gryffs sind gravitätisch, ausser einigen würdevollen Verbeugungen und gemessenen Schritten braucht er nichts, um das Bewusstsein seiner geistigen Überlegenheit und Stärke kundzutun.
Ihrem unterschiedlichen Charakter entsprechend, tanzt jeder Wappenhalter nach einem eigenen Trommelmarsch; der Wilde Mann hat gar deren zwei, den einen für seine Sprünge auf dem Floss, den andern zum ‹Würzelen›. Begonnen werden die einzelnen Tänze alle mit dreimaliger tiefer Reverenz, die rechte Hand wird zuerst vor die Brust gehalten und dann etwas seitwärts nach unten geführt. Jedes Zeichen tanzt einzeln, für sich, und zwar dasjenige der Vorsitzenden Gesellschaft zuerst, dann dasjenige der Gesellschaft, die im kommenden Jahr ‹das Szepter schwingt›, und schliesslich dasjenige der

<< 4 Elemente

>> Gryffedanz

>> Wildmannedänzli

>> Leuedanz

>> Gryff

>> Leu

Gesellschaft, die im vergangenen Jahr den Vorsitz führte.
Im ‹Gryffedanz› stolziert der Vogel Gryff nach den Verbeugungen zur Begrüssung würdevoll einige Schritte vorwärts und rückwärts und beschliesst dann mit einem tiefen Bückling seinen Auftritt.
In gebückter Haltung startet der Wilde Mann zum ‹Wildmannedänzli›, um, nach rechts und links ausholend (‹ränggele›), nach vorne zu stürmen und dabei mit den Händen sein Tännchen mit den Wurzeln nach oben zu ‹ruesse› (hin und her zu drehen). Zum ‹Würzelen› hält er das mit den Wurzeln nach vorn gerichtete Bäumchen auf Brusthöhe und dreht es unter starken Windungen um seine Achse, immer das Angesicht des zu Ehrenden anvisierend.
Verhalten zelebriert der Leu zur Eröffnung des ‹Leuedanz› Gebärden und Ehrbezeugung, worauf er im Schottischtakt sich mit Schrittwechselsprüngen rassig dreimal im Kreise herumdreht. Die letzte ‹Pirouette› beendet er in aufrechter Haltung, gleichsam ballettmässig nur auf dem rechten Fusse stehend, was die beträchtliche Schwierigkeit seiner Tanzschritte augenfällig werden lässt.
In Notenschrift aufgezeichnet worden sind die Tänze erst 1944 durch Eduard Fritz Knuchel. 1953 hat Emil Schäfer «die Tänze genau beschrieben und sie bei verschiedenen Stellen deponiert, so dass sie nicht verloren gehen können»:
«Greiff: Begrüssung: Beine weit spreitzen; Bengel in der linken Hand. Grüsst mit der rechten einwärts; links beginnen. Walzerschritt, nicht geradeaus, sondern immer etwa 30 cm nach links und rechts wechseln. Bei den Verbeugungen linkes Bein stark vorstrecken; die Drehungen sind direkt aus dem Stand zu machen und weit ausholen (wegen den Krallen). Tanzt einmal vorwärts und rückwärts und beim dritten Mal macht er vier Drehungen, um mit Gruss zu beendigen.
Leu: Begrüssung: Aus der Grundstellung hebt abwechslungsweise linkes und rechtes Bein, geht ein wenig in die Knie, Oberkörper nach vorn gebeugt. Bengel in der linken Hand, grüsst mit der rechten auswärts. Tanzt vorwärts, hebt abwechslungsweise linkes und rechtes Bein bis zum Hintern, macht dann eine rasche Verbeugung und hebt das linke Bein, tanzt dann rückwärts, macht die Verbeugung, um dann den Tanz mit vier Drehungen und Gruss zu beendigen.

Marsch bei Ankunft des Wilden Mannes.

Marsch durch die Straßen der Stadt.

Greifenmarsch. (Wiederholt sich 3 mal.)

Leu. (Wiederholt sich 3 mal.)

Wilder Mann.

Wilder Mann: Begrüssung: Tännchen auf der rechten Schulter. Linke Hand lässig hängen lassen, linkes Bein etwas vorgestellt. Grüsst nach links und rechts durch tiefe Verbeugungen. Bäumchen nach links und rechts drehen. Tanzt nach vorwärts, halblinks und halbrechts. Streckt linkes Bein nach vorn und macht eine kurze Verbeugung. Tanzt rückwärts und nimmt dann das

< Wildma

7. Dr Vogel Gryff, dä tanzt am zwelfi,
punkt zwelfi, scho sytt mänggem Johr.
Do sait-em 's Trammli, hol's dr Delfi;
„Du tanzisch jetz am viertelvor!"
Jetz goht's nimm lang, kasch sicher sy,
denn schnappt die Alti Richtig y
und macht privat fir sich elai
dr Morgestraich am halber zwai.

Bäumchen in beide Hände, wirft's achtmal nach vorn, macht mit dem Hinterteil die entgegengesetzte Bewegung (achtmal), tanzt dann noch einmal vorwärts und macht wieder die tiefe Verbeugung.
Alle Drei Ehrenzeichen machen darauf eine viermalige Verbeugung, zweimal links und zweimal rechts.»
Es sind aber nicht schriftliche Instruktionen, die das Einstudieren der Tänze begleiten, sondern der seit Jahrhunderten ausgeübte Anschauungsunterricht ‹von Tier zu Tier›, vom Spielchef mit militärischer Strenge ‹pingelig› genau beobachtet und auf dem altüberlieferten Stand gehalten. «Sicher hat sich im Laufe der Jahrhunderte manches gewandelt, gewandelt im Sinne einer Stilisierung. Das schliesst aber nicht aus, dass gerade die Tanzschritte hochaltertümliche Elemente aufweisen. Auf jeden Fall vermögen gerade sie das Phantastisch-Unheimliche zu steigern, das schon den drei Figuren an sich innewohnt» (Trümpy).

190
Das altüberlieferte ‹musikalische Erbe› der Drei Ehrenzeichen, in Noten gefasst von Albert Schetty. 1914.

191
Die ‹verkehrsbedingte› Vorverschiebung des Tanzes vor dem Käppelijoch von präzis 12.00 Uhr auf 11.45 Uhr erregte 1954 auch die Aufmerksamkeit der Fasnächtler.

192
Der aufwendige Druck des ‹Magenfahrtenplans› zum Gryffemähli sarkastisch angeprangert von Otto Plattner. Um 1945.

Der Vogel Gryff-Tag

Der Vogel Gryff-Tag nimmt jeweils mit dem sogenannten Läberli offiziell seinen Anfang. Punkt neun Uhr vormittags begrüsst der Spielchef namens der vollzählig anwesenden Meister und Vorgesetzten alle Mitglieder des Spiels sowie Vertreter der Hilfsorgane (Polizei, Sanität, Verkehrsbetriebe, Rheinschiffahrtsamt, Allmendverwaltung) und einzelne Ehrengäste.

< Läberli

>> 180 Böller

Damit jedermann den langen und ‹kräfteraubenden› Tag ‹ohne Einbruch› durchsteht, wird ein währschaftes Morgenessen mit «bräglete Härdöpfel, suure Läberli und Wysswy» serviert. Die bereits verpflegten Ueli werden vom Spielchef umgehend ‹uff d Gass› beordert, womit für sie ein ausnehmend anstrengendes Tagewerk beginnt.

Die Kanoniere aber sind fleissig besorgt, dass die Rheinfahrt des Wilden Mannes weithin vernehmbar ist. Böller um Böller – im Idealfall sind es gegen 180 (!) – jagen krachend aus dem Mörser und erfüllen die rauhe Winterluft mit erschreckendem Kanonendonner. Unterhalb der 1879 erbauten Wettsteinbrücke sind die Uferpromenaden des Rheins von einer zahllosen Menschenmenge gesäumt, die mit innerer Anteilnahme begeistert dem einzigartigen Schauspiel folgt. Auf der Höhe des Gesellschaftshauses erweisen Vogel Gryff und Leu, flankiert vom Tambour und Fähnrich der auf dem Floss nicht vertretenen Gesellschaft sowie den vier Ueli, dem Wilden Mann und seinen Trabanten durch freudiges Zuwinken und ehrerbietige Verbeugungen Reverenz. Nach dem Passieren des innersten Jochs der 1905 neu errichteten Rheinbrücke von 1225 setzt das Floss nach rund 12minütiger Fahrt zur Landung beim ehemaligen Nonnenkloster Klingental an, wo der Wilde Mann von den beiden andern Wappenhaltern erwartet wird. Nun ist das Spiel vollständig beisammen, und gemeinsam wird vor dem heutigen Sitz der Basler Denkmalpflege der erste Tanz dargeboten, der in der Regel dem Vorsitzenden Meister zugedacht ist. Der Tanz, der rund drei Minuten in Anspruch nimmt, wiederholt sich in der Folge während des Tages ungefähr 40mal auf die nämliche Art und Weise: Die Wappenhalter tanzen der Reihe nach zu den Schlägen ihres Tambours, worauf sie gemeinsam den Tanz beschliessen. Dann marschiert das Spiel mit einem flotten Trommelmarsch von dannen. Ungefähr 100 Meter vor der nächsten Reverenzerweisung wird der Trommelmarsch abgebrochen, und es folgt das Gryffemärschli (Tläng, Tläng, Tlängderätläng, Tlängderätläng usw.).

> Talfahrt

Während sich Ehrenzeichen, Tambouren und Fähnriche in der ‹Rüstkammer› in die letzten Kostümteile ‹stürzen›, begeben sich die Vorgesetzten und Gäste der Vorsitzenden Gesellschaft zum Wildma-Horst, wo seit 1941 die Talfahrt des Wilden Mannes von Stapel geht. Hunderte von erwartungsfrohen Schulkindern belagern bereits mit Ungeduld das Rheinbord und vertreiben sich die Wartezeit mit dem ‹Verschmausen› des traditionellen ‹Schnäggs›, den seit 1941 anonyme Spender zur Verteilung bringen. Derweil hält der Horstverwalter in der geheizten Fischerhütte für seine Gäste heisse Käsküechli bereit. Je nach Wasserstand und Strömung besteigt um ca. 10.45 bis 11.00 Uhr der Wilde Mann mit seinen Gefährten das aus zwei Langschiffen gezimmerte Floss, damit die auf 11.15 Uhr festgesetzte Landezeit beim Kleinen Klingental eingehalten werden kann. Zum Tross gehören neben dem Wilden Mann und sechs Flossgästen die Tambouren und Fähnriche des Haeren und des Rebhauses mit ihren Bannern, zwei Kanoniere, vier Schiffleute und zwei Zimmerleute. Unter dem jubelnden Beifall der Schulkinder stösst das ‹glückhafte Schiff› vom Land aufs offene Wasser und lässt sich von der Strömung die ‹Via Triumphalis› rheinabwärts treiben. Auf dem gelassen dahingleitenden Bretterboden vollzieht der Wilde Mann zu den Rhythmen des altüberlieferten Trommelschlags unablässig seinen eigenwilligen kapriolenhaften Tanz, immer sorgsam darauf bedacht, der Grossen Stadt seinen Rükken zuzukehren und der Bürgerschaft der Kleinen Stadt mit respektvollen Verbeugungen Hochachtung und Ehre zu bezeugen.

>> 40 Tänze

Ein erster Höhepunkt des Umgangs der Drei Ehrenzeichen bildet ihr Tanz zur Mittagsstunde auf der Mittleren Rheinbrücke. Beim Käppelijoch, der ehemaligen Brückenkapelle, an der Grenzscheide zwischen der Kleinen Stadt und

>> Käppelijoch

der Grossen Stadt, wo sich die Grenzen Bistum Konstanz und Bistum Basel stossen, wird deutlich spürbar, wie ungebrochen sich der Aufzug der Kleinbasler Ehrenzeichen auch heute noch gegen Grossbasel richtet. Hier, unweit des ehemaligen Standorts des Rheintors (bis 1836), dessen weitberühmte Zier, der Lällenkönig, sich mit Spott und Hohn gegen das ‹mindere Basel› wandte, manifestieren Exponenten der kleineren Stadthälfte rechts des Rheins nicht einfach die Neuauflage einer ‹schönen Altertümlichkeit›, sondern ein früher durch Losfeuern von Salven noch verstärktes jahrhundertealtes gegenseitiges Misstrauen und Blossstellen gegenüber dem Grossbasler in belanglosen Dingen des Alltags. Eine unübersehbare Menschenmasse drängt sich, das seltsame, immer wieder von neuem faszinierende Schauspiel mitzuerleben, bei dem die drei imponierenden Maskengestalten bei ihren tänzerischen Auftritten sich wiederum demonstrativ und verächtlich vom Grossbasel abwenden.

Nach dem ebenfalls von viel Volk verfolgten Tanz auf der ‹Spitzterrasse› erweisen die Ehrenzeichen, minutiös die frühzeitig festgelegte Marschroute einhaltend, den Meistern und Vorgesetzten der Drei Gesellschaften Reverenz, das heisst, vor eines jeden Würdenträgers Haus oder Wohnung wird Halt gemacht und dem Vorstandsmitglied durch das Darbieten eines Tanzes Ehre bezeugt. Dem Waisenhaus, im Hof des einstigen Kartäuserklosters, werden in Erinnerung an den Edelmut des unvergesslichen Pfarrers Johann Jakob Spreng, der sich – wie wir noch sehen – vehement für die Bewahrung des Brauchs verwendet hat, zwei Tänze gewidmet, wofür das Spiel mit einer schmackhaften Suppe und dem traditionellen Gläschen Wermuth verköstigt wird.

Die Ausdehnung der Kleinen Stadt erfordert heute eine Unterteilung der Route ausserhalb des historischen Kleinbasler Stadtkerns, so dass jedes Jahr alternierend das Untere oder das Obere Kleinbasel begangen wird. Zur Erholung und Stärkung wird gelegentlich bei einem Vorgesetzten ‹Station gemacht›. Die wichtigste dabei ist diejenige in der Mustermesse, wo nach ausgiebiger Verpflegung den Gesellschaftsbrüdern am Gryffemähli präzis 15.00 Uhr eine jeweils mit sichtlicher Würde und Sachkenntnis begrüsste Aufwartung gemacht wird.

Punkt 19.00 Uhr schliessen sich ein Harst von 21 Steckenlaternenträgern, der ursprünglich von jungen Gesellschaftsbrüdern gebildet worden ist, und die ‹Olympia›, eine der beiden grossen Kleinbasler Fasnachtscliquen (bis 1947 teilten sich auch die Vereinigten Kleinbasler [VKB] abwechslungsweise in diese Aufgabe), dem Spiel an und begleiten es bei seinem nächtlichen Umgang durch das Herzstück der Kleinbasler Innenstadt. Noch tragen die Ehrenzeichen in bekannten Gaststätten ihre Tänze vor. Auch wenn sie etwas an Schwung und Eleganz verloren haben, die Stimmung ist überall froh und heiter. Und noch immer kläppern die Ueli mit ihren Kässli unermüdlich durch das dichte Spalier der Kiebitze, von denen viele im Grossbasel zu Hause sind, und bemühen sich, mit einem glänzenden Sammelergebnis das Los Bedürftiger zu mildern. Nach dem nach 22.30 Uhr angesetzten Schlusstanz im Gesellschaftssaal entlässt der Spielchef seine Getreuen zum wohlverdienten gemütlichen Ausklang ins pulsierende Kleinbasler Nachtleben, das erst im Morgengrauen seine Festfreudigkeit verrauschen lässt...

Der Vogel Gryff im Leid

Es war am 13. Januar 1692. Unsere Stadt trug ein winterliches Kleid. Ein eisiger Biswind fegte über die Dächer, und klirrende Kälte liess nahezu jedes Leben auf Plätzen, Strassen und Gassen erstarren. Das sibirische Wetter aber vermochte die Ehrengesellschaft zum Rebhaus nicht davon abhalten, nach altem Brauchtum ihren Festtag zu begehen. Nach der Mahlzeit auf der Rebhausstube an der Riehentorstrasse begaben sich der Leu mit dem Ueli, der ihn wie gewohnt an der Kette führte, und 16 Gesellschaftsbrüder ins Freie an die ‹frische Luft›, um ihren Umgang anzutreten. Sie marschierten tambour battant durch die Rheingasse zum Käppelijoch, wo der Löwe seinen obligaten Tanz darbot. Und dann wurde der Heimweg wieder unter die Füsse genommen. Unterwegs klaute der hungrige Leu dem Bäckermeister Johannes Beckel eine riesige Fastenwähe ab dem Ladentisch, doch niemand nahm Anstoss.

Dem Umzug hatte sich auch der 17jährige Franz Müller, begleitet von seinem Vater, angeschlossen. Er trug eine Flinte auf sich, die ihm der Stänzler Friedrich Schneider, der für einige Tage Urlaub bekommen hatte, zu treuen Handen über-

Gewichte der Kostüme

Vogel Gryff	
Kopf	13,000 kg
Flügel	8,300 kg
Bengel	2,200 kg
Lederkostüm	7,100 kg
Schwanz	1,200 kg
Handschuhe	1,100 kg
Total	32,900 kg
Wild Ma	
Maske (grimmige)	1,700 kg
Kopfkranz	3,500 kg
Kostüm	3,100 kg
Lendenkranz	7,400 kg
Tanne (mittlere)	7,000 kg
Total	22,700 kg
Leu	
Kopf	3,800 kg
Kostüm	3,900 kg
Bengel	2,250 kg
Handschuhe	0,450 kg
Schwanz	1,300 kg
Total	11,700 kg

Fille Lehr, 1984

<< Waisenhaus

193
Die Bewegungen und Gebärden des Vogel Gryffs sind gravitätisch. Ausser einigen erhabenen Verbeugungen und gemessenen Schritten braucht er nichts, um das Bewusstsein seiner geistigen Überlegenheit und physischen Stärke mit unüberbietbarer Souveränität auszudrücken.

194–196
«'s Gryffemähli im alte Spitz: Das anfängliche Bienengesumm hat sich längst in ein sehr lebhaftes Stimmengebrause und Tohuwabohu verwandelt. Unter der Decke schwebt eine mächtige Wolke von Tabakrauch. Auf der Empore lässt die Kapelle Kellerhals ihre schneidigen Rhythmen erschallen. Wie nun die Ehrentiere in Persona erscheinen und, begleitet von den drei Bannerträgern und den drei Ueli, im Saal ihre charakteristischen Tänzlein vorführen und vor den drei Ehren Meistern ihre Reverenz machen, da wird es einem wirklich warm ums Herz. In unserer alles nivellierenden Zeit, da unser gutes Basel immer mehr und mehr seinen alten Charakter einbüsst, ist es doppelt und dreifach erfreulich, wenn hier im Kleinbasel eine uralte Institution zutage tritt und von Generation zu Generation pietätvoll weitergeben wird.» Emanuel Beurmann. 1933.

197
Der feierliche Einzug der Meister, Ehrengäste und Vorgesetzten zum Gryffemähli 1981 im Radiosaal der renovierten Burgvogtei (Volkshaus).

198–199
435 Gesellschaftsbrüder und Geladene in festlichem Schwarz geniessen in freundschaftlicher Verbundenheit ‹den wichtigsten Tag im Jahreslauf des Kleinbaslers›. 1984.

200
‹Vorgesetzten-Essen im Spitz anno 1940.› Als drei Jahre später «beim fleischlosen Menü am Gryffemähli infolge Verbote des Kriegswirtschaftsamtes die Suppe fehlte, wurde diese symbolisch vom Wilden Mann auf dem Rhein mitgebracht».

201
Ein wahrhaft einmaliger Anblick: Damen an einem Vorgesetzten-Essen! 1942.

202
Der ‹Gnädige Herr von Basel›, Bischof Dr. Anton Hänggi, als Ehrengast am Gryffemähli 1974.

203
Seit 1972 bereichert die ‹Vereinigte Vogel Gryff-Clique› den Programmteil des Gryffemählis mit rassigen Auftritten. 1986.

204
Noch haben die neuen Gesellschaftsbrüder die Aufnahmebecher nicht geleert… 1967.

205
Das Spiel stürmt den Saal! 1986.

206
Die hochgeachteten Herren Meister zum Rebhaus, zum Greifen und zur Haeren bedienen sich zum Wohl der Drei Gesellschaften und der ‹lieben Vaterstadt Basel› der kostbaren Trinkgefässe. 1986.

207
1896 formell gegründet, verleiht das ‹Drei E-Chörli› mit seinen gepflegten Liedervorträgen dem Gryffemähli jeweils eine stimmungsvolle Ambiance. 1986.

Schmid-Mosbacher, Hans
Götz-Bonato, René
Kocher-Meier, Peter
Aegerter-Renz, Adolf
Sutter-Eisele, Willy
Schröppel, Willy
Mehlhose, Hanspeter
Gallinger-Hagin, Adolf
Asal-Sutter, Werner
Tartaglione-Gut, René
Argast-Nock, Willy
Flückiger Caraghetti, Rolf
Rhyn-Kunz, Franz
Meyer-Bitschy, Werner
Heinzer-Döbelin, Josef
Vögelin-Girrbach, Simon

208
Menükarte zum Vorgesetzten-Essen 1978, von Max ‹Sulzbi› Sulzbachner. 1978.

209
Einladung zum Gryffemähli 1970, von Hans Weidmann.

210
Kolorierter Linolschnitt von Hanns Studer zum Vorgesetzten-Essen 1960.

211
Menükarte zum Vorgesetzten-Essen 1957, von Fritz Grogg.

212
Eintrag im Horstbuch, gewidmet von den Petri-Jüngern Luzern. 1943.

213
Ernennungsurkunde zum Ehrenstubengesellen. 1954.

214
Wappentafel der Ehrengesellschaft zum Greifen. Gestiftet 1950 von Statthalter Ernst Eisenhut.

215
Die Kleinbasler Ehrenzeichen vor der Theodorskirche. Kreidelithographie von Arthur Riedel (Ausschnitt). 1950.

216
Die Drei Ehrenzeichen Kleinbasels. ‹Befremdend die Stabhaltung des Gryffs!› Aquarell von Daniel Burckhardt. 1816.

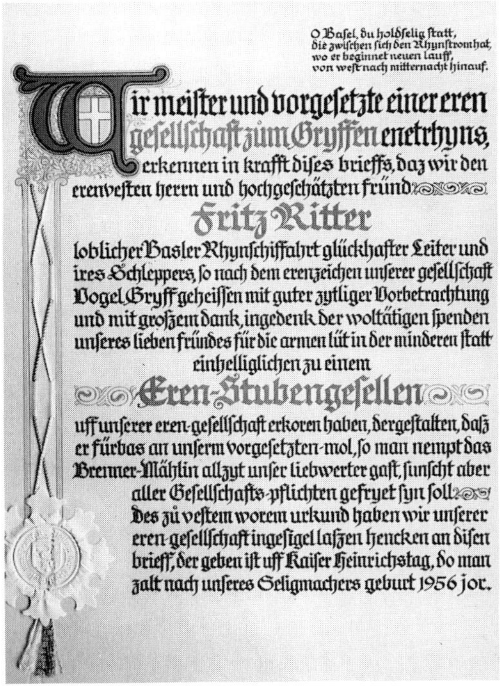

O Basel, du holdselig statt,
die zwischen sich den Rhynstrom hat,
wo er beginnet neuen lauff,
von west nach mitternacht hinauf.

Wir meister und vorgesetzte einer eren
gesellschaft zům Gryffen enetrhyns,
erkennen in krafft dises brieffs, daz wir den
erenvesten herrn und hochgeschätzten fründ

Fritz Ritter

loblicher Basler Rhynschiffahrt glückhafter Leiter und
ires Schleppers, so nach dem erenzeichen unserer gesellschaft
Vogel Gryff geheissen mit guter zytliger Vorbetrachtung
und mit groszem dank, ingedenk der woltätigen spenden
unseres lieben fründes für die armen lüt in der minderen statt
einhelliglichen zu einem

Eren-Stubengesellen

uff unserer eren-gesellschaft erkoren haben, dergestalten, dasz
er fürbas an unserm vorgesetzten-mol, so man nempt das
Bremer-Mählin allzyt unser liebwerter gast, sunscht aber
aller Gesellschafts-pflichten gefryet syn soll.
Des zů vestem worem urkund haben wir unserer
eren-gesellschaft ingesigel laszen hencken an disen
brieff, der geben ist uff Kaiser Heinrichstag, so man
zalt nach unseres Seligmachers geburt 1956 jor.

Vogel Gryff 1939 Vogel Gryff 1939 Vogel Gryff 1939 Vogel Gryff 1939 Vogel Gryff 1939
Den Drei Ehrengesellschaften Kleinbasels gewidmet von den Basler Nachrichten und Walter Höflinger.

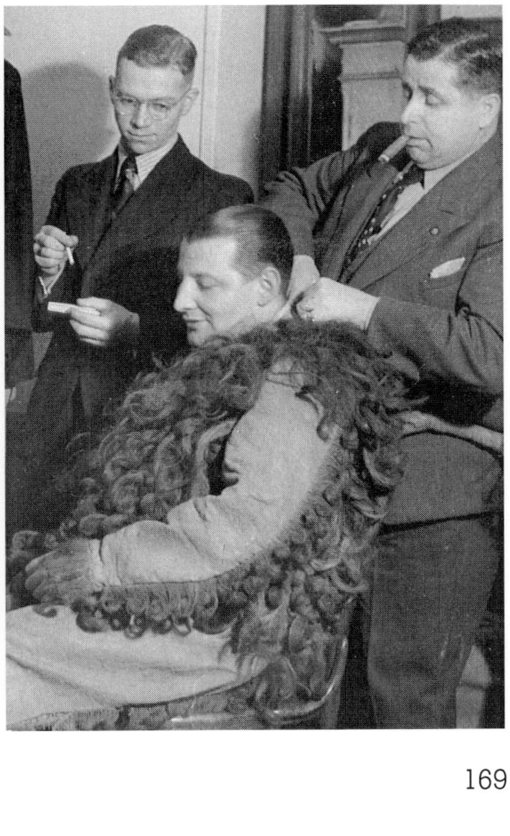

>> Grundeis

>> Der Tod des Löwen

geben hatte. Auch Hansli Schilling, der lange Zeit in Ungarn als Soldat diente, hatte einen Vorderlader bei sich. Als der Leu mit seinem Gefolge nun in der Nähe der sogenannten Schleife anlangte, konnten es die beiden jungen Rebhäusler nicht mehr lassen, an ihren Feuerrohren herum zu manipulieren. Vor dem Haus des Kummetsattlers Felix Tschientschy jagte Hansli Schilling plötzlich eine fürchterliche Salve in die enge Gasse. Und der Zufall wollte es, dass ein Funke in die offene Zündpfanne des Gewehrs von Franz Müller sprang und zwei Schüsse zur Explosion brachte. Der eine traf den achtjährigen Heini Schönauer, der rücklings in das unüberdeckte Rinnsal, das durch die Rheingasse floss, stürzte und augenblicklich tot war. Der andere Schuss durchbohrte den zehnjährigen Joggi Gugoltz, der wenig später ebenfalls ‹des Todes verblich›. Unbehelligt von den konsternierten Rebhäuslern und Anwohnern, flüchtete der unglückselige Schütze aus der Stadt; er ist nach seiner Rückkehr für ein Jahr des Landes verwiesen worden. Die beiden Buben aber wurden unter grosser Anteilnahme der Bevölkerung zu St. Theodor beerdigt.

Drei Jahre später ereignete sich im Gesellschaftshaus zur Haeren «ein erschrecklicher Vorfall, als Hauptmann Sulger mit guten Freunden beim Nachtessen sass: Zweifellos, weil sich Sulger oft dem bösen Feind (dem Teufel) mit Fluchen und Schwören ergeben hatte. Gegen 10 Uhr begehrte unversehens ein Unbekannter Einlass, um den Hauptmann zu sprechen. Als der Fremde dann an den Tisch der fröhlichen Tafelrunde geführt wurde und nach dem Grund seines Besuches gefragt wurde, verschwand er urplötzlich vom Erdboden. Dieses sonderbare Ereignis setzte Sulger derart zu, dass er zunächst in Ohnmacht fiel und darnach von einer schweren Krankheit befallen wurde.»

«1712 ist die sehr schöne Tochter des Ratsherrn Mitz vom Schlüsselberg, als sie in der Kleinen Stadt die Umzüge der Ehrengesellschaften verfolgte, von einer alten Vettel (Hexe) verzaubert worden, so dass sie ihre Beine nicht mehr bewegen konnte. Keine ärztliche Kunst vermochte sie wieder gesund zu machen. Wie das 13jährige Mädchen nun eines Tages im Gartenhäuschen seines Vaters vor dem Spalenthor sass, konnte es auf einmal, zu vieler Leuthe Verwunderung, seine Beine wieder strecken und damit laufen, worauf es gleich wieder gehen lernte. Obwohl das Mädchen an Gewicht abnahm und von seiner schönen Farbe verlor, besuchte es eifrig die Kirche.»

«Als nach altem Gebrauch den 20. Januar 1729 der Leu in der Kleinen Statt Basel umgelaufen war, war es so kalt, dass der Rhein Grundeis getrieben hat. Da derjenige, der den Leuen geführt hat, in den Brunnen vor dem Rebhaus geworfen worden war, ist er etliche Tage später gestorben. Er war ein Schneider gewesen und hat Ehrler geheissen.»

Ein Unglücksfall, der die Daseinsberechtigung des fest verwurzelten Kleinbasler Volksbrauchs geradezu ernsthaft in Frage stellte, war der ‹Tod des Löwen› am 13. Januar 1750. Hier der Augenzeugenbericht des bewährten Chronisten Johann Heinrich Bieler: «Zu Basel in der kleinen Statt ist aljährlich von altem Herkommen auf den 20. Tag die Ceremonien, daß der Löw von Mittages 12 bis abends 6 Uhr herumlauft und wie gebräuchlich selbiger vor allen H. Vorgesetzten dieser E. Geselschaft zum Rebhaus mit einem Tambour und Löwenführer, sonsten der Uhle genand, einen kleinen Dantz haltet. Als nun dieser Löw mittages um 2 Uhr vor H. Obristmeister Kernen, dem Weißbeck an der Rebgaß, dantzen wolte, ist dieser Mann, wo im Löwenkleid gewesen, namens Friedrich Bayerli, ein verheurather Maurergesell, gebürtig aus dem Baürendischen (Bayerischen) plötzlich darnider gefallen und gleich gestorben. Diese verwunderungswürdige Begebenheit veruhrsachte in der Kleinen Statt eine große Consternation. Als nun die H. Kleinen Basler diese alte heidnische Ceremon wegen diesem unglicklichen Löwen Todesfahl absolut nicht wolten abgehen lassen, so hat man in der größten Geschwindigkeit dem wohl resolfirten und gouraschirten vorher gewesenen Uhle, namens Hasler, die Löwenhauth angezogen, damit selbiger mit seinem neuen Uhle, namens Mangold jünger und Tambour namens Mstr. Heinrich Dömmeli, Maurer, die noch übrige Tageszeit dieses großen Hammen-Festes mit Dantzen und Springen, Essen und Trincken ein Ende mache.» Bayerli «ist hernach in aller Stille im Clingenthal vergraben worden, weil einige der kleinen Basler Geistlichen jeweilen diese Gebräuche als ärgerlich und heydnisch ausgeschauen haben».

‹Göttlicher Güte und Barmherzigkeit› war es zu danken, dass die Ehrengesellschaften 13 Jahre später von einem ähnlichen Unglücksfall ver-

235
Originalholzschnitt von Theodor Barth. Um 1910.

Isch's nit gspässig,
wemme-n-emool afoht
blettere, wie wenig und
wie sälte der Dag vom
Vogel Gryff mit allem
drum und dra unseri Basler Poete inspiriert het? Au
wemme-n-ärnschtlig
suecht – me findet nit vyl.
Dass der Baldi Bärwart
nadyrlig in däm Punkt
emoole zer Fädere griffe
het, das verstoht me. E
Mischterli, wo-n-er derno
vor eme Vierteljohrhundert in sym Bändli «Maisepfiff» het erschyne loh:
Si kemme! Si kemme! Y
gseh e paar Fähne,
Im Häre sy Granz und sy
roti Mähne,
Er schwingt sy Dännli,
packt d'Buebe-n-am
Schopf,
Y gseh im Gryff sy Karakterkopf,
Und der Lai kunnt go
dänzle; das het er los,
Kai Foxtrott, kai Tango und
doch famos.
Glopfgaischt. 1963.

schont blieben: «Den 13. January 1763 hatte die Ceremonien denen 3 E. Zeichen das drittemal widrum bey einer großen Kälte ihren Vortgang gehabt, alwo diesmalen nur der Wildemann widrum mit der Wacht hinunter gezogen. Löw war der Husaren-Marti, Wildmann H. Scherb der Schiffmann; Greiff war das erstemal Frid. Dömmeli der Küeffer. Als aber der Greüff in der Nacht wie bräuchlich bey der Nachtmahlzeit mit Trummen und Pfeifen etlichmal um die Tafeln herum gezogen, wurde ihme so übel, daß wan man ihm nicht gleich den Kopf abgethan hätte und mit Hülfsmittel begegnet, wurde er bey nachem erstickt sein. Mithin wäre bald aus einer Comödie ein Dragödie worden.»

1865 hatte «aus unerfindlichen Gründen der im Löwen befindlich gewesene Rudolf Lang eine Schusswunde erhalten und ist daher vier Wochen lang erwerbsunfähig geblieben. In Rücksicht seiner Not und gedrückten Lage sind ihm an die Heilungskosten Fr. 50.— zugebilligt worden».

1885 begann das «übliche Festmahl der Gesellschaften zum Hären, Greifen und Rebhaus, nachdem in althergebrachter Weise die drei lebenden Ehrenzeichen unter Böllerknall zu Schiffe den Rhein hinabgefahren kamen. Leider ereignete sich unter der alten Rheinbrücke auf dem Kahn ein Unfall, indem beim letzten Schuß, in Folge eines hineingeflogenen Funkens der Rest des Schießpulvers, das sich in einem Kistchen befand, explodirte, wodurch demjenigen, der den Böller bediente, das Gesicht und die Hände arg verbrannt wurden. Einer der Mitfahrenden wurde durch die Explosion in's Wasser geschleudert, jedoch ohne erhebliche Verletzungen sofort wieder herausgezogen».

Über Unfälle in neuerer Zeit sind wir durch den ehemaligen Spielchef Emil Schaefer und den seit 1975 amtierenden Spielchef Fille Lehr unterrichtet: Daß die Aufführung der Tänze nicht ungefährlich ist, beweisen folgende Vorfälle: Küfermeister G.K., hatte einen einzigen Sohn, der einmal den Wilden Mann tanzte. Die Tänze sind sehr anstrengend, und die Darsteller machen eine regelrechte Schwitzkur durch; sie müssen mindestens drei- bis viermal die Unterwäsche wechseln. Der junge Mann hatte vermutlich den Rat nicht befolgt; er zog sich eine Lungenentzündung zu, und drei Wochen später mußten wir ihn zu Grabe tragen.

Dieser unglückselige Ausgang des volkstümlichen Festes und Brauches ist keineswegs vereinzelt. Noch vor wenigen Jahren mußten wir einen tragischen Ausgang befürchten. Zur Einweihung der verbreiterten Wettsteinbrücke waren nämlich die Ehrenzeichen aufgeboten worden, um dem Fest die rechte Würze zu geben. Es war ein heißer Sommertag. Der Wilde Mann war schon nach der Landung komplett erledigt. Wir konnten ihn nur mit großer Mühe ins Café Spitz schleppen, ihm so rasch als möglich die schwere Maske abnehmen und ihm einige Gläser Cognac einschütten, damit er sich erholte. Das war uns eine Mahnung, daß der Vogel Gryff nicht für den Sommer berechnet ist. Während Ende der 1970er Jahre der Chefkanonier durch einen ‹Selbstzünder› sich eine schwere Armverletzung zuzog, erwischte es am Vogel Gryff 1986 den Rebhaus-Ueli beim Treppenspringen: er stürzte auf den Kopf und war nicht mehr in der Lage, seine Sammeltätigkeit fortzusetzen, so dass ein Fähnrich in das Uelikostüm ‹steigen› und an dessen Stelle ein Begleiter das Banner übernehmen musste.

<< Mit Trommeln und Pfeifen

< Selbstzünder

Extravagante Auftritte

Bis zur letzten Jahrhundertwende waren ‹exterritoriale Auftritte› der Ehrenzeichen, besonders zur Fasnachtszeit, nicht aussergewöhnlich; es gab zu keinen Zeiten ‹grenzüberschreitende› Probleme zu bewältigen. Im Gegenteil: Auch mit den Grossbaslern wurden oft und gerne lebhafte und freundschaftliche Kontakte unterhalten, und in alter Zeit war gar eine Mitgliedschaft von Männern ‹reputablen Rufes› aus der Grossen Stadt möglich! Ist schon 1484 ein Besuch der Kleinbasler Gesellschaften bei den Zunftbrüdern zu Safran vermerkt (‹Als sy min Heren zu Saffran im Harnnest [in kriegerischer Montur] suchtten [besuchten] in gutter Geselschafft uff Sunnentag vor Sanct Sebastianstag›), so wurden noch 1857 «Besuche bei den drei Herrenzünften abgestattet und die E. Zeichen, Fahnenträger und Tambouren bestellt und mitgenommen». Auch dem Stadttheater wurde 1856 «das E. Zeichen zum Greiffen behufs einer Vorstellung einer hier engagierten Schauspieler-Gesellschaft» zur Verfügung gestellt, allerdings mit «der Anempfehlung, dasselbe wieder in gutem Zustand ins neue Gesellschaftshaus zurückzuliefern». Als die Drei Ehrenzeichen 1882 an der glanzvollen

< Exterritoriale Auftritte

< Grossbasel

<< Schwitzkur

Eröffnungsfeier der Johanniterbrücke sich in den Kleinbasler Festzug einreihten, der sich über die neue Brücke zum Marktplatz bewegte, kamen die Mitbürger ennet Rheins nicht aus dem Staunen heraus: «Endlich rückten heran, begleitet von Trommlern in der bürgerlichen Tracht des vorigen Jahrhunderts, die drei Ehrenzeichen von Klein-Basel, die ganz besonders das

>> Berauschende Farbenpracht

236
Zu den gemeinsamen Gesängen der Gesellschaftsbrüder am Gryffemähli gehört traditionsgemäss auch 's Lied vom Vogel Gryff von Baldi Baerwart, wobei die Schluss-Strophe betont langsam und getragen gesungen wird.

's Lied vom Vogel-Gryff

2. Im Turnus vo drei Johre
goht 's Räbhuus frisch vora;
wenn's duss no kalt und gfrore,
will äs sy Mohlzyt ha.
Der Lai isch flingg und danzt sy Sach,
|: e Maischter isch er in sym Fach, :|
zaigt, was er laischte ka.

3. 's Johr druff, do kunnt der Häre
pär Schiff und uff em Rhy
und danzt mit Schritt, mit schwäre,
schwingt 's Dännli obedry.
Und wenn derzue der Beller gracht
|: und 's Echo änedure lacht, :|
das mues der Häre sy.

4.* Als Dritte-n-an der Raihe
isch gross und stolz der Gryff;
au dä foht afoh draihe
im Danz sich, aber styff.
Me maint, es syg em alles wurscht,
|: und trotzdäm, sy Glaibasler Durscht :|
schwingt au der Vogelgryff.

Interesse der Fremden erregten: der grimme Leu, der gewaltige Vogel Greiff und der Wilde Mann in seinem waldgrünen Wamms und dem entwurzelten Baumstrunk. Sonst überschreiten sie nur bei besonders hervorragenden Anlässen die Brücke und machen der Grossstadt einen Besuch. Dies Mal war der Besuch um so mehr am Platze, als ja das Fest dem engern Anschlusse der beiden Städte, der Verbrüderung von Gross- und Klein-Basel, galt und in dieser ein Triumph über alte Rivalitäten gefeiert wurde.»

>> Zürich

Ähnliches geschah auch 1892, als die Ehrenzeichen am monumentalen Festspiel zur Vereinigungsfeier von Kleinbasel und Grossbasel mitwirkten, das auf der ‹Gundoldinger Halde› (Margarethenwiese) nicht weniger als 1500 ‹Schauspieler› vereinigte! Zur Krönung des grandiosen Ereignisses, das den Baslern während Jahren in lebhaftester Erinnerung blieb, formierte sich ein gewaltiger Festzug, der von der

> Monumentales Festspiel

Thiersteinerallee via Marktplatz auf den grossen Festplatz bei St. Theodor zog und «einer ungezählten Menschenmenge ein Bild von berauschender Farbenpracht bot». Die Kleinbasler marschierten mit ihren Ehrenzeichen in der schönsten der fabelhaften Gruppen mit. «Am Rheinquai wurde schliesslich ein Feuerwerk abgebrannt, von dem selbst verwöhnte Grossstädter bezeugten, sie hätten dergleichen noch nie gesehen.»
1901 setzten die Drei Ehrenzeichen ihren Fuss letztmals auf ‹ausländischen Boden›. Es war erneut ein wichtiger Grund, der sie ins Grossbasel geführt hatte: die legendäre Bundesfeier von 1901. Wieder gelangte auf der Festwiese von St. Margrethen ein grossartiges Festspiel zur Aufführung, ‹Der Basler Bund 1501› von Rudolf Wackernagel (Text) und Hans Huber (Musik). Und wieder erscholl aus dem «8000 Sitzplätze fassenden Zuschauerraum orkanartiger Applaus, als das Heer der Mitwirkenden den kolossalen Bretterboden betrat». Damit jedermann die imposante Bühnenschau ungestört mitverfolgen konnte, wurden «die Damen dringend ersucht, auf das Tragen grosser, aussichtsraubender Hüte während der Aufführung zu verzichten und sich dafür weisser Tücher zum Schutze gegen den Sonnenbrand zu bedienen»...
Für ‹völlig undenkbar› aber hatten es die Ehrengesellschaften immer gehalten, die Ehrenzeichen ausserhalb der Kantonsgrenzen in Erscheinung treten zu lassen. Als 1888 «einige Zürcherherren anfragten, ob die E. Zeichen mit Fahnen, Tambouren etc. nicht am nächsten Sechseleuten in Zürich den Zug mitmachen dürften», konnte auf «ein derartiges Gesuch absolut nicht eingetreten werden». Auch 51 Jahre später waren die Vorgesetzten nicht willens, die Ehrenzeichen ‹ausgerechnet (!)› in die Stadt Zürich (zum Basler Tag der Schweizerischen Landesausstellung 1939) ziehen zu lassen.
Recht grosszügig reagierten die Vorstände indessen, wenn es darum ging, die Ehrenzeichen ‹ausserfahrplanmässig› innerhalb der eigenen Gemarkung auftreten zu lassen. So 1860 zur 400-Jahr-Feier der Universität «in den schönen obern Räumen des kürzlich vollendeten neuen Gesellschaftshauses von Klein-Basel. Das überaus rege, muntere Treiben erreichte seinen Höhepunkt, als, eingeleitet durch eine Ansprache von Prof. Schönbein, einem der Meister der drei E.E. Gesellschaften, und durch ein von Leh-

rer Hindermann vorgetragenes Gedicht die drei sogenannten Ehrenzeichen von Klein-Basel, der Greif, der Löwe und der Wilde Mann, in ihrem grotesken Costüm auftraten und unter Trommelschlag ihre charakteristischen Tänze aufführten. Sie wurden als ein Stück in unsere moderne Zeit hineinreichenden Mittelalters namentlich von den Gästen aus der Ferne bewundert».
Mit Begeisterung folgten die Ehrenzeichen auch Einladungen zur Begrüssung der auswärtigen Gäste zum ‹Tessinertag› (1917) und zum ‹Welschlandtag› (1918) der Schweizer Mustermesse, zur Unterhaltung der Delegierten des Eidgenössischen Turnvereins (1917), des Schweizerischen Heimatschutzes (1926) und des Eidgenössischen Schwingerverbandes (1929). Mit besonderer Freude wurde 1934 auch der Ruf des Organisationskomitees zur Einweihung der Dreirosenbrücke akzeptiert: Nach der Festansprache von Grossrat Hans Leu «kündeten Böllerschüsse auf dem Rhein das Nahen der drei E. Gesellschaften Kleinbasels. Da rückten denn die drei Kleinbasler Ehrenzeichen schon unter den Wirbeln ihrer kostümierten Trommler und im Geleit der prächtigen Zunftbanner auf, hinter denen eine stattliche Schar von Gesellschaftsmitgliedern einhermarschierten. Mitten auf der Brücke vor den Herren Regierungsräten vollführten Wilder Mann mit seinem Tännlein, Vogel Gryff und Löwe ihre traditionellen, ehrwürdigen und gravitätischen Tänze und lösten damit überall frohen Jubel aus. Der Festakt war mit diesem schönen Kleinbasler Volksbrauch würdig beendigt». Auch bei der ‹Einweihung der erweiterten Wettsteinbrücke› liessen sich 1939 die Ehrenzeichen blicken: «Kaum hatte Dr. Edwin Strub seine Rede geschlossen, so ertönte Trommelschlag. Der Wilde Mann war mit seiner Fahnenbegleitung Punkt 10 Uhr auf seinem Floss unter Böllerschüssen rheinabwärts gefahren und hatte Stadt und Brücke mit seinen zierlichen Knixen und Tänzen begrüsst. Beim Café Spitz war er traditionsgemäss von Vogel Gryff und Leu empfangen worden, worauf der kleine Festzug der drei Ehrenzeichen mit der Fahnenbegleitung in ihrem schönen Königsblau und den Meistern und Vorgesetzten der drei E.-Gesellschaften Kleinbasels, unter Trommelschlag die Rheingasse hinauf und auf die Brücke zog. Die Tänze der drei Ehrenzeichen bildeten so recht eigentlich die Weihe der erneuerten Brücke.»

Geradezu als Ehrenpflicht betrachteten es die Ehrengesellschaften noch im selben Jahr, der Einladung zur Einweihung des Stadt- und Münstermuseums im Kleinen Klingental zu folgen. «Das Erscheinen der Drei Ehrenzeichen zu ihrem historischen Tanze war in diesem mittelalterlichen Rahmen denn auch von einzigartiger Wirkung.» 1946 «beschloss man, dem uns eng

< Mittelalterlicher Rahmen

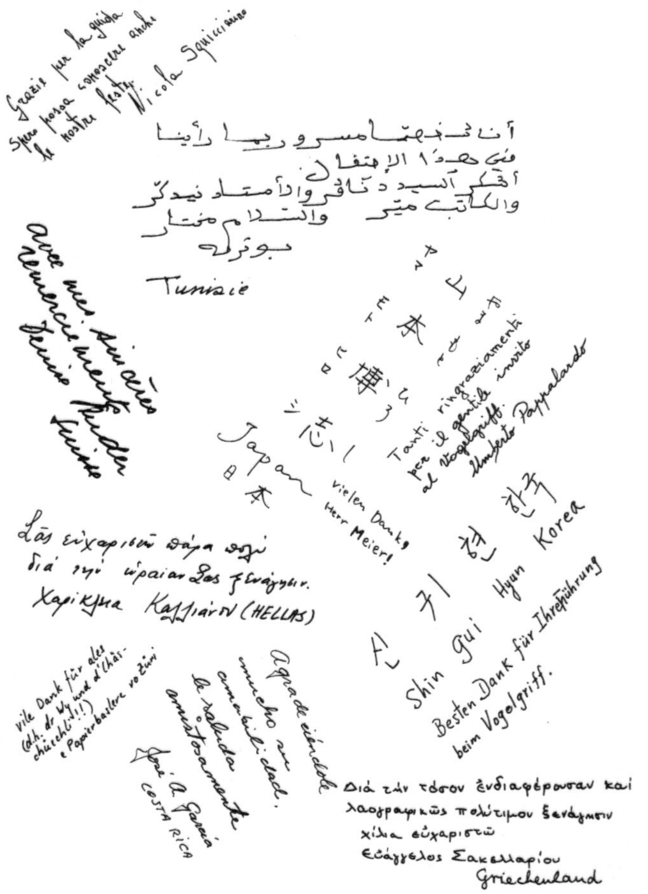

237
Ausländische Studenten, die sich vom Gesellschaftshistoriographen in die Geheimnisse des einzigartigen Kleinbasler Volksbrauches haben einweihen lassen, bedanken sich für die Vermittlung des unvergesslichen Erlebnisses. 1979.

befreundeten Erlenverein als Geschenk zum 75jährigen Jubiläum mit dem Tanz der Drei Ehrenzeichen aufzuwarten». 1948 wurde im Café Spitz der ‹Premier Congrès International de Folklore Musical› durchgeführt. Es war für die Ehrengesellschaften keine Frage, an diesem Anlass mitzuwirken, «denn wenn jemand das zu schätzen weiss, so ist es diese Gesellschaft, die sich ja mit dem Erforschen der alten Bräuche, Lieder und Tänze befasst. Unsere Tänze haben denn auch so gut gefallen, dass sie wiederholt werden mussten. Man hatte den Eindruck, dass wir mit unsern Darbietungen den Gästen aus 23

< Erlenverein

Ländern eine ganz besonders grosse Freude gemacht haben».
Am 6. Mai 1950 beschenkten die Ehrengesellschaften auch die Zunft zu Schuhmachern mit der Anwesenheit der Ehrenzeichen an deren 700-Jahr-Feier: «Die Ehrenzeichen der drei E. erstürmten den Spitz-Saal und gaben unter nicht endenwollendem Applaus ihre Tänze mehrmals

> Stürmischer Applaus

238
Illustration zum Gryffemähli 1974, das im ‹Refektorium› der ‹grössten Apotheke der Welt› abgehalten werden durfte. Bleistiftzeichnung von Joos Hutter im Horstbuch.

zum besten. Der maienfrische Duft des Blätterkranzes und des grünenden Tännleins zog gar lieblich durch die Nasen, als der Wilde Mann seinem Meister schier die Nase wegwürzelte!»
Vorbehaltlos sagten die Ehrengesellschaften 1961 auch ihre Mitwirkung «im von über 3000 Teilnehmern gebildeten Lichterzug der Spukgestalten, Dämonen und Chläuse» des Schweizerischen Trachtenfestes zu, der sich, von mehr als 100000 begeisterten Zuschauern beklatscht, zu nächtlicher Stunde von der Mustermesse ins Grossbasel bewegte, wobei die Ehrenzeichen beim Café Spitz ‹ausscherten›.

>> Moralisten

So faszinierend die Präsenz der Wappenhalter der Drei Ehrengesellschaften bei öffentlichen Auftritten auf die Bevölkerung einwirkte, so leichtfüssig weckten sie auch das Interesse der lokalen Dichterprominenz. Immer wieder erschienen die drei ‹Kleinbasler Integrationsfiguren› denn auch auf den Brettern der Basler Bühnenwelt. Als 1921, anlässlich der Schweizerischen Gastgewerbe-Ausstellung, die Ehrenzeichen erneut hätten in einem Festspiel auftreten sollen, «platzte den Vorgesetzten der Kragen: Noch jedesmal haben Wünsche, wie der vorliegende, bei uns eine peinliche Situation ausgelöst. Möchten doch die Festspieldichter von nun an bei der Schaffung ihrer Musenkinder sich loslösen von den drei Ehrenzeichen, deren Bestimmung doch sicherlich nicht darin gipfelt, dass mit ihnen zu jeder Zeit öffentlich Komödie gespielt wird»! Trotz der an sich negativen Haltung stellten sich die Drei Ehrenzeichen dem Männergesangverein Kleinbasel für die Neuaufführung des Festspiels der Kleinbasler Gedenkfeier von 1892, die 1936 mit riesigem Erfolg in der grossen Mustermessehalle zur Wiedergabe gelangte, zur Verfügung. Für die Inszenierung des Grimmschen Märchens ‹Vogel Gryff› im Stadttheater mochten die Vorgesetzten 1949 die Ehrenzeichen aber nicht frei geben. Massgebend für diesen Entscheid war einerseits der ‹widerliche Vorfall› von 1943, als Mitglieder des Spiels an der Tagung der Schweizer Architekten in Kostümen der Alten Richtung ihre Tänze aufführten, was als «äusserst taktlos empfunden und vom Vorstand scharf verurteilt wurde», und andrerseits, das «weiterhin wilde Auftreten des Spiels an unpassenden Anlässen, und wurde solches mit der Androhung von Ausschlüssen geahndet» (1947).

Vom Untergang bedroht

Wie gegen das sündhafte fasnächtliche Treiben, so wetterten engagierte Moralisten wiederholt auch gegen die Aufzüge der Kleinbasler Ehrenzeichen und forderten ein striktes Verbot ‹dieser heidnischen Gebräuche›. Dass «Menschen sich in Thiergestalten verkleiden und das ihnen vom gütigen Schöpfer geschenkte menschliche Angesicht mit unmenschlichen Caricaturen und Fratzen verwechseln», war jedem christlichen Empfinden zuwider und galt in kirchlichen Kreisen als unehrenhaft und entwürdigend. Als sich 1735 angesichts der ‹geplagten Zeiten› die ernsthafte Frage stellte, ob inskünftig nicht mit dem Umlaufen der Tiere aufzuhören sei, befanden die Vorgesetzten, dass « in Abstellung dessen niemand mehrers erbaut und frömmer gemacht wird. Also auch, wenn den Ehrenzeichen der Lauff gegönnet wird, nicht desto mehr Sünd und Laster verhütet werden. Der Herr aber wolle alles Ohngemach ferners von unserem liebwerten Vatterland abwenden».

Jahre später erregte ein trauriger Vorfall, der sich am bereits geschilderten Umzug des Rebhauses ereignete, grosses Aufsehen: Die Vorgesetzten zum Rebhaus hatten 1750 aus übelangebrachtem Mitleid einem schwindsüchtigen Maurer gestattet, den Löwen zu machen, da der Mann wegen seiner Krankheit keine Arbeit fand. Ein kleiner Verdienst als Tierdarsteller sollte ihm aus der bittersten Not helfen. Da aber setzte während des Umzugs ein Schlaganfall dem Leben des Bedauernswerten ein Ende.

Der unglückselige Ausgang jenes ‹Vogel Gryffs› bot Anlass genug, mit scharfem Geschütz gegen Umzüge und Mähli anzukämpfen. Als von der Kanzel herab leidenschaftlich interpretierte Bibeltexte den Kirchgängern nicht unter die Nägel gingen, bedienten sich die Prediger zu St. Theodor des gedruckten Worts. Vermutlich von Pfarrer Johann August Buxtorf oder Diakon Matthäus Merian verfasst, erschien 1754 die Streitschrift «Wolmeinend Gespräch zwischen zween Burgeren aus dem Grossen und Kleinen Basel wegen des jährlichen Umlauffens der sogenannten 3 Thieren, des Löwens, Wildenmanns und Greifens in der Mindern Stadt auf den XXten Tag nach Weihnacht und 8 und 14 Tag hernach aus Anlass eines sonderbaren Gerichts Gottes, welches im Jahr 1750 über den, so im Löwen gelauffen, ergangen». In diesem Dialog versuchte der Grossbasler den Kleinbasler zu überzeugen, dass vielfältige Ursache bestehe, nunmehr die Umzüge der Drei Ehrenzeichen, dieses üppige, ausgelassene, ärgerliche und sündliche, ja recht heidnische Wesen, das in den Bacchanalien und Fastnachtsgreulen des alten Rom seinen Ursprung habe, einzustellen. Als der Kleinbasler sich unbeholfen zur Wehr setzte, wird ihm drohend zugerufen: «Verlasset das alberne Wesen, so werdet ihr leben, und gehet auf dem Wege des Verstandes». Doch bald ward den Drei Ehrenzeichen Schützenhilfe zuteil: Johann Jakob Spreng, Professor für deutsche Poesie und Eloquenz an der Universität und Pfarrer am Waisenhaus, veröffentlichte eine Abhandlung unter dem Titel «Bessergemeinte Gedanken über das wohlmeinend Gespräch...» (1755). Obwohl Spreng in lebhafter Weise versuchte, die Angriffe seines Amtsbruders zu entkräften, bedurfte es weiterer literarischer Unterstützung, um die drohende Liquidation des alten Kleinbasler Brauchs zu verhindern. Eine solche erschien, ebenfalls anonym, noch im selben Jahr. Im «Schreiben eines Kleinbaslers an Löbliche Drey Gesellschaften der mindern Stadt Basel, ihre wahrhaften Ehrenzeichen zu behaubten» erklärte der Autor, er könne unmöglich länger zuhören, wie so viel seit einiger Zeit zur Verkleinerung unserer Ehrenzeichen in den Tag hinein geredet werde. Und er fährt fort: «Unsere Ehrenzeichen liegen in den letzten Zügen, und anstatt sie noch aufzurichten, ergehet wohl gar von manchem das grausame Urtheil, das sie abthun und ihnen den Todesstreich versetzen sollte.» Das aber dürfe nicht geschehen, solange noch ein Stein von Basel auf dem andern stehe und solange sich in uns und unsern Enkeln noch eine vaterländische Ader rühre!

<< Sünd und Laster

Die Obrigkeit liess sich zunächst vom Inhalt der Flugschriften nicht beeindrucken und nahm die Gelegenheit wahr, «wegen vielen Erböben und betrübten, laydigen Zeiten die von altersher alljährlichen in der Kleinen Stadt denen drei E. Gesellschaften ceremonialischen herumlaufenden drei Tieren» zu verbieten. Doch die Gesellschaften liessen sich ihr Vergnügen nicht schmälern und negierten das ‹überflüssige Dekret›. So verfügte das Rebhaus, «das Ehrenzeichen soll seinen ungehinderten Lauff haben. So bald aber die letzte Visiten nach alter Gewohnheit im Zuchthaus (Waisenhaus) vorbey, solle der Leüw sambt Führer und Tambour sich nacher Hauss begeben».

< Flugschriften

So brachte um die Mitte des 18. Jahrhunderts das Thema der Existenzberechtigung der Kleinbasler Ehrenzeichen die Gemüter der gesamten Bürgerschaft immer wieder in Wallung. Der von geballten Emotionen gefärbte Streit fand denn auch ausführlichen Niederschlag im ‹Diarium der Stadt Basel›, das 1750 von Landvogt Wilhelm Linder angelegt und bis 1773 fortgeführt wurde: «Im Dezember 1754 kam ein Gespräch zwischen einem Grossen und einem Kleinen Basler betreffend dem Umlauf der Thiere jenseits heraus, welches von Matheus Merian, Helfer zu St. Theodor, verfertiget zu seyn geglaubt wird. In dieser Schrift er wider diese viechische Verkleydung sich sehr ereifert und zeigt, dass vor 40 Jahren ein

<< Fasnachtsgreuel

<< Pfarrer Spreng

Maurer, der den Löwen geführt und in den Brunnen geworfen, eine hitzige Kranckheit bekommen hat, dass anno 1750 einer in dem Löwen erstickt ist und der, welcher in die annoch warme

>> Widerstand der Gesellschaftsbrüder

Haut geschloffen ist, anno 1751 einige Wochen vor wiedermahligem Lauffen das Unglück hatte, durch Zerbrechung des Beins daran gehindert zu werden. Ein anderer, Dömmelin, der sonst den

Wohlmeinend
Gespräch,
zwischen
zween Burgeren
aus dem Grossen und Kleinen Basel,
wegen
des jährlichen Umlauffens der sogenannten 3. Thieren,
des
Löwens, Wildenmanns
und
Greifens
in der Mindern Stadt
auf den XXten Tag nach Weihnacht und 8. und 14. Tag hernach,
Aus Anlaß eines sonderbaren Gerichts GOttes,
welches im Jahr 1750. über den, so im Löwen gelauffen, ergangen.

Jesaj. Cap. I. v. 16.
Thut euer böses Wesen von meinen Augen.

Gedruckt im Jahr 1754.

239
Titelblatt einer 1754 erschienenen Flugschrift, die wie andere ähnlichen Inhalts darauf abzielte, den «heidnischen Brauch des Umziehens der wilden Tiere der Mindern Stadt» durch obrigkeitliches Dekret aus der Welt zu schaffen.

Greifen führte, hatte den Tag nach dem Umlauf des Löwen, nemlich den 14. Januar 1751, das

> Gottesurteil

Unglück, dass ihn eine abgebrannte Eiche in den Spithal Erlen zu tod und seynem Sohn das Bein entzwey schlug. Als im Jahr 1743 wegen Brunst der Camrath Mühlin und anno 1744 wegen den Viech Presten (Seuche) die zur Hären den Umlauf des Wilden Mannes einstellten und folgendes Jahr einer der Gemeind bey den Vorgesetzten um diese alte bürgerliche Freyheit wieder anhielt, blieb er in dieser Proposition stecken und ward ohnmächtig. Diese Exempel und andere aus der Heiligen Schrift gezogene Vorstellungen veranlassten die Kleinbasler, dass sie laut Erkanntnis vom 5. Januar 1755 den Umlauf des Löwen und des Wilden Mannes abstellten, welches die zum Greifen wegen harter Widersetzung ihres Obristmeisters, Johann Heinrich Brenners, nicht ins Werck richten konnten. Und auch der andern guter Wille ward bald durch die hartnäckige Widersetzung der Gemeinen (Gesellschaftsbrüder), welche von böswilligen Leüthen aufgebracht worden sind, unterbrochen, indem die meisten mit grösstem Ungestüm von ihren Vorgesetzten die Herstellung dieser so wichtigen Freyheit verlangten, widrigenfalls sie künftig der Gesellschaft kein Heitz Geld entrichten noch Gehorsam leisten wollten. Dieses veranlasste die Vorgesetzten vom Räbhaus und Hären, dass sie vorige Erkanntnis aufhuben und Herrn Obristmeister Eglinger befahlen, die in sein Haus genommene Löwenhauth wieder heraus zu geben, womit sie am 20. Tag wie in einem Triumph herum zogen und den Uhly zu Herrn Pfarrer Merians übergrosser Freud in den Brunnen warfen, indem dieser hat verlauthen lassen, dass er nun, da dieses Unwesen durch seinen eigenen unermüedeten Eifer abgeschafft sey, gerne sterben wolle.
Montags, den 13. Januar 1755 haben die Kleinbasler ihrer Sinnes Änderung zufolge den Löwen wiederum herumgeführt, doch der Kälte halber den Uhly nicht in den Brunnen geworfen. Diejenigen Vorgesetzten aller 3 Gesellschaften, welche dem Laufen zuwider waren, haben dem Löwen verbotten, vor ihren Häusern zu tantzen und ihm nichts gegeben, vermeinend, dass wenn der Nutzen geringer, nicht so viele in diese Thiers Häuth dringen würden. Da auch bey allen Gastmählern keiner der Vorgesetzten zurück blieb, mussten Gesellschaftsbrüder zu Gast geladen werden. Die zur Hären zierten ihren Wilden Mann mit vielfarbigen langen Würmern und zeigten an, dass die Würm, mit denen man ihn zu Fall bringen wollte, nicht den mindesten Schaden verursacht haben. Überdies liess Friderich Münch, Sechser zu Becken, ein besonderes Traktätlein zur Behauptung der Ehrenzeichen durch den Druck bekannt machen, welches aber nur dazu diente, Pfarrer Merian herunter zu machen. Kaum war dieses unter den Bürgern, so trat das 3. Stuck wahrhaffter Herleithung der Klein Basler Ehrenzeichen, von Prof. Spreng verfertiget, an das Liecht, wodurch bewiesen wurde,

dass diese vormahls genannte Kalte Kirchwey dem Heiligen Theodulus zu Ehren sey gestiftet worden. Er erzehlet der Länge nach, was die Katholicken von ihm dichten, dass er in einer Nacht den Teüfel aus Glaris nach Rom vor des Papstes Zimmer geführt habe und von dorten mit einer grossen Glocke zurück. Er habe aber auf eine Zeit seiner Schantz nicht allzuwohl gewartet, weshalb ihn der Teüfel in ein Wasser geworfen hat, woraus der Heilige glücklich an Land geschwommen ist. Nebst vielen andern Wunderwercken habe er auch Wasser in Wein verwandeln können. Diese Geschicht dieses grossen Heiligen der Jugend tief einzuprägen, haben die alten diesmaligen Fratzenspiel ersonnen, da der Teüfel in Gestalt eines Löwen sich von dem Theodulus, welcher sich durch Zerketzerung der Sprach mit Beybehalt der letzten Silben in Uhly verwandelte, muss herumführen lassen, und endlich diesen Heiligen nicht weit von seiner Kirche, auf dem Platz, da vormahls grosse Linden standen, in den (Rebhaus-)Brunnen wurf. Für diese Kurtzweil haben sie einen guten Braten und 1 Pfund Wachs, welches man nachwerts in Geld verwandelte, davongetragen. Da nun in folgenden Zeiten E.E. Gesellschaft des Räbhaus auf diesem Platz eine Wohnung errichtet hat, haben sie sich der ober Regierung dieses Kinderspiels angemasset. Und endlich haben die beyden andern Gesellschaften, um nicht weniger zu seyn, ihre Schilthalter je 8 Tag nach der andern herum geführt. Münch hingegen erzehlet von seiner Jugend, dass er damals vermeinte, der, welcher in der Löwenhauth stecke, müsse ein grosses Verbrechen begangen haben, weil er mit einem grösseren als gewöhnlichen weiss und schwarzen Laster Stecken versehen gewesen sey, wie jene, welche am Pranger standen, und von vielen muthwilligen Jungen begleithet werden. Über die Gastmähler sey ihm nichts bekannt. Er wisse aber wohl, dass dorten mehr Weinfässer gelähret werden, als obiger Heiliger mit aller seiner Wunderkrafft hätte füllen mögen. Zuletzt gibt er den Klein Baslern den Rath, dass sie sich ja nicht mehr gelusten lassen, den Löwen, der doch wegen der Verbrüderung mit E. Zunft zu Räbleüthen ein Wolf seyn sollte, von ihrem Schilt wegzureissen. Hingegen sollen sie diese Tage in allen erlaubten Fröhlichkeiten feyern und hiebei ihren Kindern tief einprägen, was für unzehlige Wohlthaten ihnen vor einigen Jahrhundert durch die Vereinigung mit der grösseren Statt widerfahren ist, da sie von einer harten Tyranney befreyt und unter einer vätterlich aus ihren Mitteln gezogenen Obrigkeit und Gottes unmittelbahren Schutz gekommen sind. Alle diese wohlmeynenden Vorstellungen brachten jedoch nichts anderes zuwege, dass die zwey ersteren Traktätchen dem finsteren Archiv anvertrauet, das letztere hingegen aus Mangel anderer Rache dem Greifen an den Schwantz gehänget wurde.»

<< Kalte Kirchweih

Trotz der klar erkennbaren Volksmeinung zugunsten der Kleinbasler Umzüge liessen kirchliche Autoritäten keine Gelegenheit ungenutzt, die Ehrenzeichen aus dem Bewusstsein der Bevölkerung auszumerzen. So auch 1765, als die Reformationsherren «die Schädlichkeit der Umzüge der Kinder, so bisher zur Fassnacht-Zeit gehalten worden sind, und die viele Unanständigkeiten, so dabey vorgehen, beherziget und desshalben gut befunden, dieselben völlig abzustellen. Falls aber etwa erwachsene Knaben sich in den Waffen üben wollten, so wollen wir ihnen in dem Monate nach Pfingsten Umzüge erlauben, wobey alle Harnisch-Männer und alles Schiessen ausser der Ordnung verbotten». Als die Gesellschaften sich mit dieser Veränderung nicht abfinden wollten und die Sache dem Magistrat hinterbrachten, wurde «wegen denen Umzügen in beiden Rhäthen umgefragt». Und die Ratsherren teilten grundsätzlich die Meinung der gestrengen Moralhüter, indem sie erklärten, es «bleibt bey dem 16. Articul der Reformations Ordnung, und solle selbige genau beobachtet werden, zumahlen die Umzüge künftigs auf den ersten Montag und Zinstag im Brachmonat (Juni) gehalten und bey selbigen auch durchaus keine Weibs Persohnen und kleine Kinder gestattet werden»! Gegen diese Verfügung vermochte zunächst auch die Bittschrift der «treu gehorsamen Vorgesetzten aller drey Gesellschaften» nichts auszurichten, durch welche die Obrigkeit in Kenntnis gesetzt wurde, dass «die Knaben minderer Statt die regierenden Herren Obristmeister gleichsam stürmend angegangen, man möchte ihnen die E. Zeichen und Fahnen zukommen lassen».

< Schädlichkeit der Umzüge

< Reformationsordnung

Ohne jedes Verständnis für bürgerliche Traditionen zeigten sich 1798 die Regenten der Helvetischen Republik (1798–1803). Sie verordneten unverzüglich, dass «alle lächerlichen Umzüge und Masqueraden ausser den Häussern verboten sind und von der Policey nicht werden gedul-

< Helvetische Republik

det werden». Die Kleinbasler, die während allen Revolutionswirren beharrlich am Ancien Régime festgehalten hatten, unterzogen sich nur widerwillig dem Erlass der neuen Machthaber.

> Mutiger Entschluss

Schon nach wenigen Jahren kleinmütig erduldeter Gesellschaftsabstinenz wagten sie den Versuch, das ‹unsinnige› behördliche Mandat zu missachten. Initiant war Steinmetz Jacob Chri-

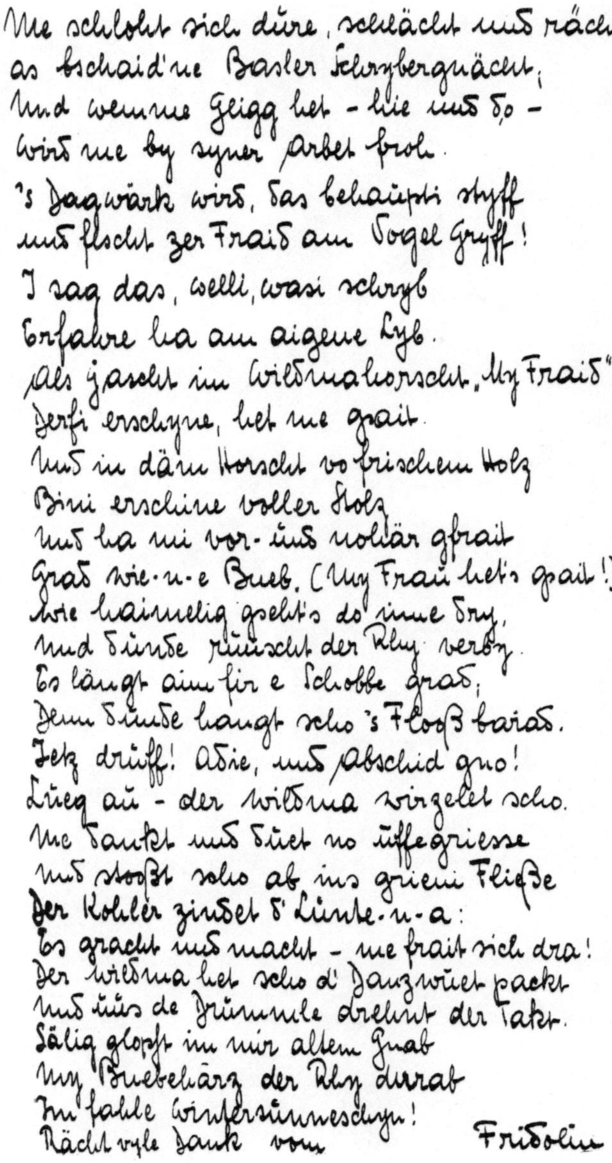
Me schlott sich düre, schlächt und rächt
as bschaid'ne Basler Schrybergnächt;
Und wenn me Gligg het – wie und so –
Wird me by syner Arbet froh.
's Dagwärk wird, das behaupti styff
und flscht zer Fraid am Vogel Gryff!
I sag das, welli, was i schryb
Erfahre ha am aigene Lyb.
Als jascht im Wildmahorscht „My Fraid"
Derfi erschyne, het me grait.
Und in däm Horscht vo frischem Holz
Bini erschine voller Stolz
Und ha mi vor- und nohär gfrait
Grad wie-n-e Bueb. (My Frau het's grait!)
Wie haimelig gseht's do inne dry,
und dunde ruuscht der Rhy verby.
Es längt aim fir e Schobbe grad;
Denn dunde hangt scho 's Floß barad.
Jetz druff! Adie, und Abschid gno!
Lueg au – der Wildma wirgelet scho.
Me dankt und duet no uffegriesse
und stoßt scho ab ins grieni Fließe
Der Kohler zindet d' Lunte-n-a:
Es gracht und macht – me frait sich dra!
Der Wildma het scho d' Danzwuet packt
Und uus de Drummle drehnt der Takt.
Sälig glotzt im mir altem Gnab
My Bueberhärz der Rhy durab
Im fahle Wintersunneschyn!
Rächt vyle Dank vom Fridolin

240
Fridolins gereimter Dank für die Einladung zum Gryffemähli 1941. Robert B. Christ (1904–1982), der auch als ‹Glopfgaischt› rühmlich in Erscheinung trat, schuf sich bleibende Verdienste um Pflege und Erhaltung der baslerischen Mundart.

> Oberstmeister Pack

stoph Pack, welcher der Gesellschaft zum Rebhaus von 1796 bis 1832 als Oberstmeister vorstand. Er liess im Jänner 1802 bei seinen Gesellschaftsbrüdern «kurzweg eine Session ansagen, ob wir dieses Jahr nicht einmal wieder unser Löwenmähli halten wollen; ward endtlich beschlossen, dass sie nichts dagegen, und machte sogleich diesen Rodul (Einladung): ‹Allzulange waren wir leider genöthiget, an allen Drangsalen unserer Nachbarn Theil zu nehmen, mußten auch selbst eigenthümliche ertragen. Mußten dulden, was wir nicht verhindern konten, und jetzt bleibt uns nichts übrig, als unter diesen antiken Ruinen, diesen neuen Halbschöpfungen zu wählen den Pfad der Weisheit. Laßt uns als Erster Schritt Essen und Vergessen, und dabey auf die Gesundheit des Alois Redings (erster Landammann der Schweiz) trinken. Wer also von meinen geehrten Herren Mitvorgesetzten und Lieben Gesellschafts Brüdern mit oder ohne Gäste dem seit ohndenklichen Zeiten gewöhnlichen Löwenmähli wieder bey zu wohnen gedenkt, beliebe seinem Nahmen ein × zu machen.›
Packs Einladung hatte Erfolg: «Nicht nur in der kleinen Stadt, sondern auch die Große bezeugte ihr Vergnügen, daß wir uns einmal wieder wollten sehen lassen, weshalb die Mahlzeit sogleich bis 50 Theilnehmer bekam. Alles war in gehöriger Bereitschaft, nur mir war noch immer Angst, daß man uns mit einem Verboth stöhren werde. Es kam aber nichts zum Vorschein, und so kam endlich der Mittwoch herbey. Der sogenannte Uhly wollte mit Gewalt auch in den Brunnen geworfen seyn; sagte ihm aber, daraus werde nichts, indem er mich daran erinnere, der Statthalter Wieland hab mir bey unserer Unterredung gesagt, er hoffe doch, daß wir den Uhly nicht werden, wie ehedem üblich, auch in Brunnen werfen. Uhly gab mir aber zur Antwort: so springe er von sich selbst hinein. Das wird euch niemand hindern, sagt ich. Mittwoch Morgens ließ ich, um die lerren Wände doch auch mit etwas zu Möblieren, folgenden Vers in die Mitte der weißen Wand schreiben:

Wan unter uns ein Bruder sitzt,
der Recht und Freiheit nicht beschützt
Und heimlich schleicht ins Krumme,
von heut an er verstumme.»

Es konnte nicht ausbleiben, dass das Vorhaben der Rebhäusler den Behörden zugetragen wurde, die nur mit einer einfachen Mahlzeit einverstanden waren. Und so liess sich Unterstatthalter Gysendörfer vernehmen, dass bei widrigem Gebrauch des sogenannten Ehrenzeichens alsobald die Arrestation der darin verkleideten

Person erfolge. Die Warnung beeindruckte Pack nicht, da «wir keine Gesetze kennen, so den Löwen einzuhalten jemahl verbothen hatten». Er ging «auf den Schrecken inallweg zur Mahlzeit. Man bewillkommte mich mit Vivat rufen, da ist er ja! Ich entschuldigte mich; daß sie auf mich gewartet, wäre eine ohnvermuthete Correspondenz mit dem Statthalter Ursache, welcher gar nicht wolle, daß der Löwe auf die Strassen soll. Hört was er mir deßwegen geschrieben, und was ich ihm geantwortet, und las ihnen die Schreiben vor; gut, wir wollen jetzt essen, und jeder setzte sich. Als es bis zum Bratis gekommen, hieß es, der Löwe werde doch um den Tisch herumlaufen. O ja, warum nicht, sagten wir Vorgesetzten, und er kam auch wirklich, seine Capriolen zu machen, tanzte auch in bester Ordnung 3 mahl um den Tisch herum. Allein plötzlich stunden sie alle auf, und mit unserem Löwen zum Tempel hinaus. Wir Vorgesetzten schauten einander an, konnten sie freilich nicht hindern, denn sie waren fort ehe wir nur wußten, was es geben solle, kamen auch wohlbehalten wieder zurück. Kaum aber waren sie bey uns, so kam ein Trup Hundert Einsler die Rheingaß hinauf und einer dito vom Riehen Thor her. Vor dem Rebhaus kroisierten (kreuzten) sie bey einander vorbey, und wir sahn gelassen dem Spiel zu, und wenigstens Ich war von Herzen froh, sie wieder abmarschieren zu sehn. Das ist alles, was mir von der ganzen History bekannt; auch haben die Gäste unsern Fahnen gefunden. Ich weiß selbst nicht, wo er eigentlich gewöhnlich ist, und steckten denselben, schon ehe der Löwe vort war, zum Fenster hinaus. Auch dieses abzuwehren war vergebens, dann sie sagten gleich, Gott straf uns, er muß hinaus, man soll uns dafür nehmen, wer etwas dagegen hat: Wir stehen alle für einen und einer für alle. Allein die Bürger und besonders die Gäste sind sehr unzufrieden, daß man uns auf eine solche Art behandelt hat, indem nur unser vernünftiges und ruhiges Betragen daran Ursache, daß die Sache so glücklich zu End gelaufen ist. Dann man sagte bestimmt, daß die Truppen scharf geladen gehabt und noch 5 Patronen bey sich getragen hätten (erstes hat sich nicht erwahrt) und daß, wann ein einiger Schuß gefallen wäre, es die Losung zu einem Blutbad hätte absetzen können. Alle benachbarten Wirthshäuser waren gepropft voll. Sie nahmen schon Abrede, wie sie die Truppen überrumplen wollten, sobald man uns verhaften wollte etc., etc. Sie wurden sogar beschimpft, z.E. was der Strolchenfänger an ihrer Spitze zu thun hätte; man lachte sie aus u.s.w. Noch 100 Mann blieben in Reserve im Klingenthal stehn. Schon fiel von alten Hitzköpfen der Gedanke, die Cassernen in Brand zu stecken im Fall einer Massacre. Doch ist Gottlob nichts vorgefallen, als daß alle Patrioten gewaltig in der Angst herum lauften. Auch sammleten sich

<< Vivatrufe

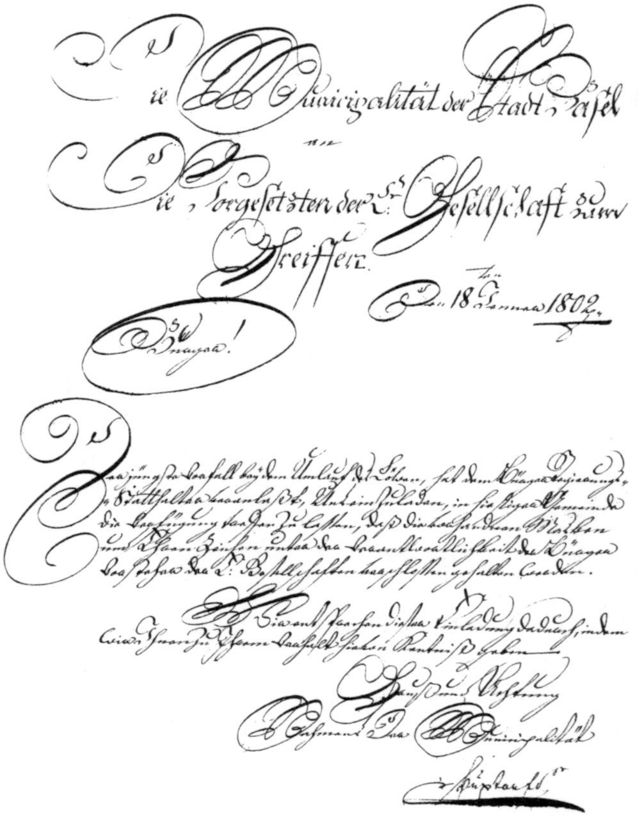
Die Municipalität der Stadt Basel
an
die Vorgesetzten der E. Gesellschaft zum Greiffen.
Basel, den 18. Jenner 1802.
Bürger!

241
‹Bürger Regierungs-Statthalter› lässt die Vorgesetzten der Ehrengesellschaft zum Greifen wissen, dass ‹die vorhandenen Masken und Ehren Zeichen› inskünftig unter Verschluss zu halten seien. 1802.

alle aus der Spalen und überigen Großen Stadt, so noch Anhänger am alten Wesen sind, so bald sie hörten, man wolle unsern Löwen hinweg nehmen. Kurz, die Patrioten glaubten nichts weniger, als ihren letzten Tag erlebt zu haben, und doch waren wir so still und ruhig, daß wohl niemals eine solche Mahlzeit mag gehalten worden seyn, wo alles so harmonisch gestimmt gewesen, obschon doch auch gute Patrioten unter uns sich befanden; dann wohl verstanden uns andre nennt man Aristokraten.

<< Alle für einen

<< Truppenaufgebot

Das mehrste zu Aussendung der Truppen mag wohl unser Commandant Remigius Frey (Vögeli-Frey) beygetragen haben. Sie mögen auch dieses Mahl eine Revolution vermuthet haben, dann was glaubt man nicht im Schrecken.

> Aristokratische Mahlzeit

Sie hielten es für eine Aristokratische Mahlzeit und sagten, was hat dieser und jener in klein Basel beym Löwenmähli zu thun, wann sie nicht etwas vorhätten. Es ist ihnen sogar hinterbracht worden, wir wären alle bewafnet, der Tisch läge voller Pistolen. Ja, ihr Narren, geladen waren unsre Pistolen, aber alle wurden sie rein ausgesoffen...

242
‹Leu, Wildma und Vogel Gryff.› Holzschnitt von Kurt Volk. 1986.

Überhaupt gut ist, daß die Sach so glüklich abgelaufen ist; Bürger-Commandant Frey war selbst gegenwärtig, um die Truppen zu beordern; ihm gibt man Schuld, er habe laden lassen. Doch gieng er nicht weiter als bis zum Clarahof und hatte nicht das Hertz, bis zum Rebhauß zu kommen. Ihme hatt man folgende Vers gemacht:

> Couragierter Vers

Auf! auf! Ihr Bürger Grenadier!
Es ist alhier ein Wildes Thier.
Ich hab ein groß verlangen:
Ihr müsset mir es fangen.
Der Brafe Schweizer Offizier
Rükt aus und sucht das Wilde Thier.
Allein er fand ein Mensch in Viehsgewand!
O sagt Er: Das ist alhier nicht unbekannt.
Es ist ja selbst der Basler Commandant,
Ein großes Viech in Menschen G'wandt!»

>> Verbannung

Für den couragierten Oberstmeister Pack hatte das Löwenmähli 1802 seine Folgen: er wurde zur Verantwortung gezogen. Zur Entlastung des angeklagten Rebhausvorstehers erklärte Strafverteidiger Dr. Johann Jakob Vest vor dem Distriktgericht u.a.: «Das alljährliche Mahl ist eine Gewohnheit und althergebrachte Observanz, die den Greisen wie den Jüngling, das betagte Weib wie das lallende Kind ergötzen, und an welchem selbsten die Bürger des Mehreren Basel gemeinsamlich mitfeyern. Ein Tag, der die Wolken der Trübsaal und der Bekümmernis zerstreut, und an welchem selbsten die Zwietracht ihre tödenden Pfeiler fruchtlos hinschleudert...
Mitten im Rundgesang kam nun der anstössige Löwe mit seinem Führer, welcher die Gesellschaft nach alt hergebrachter Übung mit Tanz und Sprüngen belustigte, zum Vorschein. Dieser überraschende Gegenstand brachte die Anzeige des Bürger Unterstatthalters in Vergess, und der Löwe, der schon mehrere Jahre im Düsteren verschlossen war und selbsten über unser Schicksal vor Gram seine lockichten Haare verlohr, suchte durch die Flucht erneuerte Belebung. Und mit einem Wort, wie vom Wind getragen, befand er sich mit seinem Führer in freyer Luft, von einer grossen Zahl der Gäste begleitet. Nach kaum einer Viertelstunde seines Aussenbleibens und Marquierung seiner Grenzen (beim Käppelijoch) kam er wohlbehalten unter dem Jubel der nach wahrer Freyheit strebenden Bewohner der mindern Stadt an den Ort seiner Bestimmung wieder zurück, allwo er des Tages Glanz mit der Schwärze der Nacht wieder auf ein Jahr verwechselte.»
Vests Appell, die ehrenhafte Gesinnung Packs anzuerkennen, fruchtete nicht: «Bürger Jacob Christoph Pack wird in eine Geldbusse von sechszig Schweitzer Francken und in alle Prozesskösten verfällt». Ungeschoren davon kamen hingegen «die Bürger Franz Lux Scherb und Samuel Beck, ersterer im Löwen und letzterer in dem Harlequin als des Löwen Führer verkleidet», weil sie «von der anwesenden Gesellschaft gleichsam hinaus gedrängt worden sind».
Damit «der jüngste Vorfall bey dem Umlauf des Löwen» nicht zu ähnlichen unliebsamen Übertretungen führe, wies der Regierungsstatthalter die Municipalität Basel an, dafür besorgt zu sein, dass «die vorhandenen Masken under der Verantwortlichkeit der Bürger Vorsteher der Ehren Gesellschaften verschlossen gehalten oder auf das Gemeinde Hauss geliefert werden sollen».
So musste der Greifen an seinem nachfolgenden Mähli auf den Tanz seines Ehrenzeichens ver-

zichten. Dafür kursierte folgender Vers unter den Gesellschaftsbrüdern:

Mein Lieber Greif!
Heut darfst du nicht dem Löwen gleich
Dein kleines Späßchen machen,
Weil die vollziehende Gewalt
Nicht gern sieht, daß wir lachen.
Doch nur Gedult, es kommt die Zeit,
Wo du wirst dörfen springen,
Wo jeder Biedermann alhier
Wird Schweizer Lieder Singen,
Wo dich kein Hundert Einsler Wacht
Wird können aresttieren,
Und wo kein Bürger Commandant
Wird länger existieren.
Bis dahin aber, guter Greif,
Mußt du dich ruhig halten.
Wir bleiben dennoch was wir sind:
Wir bleiben ja die Alten!»

1828 brachte Haerenschreiber Melchior Münch vor der Allgemeinen Vorgesetztenversammlung ein «mit grundsätzlichen Überlegungen gespicktes Memoriale» zur Sprache, das unter anderm auch die weitere Existenz der Ehrenzeichen in Frage stellte. Münch führte aus, er fände es zeitgemäss, «bey abzuhaltenden Gesellschaftsmählen unsere sogenannten Ehren Zeichen, diese thierischen Vorstellungen, nicht mehr menschlich zu beleben». Möge man auch immer, so versuchte der Haerenschreiber weiter seine Mitvorgesetzten zu überzeugen, die Ehrenzeichen als Reliquen der Vorzeit angesehen haben, so könne es doch nur Ehre bringen, wenn ‹das Thierische vom Menschlichen› getrennt würde, «um so mehr, als durch sie kein Andenken an irgend eine an unsere Vaterstadt oder Vaterland gekettete ruhmvolle That geknüpft» sei. Obwohl der Vorstand eine aus neun Mitgliedern bestehende Spezialkommission zur Begutachtung von Münchs Gedankengut einsetzte, «artete das verschwörerische Thema ‹Abschaffung der Thiere› nicht zu einem brennenden Problem aus»!

Nach mehrjährigem, durch die Kantonswirren hervorgerufenen Unterbruch haben die Kleinbasler Gesellschaften am 20. Januar 1836 ihren «Wappen oder Ehrenthieren den altüblichen Umzug an den Tagen der grossen Gesellschaftsmahle wieder erlaubt. Vor 8 Tagen zog der Leu mit seinem Uhle vom Rebhaus durch die kleine Stadt an das Capellenjoch der Rheinbrücke, dort seine Tänze nach alten Weisen zu tanzen; heute kamen die 2 wilden Männer auf einem Nachen den Rhein herab, sich in gleicher Weise zu produzieren. Mit Unrecht eifert man gegen solche alte Gebräuche, sollten sie auch wenig Sinn haben. Sie machen einmal dem Volke Spass, der leicht von allem Unfug frei zu halten ist, haben alterthümlichen poetischen Werth und geben einer Stadt ein eigenthümliches Gepräge, worauf im Gegensatze zu der rationalistischen Tendenz der neueren Kultur, alles gleich und langweilig zu machen, und im Geiste des conservativen Prinzips zu halten ist».

< Volksbelustigung

243
‹Vogel Gryff.› Federzeichnung von Arthur Riedel. 1938.

1884 resümierte der Herausgeber der Packschen Chronik, Gottlieb Bischoff, Behörden und Volk seien sich über den absolut harmlosen Charakter solcher Umzüge einig. Und er fährt fort: «Aber auch in den Kleinbasler Gesellschaften selbst war man bis zu Mitte unsers Jahrhunderts darüber zwiespältiger Meinung. Strebte eine gewisse Aufklärung dahin, dem Ärgerniß vieler Einheimischen und der Verwunderung ‹allfällig dazu kommender Fremden› über solch phantastisches Zeug Rechnung zu tragen, so fieng übereinstimmend mit dem zunehmenden historischen Verständniß auch unter den Gebildeten die Zahl Derer sich an zu mehren, die an solchen alten originellen Typen Freude fanden. Nachdem die Vorgesetztenversammlung zu Ende der 1840er Jahre durch eine Anzahl junger Vorgesetzten ergänzt worden war, wurde die Beibehaltung des alten Gebrauchs definitiv sanktioniert.» Und dabei ist es bis heute geblieben…

< Zwiespältige Meinung

< Definitiv sanktioniert

Historisches, Anekdotisches, Poetisches

Sprichwort

Förch Gott, Ratt ich dir.

‹Nüw Buch› des Rebhauses, 1519

Der Vogel Gryff hoch zu Pferd

Den 22. Jenner 1667 ist der Gryff auf einem Ross in der Stadt umher geritten. Es war gar lächerlich gewesen. Was nun alle drey Umzüg anbelangen thut, so haben sie sich alle dapfer und munter erzeigt, in ihrer Kleydung zierlich und in ihrem Gewehr hübsch.

Johann Conrad Meyer, 1667

Die Steinlemer mit neuem Greif

Am Hirsmontag 1713 oder Güdelsmontag, wie ihn die Glarner nennen, zogen die Steinlemer Knaben mit einer neuen Fahne und einem neuen Greif um, den Herr Hagenbach hatte machen lassen und der Gesellschaft daselbst spendiert hatte, weil dieses Quartier sonst den Greif von den Kleinbaslern entlehnen musste.

Johann Heinrich genannt Philibert Scherer, 1713

Eingangstext

Mit Gott in einer jeden Sach den Anfang und das Ende mach. Mit Gott geräth der Anfang wohl. Für s Ende mann Gott danken soll.

Schreibbüchlein zur Haeren, 1740

Faschingmässige Prozession

26. Februar. Wie schon gestern zogen auch heute wieder die Basler Kinder nach hiesiger Sitte mit Flinten bewaffnet scharenweise durch die Gassen, unter ihnen auch einige Erwachsene in alten Schweizertrachten. Es gibt daneben auch solche, die sich als Tiere verkleiden, nach den Wappen der Zünfte, oder vielmehr der Gesellschaften, wie man sie nennt, denn diese sind von den Zünften verschieden und auch nicht so zahlreich wie diese. Ich unterschied drei- oder viererlei, nämlich den Löwen, den Greif, den Wilden Mann und den Bären und vielleicht gibt es noch mehr. Jeder von diesen zieht mit seiner Truppe durch alle Gassen der Stadt. Man trifft auch einige, die in Panzer gekleidet mit grosser Majestät vor den Kindern vorangehen, jedes Kind trägt nach Soldatenart einen Grenadierhut und hat sich einen langen Schnurrbart gemacht. Vor jedem, dem sie begegnen, schiessen sie blind, wofür man ihnen etwas hinwerfen muss. Man pflegt diese zeremoniösen Umzüge jedes Jahr um diese Zeit zu veranstalten zu Ehren der alten Schweizer Väter, welche die Freiheit erkämpft haben. In dieser Absicht geht auch in dieser faschingsmässigen Prozession ein kleiner Knabe mit dem Apfel, und hinter ihm ein Erwachsener mit einem Pfeil, der nach ihrer Geschichte einen Vorfahren, namens Tell, darstellt, der auf Befehl des damaligen Oberbeamten gezwungen wurde, den Apfel vom Kopf seines eigenen Kindes mit dem Pfeil wegzuschiessen. Es würde aber zu weit führen, alle derartigen Ortsgebräuche weitläufig zu beschreiben.

Joseph Teleki, 1760

Eine Art Karnevalsfeier

Da seh ich unter meinen Fenstern den drolligsten Aufzug, den eine komische Einbildungskraft nur immer ausdenken kann! Ein Löwe, ein Greif, ein wilder Mann, Schweizer in alter Tracht, Männer und Knaben, mit Gewehr und Trommeln und Pfeifen. Dies ist eine alte Gewohnheit, eine Art Carnevalsfeyer, die man sorgfältig beybehält und Umzüge nennt. Sie dauern bis künftigen Montag, da sie am zahlreichsten und schönsten sind.
Der Umzug, den ich so eben gesehen habe, kam aus der kleinen Stadt, welche in drey Zünfte oder, wie sie es nennen, Gesellschaften eingetheilt ist. Die eine heisst die Gesellschaft zum Löwen, die andere zum Greifen, und eine dritte zum wilden Mann. Jede erscheint unter der Figur ihres Namens und zieht in der Stadt herum, begleitet von einer Menge fantastisch gekleideter Kinder. Die Thiere werden gewöhnlich an Ketten geführt, und der Greif zeigt sich in einer ganz eigenen Art von Tanze, den man den Greifentanz nennt. Alle diese Thiere nennt man die Ehrenthiere. Am lezten Tage der Umzüge wirft der wilde Mann den Greifen in einen Brunnen, in welchem Wasser ist: ein Umstand, der, wegen der Kälte der Jahreszeit, schon manchem Greife theuer zu stehen gekommen ist. Knaben versammeln sich in diesen Umzügen, oft in ganzen Compagnien, tragen eine Uniform, und schiessen vor den Häusern mit Flinten, wofür sie etwas Geld erwarten, dessen sie nicht bedürfen. Die Repräsentanten der Zünfte oder Gesellschaften sind gemeine Leute, die bezahlt werden. Auf den Zünften werden nun etliche Tage lang eine Menge Mahlzeiten gehalten, wo die Reichern und Ärmern sich oft mischen, und wo, wie ich höre, unmässig gegessen und getrunken wird.

Carl Gottlob Küttner, 1777

Prophetenwort

Lernet Gutes thun, trachtet nach Recht, helffet den Unterdrückten, schaffet dem Waisen Recht und helffet der Wittwen Sachen (Jes. IV 17).

Vogteibuch zur Haeren, 1789

Meisterkrönung

Zum dritten Mal wird nun mein Haupt
Mit dieser Krone fest umlaubt;
Sie drückt mich zwar nicht allzusehr,
Doch fällt sie mir etwas schwer,
Und so dass ich geistig sei frei,
Frei noch der nächsten Jahre drei

Verfliessen dem zu vermuten ist,
Es werde nach bestandener Frist
Ein Würdiger damit geziert
Der dieses Ehrenhaus regiert.

Ich mache, wills Gott, übers Jahr
Die Sach Euch etwas näher klar.
Richt' ich nun meinen Blick auf gegenwärtige Zeiten
Seh ich bald überall sich Kriegsnot vorbereiten:
Es blinkt des Kriegers Schwert nicht fern von unserer Stadt,
Das uns zwar Gott sei Dank bisher verschonet hat.
Doch stets die Sicherheit aufs Ungewisse setzet,
Wohl dem der dies bedenkt gehörig wägt und schätzet!

Im Innern aber selbst herrscht Mangel offenbar,
Was Lebensnotdurft heisst ist heute äusserst rar.
Nur Hass und Bitterkeit scheint bei uns zu gedeihen
Und anderer Verdruss allein uns zu erfreuen.

Doch weg mit diesem Bild, das uns mit Unmut füllet!
Ist denn kein Gilead aus dem uns Balsam quillt?
Oh ja! Zu unserm Schutz sind biedere Eidgenossen
In unsern Mauern da und wachen unverdrossen
Für unsere Sicherheit, verlassen Weib und Kind
Und zeigen mit der Tat was treue Brüder sind.

Dem innern Mangel steuert der Obrigkeit Bemühen so viel sie immer kann
Und Segenswünsche ziehen die Häupter unserer Stadt
Durch ihren Vatersinn und edle Tätigkeit mit Recht auf sich hin.

Auch mancher Bürger wirkt im stillen vieles Gute,
Verficht in jedem Fall das Recht mit edlem Mute,
Nimmt Teil an anderer Leid, freut sich des Nächsten Glück,
Wirft in die Zukunft selbst so einen heitren Blick
Betrachtet alles so! Sagt selbst nun – sind denn Freuden
Auf dieser Erde nicht schon mehr als der Leiden?

Findt man zu Gottes Lob nicht Ursach überall?
Oh, drum nennt ja nicht mehr die Welt ein Jammertal;
Ein so unseliger Wahn macht Menschen unzufrieden,
Er danke in der Tat für das was ihm beschieden.

Der Wunsch von Ihnen mir getan, verdanke ich so gut ich kann
Und wünsche Ihnen auch dagegen, viel Glück und Heil und allen Segen.

Und noch ein Wort zu Euch, Ihr Herren Kollegen,
Ihr wisset selbst was guter Rat vermögen und wirken kann
Drum fordere ich Euch auf, dass Ihr mir noch in meinem Jahreslauf
Getreulich helft mit Rat mich unterstützet
Und fleissig auch an meiner Seite sitzet.
Zwar weiss ich wohl, Ruf ist kein Machtgebot
Und was nur fern der Freiheit Fesseln droht,
Ist mir verhasst und in den Tod zuwider;
Drum auch seid Ihr frei, Ihr werten Brüder!
Wer kommen will zu unserer Session der sei willkommen,
Wer nicht will, bleib davon!

Besonders liebe Freunde, Gesellschaftsanverwandte
In denen ich schon oft manch redlich Herz erkannte,
An Euch wend ich mich und nicht nur aus Amtespflicht,
Aus wahrer Neigung selbst doch lauter aus mir spricht,
Was auch für ein Geschäft auf dieses Haus Euch führe,
So findet Ihr bei mir stets offene Türe.
Um Euch nach schwacher Kraft doch willig beizustehen.
Wird auch dann übers Jahr mein Amt vollendet sein,
Wohl mir, so leg ich es mit Dank und Freude nieder,
Wenn Ihr mir Beifall schenkt geliebte Gesellschaftsbrüder!
Schliesslich versichere ich Euch von meiner Dienstbegier
Und bleibe Euch zugetan, jetzt so wie für und für!

Oberstmeister Mattaeus Merian, 1793

Lebendige Wappen

In der mindern Stadt heissen die Gesellschaften zum Rebhause, zur Hären (einer Art Fischergarn) und zum Greiffen. Die Vorgesetzten besorgen den Waidgang und einige Gegenstände der kleinen Polizey, sie verwalten etwas Geld und Einkünfte, sie tragen Sorge für das Gesellschaftshaus und was dazu gehört, sie lassen ein sogenanntes Heizgeld von den Gesellschaftsgenossen einziehen, sie bestellen den Stubenknecht und den Hirt. Einmal im Jahre pflegen sie mit einander und mit andern Gästen freundschaftlich zu essen, und an der Fassnacht, wenn der Rath es nicht verbietet, stellen sie sogenannte Umzüge an. Dort wird das Wappen der Gesellschaft in lebendiger Gestalt, masquirt oder verstellt, in der Stadt herum begleitet. Einige mit der alten Schweizertracht sind die Begleiter. Dann folgen junge Knaben mit Trommeln und Gewehren, und mit der Fahne der Gesellschaft. Endlich Kinder von beiderley Geschlecht in allerley Kleidungsarten schliessen den frohlockenden Tross. Man kann den Aeusserungen von Freude, die bey diesen Umzügen sich überall offenbaren, nicht ohne Theilnahme zusehen oder zuhören.

Peter Ochs, 1821

Autobiographisches

Die Basler Fastnacht, die merkwürdiger Weise erst dann eintritt, wenn der Carneval anderswärts vorüber ist (d.h. nach Sonntag Invocavit) reicht mit einigen ihrer Elemente in das tiefe Alterthum zurück. Besonders soll diess gelten von den sogenannten 3 Ehrenthieren der kleinen Stadt, dem Leu, dem Greifen und dem wilden Mann, welche die drei Wappenbilder der dortigen Gesellschaften (zur Räbleuten, zum Greifen und zur Hären) bilden, und von denen alljährlich eine Incarnation in *der* Weise stattfand, dass in jedes derselben, d.h. in das sie darstellende Maskenkleid, ein Mann kroch, der den Leu, den Greif, den wilden Mann agirte. Die ganze Sache hatte einen ordentlichen dramatischen Verlauf. Schon geraume Zeit vor Fastnachten lief jede Woche ein solches Thier, von einem hanswurstähnlichen Führer, dem sogenannten Ueli, begleitet, in der kleinen Stadt umher und tanzte vor den Häusern der Vorgesetzten seiner Gesellschaft und auf dem Gesellschaftshause selbst um den Tisch der versammelten Gäste. Der Leu pflegte mit dem Ueli einen Wettkampf zu bestehen, der damit endete, dass das grimme Thier seinen Führer in den Brunnen warf, was einmal Einem den Tod soll zugezogen haben; auch erstickte einmal ein Löwe in seiner kupfernen Maske. Der wilde Mann kam an seinem Ehrentage auf einem Kahn den Rhein herunter; es sollte damit die Ankunft der ersten Colonisten versinnbildet sein, welche jene Fischerstätten gründeten, aus denen das kleine Basel ursprünglich bestand. Jedes der Thiere durfte nur bis auf die Mitte der Rheinbrücke seinen Gang fortsetzen (bis zu dem so genannten Käppelijoch) und musste dann wieder umkehren. Diess noch ein Rest der alten Eifersucht zwischen der kleinen und grossen Stadt, der sich von grossbaslerischer Seite aus auch in dem Lällenkönig ausdrückte, der an dem nun abgetragenen Rheinthor allen aus der kleinen Stadt Herankommenden die Zunge entgegen regte. Erst an den eigentlichen Fastnachtstagen selbst durfte dann der vereinte Chorus der Ehrenthiere unter dem Vortragen der Fahnen und unter Trommelschlag (der einen besonders charakteristischen Marsch ausdrückte) in das grosse Basel hinüberziehen, während umgekehrt auch die Züge der Grossbasler das kleine Basel besuchten. *Späterer Zusatz:* Seit ich dieses geschrieben, sind die Ehrenthiere bei den Klein Baslern wieder zu Ehren gezogen worden. Haben sie doch selbst bei dem Universitätsjubiläum 1860 paradiert. Hingegen in's grosse Basel kommen sie nicht mehr wie früher; wie denn überhaupt die sogenannten Umzüge der Quartiere längst abgestellt, um einem wüsten Wesen Platz zu machen, gegen das mit Recht geeifert wird.

Karl Rudolf Hagenbach, um 1850

Toast auf die Drei E-Frauen

Seitdem aus unserm frohen Kreise
Ein edler Mann vom Leben schied,
Der jedesmal gewohnterweise,
Als ehrenwerthes Rebhausglied
Für unsre Frauen toastirte,
Und sie mit süssen Namen zierte,
Seitdem sind diese wie verwaist!
Er, der den Klarahof erneute,
Der keinen Armen von sich stiess,
Er leuchtete in stiller Freude,
Wenn er die Frauen leben liess!
Und weil der edle Mann geschieden,
So wäre keiner mehr hienieden,
Der seine Stelle nun ersetzt?

Das würde unsre Frauen schmerzen,
Und lieblos wäre es gewiss!
Drum steh' ich auch mit vollem Herzen
Für diesen Edlen in den Riss.
Doch was man ehret hier auf Erden,
Muss an das Licht gezogen werden,
Damit man es auch besser schätzt.

Dem Amor, diesem losen Jungen,
Verdankt die Frau den lieben Mann;
Kaum aber hat sie ihn errungen,
Fängt schon für sie das Mühen an!
Da gibt's zu ordnen und zu sorgen
In ihrem Hausgeschäft, vom Morgen
Bis in die späte Nacht hinein!

Und wenn dann aus dem Wiegenbette
Zwei Äuglein schauen hell und klar;
Wenn gar noch diese Schaukelstätte
Sich neu bevölkert Jahr um Jahr,
Dann kommt sie gar nicht mehr vom Flecke,
Es geht ihr wie der Deckelschnecke,
Die mit dem eignen Haus verwächst!
Um zu erringen diesen Segen,
Muss Aug' und Herz und Hand sich regen;
Dem Manne liegt die Nahrung ob.

So wollen wir in Einmuth weihen
Den guten Frauen dieses Glas:
Es gilt nun den Kleinbasler-Frauen,
Auf die wir Männer liebend bauen!
Sie leben alle drei Mal hoch!

Philipp Hindermann, 1853

Die neue Haut des Wildenmannes

Im tiefen Dunkel seines Waldes
Lag schlummernd einst der wilde Mann,
Und durch der Bäume grüne Zweige
Schien ihn der Mond so freundlich an;
Er träumte von vergang'nen Tagen,
Indess die Nachtigall in Klagen
Dem Wald erzählt manch Lebensbild,
Das ihre kleine Brust erfüllt.

Da plötzlich weckt ihn dumpfer Donner;
Die Erde bebte ungestüm!
Und sieh!– da stand in der Kaputze
Der heil'ge Nikolaus vor ihm!
Er, dem die Priester einst vor Zeiten
Die kleine Betkapelle weihten,
Die nun auf so gemeine Art
Zu einem Pferdestalle ward.

Da raffte sich im Nu erschrocken
Der wilde Mann vom Lager auf,
Und fragte nun den heil'gen Bruder:
«Warum stiegst du zu mir herauf
Aus Grabesnacht, mit Donnerrollen
Und Zorn im Blick? – was kannst du wollen?
Du bist der heil'ge Nikolaus;
Kann ich dir dienen? sag's heraus!»

«Gut, dass du deinen Nachbar kennest!»
Erwiderte der Greis gerührt;
«Da musst du auch mein Kirchlein kennen,
Das man so schändlich profanirt!
Wo, statt dem Chorgesang, dem schönen,
Nur Pferde wiehern, Flüche tönen;
Wo Unrath nur die Lüfte füllt,
Der aus dem schwarzen Borne quillt!»

«Du fuhrst schon oft zu deinem Feste
Den Rheinstrom ab, und stiegst dort aus
Bei jenem Born, der nun mein Kirchlein
Entehrt zu einem Klepperhaus!
Du sahst, wie sie mein Kirchlein morden,
Und doch bist du nicht schamroth worden!
Du wusstest auch, wie das mich grämt,
Und doch hast du dich nicht geschämt!»

«Drum will ich dich jetzt schamroth machen,
Und strafe dich vor aller Welt
An deinem Leib mit Scharlachflecken,
Dass dir die Haut vom Leibe fällt!
Du kannst dich unterdess besinnen,
Wie du mich wieder willst gewinnen!
Ich bleibe nun so lang ergrimmt,
Bis dieser Stall ein Ende nimmt!»

Er sprach's – und war im Nu verschwunden!
Und sieh! der starke wilde Mann
Fühlt sich erkrankt und übergossen
Von Scharlachflecken um und an!
Er lag, von Schmerz und Gram gebunden,
Und konnte lange nicht gesunden,
Bis endlich ihm so ganz und gar
Die Haut vom Leib gefallen war!

Jetzt kam er rasch zu dem Entschlusse:
«Der Noth will ich gehorsam sein!
Ich will die Stallung niederreissen,
Und setz' dafür die Häre ein!
Doch müssen wir dreieinig handeln,
Und auf dem Weg der Klugheit wandeln;

Erst dann kann dieses Werk gedeih'n,
Und sich des Segens auch erfreu'n!»

So sprach der wilde Mann im Walde
Und fuhr im Kahn den Rhein hinab
Zu seinem schönen Bruderfeste,
Das er nun heute wieder gab.
Doch als er ausstieg bei dem Borne,
Da fiel ihm ein: – Der Geist im Zorne,
Und wie die Haut fiel Stück für Stück!
Und schamroth senkte sich sein Blick!

Jetzt können wir ihn fröhlich sehen
In seiner nagelneuen Haut;
Jetzt können wir ihn tanzen sehen
Mit seinen Brüdern hold vertraut.
Das Eintrachts-Erbe unsrer Alten,
Das sich Jahrhunderte erhalten,
Und uns so wohl im Herzen thut,
Das bleib' auch immer unser Gut!

Das ist nun kürzlich die Geschichte
Der neuen Haut bis auf den Fuss.
Draus können wir die Lehre ziehen,
Dass man sich immer schämen muss,
Wenn man das Edle und das Reine
Hinunterzieht in das Gemeine.
Das Edle und das Reine gilt:
Drum sind wir Gottes Ebenbild!

Philipp Hindermann, 1857

Das Gesellschaftshaus

Z'Basel an der Rhibruck a
Stoht e Hus, g'rad näbedra;
's isch e Hus, das Jedes kennt,
Wenn me's scho verschiede nennt;
's Kleini Basel het's im B'sitz;
Sit der Gründung heisst's zuem Sp
– G'sellschaftshus.

Schön isch d'Ussicht in däm Hus;
D'Basler gehnd dert i und us.
D'Häre-n und der Grif und Leu,
Die verbrüederete drei
Händ dert ihr Verg'nüegungssitz,
Dorum heisst me's au zuem Sp
– G'sellschaftshus.

Und e neue Wirth isch do,
Dä het 's Ganzi überno,
Leitet's, wie-n e General,
Mit sim Schnäuzli brun und schmal,
Flink und g'rüehrig wie der Blitz;
Dä isch jetze Wirth im Sp
– G'sellschaftshus.

Dä schänkt z'Jmmis Kaffi i,
Git e Gläsli Cognak dri,
Git eim Wasser für der Lohn,
Und e Zuckerportion,
Und au Ys in grosser Hitz,
So serviert der Wirth im Sp
– G'sellschaftshus.

Er git au de Herre d'Kost,
Suppe, G'mües und Wi statt Most,
Rippli, Brotis und Surkrut,
Und die Herre rüehme's lut:
«Nei, 's isch wohr, kei Bessre git's,
As der neui Wirth im Sp»
– G'sellschaftshus.

Wenn er grossi Ässe het,
So wird g'mordet do in 's G'wett,
Unbarmhärzig, ohni G'nad
Köpft und g'würgt und g'stoche, grad
Wie am Tag bi Austerlitz,
So goht's zue in unserm Sp
– G'sellschaftshus.

Het me-n erst Conzärt und Ball,
Do strahlt 's Gas im grosse Saal;
No-n em Tanz wird d'Ässlust g'weckt,
D'Tisch sind appetitlig deckt;
Tartestück mit Öpfelschnitz
Stehnd do z'erst parad im Sp
– G'sellschaftshus.

Und im schöne Monet Mai,
O wie freut si Gross und Klai!
Denn do breitet vor däm Hus
Sich e schöne Garte-n us
Uf der neue Bruck demitz,
Und dä Garte g'hört im Sp
– G'sellschaftshus.

Drum kehrt in däm Hus am Rhi
Alles gärn und freudig i;
Jedi Dame-n und ihr Herr,
Civiliste, Militär,
Au der Schützematteschütz,
Alli finde Freud im Sp
– G'sellschaftshus.

Z'Basel an der Rhibruck a
Stoht das Hus g'rad näbedra;
's het e Thürmli und e Saal,
Z'unterst no e Hüehnerstall,
Mänge Riss und vieli Gritz,
Und me heisst's scho lang zuem Sp
– G'sellschaftshus.

Philipp Hindermann, 1861

Der Umzug der kleinbaseler Ehrenzeichen

Wer noch im ersten Drittheil unsers Jahrhunderts das alte Basel mit seinen Thürmen und Thoren besuchte, dem ist gewiss auf der hölzernen Rheinbrücke der Lällenkönig nicht entgangen, der vom grossbaseler Rheinthor nach Kleinbasel hinüber seine Zunge bewegte (Zunge ist im Dialekt ‹Lälli›), als wollte er die drüben recht empfindlich verhöhnen. Aber die trutzigen Kleinbaseler waren auch nicht auf den Kopf gefallen; sie sassen hinter ihre Weinkannen und dividirten etwas heraus, das nun freilich nicht in die Weltgeschichte und noch viel weniger in eine Zeitung gehört. Echt mittelalterlich war es aber doch, ein Gegenstand, zum Pendant geschaffen einem gewissen Stadtgenius, den die kunstsinnigen Brüsseler verehren.
Der Lällenkönig, der so viele Jahrhunderte unzähliger Handwerksburschen Herz erquickt, hat, wie so vieles andere, dem Zeitgeist weichen müssen; er fristet nun als depossedirter Fürst sein stilles Dasein in Basels mittelalterlicher Sammlung. Wie aber die Rheinstädter von Konstanz bis Köln vom Altehrwürdigen nicht gern lassen und von jeher Sinn gezeigt haben für das Historische, das Malerische und Poetische, so haben die Kleinbaseler einen Gebrauch bis auf den heutigen Tag unangetastet festgehalten, dessen Ursprung gar nicht sicher mehr angegeben werden kann.
Das am rechten Rheinufer gelegene Kleinbasel, in frühester Zeit nur ein Fischerdorf, wurde erst im Jahr 1225 durch eine feste Rheinbrücke mit der sogen. ‹grossen Stadt› verbunden. Sechzig Jahre später erhielt es durch Kaiser Rudolf Stadtrechte, und im Jahr 1386 wurde es von Grossbasel, als der Herzog Leopold von Oesterreich bei Sempach gefallen, käuflich erworben. Das Gefühl bürgerlicher Selbständigkeit, das sich in den Zunftrechten zuspitzte, und das bei fröhlichen Anlässen gern in drastisch heiterer Weise zur Geltung kam, ist nun wol der Grund des Umzugs der kleinbaseler Ehrenzeichen. Nach anderer Ansicht soll der Ursprung dieser Scene noch weiter in jene Zeit zurückzuverlegen sein, da die Abhänge des Schwarzwalds noch von Heiden bewohnt wurden.
Das Fest findet jeweilen in der ersten Hälfte des Januar statt. Gegen die Mittagsstunde stösst auf dem rechten Rheinufer, etwas

244
Jahr für Jahr erwarten die Kleinbasler *ihren* Vogel Gryff mit einer Freude, Begeisterung und Anhänglichkeit, wie nur ein seit Jahrhunderten festverwurzelter Volksbrauch solche auszudrücken vermag.

245
Die Kleinbasler Ehrenzeichen vollziehen am 11. November 1905 die Eröffnung der neuen, gänzlich in Stein gebauten Mittleren Rheinbrücke.

246
Vogel Gryff, Wild Ma und Leu erwarten beim Käppelijoch den grossen Festzug der Zünfte und Gesellschaften zum St. Jakobsfest 1984, der erstmals vom Grossbasel ins Kleinbasel führte. Den Rahmen zum ‹historischen Ereignis› bildeten: Spielchef Fille Lehr, Bundesrat Dr. Otto Stich, Vorsitzender Meister der Zünfte und Gesellschaften Eugen A. Meier, Regierungspräsident Karl Schnyder und Grossratspräsident Dr. Bernhard Christ.

247
Die Ehrengesellschaften am Festzug zum 1. August 1942.

248
Vorgesetzten-Bummel auf die Froburg. 1923.

249
Die Gesellschaftsbrüder am Festzug zum 1. August 1938.

250–251
Die Ehrengesellschaften am Festzug zur St. Jakobsfeier 1949 und 1939.

Drei E. Gesellschaften
Klein-Basel

252–259
Einladungskarten und Buchillustrationen von Otto Plattner (1943), Robert Hiltbrand (1971), Ernst Rudin (1972/1980), Otto Schächtelin (1957/1952), Fritz Haufler (1942) und Niklaus Stoecklin (1967).

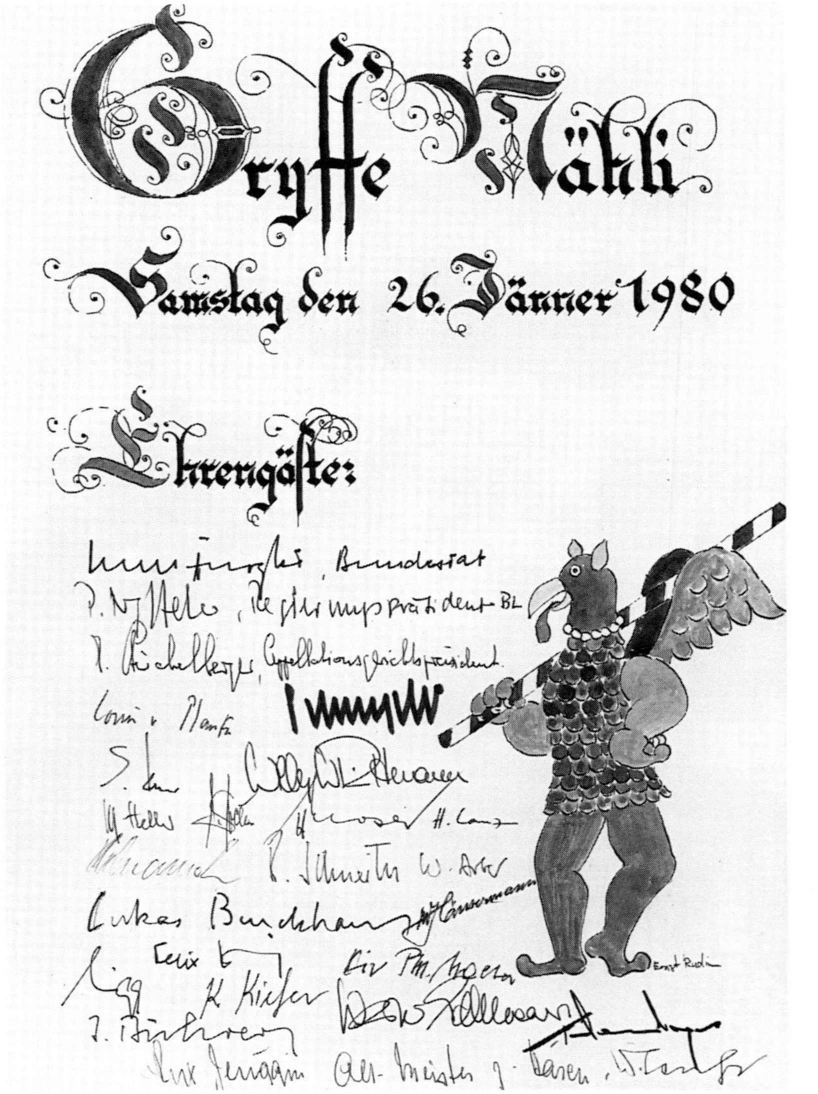

Vogel-Gryff
Samstag, 19. Jänner 1952
Dr Ruedi Moser mit Bedacht
Het is sy scheene Horscht vermacht.
Doch zerscht het's Schwirigkaite gäh;
Wär sot s'Legat ze Laschte näh?
Z'letscht het me doch dr Uswäg gfunde
No däm me gsuecht het vyli Stunde
Und jetze gheert dr Horscht ellai
Em wilde Ma, em Gryff und Lai.

260–265
Im reich dotierten ‹Schatzkästlein› der Drei Ehrengesellschaften bildet der künstlerische Nachlass des Liestalers Otto Plattner, der sich im Kleinbasel sichtlich wohl fühlte, ein wesentlicher und wertvoller Bestandteil (vgl. p. 215).

266
Angeregt durch Verkehrsdirektor Kurt A. Haegler und Staatsarchivar Paul Roth wurden 1944 die Basler Fähren mit ‹sinnvollen› Namen ‹getauft› (Birsfelder Fähre: Ueli, St. Albanfähre: Wilde Ma, Münsterfähre: Leu, Klingentalfähre: Vogel Gryff). Photo Werner Bürgin. 1971.

267
Die ‹Taufgesellschaft› bei der St. Albanfähre. Im Vordergrund der Staatsarchivar. Rechts neben dem Haerenfähnrich Otto Flury der Verkehrsdirektor und die ‹Taufgotte› Ida Frohnmeyer. Etwas oberhalb der damalige Schiffahrtsdirektor und spätere Regierungsrat und Präsident des Nationalrats Alfred Schaller. Photo Hans Bertolf.

268–270
Die Drei Ehrenzeichen als beliebte Postkartensujets um die letzte Jahrhundertwende.

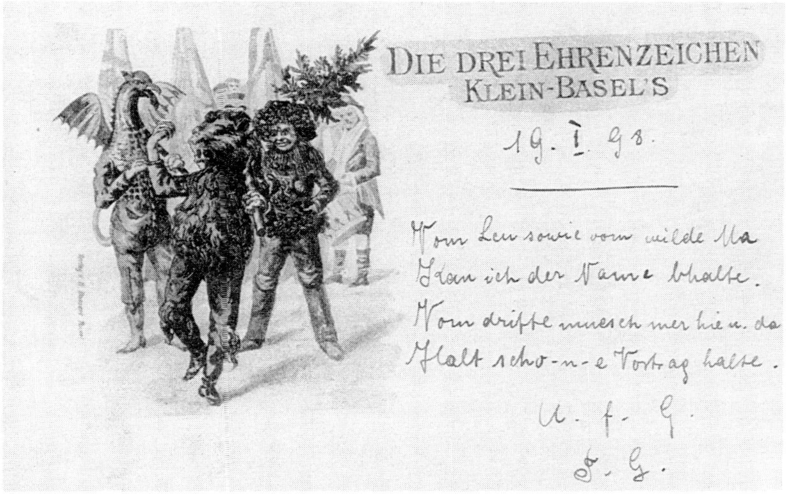
DIE DREI EHRENZEICHEN
KLEIN-BASEL'S
19. I. 98.

Gruss der 3 E.E. Gesellschaften Klein-Basels.

271.273
So unlösbar gegenwärtig in vielen Bereichen des Vereinslebens das Problem des Nachwuchses erscheint, so erfreulich ist die Begeisterung der Kleinbasler Jugend für ihren Volksbrauch. Ob im Jugendfestverein, ob im Waisenhaus, überall ist der Andrang künftiger Ehrenkleidträger gross...

272
...so dass leider nicht jeder Bubentraum seine Erfüllung finden kann. Bleistiftzeichnung von Willy Abt. 1922.

274–276
Wie seit alters bedeutet den Vorgesetzten die Pflege tätiger Nächstenliebe auch heute noch ein vorrangiges Anliegen. Dabei bedarf es beim Äufnen der Mittel des persönlichen Ideenreichtums und Einsatzes eines jeden Gesellschaftsbruders.

Wir bitten um eine Spende
für die Kinderheime

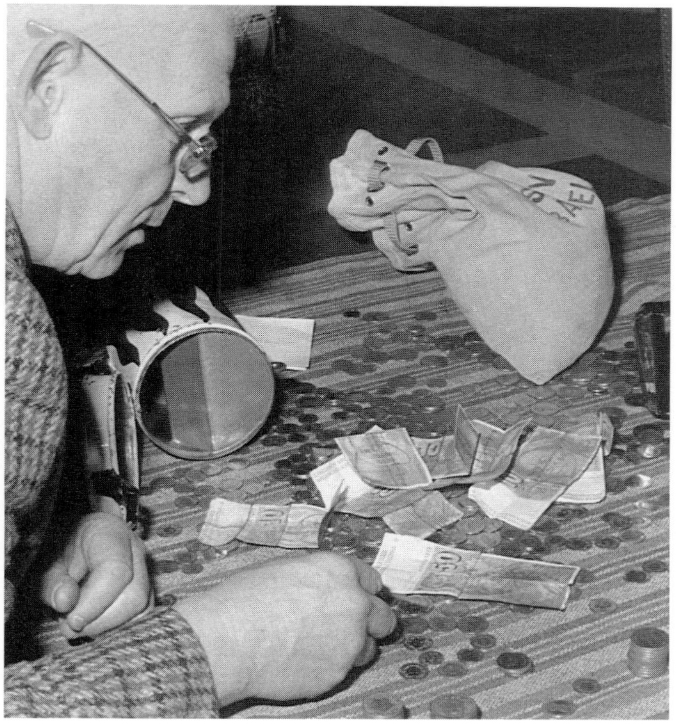

277–280: Kinder schreiben Horstbesitzer Ruedi Moser: «Wir danken Ihnen vielmals für die feinen Weggli. Sie waren noch so warm, als wären sie geradewegs aus dem Ofen spaziert. Wir glauben, Sie sind froh, wenn wir Ihnen ein Brotmärggli schicken. Der Wilde Mann war ein rassiger Typ, hoffen aber, dass er nicht allzuviel ins Schnapsgläslein geschaut hat. Ja, er hat es ganz gut gemacht, dass er dem Grossbasel den Rücken zugekehrt hat. Diese müssen es auch einmal büssen, wenn sie früher meinten, sie wären die vornehmeren und plagierten.»
Farbstiftzeichnungen von Edith Nobel-Rüefli, Gretli Häusler-Meier, Sonja Schneider und Lotty Bagutti-Schmid. 1942–1944.

oberhalb der Stadt, ein Kahn vom Lande, in welchem unter Böllerschüssen und dem Hurrahrufen der zahllos an den Ufern sich drängenden Volksmenge der wilde Mann, geleitet vom Bannerträger, stromabwärts fährt, um in der Nähe der Brücke und des Gesellschaftshauses ans Land zu steigen. Kränze um Hüften und Haupt kennzeichnen den rauhen Sohn des Waldes; eine Tanne schwingend, vollführt er am Ufer seinen Tanz. Der Greif und der Leu, ebenfalls von Trommlern und Fahnenträgern geleitet, bewillkommnen mit Tanz und Reverenz den bärtigen Fremdling.

Nun geht's in feierlichem Zug unter immer mehr anschwellendem Menschenschwarm auf die Brücke, aber nur bis zur Mitte, denn die Grossbaselerhälfte darf nicht betreten werden, dann durch die Hauptstrassen der ‹kleinen Stadt›. Es ist gleichsam eine Einladung, welche die Wappenthiere den Zunftmeistern bringen, sich ins Gesellschaftshaus zu begeben, denn an diesem Tag vereinigt daselbst ein fröhliches Mahl die Bürger Kleinbasels. Die Meister und Vorgesetzten betrachten es als eine Ehre, die drei Zeichen vor ihrer Schwelle die althergebrachten Tänze vollführen zu sehen und ihnen einen wohlverdienten Trunk zu reichen. Es sind aber nicht etwa bezahlte Dienstleute, die in den Masken stecken, sondern Mitglieder der Gewerke; jedes Jahr ist eine der Gesellschaften und somit eins der Ehrenzeichen Regent im Lande. Für die Jugend beider Stadttheile haben dieselben aber noch die weitreichende Bedeutung, dass man sich nun mit aller Thatkraft den Sorgen widmen müsse, welche die bevorstehende Fastnacht und der Morgenstreich mit sich bringen.

Rudolf Kelterborn, 1882

'S isch hitte 's Grifemähli

Die wenigen Fremden, welche sich zur Zeit in unserer Stadt aufhalten und zufällig Montag Vormittag gegen 11 Uhr die mit einer neugierigen Volksmenge besetzte alte oder mittlere Rheinbrücke passieren, werden, wie dies jedes Jahr zu geschehen pflegt, fragen was los sei. Bald werden sie von der Wettsteinbrücke her zwei durch einen Bretterboden miteinander verbundene Kähne gewahren. Die kleine Schaluppe ist besetzt von einigen festlich gekleideten Männern, einer flott spielenden Musik und einigen Jungens, welche um so fleissiger Böllerschüsse losbrennen, je mehr sich das Fahrzeug der alten Rheinbrücke nähert. Aber noch eine andere seltsame Figur erregt am meisten die Neugierde der Uneingeweihten. Es ist eine Maske in struppigem Bart im Aufzug eines Wilden, auf der Schulter ein ausgerissenes Tannenbäumchen tragend, tanzend und gestikulierend. Oberhalb der Brücke, unfern vom Café Spitz, wo das Fahrzeug mit seiner Bemannung landet, stehen zwei weitere Thiermasken, ein Löwe und der Vogel Greif bereit, die Ankömmlinge zu bewillkommen. Dazu gesellt sich noch eine vierte Figur, eine Art Clown in den baselstädtischen Farben schwarz und weiss, er trägt eine Sammelbüchse, in welche Geldmünzen zum Besten der Armen Kleinbasels gelegt werden.

Bald hat sich ein kleiner Festzug arrangirt, bestehend aus der Musik, den kostümierten Gestalten und einer Anzahl Festfeiernder, meistens bezilinderte Vorgesetzte der drei Gesellschaften Basels, der sich nach dem Café Spitz oder dem sog. Gesellschaftshaus begibt, wo sich bereits noch eine grössere Anzahl Mitglieder eingefunden haben.

Nach einen Imbiss kommen gegen 12 Uhr die vier kostümirten Gestalten unter der inzwischen immer dichter gewordenen Volksmenge wieder zum Vorschein, gravitätischen Schrittes unter Musik und Trommelschlag bewegen sich Löwe, Greif und wilder Mann bis auf die Rheinbrücke zum sog. Käppelijoch wo sie einen Rundtanz aufführen und sodann sich wieder in's Gesellschaftshaus zurückbegeben, während der schwarzweisse Clown, ‹Uhli› genannt, unaufhörlich seine Sammelbüchse rüttelt und milde Gaben eintreibt.

Das ist das alljährlich sich wiederholende Vorspiel zu einer gemeinsamen Mahlzeit der drei E. Gesellschaften Kleinbasels zur Hären, zum Greifen und zum Rebhaus, ein altes Herkommen, wie Einem gewöhnlich geantwortet wird, wenn er sich über das kleine Volksfest näher erkundigen will. ‹'S isch hitte 's Grifemähli› sagen die Basler.

Der Umzug der 3 Wappenthiere entstand unmittelbar nach der Vereinigung der beiden Städte im Jahre 1392, und zwar aus Freude der Kleinbasler. Es fassten damals die Vorgesetzten und Mitglieder der drei Gesellschaften den einstimmigen Beschluss, dass die Vereinigung Kleinbasels mit Grossbasel auf ewige Zeiten durch ein Freiheits- und Freudenfest mit Umzug der drei Ehrenzeichen soll gefeiert werden (was reine Hypothese ist, E. A. M.).

Der Umzug, wie es heutzutage noch üblich ist, entbehrt des frühern Pompes, ist auch jedenfalls nicht mehr mit so viel Unsitte und Rohheit verbunden, in ästhetischer Beziehung lässt dieser äusserliche Akt ebenfalls zu wünschen übrig. Immerhin erinnert er an Zeiten, wo man grosse politische Ereignisse geräuschvoller und farbenprächtiger feierte, als in unserem, an Materialismus und Verflachung reichen, an Volksthümlichkeit und Originalität aber arm gewordenen Jahrhundert.

Schweizerische Morgenzeitung, 1888

Des Kaisers Geburtstag

Das Erscheinen der drei Kleinbasler Ehrenzeichen, Greif, Leu und Wilder Mann, ist immer ein Fest, an dem die alte Rheinbrücke einer Belastungsprobe unterzogen wird; es beweist aber auch, dass die Poesie selbst im kältesten Winter nicht erfriert. Wenn um die Mittagsstunde derartige Geschöpfe auf der Brücke herumtanzen können, unter dem Zulauf von Tausenden, so ist damit der Beweis geleistet, dass noch nicht aller Sinn für alte Gebräuche im modernen Jagen nach Geld erstickt ist. Der Umstand, dass heuer das Greifenmahl gerade mit dem Geburtstag des deutschen Kaisers zusammenfiel, hat übrigens auch zu einem Missverständnis Anlass gegeben: Ein Elsässer Weiblein, das dem Tanz andächtig zusah, meinte: «E lüej me-n-äu do hare, jetz gümpe no godverdohni die bessere Membres vom ditsche Kriegerverein z'Basel verklaidet ummenand; 's isch ollewäj wegen em Giburtsdaj vum ditsche Kaiser!»

National-Zeitung, 1893

Gefährlicher Transport

Als 1895 die Wertgegenstände der Gesellschaft zum Greifen in das Historische Museum transportiert wurden, war es reines Glück, dass diese nicht Schaden erlitten, da der Zufall es wollte, dass der zu diesem Zweck angestellte Packträger beim obern Ende der Gerbergasse mit samt seinem Wagen von einem Einspänner angefahren und beinahe in eine Laden-Montre geschleudert wurde.

Protokolle zum Greifen, 1895

Neues vom Spitz

Altes geht und Neues kommt. Um die gleiche Zeit, da dem Kleinbasler Teich das Totenglöcklein läutet, wurde ein neues Café Spitz geboren; die Gesellschaftsbrüder haben die Meister nicht im Stich gelassen, sondern ihrem Vorschlage beigepflichtet. Sie haben damit neuerdings bewiesen, dass die Kleinbasler im Grunde genommen gar nicht so steckköpfig sind, wie man sie da und dort verschreit; sie können eigentlich gar nichts abschlagen, als den Teich, und auch damit hat's bald ein Ende. Der neue Spitz soll eine Perle Kleinbasels werden und weithin leuchten, besonders wenn er von Zeit zu Zeit, etwa am ‹Mehli›, mit altem Markgräfler vergoldet wird; die Irrgänge im jetzigen Spitz, in denen man sich ohne Bädeker selbst in durchaus nüchternem Zustande nicht zurecht finden kann, werden verschwinden, und Kleinbasel erhält einen Gesellschaftssaal, wie ihn nicht einmal die Engel im Himmel besitzen. National-Zeitung, 1905

Weltgeschichtliches Ereignis

Die drei Ehrenzeichen, die bei uns die gleiche Deutung erfahren, wie anderwärts die Schneeglöckchen und ersten Veilchen, haben bereits ihr Erscheinen auf den 20. Januar angekündigt; Greif, Leu und Wilder Mann üben bei gedämpfter Trommel Klang ihre prähistorischen Tänze ein, die aus jener Zeit stammen, da man noch nichts von der modernen Beingymnastik und gewichsten Parkettböden wusste; die Jugend kann es kaum erwarten, bis das alte und doch ewig neue Schauspiel auf dem Rhein und der mittleren Rheinbrücke sich abspielen wird. In der erhabenen Stunde, da der Wilde Mann den Rhein hinuntergefahren kommt, stellt jeder urchige Kleinbasler die Arbeit ein und begibt sich an den Strand des Stroms; die Böllerschüsse, die vom Weidlinge her erdröhnen, ergreifen ihn mehr, als das feierlichste Kirchengeläute; er hat das packende Gefühl, Zeuge eines grossen, weltgeschichtlichen Momentes zu sein. Der Tanz auf der Brücke ist für ihn eine symbolische Handlung, die ihn packt, weil er sie nicht ganz begreift; er vernimmt daraus das Wehen des Geistes längst vergangener schöner Zeiten, da noch nicht jeder ‹Schwob› in Basel das grosse Wort führen durfte, da sogar der Grossbasler sich hüten musste, den Kleinbaslern dreinzureden, wofern er sich nicht ganz kolossalen Unannehmlichkeiten aussetzen wollte... National-Zeitung, 1910

Der Lokus-Leu

Am Universitätsjubiläum war der Empfangsabend im Café Spitz. Natürlich liessen es sich die Kleinbasler Honoratioren nicht nehmen, bei dieser Gelegenheit den fremden Gästen auch ihre Ehrenzeichen (NB. wer «Ehrentiere», oder gar «Ehrenviecher» sagte, der wurde gehauen!), den Greifen, den Löwen und den Wilden Mann mit ihren originellen Tänzen vorzuführen. Kurz vor dieser Produktion wusste sich nun einer der Basler den Löwenkopf zu verschaffen und setzte sich, mit demselben angetan, auf einen gewissen Ort und unterliess das Riegeln der Türe. Was er damit bezweckt hatte, geschah auch: Ein Professor aus Greifswalde, der ahnungslos diese Lokalität betrat, fiel fast in Ohnmacht, da er sie mit einem solchen Ungetüm besetzt sah, und rannte schreckensbleich in den Saal zurück. Die bald darauf zur Aufführung kommenden Tänze gaben dann die nötige Aufklärung. Paul Barth, 1910

Überlebensgrosser Wilder Mann

Gegen den Rhein, dort wo sich jetzt das Café Rheingold befindet, stand ein Befestigungsturm, der aber schon vor Jahrhunderten abgebrochen wurde, so dass das Härenhaus freie Aussicht auf den Rhein bekam. Am Platz des Turmes aber entstand ein Mistloch, in welches der Pferdemist aus der als Reitschule, später als Gaststall dienenden Niklausenkapelle versorgt wurde. Über dem Durchgang gegen die Rheingasse und gegen den Rhein gerade über dem Mistloch war der überlebensgrosse wilde Mann gemalt. Als im achtzehnten Jahrhundert der wilde Mann auf der Rheinseite neu gemalt wurde, da stellte ihn der Künstler von hinten und in etwas hockender Stellung dar, damit die vom Mistloch aufsteigenden Parfums seine Nase nicht beleidigten. Die Helvetik liess beide Bilder übertünchen und 1815 wurde nur der wilde Mann en face gegen die Rheingasse wieder hergestellt. Als Reminiszenz des über dem Mistloch stehenden wilden Mannes ist aber noch der nicht gerade ästhetische Tanz geblieben, den die Nachfolger des obigen uns noch jedes Jahr vorführen. National-Zeitung, 1912

Missgestalteter Greifenpokal

Die Gesellschaft zum Greifen, als ehemalige Gesellschaft zum Baum, die dritte der drei Kleinbasler Zünfte, hat sehr zahlreiches Silbergeschirr: der Hauptbecher zeigt das Wappentier mit merkwürdigen heruntergezogenen Ohren, dabei hat dieser Greif an den Hinterpfoten keine Krallen, sondern Hufe, so dass er einem apokalyptischen Tier nach Albrecht Dürer ähnelt. Auch an diesem Prunkgeschirr haben sich die Epigonen versucht und ihm einen ganz misslichen Schild in die Vorderpfoten gegeben, wozu die eine Kralle ganz unnatürlich verlängert werden musste. Wenn die Vorgesetzten zum Greifen für ein Jahr auf das ‹Kaiser Heinrichs-Mähli› verzichten und die Zinsen des Brenner-Legates zur Renovation dieses Greifen verwenden würden, so vollbrächten sie eine Grosstat, gegen welche weder die Familie Brenner, noch der Bürgerrat Einspruch erheben würden.

National-Zeitung, 1912

Verständnisloser Polizeikommandant

Die trommelkundige Jungmannschaft Kleinbasels ist gewohnt, sich am Abend des Umzugtages den drei offiziellen Trommlern anzuschliessen; unter Begleitung von Laternen wird den drei Ehrenzeichen das Geleit gegeben, d.h. so lange es die hohe Polizei erlaubt. Da aber über das Trommeln nur eine ganz unbestimmte Verordnung vom Jahre 1852 existiert, so hängt die Erlaubnis dazu ganz von der Willkür der Polizei ab. Der dermalige Polizeikommandant leidet aber offenbar an Autophonie (hört am liebsten sich selbst), als Berner ist ihm zudem das Trommeln verhasst, da es ihn wahrscheinlich an seinen geplagten Bruder, den Tanzbär, erinnert. Genug! Als die Kleinbasler letztes Jahr 10 Minuten nach 10 Uhr noch trommelten, da wurden gegen die 13 Fehlbaren Strafbefehle erwirkt, 12 nahmen die Strafe (3 Fr. pro Kopf) an, der dreizehnte protestierte und verlangte das gerichtliche Verfahren. Mirabile dictu! (hört, hört!). Der Herr Präsident fand die Sache kleinlich:

minima non curat praetor (kümmerte sich nicht um Kleinigkeiten), und entliess den Kalbfellvirtuosen ohne Strafe mit einem väterlichen Zuspruch. Die Rache des Polizeigewaltigen blieb nicht aus: im Jahre des Heils 1912 wurde die Trommelerlaubnis nur bis 9½ Uhr gegeben, was allerdings dem Greif zum Heil geriet, da demselben von einigen protzenhaften, horribile dictu (schrecklich zu sagen), Vorgesetzten Champagner kredenzt worden war, so dass es besser gewesen wäre, er hätte sein ohnehin schweres Haupt schon vor 9½ Uhr zur Ruhe gelegt… National-Zeitung, 1912

Verlorenes Privilegium

Wenn vor 60 Jahren, als Schreiber dieses noch auf der Schulbank am Kilchgässli sass, an einem schönen Januartage, punkt 11 Uhr, vom Rhein her die Böllerschüsse ertönten, da entliessen die Lehrer, damals schon Vorgesetzte, ihre Knaben, damit sich dieselben an dem patriotischen Anblick des den Rhein hinunterfahrenden Wilden Mannes ergötzten. Herr Lehrer Schaffner, Obermeister zu Hären, legte die letzte Feile an seine Rede, damit ihr das attische Salz nicht fehle; Herr Lehrer und Stadtpoet Philipp Hindermann (der es nur zum Mitmeister gebracht hatte) ging behutsam noch sein für diese Gelegenheit verfasstes Gedicht durch und dämpfte etwelche im Konzept stehen gebliebene Anzüglichkeiten. Herr Lehrer Fäsch, Obermeister zum Rebhaus, aber war mit seinen Schulmädchen zuerst am Platze, da er aus seinem am Rhein neben Frau Ehrler gelegenen Schulhause nicht weit auf die damals nur schmale Akazien-Allee hinaus zu gehen hatte.
Natürlich war der Nachmittag auch für die Kleinbasler Schuljugend frei: wer hätte denn Schulstunde halten wollen, wenn die verehrten Lehrer beim «Gryfemähli» sassen? Etwa ein Grossbasler Suppleant? Kaum! Jetzt ist dieses Privilegium erloschen: die Lehrer von heute verstehen von der alten Zeit wenig mehr, und wenn sie auch teilweise Basler Bürger sind, so sind sie doch weder im Seminar noch im Grossratssaal über das altehrwürdige Fest des Umzuges der drei Ehrenzeichen der minderen Stadt belehrt worden! National-Zeitung, 1912

Verschmähte Liebe

Selten finden sich in einer Stadt mit so vielen Rechten ausgestattete Zünfte, als wie die drei Gesellschaften Klein-Basels im 15. Jahrhundert und bis zur Reformation. Politische, richterliche, vormundschaftliche und geistliche Macht war in ihnen vereinigt. Mit kraftvoller Hand, eifersüchtig ihre Rechte wahrend, regierten die Vorstände der drei Klein-Basler Zünfte. Vor ihrem Gerichte galt kein Ansehen der Person, was am besten ein Vorfall beweist, in welchem die Mitmeister der Gesellschaft zum Greifen über ihren eigenen Oberstmeister zu Gericht zu sitzen hatten. Letzterer sah die Tochter des Stubenknechtes (Zunftabwartes) gern, welche jedoch seine Neigung nicht erwiderte. Da verwandelte sich die verschmähte Liebe des Oberstmeisters in Hass: er beschimpfte einmal die Jungfer mit gröblichen Worten. Der Vater kam herzu und warf kurzer Hand den Oberstmeister die Treppe hinunter und zum Zunfthaus hinaus, wobei derselbe zu Schaden kam. Beide Teile klagten. Unter dem Vorsitze des andern Oberstmeisters tagten die Mitmeister: beide Parteien wurden gestraft. Der Stubenknecht erhielt 12 Tage Arrest, der Oberstmeister musste Abbitte tun und dazu 20 Pfund Busse zahlen. Der Handel wurde als die Ehre des Abwartstöchterleins nicht schädigend erklärt. National-Zeitung, 1912

Rispappe und Kiechli

Mini scheenste Jugenderinnerige hange mit der alte Sägi und Oeli am Sägergässli zämme. Die het unserem liebe, guete Grossunkle ghert und dert simmer au dehaim gsi; der Nusskueche, wo mer vorne in der Oeli gholt händ, het is köstlig dunkt, wenn er als so frisch gsi isch. Jedes Johr am Vogel Grif, do sin der ganze Verwandtschaft ihri Kinder uf der Säge iglade gsi, das isch als e Fest gsi! Z'Mittag hets immer Rispappe und Kiechli gä, das hämmer is als gschmecke lo. Am Nomittag sind der Leu, der Vogel Grif und der Wildma in 's Gässli ko mit de Tamboure und händ vor 's Unkles Hus ihri Tänz ufgfiehrt, e bitzeli grust het 's is scho, wenn mer so noch bi dene Gsichter gsi sin, aber lustig isch's halt doch gsi. Bis z'Nacht hän mer als derfe dert bliebe und im Unkle d Hitte zunderscht oberscht kehre. Er het is iberhaupt viel Fraid gmacht, der Unkle, sig's am Suntig gsi mit scheene Spaziergäng oder wenn mer am Wärktig mit em mit Vorliebi in d'Erle sind; me het mege zuenem ko wenn me het welle, er isch immer nätt und frindlig gsi. I main i hör die alti heimeligi Sägi no und sähch das alt nätt Hus mit sine antike Möbel und der Terasse voll scheene Pflanze; s'isch schad, dass me ne so ebbis muess ewägg tue. Der guti Unkle isch scho iber 20 Johr unterem Bode, aber i dänk allewil no gärn an die scheene Zite uf der Sägi zruck. E-n alti Baslere, 1912

Kummervolles Café Spitz

Der Neubau an der Rheingasse war und ist ein Loch im Seckel der drei Ehren-Gesellschaften Kleinbasels: ein guter Teil der Zinsen des auf Fr. 515,000 geschätzten Vermögens geht jeweilen in Reparaturen und Renovationen des unpraktisch disponierten Gebäudes auf. Baulustige Gesellschaftsbrüder versuchen seit Jahren – um diese Lage zu verbessern! – die Gesellschafter zu einem Neubau zu bewegen. Glücklicherweise scheitern diese Projektenmacher an dem nüchternen, gesunden Sinn der Mehrheit. Solange von Grossbasel die mit Affichen bedeckten Bretterwände und der versunkene Landjägerposten herüber schauen, brauchen sich die Kleinbasler ihres Café Spitz nicht zu schämen. Kommt Zeit, kommt Rat: wenn einmal die Greifengasse korrigiert ist, dann mag die Nachwelt in Kleinbasel prüfen, was sie an Stelle des jetzigen Café Spitz stellen will!
National-Zeitung, 1912

Des Ulis Leichenrede

In den zwanziger Jahren starb in hohem Alter in der mindern Stadt ein gewisser Bertschy, seines Zeichens Kleinviehmetzger. Seine Frau, die mit der Ware hausieren ging, war allgemein unter dem Namen ‹d'Geissesbertschene› bekannt. Der Mann hatte sich als guter Kleinbasler bis etliche Jahre vor seinem Tod das Nebenverdienstchen nicht nehmen lassen, an der Fastnacht und vorher, bei den Umzügen der drei Kleinbasler Ehrenzeichen, den ‹Uli› zu machen.
Der von ihm in seiner Krankheit berufene Geistliche hielt nach Bertschys Tod auf Begehren der Familie die Leichenrede. Ein

Mitglied des E. Bannes machte gelegentlich dem Geistlichen eine Bemerkung darüber. Es sei doch stark, dass ein Mann, der seit langer Zeit alljährlich den Uli gemacht habe, mit einer förmlichen Leichenrede geehrt werde. «Warum denn nicht», erwiderte freimütig der Pfarrer, «was dem einen recht ist, ist dem andern billig. Wenn irgendein angesehener Herr stirbt, der im Leben oft und viel den Löwen, Wildenmann und Greifen gemacht und den Uli noch dazu, so erhält er doch auch eine Leichpredigt, die sich gewaschen hat!»

Paul Koelner, 1926

's Gryffemähli

Wenn 's Gryffemähli neecher kunnt
Im Januar, im kalte,
Se duuche-n-in mym Innre-n-uff
E Huffe-n-alti Gstalte.

I gseh-n-e Ritter ohni Furcht,
Doch nit ganz ohni Tadel,
Der Hottihoh, und um en här
Der ganz Glaibasler Adel.

I gseh der Steffi, gseh der Fritz
Bym Wy – e ganzi Schwetti,
Gross wie-n-e-n-Urwältriesegschlächt,
I gseh die alte Schetty.

I gseh der Häre-n-uff em Rhy
My alt Glaibasel griesse,
I gseh sy Banner, gseh sy Danz
Und heer der Mettel schiesse.

Wenn 's Gryffemähli neecher kunnt,
Juggt's mi an alle-n-Egge,
Und isch es do, se mues i halt
Derby sy um's Verregge!

Theobald Baerwart, 1931

Vogel Gryff

Streck nur die Zunge use,
Du Lällekenig dert!
S'mues eim ob mängem gruse,
Wenn er si Muul uffspeert.

Die minderi Stadt usz'lache,
Heb nur Muulaffe feil.
Der wild Ma kunnt mit Krache
Und zeigt dr s'Hinterteil.

Lueg, wie-n-er zue dr tänzlet
Uff siner Fahrt im Rhy.
Wär vor em Gäld scharwänzlet
Ka kai Glaibasler sy.

Und alli Ehrezeiche,
Si tanze uff der Brugg.
Tiend hi und do ein spaiche
Und näme denn e Schlugg.

Si gehn nur bis in d'Mitti
Und driber au kei Schritt.
Glaibasler sin, i bitti,
So viel wie andri Lyt.

Der Lei mit sine Pfote,
Mit sine Mähnehoor,
Dä will dir s'eini rote:
Fercht niemer und kai G'fohr!

Er schlot dr mit em Stägge
Er geiferet – nit fuul
Uff die, wo d'Wält verdrägge
Mit ihrem beese Muul.

Will d'Wält sich nit vertrage,
Mues gschwätzt und g'stritte si,
Kumm Lei, i mues ders klage:
Fahr du emol do dri!

Nur schimpfe, kritisiere,
Nur dass me d'Zit vertuet?!
Nai, s'brucht zum durestiere
E bizzli Leiemuet.

Dr Vogel Gryff het Läbe,
Will g'falle jedefalls.
Er treit doch nit vergäbe
So hoch und stif si Hals.

Du muesch e bizzli rittle
Am Zopf vom Baselstab.
Verleimde si, so schittle
Dr Drägg vom Panzer ab.

Will nume s'Neii g'falle
In der modärne Zyt.
B'halt s'Räächt in dyne Kralle,
Wenn's au kai Vorteil git.

Der wildi Ma ka gumpe,
Er wird nid mied vom Danz.
Er treit in griene Lumpe
Mit Epfel gspickt e Kranz.

Er würzelet si Dännli,
Am Buch und Kopf voll Laub:
Die Buebe fuxe s'Männli.
So wird er wild und taub.

Urwichsig und voll Läbe,
Voll wilder Lydeschaft,
Grad wie-n-in junge Räbe
So pulst in ihm sy Kraft.

Und will der Staat verroschte,
Und isch kei Speiz meh dra.
Und schycht me alli Koschte,
Klepfs uff!! du wilde Ma!

Wenns drummlet, wenn si pfyfe,
Und kessle d'Ueli s'Gäld,
So lacht trotz Schnee und Ryfe
Glaibasel iber d'Wält.

Mues d'Wält emol versingge,
Denn wird – das glaub i styf
Me s'allerletschti tringge
Am Fescht vom Vogel Gryff.

Pfarrer Friedrich Heer, 1932

Der Vogelgryff

's Glaibasel biweggt sich, 's isch Vogelgryff,
's Volgg wälzt sich dur d'Strosse-n-und
Gasse
Und stopft die mittleri Rhybrugg voll,
Fir am Zwelfi der Danz nit z'verpasse.

Am Gsellschaftshuus hange d'Fähne duss
Vom Räbhuus, vom Gryffe, vom Häre,
Und d'Rhygass isch voll vo Buebe-n-und Lyt,
Wo au gärn am Mähli wäre.

Und uff em Rhy im Bulverdampf
Kunnt's durab mit Bellergrache;
Der Häre gseht me syni Gimp
Zem Trummelrhythmus mache.

Scho stehn an de Fänschter im Kaffi ‹Spitz›
D'Glaibasler Honoratiore,
Was Namme-n-und Gäld und Bidytig het
Vom Rhywäg bis unde-n-an d'Schore.

's Glaibasel het sy grosse Dag,
Und was sunscht verschiedener Mainig
Vom Bürgerparteiler zem Kommunischt,
Am Vogelgryff isch 's ainig.

's Glaibasel het sy grosse Dag,
‹Ins Kaffi Spitz!› isch d'Losig;
Fascht glaub i, ass d'Zyte sich bessere dien
Und d'Wält wird wider rosig.

Theobald Baerwart, 1932

Greif und Leu und Wilder Mann

Der Rhy goht hoch, und syni Wasser rusche
Im Boge gstaut am graue Stai vom Joch.
In d'Tiefi, abe druggt der Schwall und brandet
Im Pfylerwirbel wider gwaltig uf.
Es zieht und macht. Was drait er alles mit,
Der Strom, wo gäl und bruun ans Ufer schloht:
Usgrisseni Baim und Heg und Helzer schwimme
Im Wällegang dervo, z'mitz drin e Floss,
Zwai Waidlig und e lychti Brätterbrugg.
Fernes Trommeln, Böllerschüsse, Kinderjubel.
Der Wild Ma danzt und schwänggt dert druf sy Danne
Mit Wurzle-n-Escht und Dolder, draait und buggt sich
Glai-Baselwärts in tiefer Reveränz.
Los! D'Drummle gehn und Beller krache-n-uf.
Trommeln und Lärm stärker.
Jetz sin si do! Der Wild Ma stygt ans Ufer,
Wo gravidetisch winkt der Vogel Gryf.
Es gumpt der Lai z'ringsum, und d'Kessi ruesse
In Straich und Wirbel no de-n-alte Dänz.
Abziehende Trommeln.
Und jetz ziehn alli drei mit Ueli, Fähne,
Dambure, Lyt zum alte Gsellschaftshus,
Zum Gryffe-Mehli und zum Bruggedanz.
Di alti Zyt stoht wider uf, 's alt Basel,
In däne Brych, wo jede kennt, wo hite
No wie vor hundert Johre läbig sin.

Doch was bedytet, frogsch mi jetz, das Wäse,
Wo in der Haiteri vo unsre Däg
Isch wiene Märli us ere-n-andre Wält?
Was will dä Bruuch no, dängsch der nyt derby?
...Waisch, 's isch e-n-Erbstugg halt
Vo Gschlächt und Gschlächter; us de-n-eltschte Zyte
Verzellt's vo Muure, Dor und Schwärt und Schild,
Vo Birgerwach und Kehrum und vom Regimänt
Vo unsere Gnädige Here z'Basel und vom Bischof,
Wo Rychsfirscht gsi isch do, bis ass-em d'Burger
Ai Rächt ums ander abgkauft hän und si denn
Sin Maischter worde in der alte Stadt.
Vo däm verzellt dä Bruuch und vo vyl eltre Zyte
Us däre Landschaft, wo no kuum e Stai
Z'Glai-Basel gstande-n-isch, wo Jeger, Fischer
Und e baar Kloschterlyt hän däne gwohnt.
In däne Dänz isch Haidezauber: Opferbrych
Und Frieligsfeschter schyne derdur dure
Im Drummledanz vo Wild Ma, Lai und Gryf.
's Glai-Basel het sich gmaint dermit, und hit isch's meh no,
Was uns das Wäse sait, vo Zyte, wo verby
Und nimme sin scho lengscht und als no wirke.

E. F. Knuchel, 1935

Prähischtorisch

's Glaibasel syg e-n-Urwald gsi
Mit Simpf und Laie-n-und Drache?
Denn in der prähischtorische Zyt,
So sait me, haig's gäh so Sache.

Und wyter obe, uff em Birsfäld,
E Troglodyt haig ghuust als,
E hoorige Kärli, wo sich nie
Haig gwäsche-n-und nit gluust als.

Und zmitts im Winter, wenn der Rhy
Vor Kelti haig Grundys tribe,
Do syg dä Urmentsch der Strom durab
Und z'Basel hange blibe.

E Drach mit Namme ‹Vogelgryff›
Und e Lai, die haige-n-em gwartet,
Sobald sy Gibriel verkindet haig,
Er syg in Birsfälde gstartet.

Und wil si 's Verlufte hän neetig gha,
Denn in de Simpf het's gstungge,
Se sin si e bitzli an's Rhybord ghoggt,
Hän uffwärts gluegt und em gwungge.

Der Troglodyt, au ‹Häre› gnennt,
E richtigi Urwaldpflanze,
Dä het e Gump us em Waidlig gnoh
An's Ufer und isch go danze.

Und au der Gryff und der Lai hän danzt;
Druff sin zenenand si gsässe,
Hän zämme-n-e ganze-ne-Auerox
Und zwor à la Tartare gfrässe.

Trotz alle Forschige waiss kai Mentsch,
Ob die alti Sag au wohr isch;
Biwyse ka me's nämlig nit,
's isch ebe prähischtorisch.

Doch nimmt me-n-a, es syg eso,
Und fyrt drum im große Sääli
Vom Kaffi Spitz au hitte no
D'Erinnerig bym Gryffemähli.

Theobald Baerwart, 1936

Bisch barat – Vogel Gryff?

Her Vogel Gryff, e Lorbeergranz
Gäbt gärn ich fir dy noble Danz.
Das isch Glaibasler Tradition,
Die erbt vom Vater uf der Sohn.
Lipfsch d Bai, bald s rächti und bald s link,
Machsch s Männli, hinderzig gisch Gingg,
Machsch Komplimänte, schtrecksch di styf:
E Kunstwärk ischs, Her Vogel Gryff.
De strecksch nit schlächt der Lälli use,
Doch imene Basler duets nit gruse.
Er derft di strychle, s Deepli gä,
Kaim Eidgenoss wurdsch 's ibel nä.
Doch fir der ‹Fluech› sin Gralle dra,
Und in der Huut drin steckt e Ma.
Kämt hit der Bees vo näbedra,
Schliefsch usem Gwand,
Hänggsches an d'Wand,
Der Helm legsch a.
Nimmsch s Gwehr in d'Hand,
Wirsch fräch und wyff.
Jetz gfallsch mer ganz, Her Vogel Gryff!

Gustav Steiner, 1941

Ein grauer Morgen

Hilarius – ein grauer Morgen.
Ein freier Tag. Und ohne Hast
Im Wildma-Horst ein Frühstück ohne Sorgen,
Mit Weidlingfahrer als Härengast,
umsäumt die Ufer, frohes Leben
Erinnerung an ferne Jugendzeiten.

Den preis ich glücklich, dem das Glück gegeben
Mit Freunden auf dem Strom zu gleiten.
Ein Basel gibt es nur auf Erden
Nur einen Hären obendrein!
Mög Weltenfrieden wieder werden
Und ewig frei sein unser Rhein!

Jakob Oeri, 1942

D'Wildmannefahrt

Es glänzt der Rhy voll Sunnegold.
Der Wind waiht in de-n-alte Fähne.
Mer stosse-n-ab. Wie Donner rollt
's Gibeller und deent zrugg vo däne.

Der Wild Ma macht sy Reveränz
Den alte Frind im Horst, im neie,
Und ziggzaggt ruckwärts syni Dänz
Und het kai Angscht, ins Wasser z'keie.

Doch scho git's Minschter is der Säge,
Und uff der Pfalz gsesch Buebe gnue.
Im Pulverdampf und Äscheräge
Goht's ibere ufs Klai-Basel zue.

Jetz drummlets zrugg. Me gseht e Fahne.
Vom Spitz us wingge Gryff und Lai.
Mer hebe scharf ans Ufer ane,
Scho krost der Stachel in de Stai.

Der letztscht Schuss loht der Kohler use.
D'Wildmanne-Daufi griege d'Gescht.
Jetzt simmer do – e Gwiehl zum Gruse,
's Klai-Basel het sy grosses Fescht!

E. F. Knuchel, 1943

Geflügeltes Wort

Gut Wein, gut Wort genossen allzumal
Mit guten Freunden beim heitern Mahl,
Die vier Ding haben den Lohn,
Dass man lange redt davon.

Notizbücher zum Greifen, 1944

Eidgenosse-Bruch

Fahr ab, Wildma, s isch Basler Bruch!
Gang, würzele, doch mach's nit z'ruch.
Griess d'Meischter und mach 's
Komplimänt,
Mach's elegant, potz sappermänt.
Doch's Pulver halt mer trogge, warm;
Weiss Gott, es gitt villicht Alarm.
Der Drach am Minschter isch e Molch
Vergliche mit em Nazistrolch.
Drum 's Pulver gspart und halt di warm,
Und gits Alarm,
Her Wildema,
Der Helm legsch a,
Und was d'jetz schinsch, das wirsch: sig
ruch!
Dasch alte Eidgenosse-Bruch.

Gustav Steiner, 1944

Nasser Bürgerbrief

Vor Jahren meldete sich ein Neubürger zu den Gesellschaften; die Unterschrift auf dem Bürgerbrief war kaum trocken, Referenzen konnte er keine angeben. Der Herr Meister liess ihn deshalb zu sich heimkommen. Als er ihn frug, was ihn eigentlich bewogen habe, sich bei uns zu melden, sagte er im schönsten ‹Schwobedialekt›: «Ja wisse se, Herr President, mei Freind, der Hans, hat zu mer gsagt, jetzt bisch du Baslerbirger, da musst du unbedingt in den Verein nei, das sind alles noble Leit. Iberhaupt, Herr President, ich hab immer e Saufreid ghett, wenn ich gesehn hab, wie die Viecher in Glaibasel rumhopse.» Dass der Herr Meister von dieser Begründung nicht begeistert war, kann man sich lebhaft vorstellen…

Emil Schaefer, 1951

Sumaki

In der alten Extraktfabrik der J. R. Geigy AG, welche auf dem Areal der jetzigen Mustermesse am Riehenring stand, extrahierten wir u. a. in grossen Quantitäten die gerbstoffhaltigen Sumachblätter, welche wir aus Sizilien bezogen. Dabei fielen derart grosse Mengen Rückstände an, die wir nicht mehr in der normalen Kanalisation wegschaffen konnten. Wir erhielten deshalb vor Jahren die Erlaubnis, dieselben gegenüber dem Rankhof in den Rhein zu werfen. Die Rampe, auf der dies geschah, war im Geschäft als Sumachrampe sehr wohl bekannt, umsomehr als es öfters vorkam, dass mit den Sumachabfällen auch ein Schnappkarren mit in den Rhein fiel. Der Name ‹Sumaki› für den früheren Startplatz des Vogel Gryff ist wohl sicher hierauf zurückzuführen.

Hartmann Koechlin, 1953

Verwechselte Schwänze

Während der Wilde Mann auf dem Schiffsfloss zu Tale fährt und sich mit Böllerschüssen ankündigt, machen sich Greif und Leu zum würdigen Empfang ihres Kollegen bereit. Sie sind in ihre Kostüme gekleidet worden, nur noch Kopfmaske und Schwanz fehlen. Am Rheintor beim Café Spitz steht ein Verbindungsmann, der melden muss, wenn das Schiff die Wettsteinbrücke passiert hat. Das ist dann die Aufforderung, dass sich die beiden Ehrenzeichen zum Abmarsch fertigmachen müssen. Die letzte Hand wird an ihre Montur gelegt. Einmal wollte es der Zufall, dass der Mann, der sie betreute, in der Eile beim Anlegen die beiden Schwänze verwechselte. Ein Unkundiger hätte das kaum bemerkt, aber die Gesellschaftsbrüder, die am Rheinweg standen, stellten die Verwechslung gleich fest, und an Spott und bissigen Bemerkungen fehlte es nicht. Man konnte das Missgeschick nicht im Tageslicht der Strasse korrigieren, man musste vielmehr warten, bis man im Spitz war. Weil aber vier Wochen nach dem ‹Vogel Gryff› die Fasnacht abgehalten wird, hatten damals die Schnitzelbänkler ein dankbares Sujet mehr, das auch tatsächlich mit mehr oder weniger beissenden Versen besungen wurde.

Emil Schaefer, 1953

Kanoniersgeschichten

Ein bekannter Kleinbasler Handwerksmeister, der im ‹Spiel› Kanonier war, hatte für sein Znüni vom nächsten Tag ein halbes Pfund Leber eingekauft und in einem Gärnlein mitgebracht. Sein Kamerad, der immer zu Schabernack aufgelegt war, nahm sie ihm in einem günstigen Moment weg und liess sie sich in der Küche zubereiten; sie wurde ihm mit einer herrlichen Rösti serviert. Er verzehrte sie recht umständlich und liess es an begleitenden Lobpreisungen nicht fehlen. Sein ahnungsloser Spielgefährte genoss den Duft in der stillen Vorfreude auf sein morgiges Znüni. Frohgemut nahm er sein Gärnlein vom Haken, ohne zu ahnen, dass der Schalk das Leberlein mit einem Stein vertauscht und säuberlich ins Papier gewickelt hatte. Am andern Abend gab's einen Mordskrach; aber über den Proben vergass man den Zank ums ‹suur Läberli›, und im Zeichen des ‹Vogel Gryff› wurde der Friede wieder hergestellt.
Den Kanonieren war jahrelang ein bekannter Kleinbasler behilflich, der von Beruf Bäkker war, später aber Schlafwagenkontrolleur wurde. Er war ein Original, wie es deren leider immer weniger gibt. Sein Standort war das Hotel Sonne an der Obern Rheingasse. Da er gerne Französisch sprach, so hiess die Gasse in seinem Jargon nur ‹Boulevard du Rhin›; wechselte er einmal sein Domizil an den Bläsiring, so taufte er die Strasse in ‹Boulevard du plaisir›; die Kly-

beckstrasse nannter er ‹Avenue des petits boulangers›. Wenn ihn sein Beruf auch weit weg von Basel führte und er oftmals den Orientexpress bediente und bis Istanbul fuhr, so war er doch ganz sicher am Vorabend des ‹Vogel Gryff› bei uns. Seine Aufgabe war, den Kanonieren zur Hand zu gehen, die Mörser zu putzen und während der Rheinfahrt sie mit den glühenden ‹Eisenstängelein› zu bedienen. Er zählte sich deshalb auch gerne zu den Kanonieren. Wenn sie ihn aber hochnehmen wollten, so neckten sie ihn, er sei nur ein ‹Luntenwärmer›. Das hörte er nicht gerne, und er konnte recht böse werden, oder er heulte wie ein Kind. Wie ernst er aber bei der Sache war, das beweist folgende Begebenheit. Wenn die Ehrenzeichen vom Tanz im Waisenhaus in das Café Spitz zurückkamen, stellte der Wilde Mann sein Tännchen auf den Vorplatz, nahe dem Eingang an der Rheingasse, um es, wenn der Tanz im Saal aufgeführt würde, griffbereit zu haben. Da geschah es einmal, dass das Tännchen, als er es holen wollte, spurlos verschwunden war. Man kann sich den Schrecken vorstellen, der uns befiel. Tanz der Ehrenzeichen ohne den Wilden Mann: das wäre eine böse Blamage gewesen. Als Willy Roth das hörte, setzte er sich in ein Taxi und fuhr los, und innert dreiviertel Stunden war er mit einem Tännchen da. Wenn es auch nicht 2.60 m lang war und nicht vorschriftsmässig schöne Wurzeln hatte, war doch die Situation gerettet, und er war der Held des Tages. Wo er das Tännchen gegraben, und wer ihm dabei geholfen, das hat er uns nie verraten.

Emil Schaefer, 1953

Eingeregnet

Wenn Regenwetter im Land war, dann war es mit dem Trommeln schlimm bestellt. Ums Umsehen zerreisst ein Kalbfell. Plastiküberzüge gab es früher nicht. Man musste deshalb stets eine Anzahl Trommeln zur Verfügung haben. Es braucht nur ein paar Regentropfen, und schon ist ein Fell eingeschlagen. Es goss einmal so in Strömen, so dass wir bei einem Vorgesetzten, der uns einen Trunk offerierte, eingeregnet wurden. Es fiel uns nicht schwer, seiner Einladung zu folgen, denn es gab herrliche Fastenwähen und dazu einen spritzigen Neuenburger. Obwohl wir noch zu einem Vorgesetzten eingeladen waren, musste der Spielchef abberichten, denn es regnete ohne Unterbruch, so dass an einen Weitermarsch nicht zu denken war. Es war das meines Wissens das einzige Mal, dass man die vorgeschriebene Route nicht einhalten konnte.

Emil Schaefer, 1953

Beschwipste Laternenträger

Beim abendlichen Umzug werden, wenn es dunkel geworden, Steckenlaternen angezündet. Früher wurden sie von den neu aufgenommenen Gesellschaftsbrüdern getragen. Das war ein guter Brauch. Und doch musste darauf verzichtet werden. Zur Neuaufnahme gehört nun einmal der Becher, der unter Trommelwirbel geleert wird. Die Wirkung hat Burkhard Mangold zu einem seiner gutbaslerischen Holzschnitte in Versform zusammengefasst:
Am Gryffemähli schmeckts eim guet,
und ebben ein het Eel am Huet.
Die Neuaufgenommenen, die nicht trinkfest waren, liessen die Laternen vor den Wirtschaften stehen oder gaben sie vertrauensselig in fremde Hände auf Nimmerwiedersehen. Heute sind es Buben, die sich lange vor dem Tag des ‹Vogel Gryff› melden, um die Laternen tragen zu dürfen. Sie sind stolz, und sie wissen auch, dass, wenn sie die Transparente wieder heil zurückbringen, sie einen Batzen bekommen.

Emil Schaefer, 1953

Sammeleifrige Ueli

Ueli sein dürfen ist eine dankbare Aufgabe, denn man sammelt Geld für bedürftige Kleinbasler, das zum Ankauf von Holz, Kohlen und Schuhen verwendet wird. Es gab zwar immer noch viele Leute, die argwöhnten, das Geld werde für das ‹Gryffemähli› verwendet, und man musste allerhand Bemerkungen einstecken. Wir drei Ueli waren mehr oder weniger aufeinander eifersüchtig, denn jeder wollte am Abend am meisten abliefern. Um einmal ganz sicher das Höchstresultat zu erreichen, leistete sich mein Kamerad, heute ein bekannter Glasmaler, folgendes: statt um 10 Uhr abends die Büchse dem Verwalter abzuliefern, ging er noch gegen Brauch und Gebot ins Grossbasel hinüber, obschon der Wilde Mann auf seiner Talfahrt stets dem ‹mehreren Basel› den Rücken zukehrt, und obschon die Ehrenzeichen nie die Brücke überschreiten, sondern das Käppelijoch als Grenze respektieren. Erst kurz vor Mitternacht kam er zurück, allerdings mit einer prallvollen Büchse. Man hatte bereits die Polizei benachrichtigt, denn man glaubte, es sei ihm etwas zugestossen.
Zu meinem ‹Spiel› gehörte einmal ein Ueli, der sich die Morgentour – das ist der Rundgang durchs Kleinbasel vor der Landung des Wilden Mannes – in einem offenen Cabriolet leistete. Die Polizei wollte das zuerst nicht erlauben. Es war ja auch ein ungewohnter und fremder Anblick, einen Ueli am Volant zu sehen; aber schliesslich machte sie gute Miene. Dieser Ueli erreichte ein Resultat, das jahrelang als Rekord gelten durfte. Wenn ein Ueli vor dem ersten Weltkrieg 300 Franken heimbrachte, so war das sehr viel, heute beträgt der Durchschnitt 900 Franken pro Ueli.

Emil Schaefer, 1953

Vogel Gryff

So leend si doch ihr Feschtli fyre,
d Glaibasler änedra vom Bach!
Si wänn jo doch, dass mir mien gspyre,
im Feschtkaländer d Ouverture
syg z Basel nummen ihri Sach.

So leend si doch mit Beller schiesse,
wenn si dä Lärme wirklig frait!
Mer wisse jo, wie sehr si s gniesse,
wenn d Ehretier s Glaibasel griesse
und wenn men uns der Rugge draiht.

Mir leen is trotzdäm nit verschyche
und sinn derby mit Härz und Kopf.
Mir fyre mit, dien nit derglyche
und gänn, wenn d Ueli ummeschlyche,
gärn unsre scheenschte Hosegnopf.

Blasius, 1967

Ohne Polizei

Einmal musste der ‹Vogel Gryff› auf den polizeilichen Schutz verzichten, das war damals, als die beiden Mordbuben Sandweg und Velte am frühen Morgen die beiden Detektive, die sie verhaften sollten, niederschossen. Da waren die Ehrenzeichen selbstverständlich Nebensache; der hinterste Mann der Polizei wurde aufgeboten, um die beiden Mörder zu fassen. Aber der Aufmarsch zum Käppelijoch konnte nicht verschoben werden. Mit Hilfe von energischen Gesellschaftsbrüdern brachen wir uns ohne Polizei Bahn durch die Volksmenge und hielten so viel Platz frei, als unsere Ehrenzeichen für ihre ebenso alten als originellen Tänze brauchen. Es war eine mühsame Sache.

Emil Schaefer, 1953

Originelle Köpfe

Den Kleinbaslern ist eine gewisse Rauheit und Originalität nicht abzusprechen, doch unter mancher harten Schale verbirgt sich schamhaft ein gutes und warmes Herz. Tatsache ist, dass zu allen Zeiten im ‹Café Spitz› immer wieder originelle Köpfe und komische Käuze verkehrt haben.

Ein ganz besonderes Original, Willy Roth war sein Name, gehörte (wie wir bereits durch Emil Schaefer erfahren haben) vor etwa vierzig Jahren zum ‹Spiel›; obwohl er schon seit einigen Jahrzehnten sein bescheidenes Erdendasein verlassen hat, lebt er noch heute in der Erinnerung alter, würdiger Gesellschaftsbrüder. Er war nicht eigentlicher Gesellschaftsbruder, sondern eher ein allzeit hilfsbereiter guter Geist; er wirkte auf dem Floss nicht als stolzer Kanonier, der mit herrlichem Krachen die Böllerschüsse in die Luft jagte, sondern er geisterte auf einem unteren Rang umher als bescheidener ‹Luntewermer›. Seine heimatlichen Zelte hatte dieser ehemalige biedere Bäcker im Nachbarhaus des Gasthofes ‹Zur Sonne› an der Rheingasse aufgeschlagen, wo er ein kleines Junggesellenzimmer bewohnte. Irgend einmal gestand der in bestem Mannesalter stehende Junggeselle seinen Freunden, dass er gedenke in den heiligen Stand der Ehe hinüberzuwechseln; er nannte auch gleich Tag und Stunde des grossen Ereignisses. Die ganze Rheingasse fand sich am Morgen des denkwürdigen Tages beim Gasthof ‹Zur Sonne› ein, um teilzuhaben am Glück des strahlenden Paares. Die Erkorene war eine währschafte Kellnerin aus dem Gasthof. Der Bräutigam in feierlichem Gehrock und Zylinder geleitete seine in unschuldiges Weiss gekleidete Braut zur Zweispänner-Chaise vor dem Gasthof ‹Zur Sonne›, und hold umspielte der Schleier die jungfräuliche Gestalt, als sie im Wagen Platz nahm. Dem glücklichen Paar gegenüber sassen zwei Dienstmänner in blauer Bluse und Mütze; sie waren die Trauzeugen. Gross war die Freude an der Rheingasse, tout Petit-Bâle gab dem Wagen Geleit, und lustig winkten die farbigen Federbüsche auf den Köpfen der Rosse, die das Paar dem Glück und dem ‹Domhof› entgegenzogen. Gerührt ob so viel Herzlichkeit der ganzen Umgebung erhob sich der Bräutigam von seinem Sitz wohl hundertmal, um huldvoll mit Verbeugung nach links und rechts immer wieder zu grüssen, wie der würdige Vogel Gryff es persönlich an seinem Ehrentag tut. Kleiner wurde die Zahl der Begleiter auch nicht, als die Chaise über die Mittlere Brücke fuhr in Richtung Freiestrasse, Bäumleingasse, Rittergasse. Und auf dem Münsterplatz und vor dem ‹Domhof› drängte sich die bewundernde Menge dermassen, dass die Polizei eingreifen und für Ordnung sorgen musste. Langsam und feierlich zog das prächtige Paar in Begleitung der beiden strammen blauen Trauzeugen in den Domhof. – Doch, was war geschehen? Kaum waren sie im Domhof verschwunden, traten sie schon wieder heraus! Lautlose Stille legte sich über den Platz und die Menge, als der Bräutigam die Hand erhob, um anzudeuten, dass er eine Erklärung abgeben wolle. Und diese lautete: «I ha numme welle luege wie's eim z'Muet isch, wemme hirotet!» – Wegen Störung der öffentlichen Ordnung musste der Arme dem Staat eine Busse bezahlen. Diese belastete sein ohnehin nicht immer ausgewogenes Budget noch mehr, denn auch dem ‹Kostüm-Kaiser› musste er Miete für den entliehenen Gehrock und das Brautgewand bezahlen!

Es war Willy Roth nicht gegeben, sein ganzes Leben in einer dunklen Backstube zu verbringen; es zog ihn, den Kleinbasler, in die Weite. Er wechselte seinen Beruf und wurde Schlafwagenkontrolleur. Aber auch dieser delikate und unterhaltsame Beruf hat seine Schattenseiten; besonders dann werden diese schmerzlich empfunden, wenn der Dienst ausgerechnet am gleichen Tag die Begleitung eines Zuges nach Genua vorschreibt, an dem die drei Ehrengesellschaften eine Reise nach Twann am Bielersee unternehmen. Einem Urlaubsgesuch wurde nicht entsprochen; Willy musste nach Genua fahren. Sein echtes Kleinbasler-Herz war tief betrübt, dass ihm die verheissungsvolle Fahrt an die blauen Gestade des Sees versagt sein sollte; er suchte nach Mitteln und Wegen, dennoch nach Twann zu gelangen. Als der Zug nach Genua in Luzern einen ersten Aufenthalt hatte, war Willys Plan herangereift. Er verliess mit den aussteigenden Fahrgästen völlig unbemerkt den Zug, tauchte unter in der Masse der vorwärtsstrebenden Menge und ward nicht mehr gesehen. Wie er es fertigbrachte, auf einer Lokomotive in wenigen Stunden Twann zu erreichen, bleibt ein Geheimnis, und für alle Zeiten bleibt es ein Rätsel, wie Willy es bewerkstelligte, auf dem kleinen Ruderboot einen Mörser zu postieren. Gerade als die Gesellschaftsbrüder sich mit Eifer den Genüssen der vorzüglichen Küche des Hotels ‹zum Bären› hingaben und den edlen Weisswein schlürften, kreuzte er vor dem stattlichen Gasthof auf. Tiefste Befriedigung lag auf seinem Schlafwagenkontrolleur-Gesicht – jetzt war er Kanonier! Da – mitten in das heitere Geklimper der Fischgabeln und das vergnügliche Klirren der Weingläser im Hotel ‹Zum Bären› krachte plötzlich ein fürchterlicher, ohrenbetäubender Schuss! Eine grosse weisse Rauchwolke verzog sich nur langsam, und den mit Gepolter von ihren Stühlen hochgefahrenen Gesellschaftsbrüdern bot sich ein eigenartiger Anblick. Der bescheidene Kahn war geborsten; von Willy war in diesem Augenblick nichts mehr zu sehen, die Fluten hatten ihn verschluckt. Für diesen Schuss war das Boot zu schwach gewesen, Willy und Mörser waren im See versunken und über ihnen schlugen die Wellen zusammen. Dem Himmel aber sei's gedankt: der Kanonier tauchte wieder auf, und da das Boot nicht gerade über Untiefen geschwommen hatte, war Rettung sogleich möglich. Tropfend entstieg der tapfere Mann dem kühlen Nass und wurde begeistert begrüsst und ausgiebig gestärkt, nachdem die gütige Wirtin ihm trockenes Zeug zur Verfügung gestellt hatte. – Aber auch dieser Heldentag hatte schwere Folgen für Willy Roths Geldbeutel: wegen unerlaubten Verlassens des Dienstes musste er eine saftige Busse auf sich nehmen. Den erbosten Schiffvermieter half der mildtätige Seckelmeister weitgehend zu befriedigen.

Ein weiteres Original war Achilles Lotz-Trueb, um die Jahrhundertwende im ‹Café Spitz› eine bekannte Persönlichkeit und zudem Vorstandsmitglied zum Greifen. Er besass eine Seidenfärberei an der Rheingasse; das Haus, das nahe dem heutigen ‹Hotel Hecht› lag, hatte gegen den Rheinweg eine Holzlaube, auf der die Seidenstrangen zum Trocknen aufgehängt wur-

den. In der Färberei waren zwei Feuerkessel und zwei Kamine, die, wie allgemein üblich, regelmässig gerusst werden mussten. Doch Lotz verweigerte einmal diese Prozedur mit der Begründung, dass Feuerkessel und Kamine nicht benützt worden seien. Nach vielen Händeleien und Schreibereien wurde Lotz zur Verantwortung vor Gericht geladen. Als er den Gerichtssaal betrat, zog er an einer langen Schnur sein Portemonnaie hinter sich her, schritt langsam dem Gerichtspräsidenten entgegen, schaute aber immer wieder zurück und sagte laut und vernehmlich: «Aber so kumm doch, kumm scheen, sie wän jo di, nit mi!» – Er musste eine Busse bezahlen.
Achilles Lotz war zweifellos ein streitbarer Herr, denn auch im Vorstand der Ehrengesellschaften prallten die Meinungen heftig aufeinander, als man bereits im Jahre 1903 hitzig über einen Neubau des Café Spitz diskutierte. Lotz wusste seine Argumente mit weithin hörbarer Stimme vorzubringen und dürfte auch mit echt kleinbaslerischen Kraftausdrücken und Liebenswürdigkeiten nicht gespart haben, bis der Vorstand ihm kurzerhand das Betreten des Hauses ‹Café Spitz› verbot. Diese Verfügung traf den starken Mann sehr hart; es ging ein fürchterliches Gewitter nieder, und gleich einem erzürnten Zeus schleuderte er die Blitze seines gerechten Zornes mit Wucht dem Vorstand ins Gesicht, und grollend schwor er, Mittel und Wege zu finden, die ihn wieder ins ‹Café Spitz› zurückführen würden. – Und er fand sie! Als am nächsten Sonntagmorgen verschiedene Gesellschaftsbrüder, wie üblich, im ‹Café Spitz› beim Frühschoppen sassen und mit beachtlicher Ausdauer blaue Rauchwölklein von sich bliesen, ging plötzlich die Türe auf und herein ritt, hoch zu Ross, Herr Achilles Lotz. Wie ein sieghafter Erzengel Michael blickte er stolz von seiner Höhe auf das niedere Fussvolk ringsum, dirigierte sein edles Streitross vor das Buffet und liess sich dort von der leicht verängstigten, sauersüss lächelnden Dame ein Glas Wein reichen. Ohne vom Pferd zu steigen leerte er das Glas in einem Zuge und verliess siegesbewusst die Stätte, die ihm zu ‹betreten› verboten war. Die Streitfrage wurde dem Bürgerrat unterbreitet, der in solchen Dingen zuständig ist, und dieser – oh Wunder – gab Achilles Lotz Recht. Der also leicht blamierte und etwas angeschlagene Vorstand hielt es der Ehre halber für richtig zurückzutreten; nur zwei verblieben: Noldi Vest, der spätere Meister zum ‹Rebhaus›, und Schneidermeister Hungerbühler. Die Ausgetretenen stifteten einen Becher, den sog. Händelbecher, der sinnigerweise einen Vogel Gryff zeigt, der das Bein hochzieht, weil eine kleine Schlange ihn beisst. Diese heisst heute noch ‹Lotze-Schlängli›. (Die Aussage des vorletzten Satzes ist unrichtig, vgl. p. 127.)

Hans Bühler, 1968

Der Rebhaus-Löwe des Mattaeus Merian

Die wohlbehütete Schatzkammer der Kleinbasler Ehrengesellschaft zum Rebhaus ist auch mit einigen wenigen, aber sehr schönen Darstellungen ihres Wappentiers, des Löwens, dotiert. Neben dem prachtvollen silbervergoldeten Löwen, der als Trinkgefäss bei festlichen Anlässen dient, und wertvollen, von Löwen getragenen Glaspokalen hat auch ein in Seide gestickter Löwe die Stürme der Zeit überdauert. Allerdings armselig genug. Erst vor 3 Jahren ist die zentrale Figur einer einzigartigen Tischdecke lebensgefährlich vom Mottenfrass bedroht, der Versenkung und der Vernichtung entrissen worden. Mit viel kunstsinnigem Empfinden und handwerklichem Können respektabel aufgefüttert, kündet der stolze Schildhalter seither in Meister Hans Jakob Nideckers medizinischer Praxis von der bewegten Geschichte des Stifters und der Gesellschaft. Zwei, dreimal im Jahr darf er vom hohen Stand hinabsteigen und das geheimnisvolle Strahlenkabinett mit einem Platz im heimeligen Rebhaus an der Riehentorstrasse vertauschen, um als mächtig bewundertes Serviertableau durch die fröhliche Tafelrunde der Gesellschaftsbrüder zu wandern. Und dann, vom holden Rebensaft wie ein frommes Lamm gezähmt, erzählt der erhabene Wächter des Rebhausschildes seinen Lebensgang:
«Herr Obristmeister und Registrator Mattaeus Merian liess diesen Wappen auf seine Kosten und statt seines Obristmeister Kontingents verfertigen. Dieser Wappen wurde erstlich durch den geschickten Graveur Johann Ulrich Samson d. gr. Rats (dem bedeutendsten Medailleur der Schweiz seiner Zeit) im Kleinen gezeichnet und dann durch Herrn Aweng den Maler im Grossen gemalt. Als aber darauf hin niemand zu finden war, welcher sich getraut hat, es zu machen, entschlossen sich dazu, aus Gefälligkeit gegen Herrn Obristmeister, Jungfrau Judith von Brunn nebst ihrer Freundin und ehemals gewesenen Schülerin Frau Sara Brenner, Schwester obbemeldeten Herrn Obristmeisters Merian. Von Jungfrau von Brunn, welche zwar nur den einen Arm gebrauchen konnte, wurde dann nun im Mai 1787 dieser Wappen auf den Atlas gezeichnet und von ihr und Frau Brenner zu sticken angefangen. Als aber anfangs Juny bemelte Jungfrau von Brunn erkrankte, auch den 16. Juny im 55sten Jahr ihres Alters selig verstorben, ward diese Arbeit von Frau Brenner vollendet, welche auf den erste July als den Erneuerungstag Ihres Herrn Bruders damit fertiggeworden.»
Diese Kundschaft ist mit kalligraphischer Fertigkeit auf Papier niedergeschrieben und vom Donator in die mittlerweile unbrauchbar gewordene Tischdecke eingenäht worden. Die Idee für ein solch originelles Geschenk ist von Johannes Brenner, Emanuel Burckhardt und Nicolas Thurneysen ausgegangen, die anno 1785 der Gesellschaft zum Greifen ein Präsent mit aufgesticktem Emblem verehrten, und in der Folge von Mattaeus Merian und 1794 auch von heute unbekannten Stiftern des Haerentischtuches übernommen worden.
Wer war nun der hochherzige Spender unseres Rebhaus-Löwen?
Obristmeister Mattaeus Merian gehörte vor allem zu denjenigen kraftvollen Persönlichkeiten, die mit unabdingbarer Eigenwilligkeit ihr Leben meistern und nie zu Kompromissen Hand bieten. Als Sohn des Kleinbasler Schultheissen und Haerenmeisters Andreas Merian-Wettstein am 22. Dezember 1744 geboren, war er zur akademischen Laufbahn ausersehen. Nach dem Studium beider Rechte erhielt er denn auch 1769 einen Ruf als Professor der griechischen Sprache an die Alma Mater Basiliensis. Aus unbekannten Gründen verzichtete er jedoch schon vier Jahre später auf das angesehene Lehramt, um die untergeordnete Stelle eines Accedens in der Staatskanzlei anzunehmen. Merian aber blieb nicht lange auf der untersten Sprosse in der Hierarchie der Basler Kanzleibeamten sitzen, sondern stieg in verhältnismässig rascher Folge über die Ämter des Weinschreibers, des Ingrossisten (Schönschreibers) und des Schreibers des Deputatenamtes zum Registrator (heute Staatsarchivar) auf. Zudem bekleidete er die Würde

eines Meisters zum Rebhaus und eines Sechsers zu Spinnwettern. Als grosser Freund des napoleonischen Frankreichs wirkte er während einiger Jahre auch als Sekretär der Munizipalität.
Gute wirtschaftliche Verhältnisse erlaubten Mattaeus Merian, des öftern als Grundbesitzer aufzutreten. So war er Eigentümer der Häuser zum hohen Wind an der Riehentorstrasse 22, zum Ziegelhof an der Rheingasse 33 und zum Weitnau an der Greifengasse 27. Harte Schicksalsschläge, die ihn schliesslich aus seiner geliebten Vaterstadt forttrieben, ereilten den generösen Rebhausmeister im Privatleben. Nach dem Tod seiner Frau, Anna Catherina Hebdenstreit genannt La Roche, mit der er in harmonischer Ehe gelebt hatte, vermählte er sich mit Susanne Brenner verwitwete Falkeysen. Diese Verbindung war alles andere als glücklich, und die Scheidung liess nicht lange auf sich warten. Auch mit der nächsten Ehegefährtin hatte Merian ausgesprochen Pech. Seine dritte Frau, Margaretha Iselin geb. Holzach, erwies sich nämlich als wahres Ehekreuz. Der ungewöhnlich empfindsame und empfindliche Kleinbasler Obristmeister vermochte diese Bürde nicht zu tragen: Er flüchtete nach reiflicher Überlegung und in aller Heimlichkeit im Mai des Jahres 1800 ins Neuenburgische; in Les Brenets bot Pastor Quinche dem Verzweifelten brüderliche Aufnahme. Und Mattaeus Merian fand seine innere Ruhe wieder; er heiratete in vierter Ehe die 25jährige Lucie Droz, die ihm bis zu seinem Tode am 25. Juni 1824 in herzlicher Verbundenheit zugetan war.
Für eine regelmässige geistige Verbindung mit Basel war sein Sohn Johannes in rührender Weise besorgt. Mit ausführlichen Berichten hielt er seinen Vater über den baslerischen Alltag auf dem laufenden. Aber auch Vater Merian war mit seinem Sohn in inniger Freundschaft verbunden: «Kan Ihm meine Person dienen, so beruffe Er mich. In 1½ à 2 Tägen bin ich bei Ihm, da wird mich nichts abhalten. Wann Kleider, Hemden, Bücher oder was Er sonst denkt, ihm ermangeln, so meld Er mir's bestimmt, und mit dem nächsten Loclerbotten send ich Ihm das Verlangte.»
Johannes Merian-Gengenbach (1772–1805), ein Mann von gütigem Gemüt, feiner Gesinnung und grosser Frömmigkeit, war Gerichtsherr von Kleinbasel und Besitzer eines Landgutes in Riehen. Kurz vor seinem Tode, den er in jugendlichem Alter gefasst und geklärt schaute, setzte er seinem Söhnchen Andreas (1794–1880, Oberingenieur und Strasseninspektor für die Kantone Basel, Zürich und Neuenburg) ein von grosser Lebensweisheit durchdrungenes geistiges Vermächtnis. Diese klugen Lebensregeln haben auch heute noch, nach über 150 Jahren, aber auch gar nichts von ihrer Gültigkeit verloren. Im Gegenteil. Sie passen ohne jeden Abstrich hinein in unsere Zeit und zeigen, dass nicht alles, was mit Traditionen behaftet ist, banal und nutzlos ist. Und deshalb wollen wir das gute Wort des guten Kleinbaslers zum höchsten Festtag der Kleinbasler erklingen lassen:
«Herzinniggeliebter Sohn!
Man nötige dich zu welcher Religion man will, so handle du nur immer rechtschaffen und tue jedem, was du wünschest, das man dir tu. Das Bewusstsein einer guten Handlung sey dir Lohn genug dafür. Uebe selbige aus Menschenpflicht aus und nicht aus eitler Hoffnung chimärischer trügerischer Belohnungen jenseits. Denn hier schon wird dein Gewissen dir stark genug zuruffen: Das ist gut: Folge. Und diss ist schlimm: Meid es. Geniess froh und so viel du kannst deines Lebens, nur sey im Genusse sparsam. Lass Freud und Vergnügen nicht wie ein Gewitterregen über dich herströmen. Blos nach vollbrachter Arbeit sollen sie dich wie ein sanfter Tau erquiken.
Ehre jede Religion und verspotte keine. Die Bekenner einer jeden haben doch fast immer eine gute Absicht dabei. Bemitleide sie im Stillen ob ihrer Vorurteile. Die Zukunft wird sie alle schwinden machen.
Kommen wieder Revolutionen, so lass sie vorbeiziehen. Nimm ja keinen Teil daran und bleibe still bei deinem Beruf.
Ein Mensch sey dir wie der andere. Uebe Gerechtigkeit, aber paare sie mit der möglichsten Milde.
Verlass deine Schwester Emma nie. Sollte Unglück über sie kommen, so sey ihre Stütze, der Verteidiger ihrer Unschuld. Ich, dein Vater, bitte und beschwöre dich darum. Deiner Mutter begegne mit Ehrerbietung, denn sie ist deine Mutter. Ich beförchte immer, sie werde noch sehr unglücklich werden. Auch für sie sorge. Sag ihr, dass ich dich es hiess.
Schenke deine Liebe gegen mich, die ich unter Vergiessung heimlicher Tränen dir herzlichst verdanke, deinem Grossvater Merian (dem Stifter des gestickten Löwen). Ehre sein Alter, seine Verdienste. Werde gut, rechtschaffen wie er. Liebe und ehre auch die anderen Gross Eltren.
Heurate ja nicht zu früh, auch nicht zu spät. Ehre und schäze das weibliche Geschlecht. Aber Liebe schenke keiner, biss du sie wohl geprüft hast.
Meide alle Spile, besonders Hazardspile. Zeit und Beutel gehen darob zu Grund.
Traue nie, wenn du nicht wohl aus Erfahrung weisst, mit wem du zu tun hast. Macht dir jemand äusserst vorteilhafte Vorschläge, sie bestehen in was sie wollen, so weise sie ab. Sie wurden von Eigennuz geborgen und haben eine Falltüre.
Sey verschwigen und erzäle nichts am zweiten Orte wieder, es sey so unbedeutend es wolle. Es kan dir Verdrüssliches zuziehen oder wenigstens für einen Schwäzer gelten machen.
Sey milde gegen die Dienstboten, damit sie dich lieben, nicht fürchten. Deine Anlagen zum Jähzorn, zu neidigem Wesen und Ungesellschaftlichkeit, lege ab. Werde kaltblütig, frohmütig und gefällig.
Gern möcht ich dir noch vil sagen, aber ich habe die Zeit nicht mehr. Auch den übrigen hab ich noch was zu sagen. Ich bitte, ich beschwöre dich, lies diese meine so väterlich gemeinten Ermahnungen doch ja oft, wenigstens alle Wochen!
Dein dich seegnender Vater Johs. Merian.»

Eugen A. Meier, 1969

Ins Groossbasel überedribe

Y ha dr Wild Ma vyli, vyli Johr dr Rhy abgfüehrt.
Das het mer au dr Haas Seppi zueghebt.
Au bi Hoochwasser simmer scho durab. Das isch schwer. Das sin zwai groossi Langwaidlig und e Podium druff und drno die Böller, die zwai. Und drno sin doch mindeschtens fuffzäh Mah druff, ohni dr Wild Ma und die.
Dr Wind isch s Verflüechtschti, dasch soumäässig. Das duet so ne Schiff ablängge, ohni as me s fascht numme merggt.
Mir sin scho durab cho, si hän d Fähne dobe gha, das isch wien e Sägel. Das het uns do gopferdeggel ins Groossbasel überedribe.
Mr hän dno nadürlig gly gmeggeret, hän gsait:
‹Ziehn öieri Fahnen y, wigglet si uff.›
No hämmer dno gruederet. No han y dött bi dr Dalbefähri d Richtig gha wider. Me muess denn nämlig scho vorhär luege, wo

me dure will, nit erscht, wemme bal dött isch. Und bi dr Mittlere Brugg isch s eben au eso. Wemmen unter dr Wettstaibrugg durekunnt, isch men immer z wyt im Grossbasel äne. No chunnt me fascht nimmi dört dure, wo me sott, wil me hinter dr Brugg jo scho sött lande, dött bi dr Ysfabrigg. Jetz, wenner z wyt usse sin, no längts nümm zum Lande.
Bi mir isch es nie vorcho, as mer nit am rächten Ort glandet sin. Mir sin immer schöön zwüsche die zwai Pföschte dött bi dr Mühli unden ynegfahre.
Am Gryffemöhli bin y au immer gsi. Y bi sälber derby, bi dr Gsellschaft zu de Häre, aber y hätt aigetlig nit derzue bruche. Y ha sunscht alles gha. Y ha jo dr Wild Ma eso vyli Johr durab gfüehrt, no bin ych immer derby gsi. Z Obe han ych sowyso no Musig gmacht im Spitz.
Jetz hän si aber kai Rue gha. Ums Verregge hän si mi welle ha. No han y dänggt: ‹He jo, also guet, no mäld mi halt a.›
No hän s mi aber grad uffgno. Am Sunndig de Morgen isch d Uffnahm gsi im Kaffi Spitz. Das het dryssig Frangge gchoscht. No gits do rote Wy und Pommes Chips und no chunnt s Abzaiche, s Diploom. No isch fettig. Und dno nohär, acht Daag speter isch dno ebe s Gryffemöhli.
S isch e feyne Daag, sicher. Numme hän halt e Dail e zümpftigi Bombe bis zobe.

Fährima Karl Städeli, 1970

Beuz und die Kleinbasler Ehrenzeichen

In der reichen Hinterlassenschaft des Dichtermalers und begeisterten Theatermannes Emil (Emanuel) Beurmann, genannt Beuz (1862–1951) befindet sich u.a. auch ein monumentales Ölgemälde von rund 4 Meter Länge und 2 Meter Breite, das dem Kleinbasel gewidmet ist: die König Rudolf von Habsburg (1218–1291) und dessen Gefolge beim Einzug in die Stadt ehrbietig Reverenz erweisenden Drei Ehrenzeichen. Sinn und Zweck der eindrücklichen Verherrlichung erklärt der am Fusse der Darstellung in kunstvoller Schrift angebrachte Text: «Am 18. Oktober des iahres 1285 erteilte könig rudolf (früher graf von habsburg) dem kleinen basel einen freiheitsbrief. die ganze bürgerschaft der ienseitigen stadt, an ihrer spitze der schultheiss, die meister der drei gesellschaften und deren ehrenzeichen (loewe, greif und wilder mann), war voll iubel und brachte dem fuersten und seiner liebreizenden gemahlin, der 15iährigen elisabeth von burgund, ihre huldigungen dar. es war ein glaenzendes fest. bischoefe, herren und ritter umgaben in menge den koenig. noch lange gedachte man des tages.»
Als Sohn eines Tapezierermeisters in den Thorsteinen geboren, absolvierte Emil Beurmann nach dem Besuch des Gymnasiums eine Lehre als Flach- und Dekorationsmaler. Es folgten fruchtbare Studienaufenthalte in Europa und Kleinasien. Nach seiner Rückkehr etablierte sich Albert Ankers Lieblingsschüler in seiner Vaterstadt als Kunstmaler und scharfsinniger Kritikus. Und bald erreichten seine Kunstausstellungen und literarischen Produktionen grosse Beachtung. Vorab seine spitze Feder, die mit Witz und Gift, Spott und Selbstironie, den baslerischen Alltag skizzierte, liess Beuz in seiner Mitbürger Herzen ungehindert Eingang finden. Indessen blieb die Lanze, die der spätere Herausgeber der Fasnachtszeitung Giggernillis im Sommer 1880 für die Kleinbasler Allerheiligenkapelle zu St. Theodor brach, ohne Wirkung, wie Beuz in seinen Jugenderinnerungen erzählt:
«In einer mondhellen Nacht gegen ein Uhr zogen wir aus, mit einem grossen Farbkübel voll weisser Farbe und einer extra konstruierten, zusammenlegbaren Leiter ausgerüstet. Otto Lanz, ein Meister in der Schriftenmalerei, hatte die Aufgabe, die Verse in überfussgrossen Buchstaben auf die graue Giebelmauer zu malen. Wir anderen standen Wache. Sobald ein später Wanderer von irgendeiner Seite her nahte, ertönte ein verabredetes Zeichen, die Leiter wurde zusammengeklappt und der Künstler verschwand im Schatten der Kapelle. Und als dann die Verse schön weissleuchtend auf dem grauen Grunde prangten, versenkten wir Farbkessel und Leiter im nahen Rhein und machten einen Bummel nach St. Margrethen, da es nun doch schon zu früh war, um noch ins Bett zu gehen. Am nächsten Morgen aber hatten wir ein Mordsgaudium. In dichten Gruppen standen schon am frühen Morgen die Leute vor der Kapelle, lasen lachend die Verse und mutmassten, wer wohl die Spassvögel gewesen sein mochten, die das verübt hatten. Drei Tage lang wurde der Platz vor der Kapelle nicht menschenleer. Ganz Basel wollte das Ding gesehen haben.» Und trotzdem wurde das reizende spätgotische Baudenkmal dem Erdboden gleichgemacht...
Was mag nun den traditionsbewussten Stainlemer bewogen haben, mit kraftvollem Pinselstrich die Drei Ehrenzeichen Kleinbasels im Bilde festzuhalten? Anno 1892 erhielt Beuz den Auftrag, Kostüme und Szenerie zum grossartigen Festspiel aus Anlass der Vereinigungsfeier von Grossbasel und Kleinbasel, des «schönsten und erhabendsten Festanlasses des letzten Jahrhunderts», zu entwerfen; den Hauptgestalten dieses Festspiels hat Beuz wenig später in einer Wandmalerei am Haus der Engelmannschen Apotheke an der Greifengasse ein Denkmal gesetzt, das inzwischen leider längst verschwunden ist. Die anspruchsvolle Aufgabe, die Beuz mit wahrhaft meisterhaftem Geschick löste, brachte dem jungen Künstler einerseits die uneingeschränkte Anerkennung seitens der Öffentlichkeit und andrerseits eine enge Beziehung zum Kleinbasel.
Den weiteren Werdegang seiner Ehrenzeichen hat der eigenwillige «Dichter in Gänsefüsschen» (Ausruf im Grossen Rat) in einem seiner blumigen Rapporte über das Gryffemähli überliefert: «Das erstemal, dass ich zu den drei Ehrentieren in nähere Beziehung trat, das war 1893. Der längst verstorbene vortreffliche Franz Bühler, Begründer der alten bayrischen Bierhalle, hatte mir den Auftrag erteilt, zum Andenken an die unvergessliche Vereinigungsfeier und an das Festspiel von 1892, ein Bild zu malen, darstellend den Tanz der Ehrentiere vor Rudolf von Habsburg und seinem Gefolge. Da ich einer Malergeneration angehörte, die noch an dem heute (um 1933) überlebten Standpunkt festhielt, man müsse, wenn man etwas malte, es so malen, dass der Beschauer nachher ohne allzu grosse Schwierigkeiten erkennen könne, was das Gemalte darstellen solle, hielt ich darauf, ein paar Skizzen nach den Originalkostümen der drei Ehrentiere zu machen. In liebenswürdiger Weise wurden mir von der massgebenden Instanz die sonst ängstlich behüteten wertvollen Stücke zur Verfügung gestellt. In einer Mansarde im Gesellschaftshaus durfte ich meine Studien machen. Ich hatte mir als Modell einen Dienstmann mitgebracht, den ich in die verschiedenen Kostüme steckte. Es war Sommer und in der Mansarde war eine schrecklich dumpfige und heisse Luft. Und nach einer halben Stunde wurde es meinem Wil-

den Mann in der dicken Vermummung sterbensübel und er klappte plötzlich zusammen. Mit Hilfe einiger Schnäpse gelang es aber doch, die Sache zu Ende zu führen. Das Resultat meiner damaligen Bemühungen hängt heute noch, vergilbt, verraucht, etwas ramponiert und mit einer schier altmeisterlichen Patina von Tabaksauce überzogen in der ‹Alten Bayrischen› am Steinenberg.»
Als 1907 die «stilreine altdeutsche Bierstube», das meistbesuchte volkstümliche Bierlokal Basels, abgerissen wurde, gedachte Beuz der alten Bayrischen im Giggernillis in stiller Wehmut:

So ist's denn wahr, die Bude wird geschlossen
Baufällig, heisst's, sei längst schon das Lokal.
Der letzte Gast verlässt sie, still, verdrossen.
Das Aug in Thränen und das Herz in Qual.
Ja, manchem muss es tiefen Schmerz bereiten,
Erkennt er hier der Welt Vergänglichkeiten.

Wo sind sie, all die guten Kameraden,
Die einst dich sahen noch im höchsten Glanz,
O alte Bayrische, da grosse Taten
Dir schufen Weltruhm durch den Bühler Franz?
Ach, manchem, der einst fröhlich hier getrunken,
ist längst der Becher aus der Hand gesunken.

Wo sind sie, all die ungezählten Helden,
Die hier im Lauf der Zeit den Krug kredenzt,
Und deren Aug beim löblichen Bestreben
Dem treuen Gast in Hulden hat geglänzt?
Wo sind sie all, die Marie, Bertha, Clara,
Die Jetty, Betty und die schöne Sarah?

Vorbei, dahin, verflogen und zerstoben
Ist Wirt und Gast und Geist und Kellnerin.
Die Zukunft mag das neue Haus einst loben,
Der alte Reiz, für uns ist er dahin.
Und in der neuen Bayrischen dann zecht
O Bühler Franz, ein anderes Geschlecht!

Emil Beurmanns Monumentalgemälde aber blieb unbeschädigt, und es erfreute weiterhin die Wirtshausgäste. Bis 1957, als die Gaststätte einer durchgreifenden Renovation unterzogen wurde: Dies war die Gelegenheit für die Hausbesitzerin, dem Vogel Gryff, dem Leu und dem Wilden Mann endlich den Weg in ihre engere Heimat, ins Kleinbasel, zu öffnen. Frei von Grossbasler Geist und Ungeist und patinierendem Tabakrauch gehören die Kleinbasler Ehrenzeichen Emil Beurmanns, des gesuchtesten und beliebtesten Bildnismalers seiner Zeit, seither zu den Zierden des Verwaltungsgebäudes der Brauerei zum Warteck an der Grenzacherstrasse. Allerdings sorgsam behütet und dem Auge des Publikums entzogen. Dafür aber als mahnende Zeugen tiefverwurzelter Kleinbasler Kultur im Reiche von Industrie und Handel.

Eugen A. Meier, 1970

Dreistündiges Gabelfest

Der Vogel Gryff ist das ureigenste Fest der Kleinbasler. Da will man in der Kleinen Stadt ganz unter sich sein. In alter Zeit machten Meister, Vorgesetzte und Gesellschaftsbrüder jedoch verschiedentlich eine Ausnahme, indem sie bei passender Gelegenheit ebenfalls den Grossbaslern Reverenz erwiesen. So auch anno 1484, als die Zunftbrüder zu Safran mit einem Freundschaftsbesuch erfreut wurden. Die Grossbasler Herrenzünftler – knäbberig wie sie waren – zeigten sich für die erwiesene Ehre indessen nicht allzu splendid. Denn mit 26 Mass Wein (39 Liter) für einen stattlichen Harst trinkfester Kleinbasler, wie sie Lienhart der Stubenknecht dann in Rechnung stellte, war damals überhaupt kein grosses Unglück anzurichten!
Da liessen sich's die Kleinbasler auf ihren eigenen Stuben schon besser ergehen. Eine Schilderung, die rund 400 Jahre später aufgezeichnet wurde, ist dafür ein origineller Beleg: «Ein Gesellschaftsessen durchzumachen ist übrigens gar nicht so leicht, wie sich viele vorstellen mögen. Es braucht da einen ganzen Mann dazu, einen speziellen Handwerksmagen. Gewiegte Gesellschaftsbrüder wissen aber schon, wie sie zu verfahren haben. Zwei Tage vor dem Essen wird gefastet, man beschränkt sich aufs Aeusserste. Dadurch wird die Esslust gesteigert und der Appetit gereizt. Ist der feierliche Tag und die heissersehnte Stunde angerückt, so wird nicht etwa gierig drein gefahren, man nimmt nur ganz minime Portionen. Später wird's dann schöner. Ein bisschen Eis zwischen jedes Gericht leistet treffliche Dienste gegen allfällige Indigestionen des Magens. Findet sich jemand, der Klavier spielt während des Essens, so stellt sich immer wieder von neuem Hunger ein; langweilige Reden sollen ebenfalls mächtig appetitfördernd sein. Ist endlich nach dreistündigem Gabelgefecht die Kerntruppe des Feindes siegreich überwunden, so werden nach anderthalbstündigem Waffenstillstand die Nachzügler niedergemetzelt, respektive zu Gefangenen gemacht. Die Eingefangenen wandern in die unergründlichen Rocktaschen und gehen dem traurigen Schicksal entgegen, andern Tages verspeist zu werden.
Andern Tages! Welche Gefühle drängen sich da dem Eingeweihten auf! O, es gehört eine starke Seele dazu, andern Tages nichts merken zu lassen von den Nachwehen des Gesellschaftsessens, das unerträgliche Haarweh standhaft zu ertragen und den Gesellen zu zeigen, dass der Meister ihnen auch punkto Zechen überlegen ist. Und während die Frau Meisterin an den mitgebrachten Resten sich gütlich tut – ausnahmsweise schimpft sie diesmal nicht mit dem Mann –, verwünscht der letztere im stillen alle Gesellschaftsessen, er möchte am liebsten mit der ganzen Welt Händel anfangen. Ist aber das Fürchterlichste überstanden, so weicht auch der Weltschmerz; der Gesellschaftsbruder findet, das Leben sei doch schön und erbaut sich sogar an dem Gedanken, dass das alte Sprichwort ‹D'Basler ässe gärn viel, aber guet› wieder eine neue Bestätigung gefunden hat!»

Eugen A. Meier, 1971

Eine neue Kleinbasler Tradition

Im Gedanken, die Freundschaft unter der Kleinbasler Bürgerschaft vermehrt zu pflegen und zu festigen, haben Meister und Vorgesetzte der Drei Ehrengesellschaften Kleinbasels – von den Gesellschaftsbrüdern lebhaft unterstützt – einen zusätzlichen Anlass kreiert: ‹die glaine Mähli›. Diese sollen das Gryffemähli, das in seiner zeremoniereichen Monumentalität die Kontaktnahme unter den vielen Teilnehmern einengt, wertvoll ergänzen. Die einzelnen Gesellschaften halten ihre Mähli zunächst ganz unter sich, brechen dann aber zu vorgerückter Stunde zu Gegenbesuchen auf. So fanden sich die Gesellschaftsbrüder zum Rebhaus zum 6. Räbhuusmähli im Rebhaus ein, die Gesellschaftsbrüder zum Greifen zum 3. Greifenmähli im Alten Warteck und die Gesellschaftsbrüder zur Haeren zum 1. Haerenmähli im Café Spitz. Die Hauptsache

war allerorts nicht ein opulentes Gedeck, sondern die Gelegenheit, bei frohem Becherklang kameradschaftliche Gespräche von Mann zu Mann zu führen und dabei die persönlichen Verbindungen zu vertiefen.
Gegen 22.00 Uhr erschien im grossen Rebhaussaal der stattliche Harst der Greifenbrüder, deren Meister, Regierungsrat Noldi Schneider, in glanzvoller Rede ein einzigartiges Geschenk überbrachte: Den zentnerschweren alten Rebhausbrunnenlöwen, der die zuständigen Instanzen zähnefletschend an die längst fällige neue Brunnenbekrönung mahnte! Angeführt von Pfeifern und Fähnrichen, begaben sich die vereinigten Rebhaus- und Greifenbrüder nach diesem höchst vergnüglichen Intermezzo in langem Zug zum Café Spitz. Hier war es der wortgewandte Vorsitzende Meister, Dr. Hans Jakob Nidecker, der als Präsent der Rebhäusler dem charmanten Haerenmeister Lux Zeuggin eine alte Basler Truhe mit originellem Inhalt verehrte, worunter namentlich eine Flasche sauren Zürcher Stadtwein mit zugehörigem Kopfwehpülverlein den hellen Beifall der beschwingten Kleinbasler fand! Dass solchermassen das Fest der weit über 200 Gesellschaftsbrüder, welche den 120plätzigen Meriansaal zu guter Letzt ins Wanken brachten, von einem Höhepunkt zum andern eilte und schliesslich erst bei anbrechendem Morgengrauen seinen endgültigen Ausklang fand, bestätigte überzeugend: Am 13. November 1972 ward eine neue Kleinbasler Tradition geboren!

Eugen A. Meier, 1972

Der vergoldete Hahn

Den Vogel Gryff und den Wetterhahn zu St. Theodor verbindet nicht nur eine Art zoologische Verwandtschaft, sondern auch eine gemeinsame Trägerschaft: Die Drei Ehrengesellschaften der Mindern Stadt. Beide verdanken sie ihr Dasein dem Traditionsbewusstsein und dem Edelmut einer Bürgerschaft, die in schwerer wie in friedvoller Zeit zusammenhält und in christlichem Geist sich bewusst freundschaftlichem zwischenmenschlichen Beziehungen widmet. Dass dieser christliche Geist das Leben der Gesellschaften seit eh und je mitbestimmt, zeigt ihre Anlehnung an die Kirche. Sind es heute vornehmlich karitative Werke – wie kürzlich die tatkräftige Mithilfe beim Bau der Alterswohnungen des Ökumenischen Vereins an der Kirchgasse –, so waren es früher fromme Stiftungen in den Gotteshäusern. Zwei wundervolle Glasbilder in der Kirche zu St. Theodor erinnern immer noch eindrücklich daran: Die Rundscheibe der Gesellschaft zum Rebhaus, vor leuchtendblauem Grund den von drei weissgekleideten Engeln gehaltenen Schild mit dem silbernen Rebmesser darstellend, aus dem Jahr 1480, und die Marienscheibe der Gesellschaft zur Haeren.
Um eine weithin sichtbare äussere Zierde der St. Theodorskirche waren die Drei Ehrengesellschaften im Jahre 1836 besorgt. Kleinbasels Pfarrkirche wurde damals von Bauinspektor Amadeus Merian, der gleichzeitig auch die Projektierung des Café Spitz in Angriff nahm, einer gründlichen Erneuerung unterzogen. Ein Stück der Friedhofmauer wurde abgetragen, Schutzdächlein wurden entfernt, Ovalfenster verschlossen und Türen versetzt. Aber um den Wetterhahn, der verrostet auf der Kirchturmspitze thronte, kümmerte sich vorerst keine Seele. So blieb es denn dem aufmerksamen Oberstmeister zum Rebhaus, Samuel Minder, vorbehalten, an einer Allgemeinen Vorgesetztenversammlung die Frage aufzuwerfen, ob «es nicht schicklich und angemessen wäre, den kupfernen Hahn und Knopf auf dem Glockenthurm dieser Kirche aus dem allgemeinen Fonds vergolden und überhaupt wieder in einen guten und dauerhaften Stand zu stellen». Mitmeister und Vorgesetzte waren grosszügig genug, auch noch diesem Vorschlag zuzustimmen, obwohl durch Baukostenzuschüsse und die Stiftung eines silbernen Taufbeckens schon ein beachtlicher Beitrag zur Kirchenrenovation geleistet worden war. Mit der Ausführung beauftragten die Vorstände die beiden Oberstmeister zum Greifen, Jakob Christoff Eglin und Achilles Miville. Und so hatte auch die Gesellschaft des Wappenhalters Gryff ihren direkten Anteil am künstlerischen Schmuck der Kirche zu Theodor...
Damit die Kunde von der generösen Tat, die den Drei Ehrengesellschaften den ansehnlichen Betrag von 353.60 Franken bei 1238 Franken Zinsertrag aus 66 Jucharten, 10 Ruten und 72 Schuh «eigenthümlichen Landes im mindern Stadtbann» (also gegen 2400 Aren, was ziemlich exakt der Grösse der Kleinbasler Altstadt entspricht!), gekostet hatte, der Nachwelt erhalten bleibe, wurde dem Bauch des goldenen Hahns eine von Franz Matzinger, Lehrer der Schönschreibkunst am Gymnasium, gefertigte kalligraphische Urkunde mit folgendem zusätzlichen Text einverleibt: «Zu derselben Zeit gelang es auch den hochgeachteten Herren Vorgesetzten der vereinigten drey E. Gesellschaften, unter Vermittlung des löblichen Bau Collegii, das uralte Richthaus der Mindern Stadt, das mit in die merkwürdige Theilung mit dem abgerissenen Landestheil gefallen war (durch die Bildung des Kantons Basellandschaft), käuflich vom Staate zu übernehmen und seinen althergebrachten Bestimmungen und Servituten wieder zu geben und zu erhalten, wobei beschlossen wurde, dasselbe als ein würdiges Monument bürgerlicher Eintracht und wahren Gemeinsinnes zum Nutzen und Frommen der Bürger und zur Zierde und Ehre der Stadt, auf Kosten der drey Ehren Gesellschaften von Grund auf neu aufführen zu lassen.»
Es ist ein schöner Zufall, dass genau am Tage des diesjährigen Vogel Gryff die St. Theodorskirche ihre Pforten auch den katholischen Mitbürgern zu St. Clara öffnet, deren Pfarrkirche während der nächsten eineinhalb Jahre einer längst fälligen Renovation unterzogen wird und daher für die Abhaltung von Gottesdiensten während geraumer Zeit nicht mehr zur Verfügung steht. So erscheint die Kirche, die sich immer wieder der besonderen Gunst der Drei Ehrengesellschaften erfreuen durfte, am Ehrentag Kleinbasels in wahrhaft ökumenischem Licht, und wir wollen es den Gesellschaftsbrüdern freudigen Herzens nachsehen, wenn sie an ihrem Vogel Gryff den goldenen Hahn zu St. Theodor nicht so sehr als Symbol des Predigers, der in der Finsternis über die Sünde wacht, verehren, sondern als Attribut des ‹lebenskräftigen› Heiligen Vitus, des Schutzpatrons der Bierbrauer und Rebleute...

Eugen A. Meier, 1973

An die Haustür genagelt

Das Tafelservice der einzelnen Gesellschaften verwaltete unter der Verantwortung des Irtenmeisters der Stubenknecht. Gegen das Ende des vergangenen Jahrhunderts wurden die wertvollen Stücke des Silberbestandes als Deposita dem Historischen Museum übergeben; was dort nicht hinterlegt wurde, verblieb beim Statthalter Achilles Lotz. Für diesen Rest fehlte indessen der Revers des Meisters, der sich zunächst einfach nirgends finden liess. Daraus entspann sich ein Streit zwischen Meister und Statthalter, der schliesslich zur Demission des Meisters führte. Kaum aber hatte dieser seinen Rücktritt erklärt, kam das lange gesuchte Dokument zum Vorschein; doch statt es dem Statthalter durch die Post zuzusenden, nagelte es der vertäubte Meister eines Abends seinem Widersacher nach mittelalterlicher Manier an die Haustür!

Gustaf Adolf Wanner, 1975

Am Vogel Gryff

Wenn d'Sunne nimm so gräll duet schyne,
Und bis in diefe Morge-n-yne
No d'Liechter brenne-n-in de Stroosse,
Do dängg y an-e Daag, e groosse,
An Vogel Gryff.

My Lehrer in der Brimmeli scho
Het uns verzellt und gschwärmt dervoo,
Wie sinn mit Bebberle und Bange
Mir gärn an Rhywääg aabegange,
An Vogel Gryff.

S'isch d'Luft so feyn, so klaar und kalt,
Wenn vo der Färni s'Drummle hallt,
Y seh my Stadt und zwischedry,
Wie d'Sunne spieglet uff em Rhy,
Am Vogel Gryff.

Uff em Flooss wie Marionette
Sinn farbebrächtig d'Silouette,
Jetz kemme si und d'Buebe toobe,
Y mues derbysy bis am Oobe,
Am Vogel Gryff.

Y spyr, es het mi paggt, und seh,
Wie d'Drummle funggle dien im Schnee,
Und au der Ryffe in de Baim,
Y waiss halt, woo-n-y bi dehaim,
Am Vogel Gryff.

Jetz schmegg y scho der Dannebaum,
Und drummle dien si, s'isch e Draum,
No scheener als wie sunscht
Seh-n-y my Minschter stoh im Dunscht
Am Vogel Gryff.

Y bi ergriffe und blyb stoh,
Loo alli an mer duregoo
Und waiss, y haa das ganzi Gscheh
Gnau esoo als Bueb scho gseh,
Am Vogel Gryff.

Gérard Saubermann, 1982

Reverenzgässlein – seit 200 Jahren Versuch einer Namendeutung

Ungezählte Jahrzehnte oder volle fünf Jahrhunderte lang hat das schmale – an seiner engsten Stelle 166 cm breite – Verbindungsgässlein zwischen Utengasse (heute: 44/48) und Oberem Rheinweg 63 keinen offiziellen Namen getragen. Diese unverdiente Anonymität missfiel mit Recht gar sehr der kantonalen Nomenklaturkommission, die sich 1958 eingehend mit der Frage einer sinnvollen Namengebung zu befassen hatte. Nachforschungen haben ergeben, dass das Gässlein in den vergangenen Jahrhunderten bald so, bald anders geheissen hatte: z.B. ‹Hagengässlin›, ‹Goldgässlin›, ‹Schüssgässlin›, ‹Allmentgässlin›, ‹Ruessgässlin› und sogar gelegentlich auch ‹Reverenzgässlin›. Die Orthographie der Namen all dieser ‹Gässlin› war noch keiner strengen Norm unterworfen und purzelte oft kunterbunt durcheinander. In der Folge vertrat die Nomenklaturkommission in einem an das Baudepartement gerichteten Schreiben vom 8. Dezember 1958 die Auffassung, der Name ‹Reverenzgässli› solle für das genannte Gässlein wieder ‹aufgefrischt› und vom Regierungsrat anerkannt werden. Das Baudepartement empfahl dem Regierungsrat, den Namen ‹Reverenzgässli› zum Beschluss zu erheben. Dieser beschloss im April 1959, «das Gässlein zwischen den Häusern Utengasse 46 und Oberer Rheinweg 63 mit dem Namen ‹Reverenzgässlein›» zu bezeichnen. Was den Regierungsrat bewogen haben mochte, den vorgeschlagenen Namen ‹Reverenzgässli› eigenmächtig in ‹Reverenzgässlein› abzuändern, führt das Beschlussprotokoll nicht aus: Dialektnamen von Strassen und Gassen waren damals, 1959, unzulässig. Der kecke Einbruch des Dialektes in die starre Front der Strassennamen der Stadt Basel erfolgte erst 1970 mit der Dekretierung der ‹Vogel Gryff-Gässli›, des ‹Wild Ma-Gässli›, des ‹Ueli-Gässli›. Doch nun in medias res:

1. Ein ‹Gerichts-Gant-Kauff-Brieff› vom 21. November 1785 hält fest, dass Hans Friedrich Bulacher (1735–1800), der Metzger und des grossen Rats, das Eckhaus Rheingasse 49 (heute: 47), welches an das sogenannte ‹Reverenz Gässlin› stösst, um 2000 Pfund von seinem Bruder Nicolaus (*1741) käuflich erwirbt. Es ist dies die erste fakten- und aktenmässig belegte Erwähnung des Namens ‹Reverenz Gässlin›.
2. Schon im nächsten Jahre, am 23. September 1786, verkauft Bulacher an Rudolf Schmid, den Metzger, seine Liegenschaft, «eine Behausung, Hofstatt, Stallung und Garten, nebst zugehöriger Gerechtsame, dahier an der obern Rheingasse... und an das sogenannte ‹Reverenz Gässlin› stossend». Zum zweiten Mal also findet sich in den Akten der Name ‹Reverenz Gässlin›.
3. Für die Skizzierung unseres Gedankenganges ist es nun wichtig zu wissen, dass Bulacher, am 24. Dezember 1774 zum Mitmeister der Gesellschaft zum Greifen gewählt, das Ehrenamt bis an sein Lebensende bekleidet hat.
4. Wir glauben vermuten zu dürfen, dass der Name ‹Reverenzgässlein› in Kausalzusammenhang gesehen werden kann mit dem grossen Festtag der ‹Kleinen Stadt›, an welchem die Wappenträger und Ehrenzeichen den chargierten Gesellschaftsbrüdern der Drei Ehrengesellschaften auf ihrem Umgang durch die mindere Stadt – in welcher Form auch immer, muss offen bleiben – Reverenz erwiesen – und heute noch erweisen.
5. (zu 1.) Man darf vielleicht vermuten, dass Bulacher 1785 das geräumige Eckhaus Rheingasse 49, welches an das Reverenzgässlein stösst, gemeinsam mit seinem Bruder Nicolaus bewohnt hat. Unter dieser Voraussetzung wäre die erste dokumentarisch belegte Erwähnung des Namens ‹Reverenzgässlein› ohne weiteres zu erklären.
5. (zu 2.) Die zweite Erwähnung des Namens ‹Reverenzgässlein› ist dann nur folgerichtig. Nach dem 23. September 1786 muss Bulacher seinen Wohnsitz Rheingasse 49 wieder aufgegeben haben.
6. Im Dezennium 1789 bis 1798 findet sich der Name ‹Reverenzgässlein› gerade noch viermal dokumentarisch belegt: in den Jahren 1789, 1790, 1797, 1798. Nach Bulachers Tod erscheint der Name ‹Reverenzgässchen› ein allerletztes Mal, in einer Kaufpublikation vom 29. April 1845. Von dieser singulären, gleichsam ‹nostalgischen› Namennennung abgesehen, heisst das Gässlein seit 1800 durchwegs ‹Goldgässlein› oder kurz ‹das Gässlein›, ‹das Gässchen›.
7. Der Name ‹Reverenzgässlein› scheint fest an die Person Bulachers, des Mitmeisters der Gesellschaft zum Greifen, gebunden zu sein. Nach Bulachers Tod welkt und

stirbt auch der Name ‹Reverenzgässlein›. 1959 endlich erlebt er eine hochoffizielle, erfreuliche ‹Renaissance›. Wilhelm Abt, 1986

Ein trauriges Wildma-Schicksal

Ein Vogel Gryff Ende der zwanziger Jahre: Ein nass-kalter Wintertag. Es war in der Zeit meiner Bubenjahre. Vis-à-vis von uns an der Rebgasse wohnte Gotti Carle, der weitherum bekannte Kübler, dessen mächtige Tonnen aus edlem Holz der chemischen Industrie dienten. Gotti Carle war damals Spielchef. Sein Sohn Paul, ein flotter Bursche, durfte in jenem Jahr erstmals den Wildma tanzen. Wie dies so üblich ist, kehrte auch bei Gotti Carle das Spiel zu einem erfrischendem Trunk ein. Paul, der natürlicherweise stark geschwitzt hatte, erschien plötzlich am offenen Fenster, wo er sich, seines Kostüms zum Kleiderwechseln entledigt, abkühlte. Wir Kinder und meine Eltern beobachteten den Verlauf jener Spieleinkehr. Noch lebhaft entsinne ich mich daran, wie meine Mutter über die Strasse rief: «Paul, gib acht, dass Du Dich nicht erkältest.» Nur wenige Tage nach dem Vogel Gryff starb Paul Carle, ein flotter und lebendiger Wildma, an den Folgen einer foudroyant verlaufenden Lungenentzündung. Antibiotika und Chemotherapeutika waren damals noch nicht vorhanden.

Hans Jakob Nidecker, 1986

Der Rebhausleuchter

Als anfangs der sechziger Jahre seitens der Behörden die endgültige Schliessung des Gesellschaftshauses wegen baulicher Missstände angeordnet wurde, sahen sich die Vorgesetzten veranlasst, die Liquidation des gesamten Wirtschaftsinventars und Mobiliars en bloc zu einem zuvor vereinbarten Preis einer bekannten Basler Firma zu übertragen. Der öffentliche Verkauf wurde auf einen bestimmten Tag festgelegt. Als damaliger Statthalter im Rebhaus lag es mir daran, zugunsten der Drei E. Gesellschaften und im Interesse von Kleinbasel den prächtigen, am Gryffemähli stets hoch über der festlichen Vorgesetztentafel hängenden Rebhausleuchter mit seinen riesigen farbigen Glastrauben aus Murano zu retten resp. aus der immensen Liquidationsmasse auszuklammern. Ich meldete mich deswegen tagszuvor bei der für den Verkauf verantwortlichen Firma und gab meinen Plan bekannt: Man versprach mir, diesen Wunsch zu berücksichtigen. Als ich mich demzufolge anderntags kurz nach 8 Uhr morgens beim zuständigen Verkäufer meldete, gab er mir zu verstehen, dass vor wenigen Minuten ein junger Mann – er sei Jurist – dagewesen sei und den Leuchter für sich und seine Familie habe reservieren lassen. Ich war natürlich äusserst erstaunt über diese Wendung der Situation und bekräftigte meine mit der Firmenleitung telephonisch besprochene Übereinkunft. Dies sei rechtlich ungültig, werde vom juristisch versierten Käufer behauptet. Derselbe erschien dann auch gleich darauf und gab mir zu verstehen, dass er vor mir dagewesen sei und dass er den Leuchter abholen lassen werde. Meine Beteuerung, als Statthalter der E. Gesellschaft zum Rebhaus, im Interesse der Kleinbasler Ehrengesellschaften, ein Kaufvorrecht anmelden zu können, liessen ihn absolut kalt. Er beharrte stur auf seinem Recht. Was sollte ich da als Mediziner entgegnen. Was mich insbesondere aufbrachte, war seine Angabe, der Leuchter werde in der Sommerresidenz der Familie in Münchenstein plaziert werden. Ich gab mich innerlich geschlagen, verabschiedete mich unter gleichzeitiger Androhung, dass er, der Käufer, jedesmal, wenn er in Zukunft diesen Prachtsleuchter anzünden werde, ein schlechtes Gewissen haben müsse, denn er habe auf unverschämte Art etwas erworben, das gewiss später im restaurierten Gesellschaftshaus seinen Platz hätte finden können.
Anlässlich des darauffolgenden Vogel Gryff traf ich zufälligerweise den sehr angesehenen Vater des damaligen Käufers und erkundigte mich nach dem Ergehen unseres Rebhausleuchters. «Jä, dängge Si», gab er zur Antwort, «dä Lychter exischtiert nimme.» Warum, wollte ich wissen. «Es hett im letschte Summer emoole arg gwitteret. E Blitz hett in Lychter ygschlage. Dr ganz Lychter isch kaputt gange und alli die prächtige Glaskugele sin in Schärbe. Me hett nyt mee kenne rette.» Ich erinnerte mich meiner damaligen Verwünschung. Hat hier eine höhere Macht ihr Urteil gefällt?

Hans Jakob Nidecker, 1986

Otto Plattner, ein begnadeter Maler

Es trifft sich gut: 1986 ist für Otto Plattner (1886–1951) ein Gedenkjahr. Zu Recht hat eine Publikation über Otto Plattner das Wirken dieses Künstlers in kräftigen Konturen umrissen. Otto Plattner ist in Liestal aufgewachsen, hat das Rüstzeug in Basel geholt, hat zeitlebens unverfälscht Baselbieterdeutsch gesprochen, ist Basler Bürger und safranzünftig geworden: er hat vorgelebt, dass die beiden Basel sich verstehen können.
Otto Plattner hat sich auf vielen Gebieten bei den Drei Ehrengesellschaften verdient gemacht. Aus der Fülle seiner Werke seien angeführt:
a) die farbige Urkunde, die jeder Gesellschaftsbruder bei seiner Aufnahme erhält;
b) das Titelblatt der Schrift ‹Vogel Gryff› in Holzschnittmanier (Ausgabe 1944);
c) das Steingut-Geschirr, das jeweils am Vorgesetztenessen benutzt wird, gehalten in den Farben und versehen mit den Wappentieren der betreffenden Gesellschaft;
d) die Zeichnungen im Wildma-Horst-Gästebuch (1941).
e) die Zeichnung im Gästebuch der Drei Ehrengesellschaften (1943–1971), wo sich Gäste eintragen, die zum Gryffemähli oder zum Vorgesetztenessen eingeladen sind;
f) die Kartenserie, leider ist sie ausgegangen. Der Künstler hat die typischen Eigenschaften der Tiere meisterhaft getroffen.
Befreundet war Otto Plattner mit dem Kleinbasler Dichter Baldi Baerwart. Ins geheimnisvolle Leben und Treiben hat ihn der Haerenmeister Carl Samuel Baumgartner (1891–1962) eingeführt. Am engsten war Otto Plattner mit der Fasnachtsgesellschaft Olympia verbunden; er hat für sie Laternen gemalt. Von ihm stammen die Fasnachtsplaketten 1930 und 1935.
Im Café Spitz hängt über dem Stammtisch der 3 E und der Olymper eine Lampe. Eine der sechs von innen beleuchteten Glasscheiben hat Otto Plattner 1933 entworfen, einen herrlichen, ruessenden Waggis. Sein Freund, der Glasmaler Fritz Haufler (1885–1956), bekannt unter dem Spitznamen ‹Schärbefritz›, hat die Scheibe ausgeführt.
Kräftige Gestalten, Originale von altem Schrot und Korn, haben Kleinbasel gemodelt. Otto Plattner gehört dazu. Kleinbasel ist halt doch der Nabel der Welt!

Arnold Schneider, 1986

Bibliographisches

Vorstände

Gesellschaft zum Rebhaus
Niggi Schoellkopf, Meister
Ernst Ritter, Statthalter
Dr. Rudolf Grüninger, Schreiber
Felix ‹Fille› Lehr, Spielchef
Fritz Ehrat, Vorgesetzter
Dr. Emanuel Isler, Vorgesetzter
Alfred Trechslin, Vorgesetzter
Dr. Hans Jakob Nidecker, alt Meister
Eugen A. Meier, alt Statthalter
Hans W. Mäglin, alt Vorgesetzter
Philipp Fürstenberger, Ehrenstubengeselle

Gesellschaft zur Haeren
Karl Schweizer, Meister
Dr. Nicolas Hodel, Statthalter
Dr. Georg A. Schlager, Schreiber
Balz Fischer, Verwalter
Carl Samuel Baumgartner, Vorgesetzter
Peter Schneider, Vorgesetzter
Werner Winkler, Vorgesetzter
Lux Zeuggin, alt Meister
Walter Höhn, alt Vorgesetzter
Alfred Obergsell, alt Vorgesetzter

Gesellschaft zum Greifen
Felix Eymann, Meister
Gustav Fricker, Statthalter
Walter Lang, Schreiber
dipl. Ing. ETH Andreas Brenner, Vorgesetzter
Felix Hoffmann, Vorgesetzter
Peter Kocher, Vorgesetzter
Carl Rupp, Vorgesetzter
Eduard Buol, alt Meister
Dr. h.c. Arnold Schneider, alt Meister
Werner Gutekunst, alt Statthalter
Dr. Max Ziegler, alt Schreiber

Mitarbeit

Text
Dr. Wilhelm Abt, Dr. h.c. Arnold Schneider, Fille Lehr, Dr. Hans Jakob Nidecker, Ernst Ritter.
Bild
Werner Bachofner, Emanuel Bürgin, Luc Delay, Werner Edelmann, Karl Ehrenmann.
Produktion
Adolf Grossert, Irène Ott, Louis Wyss, Ruedi Moser.
Auskünfte
Dr. Ulrich Barth, Franziska Heuss, Dr. Brigitte Meles, Christian Ramseyer, Dr. Burkard von Roda, Albert Spycher.

Quellen

Archivalien
Archiv der Drei Ehrengesellschaften
Fritz Iselin. Historische Studien zu den Kleinbasler Gesellschaften (Staatsarchiv: PA 532 B 1)
Peter Nötiger. Aufzeichnungen. 1718–1744. (PA 426)
Ratsprotokolle
Fritz Weiss. Zunftaufnahmen (PA 578 B 1)
Zunft-Acten C 1–4

Literaturauswahl

Ulrich Barth. Das alte Zunftsilber im Historischen Museum Basel. o.J.
Franz Baur. E jedes Johr im Jänner (Schallplatte). o.J.
Gottlieb Bischoff. Zwei Geschichten aus der Chronik von Jakob Christoph Pack. 1884.
Albert Bruckner. Schweizer Fahnenbuch. 1942.
Hans Bühler. Rund um ‹Café Spitz› und Vogel Gryff. 1968.
Daniel Albert Fechter. Topographie mit Berücksichtigung der Cultur- und Sittengeschichte. 1856.
Hans Füglister. Handwerksregiment. 1981.
Andreas Heusler. Geschichte der Stadt Basel. 1934. Verfassungsgeschichte der Stadt Basel im Mittelalter. 1860.
Historisches Festbuch zur Basler Vereinigungsfeier. 1892.
Eduard Hoffmann-Krayer. Die Fastnachtsgebräuche in der Schweiz. 1897.
Rudolf Kaufmann. Die bauliche Entwicklung der Stadt Basel. 1948. 1949.
Eduard Fritz Knuchel. Die Umzüge der Klein-Basler Ehrenzeichen. 1914. Vogel Gryff. 1944.
Paul Koelner. Im Schatten Unserer Gnädigen Herren. 1930.
Emil Major. Die Meisterkronen der Basler Zünfte und Gesellschaften. 1928.
Eugen A. Meier. Freud und Leid. 1981. 1983.
Das verschwundene Basel. 1968.
Christian Adolf Müller. Die Stadtbefestigung in Basel. 1955. 1956.
Paul Roth. Zur Erinnerung an die Vereinigung von Grossbasel und Kleinbasel. 1942.
Emil Schaefer. Vom Vogel Gryff. 1953.
Arnold Schneider. Otto Plattner. Sein Wirken in Basel. 1986.
E. R. Seiler-La Roche. Der Grundbesitz der Drei E. Gesellschaften Klein-Basels. 1932.
Silber und Heraldik der Drei Ehren Gesellschaften Klein-Basels. 1930.
Hans Trümpy, Hans Fischer, Hanspeter Landolt. ‹Vogel Gryff›. 1965.
Rudolf Wackernagel. Geschichte der Stadt Basel. 1907 ff.
Gustaf Adolf Wanner. Bilder aus der Geschichte der Kleinbasler Ehrengesellschaften. 1973.
Der Silberschatz der Kleinbasler Ehrengesellschaften. 1975.
Gustaf Adolf Wanner und Fritz Lauber. Rund ums Café Spitz. 1972.

Bildernachweis

Alle nicht aufgeführten Illustrationen befinden sich im Besitz der Drei Ehrengesellschaften Kleinbasels.
Dr. Wilhelm Abt: 272
Ferdi Afflerbach: 16
Peter Armbruster: 102, 103, 104, 123, 124, 125, 126, 127, 134, 136, 137, 138, 141, 156, 167, 174, 175, 193, 197, 198, 199, 244, 246
Archiv für Schweizerische Kunstgeschichte: 19, 24
Brauerei Warteck AG: 15
Historisches Museum (Reproduktionen Maurice Babey): 18, 80, 90
Britisches Museum London: 22
Fasnachts-Comité: 75, 93
F. Hoffmann-La Roche AG: 76 (Farblithographie)
Felix Hoffmann: 91, 101, 114, 115, 116, 117, 118, 119, 128, 129, 130, 133, 135, 139, 140, 155, 157, 158, 159, 161, 162, 163, 164, 168, 169, 170, 171, 172, 177, 178, 180, 182, 183, 194, 195, 196, 200, 201, 203, 204, 205, 206, 207, 245, 271, 275, 276
Rolf Jöhr: 274
Eugen A. Meier: 47, 78, 181, 184, 208, 237, 266, 267, 268, 269
Öffentliche Kunstsammlung (Kupferstichkabinett): 1, 2, 3, 11, 12, 185, 215, 235
Peter Rudin: 165, 173, 179
Staatsarchiv (Reproduktionen Rudolf Friedmann): 5 (Feste F 6), 7 (PS B 243), 8 (PS B 371), 9 (Schneider 206), 10 (Atelier), 14 (Wolf 975), 39 (BS 4, 680), 44 (PS C 88 h), 45 (BS 4, 560), 50 (BS 4, 679), 53 (BS 4, 678), 79 (BS 13, 135), 94 (BS 16, 23), 96 (PS B 643), 132 (Wolf 10378).
Staatliche Museen Berlin: 21
Stadt- und Münstermuseum (Basler Denkmalpflege): 17, 26, 27, 28, 29, 30, 31, 32, 33, 46, 55, 56, 143, 216, 270
Universitätsbibliothek: 4, 67, 87, 89, 109, 239
Kurt Volk: 242
Bürgerliches Waisenhaus: 273
Zentralbibliothek Zürich: 77